国家出版基金项目
NATIONAL PUBLICATION FOUNDATION

决胜生物质

BIOMASS:WIN THE FUTURE

石元春 著

中国农业大学出版社
CHINA AGRICULTURAL UNIVERSITY PRESS
·北京·

谨将此书献给：

关心和推动生物质产业的

企业家、科技工作者、官员和民众。

见证十年

(代前言)

我从事农业科技和教育工作半个多世纪了,一次偶然的机会将我卷进了当今世界最热门和最敏感的领域——能源领域。

2003 年,中国国务院制订《国家中长期科学与技术发展规划》,成立了一个战略研究班子,我担任农业组组长。这是一次难得的能够专心阅读资料和思考问题的机会。为什么中国农业难以现代化和中国农民难以致富?我的思考是:这是按计划经济模式,执行工农二元化和城乡二元化,将 8 亿农民捆绑在有限的土地上进行附加值极低的粮食和农产品生产的结果。要冲出这道“封锁线”,就必须将农业的传统生产线向农产品加工环节延伸。

在此期间,美国明尼苏达大学教授阮榕生来看我,谈及美国生物质能源发展的情况,留下了 1999 年克林顿签发的《开发和推进生物基产品和生物能源》的第 13134 号总统令及有关文件。我一口气将这些材料看完,特别是总统令中的一段:“目前生物基产品和生物能源技术有潜力将可再生农林业资源转换成能满足人类需要的电能、燃料、化学物质、药物及其他物质的主要来源。这些领域的技术进步能在美国乡村给农民、林业者、牧场主和商人带来大量新的、鼓舞人心的商业和雇佣机会,为农林业废弃物建立新的市场,给未被充分利用的土地带来经济机会,以及减少我国对进口石油的依赖和温室气体的排放,改善空气和水的质量。”这段文字给我带来一种发现“新大陆”般的惊喜和冲动,原来除了农产品加工以外,还有诺大的一个能源农业,这个当今社会发展前沿和成长无限的一片广阔天地。我由此“顺藤摸瓜”地继续扩大资料搜索,越看越兴奋。以后的 6 年里,我在此领域“越陷越深”而难以自拔,这也使我有机会见证了当今世界应对气候变化和能源转型的伟大时代变革,使我有机会亲自感受和参与了中国的这个变革实践。

为应对气候变化，21世纪的头十年是世界围绕《京都议定书》批准、实施和启动“后京都时代”的十年。1997年通过的《京都议定书》草案要求38个工业化国家于2008–2012年间完成比1990年减排二氧化碳5.2%的指标，这是人类第一次有组织地应对全球气候变化的行动。此后的重大事件有：2007年4月IPCC的第四次科学评估报告再次通报了世界全球气候变化的严重态势与后果；同年6月在德国召开的8国首脑峰会将全球气候变化作为大会主题，并启动了“后京都时代”的讨论；同年12月在巴厘岛召开了启动“后京都时代”的预备会议，主题词是：“从气候变化的毁灭性灾难中拯救我们的地球”；经过紧张准备，有194个国家代表及119位国家元首出席的“联合国气候变化会议”于2009年12月在哥本哈根举行，讨论人类如何组织一次更大规模的应对气候变化行动——为了挽救共同的地球家园，为了当代人和他们的子孙。

这十年里，节能减排以及清洁能源对化石能源的替代发展得如火如荼。在清洁能源对化石能源的替代上，生物质能源一直走在最前面。

从克林顿总统令的启动到布什总统的大力推进，生物能源在美国发展得很快。布什总统于2005年签署的《国家能源政策法》和2007年签署的《能源自主与安全法案》将生物能源推向了替代化石能源的主导地位；奥巴马总统进一步提升到发展美国“清洁能源经济”的国家战略高度。美国生物能源的贡献已超过1亿吨标煤和占全国能源消费总量的4%以上，超过水能而位居可再生能源首位。这十年里，美国燃料乙醇的年产量由439万吨增加到了3 180万吨，超过巴西而为世界第一。

这十年里，生物质发电、热电联产和成型燃料、生物柴油和燃料乙醇工业化生产及沼气利用等如盛开的花朵遍布于欧盟国家，2006年的生物燃料产量已达到538万吨标油，这些都是与欧盟认真执行《京都议定书》的减排指标分不开的。考虑到环境效果，欧盟重点开发生物柴油，而燃料乙醇也由年产不到50万吨增加到2009年的313万吨。令我感动的是，在欧盟尽管做出了种种努力而未能完成预定目标时，欧共体委员会于2007年开会认真检讨了未完成的原因，提出新目标和新措施，这种严肃认真而不文过饰非的态度是令人钦佩和值得学习的。

这十年里，巴西的甘蔗乙醇享誉世界，1999–2009年的十年间的产量由1 027万吨增长到1 980万吨，在全国建立了从原料基地到“车轮”和出口国外的完整体系，成为巴西国民经济中的第一大支柱产业。2009年度燃料乙醇替代了国内56%的汽油和减排了4 233万吨二氧化碳；全国有700多万辆灵活燃料汽车和1.2万架小型飞机使用燃料乙醇。什么叫"清洁能源经济"？这就是清洁能源经济。

这十年里,中国的前五年起步很好。2001年朱镕基总理在中国科学院和中国工程院的两院院士大会上说,美国用玉米生产燃料乙醇,中国有那么多陈化粮,我们也可以发展陈化粮乙醇。燃料乙醇项目被列入"十五"计划,4个燃料乙醇生产厂拔地而起,两三年间就形成了百万吨以上的年生产能力,2006年销售乙醇汽油1 544万吨,位列世界第三。2005年全国人民代表大会通过了《中华人民共和国可再生能源法》,2007年发布了《中国可再生能源发展规划》。在前五年里,可再生能源和生物能源在中国的发展是健康和积极向上的。

后五年里("十一五"),生物质发电有了长足进展,但燃料乙醇生产几乎停顿了,成型燃料等生物能源项目都未能完成计划指标。一面是生物能源受到冷遇,一面是风能和太阳能产业的畸形发展和出现"泡沫"。我曾为此困惑和抗争,曾给总理上书、会上唇枪舌剑,杂志报端上据理力辩,但对政策制定者的影响甚微。

令我感到慰藉和看到希望的是,当我走到那些发展生物质的民营中、小企业里,发现他们靠自有资金和贷款,在极其艰难的条件下,披荆斩棘,有的打出一片天地,有的苦撑,有的"死掉"。他们不是在"玩票"和"玩概念",而是倾身家财产于一搏,他们是中国发展生物产业的"草根"和"脊梁",是一批可以彪炳中国生物质产业史册的英雄。我希望更多的中国科技界同仁,走与民营中小企业相结合的道路。

我写这本书是为了整理资料和心得,记下这具有时代意义的历史瞬间,也是为表达我在见证和参与中国这个历史瞬间中的经历和感受。书中的"综合篇"是资料和心得的整理,"中国篇"是参与的经历和感受,"前瞻篇"是对未来的展望。我几易书名,最后用了《决胜生物质》。一层含义是坚信生物质产业是时代的新生儿,必将造福于人类社会,我们应当为之呐喊与鼓噪,让世人更早更多地认识它,这是一部"宣言书";另一层含义是希望凡有志于生物质产业的仁人志士,企业家、科技工作者、教育工作者、农林工作者、政府工作者、新闻工作者、文艺工作者,拿起自己手中的武器,排除万难地去创造业绩、宣传群众、感动领导,这是一部"动员书"。就我个人而言,自2004年涉足生物质领域以来,六年如一日地用自己的秃笔和三尺讲台去决胜生物质,生命不息,决胜不止。

中国的事情人为因素太多,太难琢磨。但中国也有句话:"人算不如天算",人算可以算计一时,而那冥冥中的客观规律才是事物发展的真正主宰。正因为我坚信生物质产业是不以人们意志为转移的社会发展趋势，所以才敢用“决胜”一词。再则，我坚信发展中国生物质产业的基本力量在“草根”层，在民营中小企业，因此必须“唤起民众”，让他们了解生物质，支持生物质产业。这本书是写给大众看的，是虔诚地奉献给他们的。

因为是写给大众看的，所以要深入浅出些，生动活泼些，可读性强些；如果让他们看得很艰难，很乏味，写作就失败了。全书由 3 篇、23 章、207 节组成，每章 1 万～1.5 万字，每节 1 000～1 500 字，所以也可说是由 23 个“万言篇”或 207 段“千字文”组成的。章与节是连续的，像 23 集“连续剧”，但每个“万言篇”又可相对独立成文，像京剧里的“折子戏”，所以每章后面都附上了参考文献。为了“独立成文”和避免前后翻找，少量资料稍有重复，望能理解。

文字是表达思想的符号，图表和照片则是另一种表达工具，本书力求图文并茂，相得益彰。

本书第 8 和第 9 两章介绍生物质产品与技术，是写给有意于生物质产业的企业家们参考的；第 15 和第 16 两章介绍中国的生物质原料资源，除供企业家参考外，也是写给业界的“中国生物质资源稀缺论者”看的，所以写得比较专业和详细些。

书中多处对某些事和人（观点）发表了我的不同看法和批评，有些言辞还相当尖锐，如有偏颇冒犯之处，望祈谅宥。

这本书能够出版，我要感谢程序教授和李十中教授。他们将资料、信息、研究结果以及他们的真知灼见毫无保留和第一时间地提供给我，没有他们的帮助，这本书必将大为逊色。我要感谢我的夫人李韵珠教授，她为此书作了大量数据处理和制图工作，她还是此书书稿的第一位读者和严厉的批评者。我要感谢中国农业大学出版社及副总编辑兼责任编辑丛晓红和责任编辑田树君。由于全部书稿不是一次交齐，加以文字图表混排，给他们的工作带来很多困难，但是他们的工作非常出色。我要感谢所有为此书提供过帮助的人。

我虽从事农业科技和教育工作多年，但在能源领域却是个外行和新手，书中少不了出现一些“低级”错误，望能源界前辈和广大读者不吝纠正。

石元春

2010 年秋于北京

目录

contents

Contents

OVERVIEW

综合篇

这是一座火力发电厂。化石能源给人类社会带来光明和进步，也带来了生存环境的恶化。

1 话说能源

- 能源之源
- 天源地炼，化石精灵
- 煤炭发迹
- 石油博弈
- “峰值论”与“储产比”
- 告罄危机
- 能源明天

道生一,一生二,二生三,三生万物。

——老子

宇宙存在的基本形式是运动着的物质,运动就需要能量,内在的和外在的能量。人类的生存与繁衍,也是一种物质运动,能量从何来? 食物! 所以才有“民以食为天”之说。从钻木取火到“开门七件事”,以至彩陶烧制、青铜与铁器冶炼等等的生活和生产活动都离不开薪柴。食物与薪柴是几千年农业社会“物质运动”的能量源泉。

科学技术在进步,人类社会在发展。进入工业社会,出现了蒸汽机、纺织机等机械,薪柴满足不了需要,煤炭成为了主要能源;继而,出现了汽车和飞机,煤炭也满足不了需要,石油成为了主要能源;科学和技术又将煤炭和石油转换成为高品位的电力,更加清洁,更加方便。煤炭和石油驱动了工业生产,支撑着灿烂的工业文明大厦,没有它们,人类就享受不到现代的物质文明。

工业社会才200年,想不到我们这一代人,在享尽了煤炭与石油的光热恩泽的时候,却谈论起它们的枯竭与后事,岂不令人感慨唏嘘! 煤炭、石油和天然气还能用多久? 以后的能源从哪里来? 能源如何转型? 这成为当今人类社会的一件大事,一个时代性的命题。

冰场上的短道速滑和F1方程式赛车,其精妙之处常在于选手高超的“拐弯”技艺。一个世界,一个国家,一个家庭以至一个人的发展进程中,也会有一个一个的“拐点”,把握好了,可趁势而上;把握不好,诸事不顺,甚至车毁人亡。从薪柴到煤炭、到石油和天然气是能源的“拐点”,从化石能源到下一代能源是更大的“拐点”,这个弯子拐好了,对人类社会,对一个国家很重要。

1.1 能源之源

“道生一,一生二,二生三,三生万物”,老子说的是,天地万物都是由普遍真理和无限存在的这个原点出发,一步一步衍生演化出来的。老子的这种发展观启迪了黑格尔的“逻辑学”和宇宙演化论,也道出了本节要说的“能源之源”的真谛。

太阳这个炽热球体的内部,持续进行着氢聚合成氦的核聚变反应,释放出 3.75×10^{26} 瓦能量,不断以电磁波辐射形式扩散,分摊到地球上的只是太阳辐射总能量的22亿分之一,也就是说太阳每秒钟给地球送来约500万吨标煤的能量,进入地球大气层后,53%被大气层吸收和反射掉了,剩下不到一半(约 8.1×10^{16} 瓦)到达地球表面,而落在陆地上的只有1/5左右(1.7×10^{16} 瓦),却已是人类每年消费总能量的3.5万倍[1],人类消费的能量只不过是太阳赐予能量的“冰山一角”。

按能量守恒定律,宇宙或某个孤立系统的总能量是个常数,可以转化、转移,不可以创造和消灭。太阳辐射到地球的能量也是个常数,但却可以“一生二、二生三”地不断转化与演变。

地球是个球体,太阳射线直射到赤道,入射角最小,随纬度增加而入射角增大,穿过的大气层增厚,所接受到的辐射能量也就相应减少,加上昼夜和一年四季的变化,以及地球表面不同受体物质对太阳辐射热效应的千差万别,地球从赤道到两极以及不同地理位置的热状况、热交换形式和热量水平是极不相同的(图1-1)。赤道的年平均温度是25℃,南极则是−33℃。

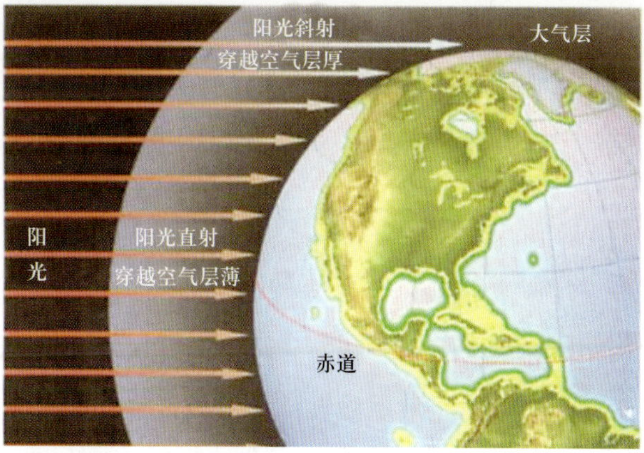

图1-1 太阳辐射进入地球表面上的差异[1]

差异引起运动,地球

表面以大气为载体的热量差异导致近地面大气的流动而生风，转化为动能，即所谓的“风力”或“风能”。风可以扬帆推磨，也可以用来发电。据世界能源理事会估计，全球有约 27% 的陆地面积具有构成风力发电场(距地面 10 米处年均风速大于 5 米/秒)的条件，风力发电能力估计为 2.3×10^3 兆瓦，即可年发电 20 太千瓦 · 时[2](1 太 = 10^{12}，下同)。

由于地球表面的热量差异使水由液态和固态蒸发为气态，又以雨水形式降落地面，由高处流向低处，这才有地球表面永续不断的川河流水和“一江春水东流去，入海化气还复来”的水循环系统——一个由太阳辐射能转化的热能和热差，形成了以水为载体的势能转化的系统，即俗称的“水力”或“水能”。水能可以带动水车直接做功，也可以通过涡轮机转化为电能。全球川河水流中蕴藏的水能是 50.5 亿千瓦，相当于年发电量 44.28 太千瓦 · 时；技术可开发的水能资源装机容量是 22.6 亿千瓦，相当于年发电量 9.8 太千瓦 · 时，现今已开发约 18%。[3]

太阳辐射的光和热也可以直接被受体吸收或通过专用器材和设施聚集，也可以通过半导体的光电效应转化为电能(光伏发电)，这就是俗称的“太阳能”供热和发电。太阳能供热应用比较普遍，光伏发电目前成本较高。

进入地球表面的太阳辐射能，以大气、水和专用设施为载体转化为动能、势能、热能和电能等物理态形式运行，但是没有储存和再转化的载体与机制。只有当地球上出现绿色植物以后，太阳辐射能才可以通过植物的光合作用，以植物为载体转化为化学态能量，且易于贮存和再转化，在地球陆地表面形成一个有机能量和物质循环系统。正是因为植物的这种功能，才在地球岩石层里积聚和保存了大量的植物化石，并经地质作用过程转化为煤炭、石油和天然气，这是地球赐予人类的一笔化石能源和生物质能源宝藏。生物圈与大气圈、水圈、岩石圈并称为地球表层空间的四大圈层，生物圈每年可产生 2 000 亿吨生物质(也有一种说法是 1 700 亿吨[4])，其产能相当于世界年能源消费量的 10 倍，而现在利用的还不到 7%(Lynd，L.R.，1999)。

太阳辐射是地球能够持续获取能量的唯一来源，是风能、太阳能、水能、生物能等可再生能源之源，而绿色植物是地球上唯一能捕获、转化、储存和再转化太阳能量的载体，又是化石能源和生物质能源之源。

1.2 天源地炼，化石精灵

“特自皇古迄今，为变盖渐，浅人不察，遂有天地不变之言。则今兹所见，乃自不可穷诘之变动而来。”这是1898年严复在《天演论》中宣传达尔文进化思想中的一句名言。要将这生生不息的绿色植物与乌黑锃亮的煤炭和仪态万般的石油联系在一起，确实需要做一番“不可穷诘之变动”的思考。本节标题正是要“穷诘”这来自于“天”、负载于植物的能量，是如何在亿万年的“地炼”中变为煤炭、石油和天然气的。

化石是过去地质年代古植物、古鱼类、古动物、古人类遗留下的生物印痕和残迹，十分稀有和零星地埋藏在不同地质年代的地层里。在那穹窿苍宇、茫茫岩海中寻找化石，是地质学家的一件非常艰苦、枯燥和不易的事。而化石能源煤炭、石油和天然气却能如此高度集中地形成矿床，这要得益于某些地质时代地球上出现的适宜气候和植物的大量繁殖，以及以后有利于转化和保存下来的地质环境，此乃“天合地作”之精华。

能进行光合自养的菌藻类的最早化石记载距今已30亿年(南非威斯兰群沉积岩)，但大量繁殖是距今七八亿年前后的事，它们是以后形成石油、天然气的一种重要物质来源。能产生大量生物质的高等植物是在距今4亿年前植物由海洋登陆后才开始其演化进程的。先后出现过三次高等植物繁殖高峰。第一次是在距今3.6亿～2.5亿年间的石炭－二叠纪的蕨类植物繁殖高峰，第二次是在距今2.0亿～0.65亿年间的侏罗－白垩纪的裸子植物繁殖高峰，第三次是在距今0.65亿年前的早第三纪开始的以被子植物为主的繁殖高峰。正是这三次高等植物繁殖高峰形成了地质史上的三次聚煤时期，使石炭、二叠、侏罗、白垩以及第三系地层成为煤炭集中分布的地层。石油和天然气则更集中于侏罗系和白垩系地层(图1−2)。

浓密而鲜活的植物是怎样变成煤炭和石油、天然气的呢？这要经过漫长而复杂的生物学过程和地质学过程。生物学过程是指植物死亡后，要在好气性微生物作用下，使残体的纤维素、木质素、蛋白质和脂肪分别被氧化分解为糖、酚类化合物、氨基酸和脂肪酸等中间产物。如果供氧充足，这个过程可以一直进行下去，直到最后全部被分解为二氧化碳与水而逸散于大气。如果供氧不足或直接处在水淹、水渍的嫌气条件下，则由厌氧微生物进行着复杂的还原反应与合

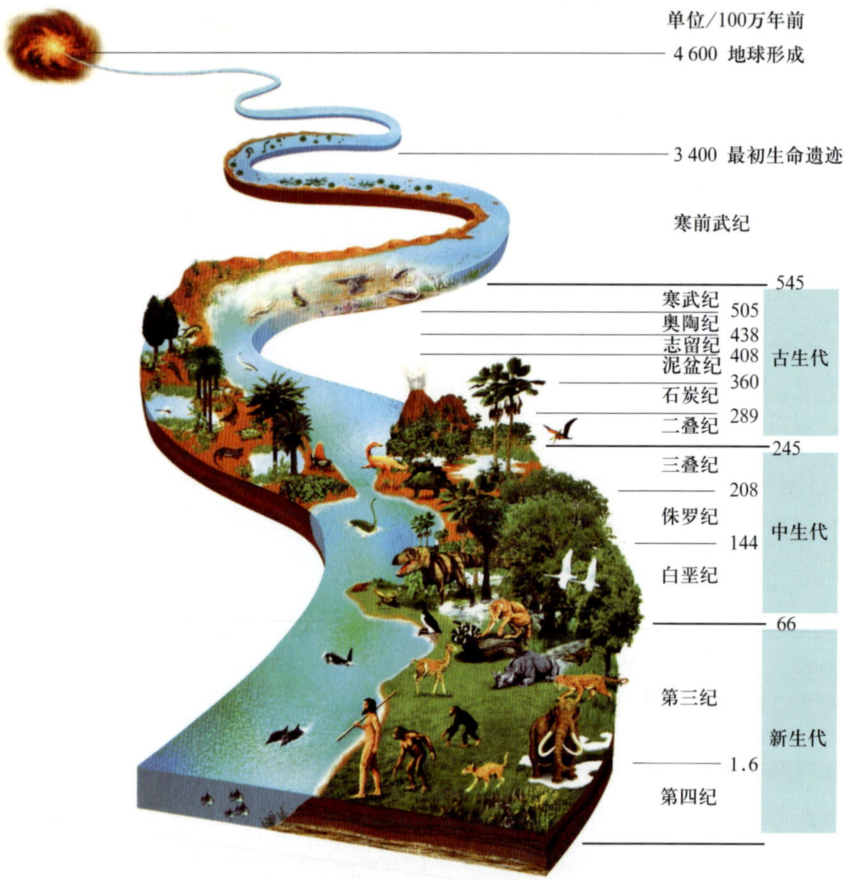

图1-2 地球地质年代的生物演进[4]

成(缩合)反应而形成各类的腐殖酸,此即泥炭化过程。泥炭和泥炭土经搬运后形成“沉积有机质”,这是以后转化形成煤炭和油气的原材料(图 1-3)。

地质学过程也就是成煤和成油气的过程。

在漫长的地质年代里,作为形成煤炭和石油、天然气原料的泥炭和“沉积有机质”逐渐被其他沉积物掩埋,经历着拗陷、隆起、褶皱等地质构造运动的影响和在地壳沉降条件下的演化。其掩埋深度每增加 100 米,地温就会上升 3℃,埋深三四千米,温度可达二三百摄氏度,不同的热力条件的这些沉积有机质进行着不同的化学演化过程以及在静压力及构造运动产生的“动力变质”过程。“沉

图1-3　四川高山草甸草原形成的泥炭

积有机质”在高温、高压条件的成煤和成油气过程的实质是碳元素的不断富集和氢、氧及杂原子不断脱落的过程。石油和天然气是与成煤过程相伴而生的，是有机沉积物成煤过程中的衍生物（表 1–1）。由于其液态和气态特点，要形成油气藏，还必须具备油气运移及圈闭积聚的地质条件。

表 1–1　成煤及成油气过程 [5]

<table>
<tr><td rowspan="5">阶段</td><td colspan="11">成煤作用过程</td></tr>
<tr><td></td><td colspan="2">成岩阶段</td><td colspan="8">变质阶段</td></tr>
<tr><td colspan="2">泥炭化阶段</td><td colspan="9">煤化作用阶段</td></tr>
<tr><td></td><td colspan="2">未成熟阶段</td><td colspan="3">成熟阶段</td><td colspan="2">高成熟阶段</td><td colspan="2">过成熟阶段</td><td></td></tr>
<tr><td colspan="11">石油、天然气生成过程</td></tr>
<tr><td rowspan="4">产物</td><td>生物质</td><td>泥炭</td><td>褐煤</td><td>长焰煤</td><td>气煤</td><td>肥煤</td><td>焦煤</td><td>瘦煤</td><td>贫煤</td><td>无烟煤</td><td>超无烟煤</td></tr>
<tr><td></td><td></td><td colspan="2">低煤级煤</td><td colspan="4">中煤级煤</td><td colspan="3">高煤级煤</td></tr>
<tr><td></td><td colspan="2">干气</td><td colspan="3">石油 + 湿气</td><td colspan="2">湿气 + 凝析气</td><td colspan="2">干气</td><td></td></tr>
<tr><td colspan="3">生油门限</td><td colspan="5">生油死线</td><td colspan="3">生气死线</td></tr>
</table>

煤炭是由十分复杂的有机质及含量不等的无机矿物质组成的，随着煤的变质过程的加深而碳含量增多，发热量增大。石油和天然气是由不同比例的饱和烃（链烷烃和环烷烃）和芳香烃等碳氢化合物组成的，碳与氢可占到元素总量的97%～99%。含 1～4 个碳原子的烃类化合物多为气态（天然气），含 5～15 个碳原子的烃类化合物多为液态（石油），含 16 个以上碳原子的烃类化合物多为固态（石蜡）。

植物一面捕获太阳辐射能和转化为碳水化合物，一面又通过地质过程将它转变为碳氢化合物的煤炭、石油和天然气，可谓是：

煤炭石油天然气，天源地炼三兄弟。
异相同质同根生，声光电热任高低。

1.3 煤炭发迹

早期人们之于煤炭，犹如神物异宝，佳话连连[6]，远不是现在的“煤黑子”、“污染源”这般印象[6]。有记载称，汉武帝在朝中曾问及群臣：“此黑土是为何物？”群臣面面相觑，连饱学之士东方朔也说：“臣愚不足以知之，可试问西域人。”得到的回禀是：“天地大劫将尽则劫烧，此劫烧之余也。”东晋《邺中记》对曹操在现河南安阳一带兴建的铜雀台竟有这样的描述：“三台崇举，其高若云山，上有冰室，室有数井，井深十五丈，藏冰及石墨。石墨可书，由热之难尽，亦谓之石炭。”

在唐《开元天宝遗事》中有这样的记载：“西凉国进炭百条，各长尺余。其炭青色，坚硬如石，名之曰瑞炭。烧之于炉，无焰而有光，每条可烧十日，其热气迫人而不可近。”盛唐时的豪贵人家，常将煤火炼去烟成末，加香料塑为兽形，称“兽炭”，席宴上用以温酒热菜。传说杨贵妃之兄杨国忠精于此道，出尽风头。

南北朝徐陵的《春情》中有这样的诗句：

薄夜迎新节，当垆却晚寒。
奇香分细雾，石炭捣轻纨。

诗文说的是，当时将煤磨细，用绢罗筛过，加入梨、枣汁等香料，调和捏制成小饼，称“香饼”，燃而后“奇香分细雾”。宋欧阳修在获友人赠此香饼时说：“香饼来迟，使我润笔独无此一佳物。”（《归田录》）看来，南北朝以至北宋，煤炭尚为文人富家雅玩之物。

宋以后煤炭才开始用作燃料。苏东坡在出任彭城（今徐州）太守时曾因民间薪柴紧缺而倡导开采煤炭替代薪柴，并以《石炭》为题写下了脍炙人口的诗句：

君不见
前年雨雪行人断，城中居民风裂骭。
湿薪半束抱衾裯，日暮敲门无处换。
岂料山中有遗宝，磊落如磐万车炭。
流膏迸乳无人知，阵阵腥风自吹散。
根苗一发浩无际，万人鼓舞千人看。
投泥泼水愈光明，烁玉流金实精悍。
南山栗林渐可息，北山顽矿何劳锻。
为君铸作百炼刀，要斩长鲸为万段。

诗中写下了苏东坡爱民情切，叹山中奇宝无人知，记下开采时“万人鼓舞千人看”的情景，以及加工后更是光明与精悍，还能铸铁炼刀，减少樵采，使“南山栗林渐可息”的状况。千年前，苏东坡就以诗讴歌煤炭，倡导新燃料对传统薪柴的替代，让植被休养生息以保护生态与环境。

直到18世纪开始的欧洲工业革命，煤炭成为蒸汽机的主要动力，煤炭开采和利用的新纪元由此开始了。1 800年全球煤炭的生产量才1 500万吨，1850—1870年的20年间，仅英国的煤炭生产量就由5 000万吨增加到了11 200万吨，占当时世界煤炭产量的51.5%，煤炭为一马当先的英国工业革命立下了“汗马功劳”。

20世纪的前20年，世界煤炭的生产量由5亿吨增加到9.4亿吨，1965年为30亿吨，1985年为42亿吨(图1–4)，21世纪后又快速增长到60亿吨左右。

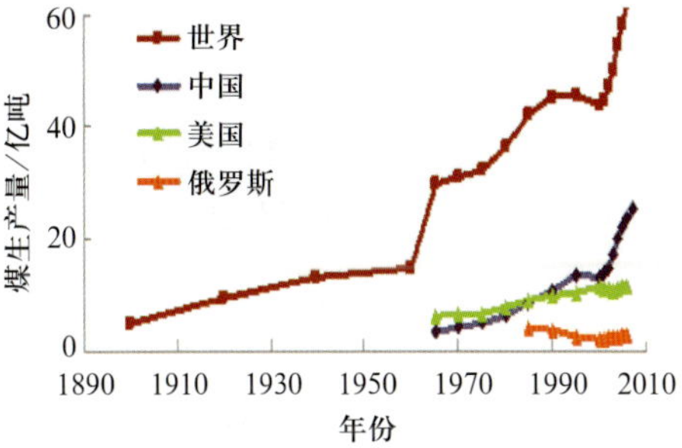

图1–4 世界和主要国家煤生产量[7,8]

1900—1960年数据引自吴健教材。

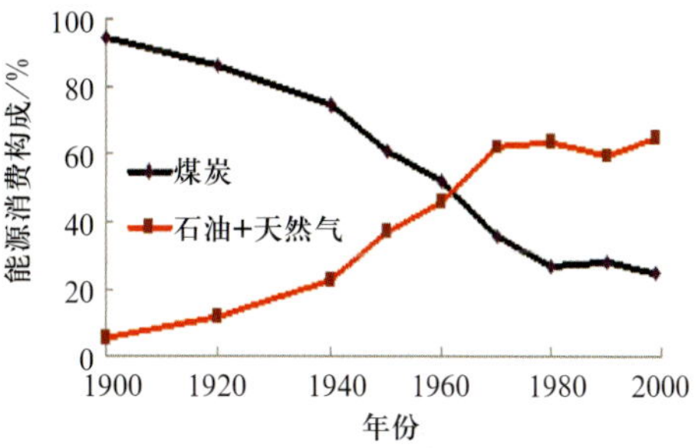

图1–5 世界主要能源消费构成变化[9]

20世纪之初,煤炭在能源消费中占90%以上,1940年仍占75%(图1–5),是当之无愧的能源霸主;20世纪60年代与石油天然气平分秋色,20世纪末则只占到了1/4。全球已探明和可经济开采的煤炭资源量是9 844.5亿吨,集中分布于北纬30°~70°,排在前三位的美国、俄罗斯和中国就占了全球煤炭资源的53%,加上随后的印度、澳大利亚、德国三国,就占到全球的77%[7]。煤炭的可利用资源量比石油与天然气之和还多,可开采时间也比石油、天然气多1倍。

对煤炭的这一番谈古论今中,我不禁写下了：

天地铸乌石，千年早入诗；
昔日当雅玩，而今憾世事。

1.4 石油博弈

和煤炭一样,石油和天然气在地球陆地表面上也不会是埋藏得天衣无缝的。公元前的古波斯(现伊朗)拜火教,用的就是露头的天然沥青点火照明,更有中国四川引天然气熬盐。石油的工业开发比煤炭晚了一个多世纪,但是它一出生就是世界性的,就演义了一部大国争夺与博弈的精彩大戏。

早在1829年,俄国就在巴库开始了石油的人工生产,但是,世界公认的石油工业发端于1859年艾德温·德雷克在美国宾州用内燃机钻出的第一口油井(图1–6)。当时用原油提炼成煤油,替代蜡烛和动物油,在市场上十分畅销。1861年美国的煤油开始出口欧洲,1864年达10万吨之巨。当煤炭在英国如日中天的时候,美国掀起了石油开发热潮,具有标志意义的是1870年约

图1–6 德雷克和他的世界第一口油井[10]

翰·D·洛克菲勒(John D. Rockefeller,1839—1937年)创办的美孚石油公司,1878年就控制了全美90%的炼油业。无独有偶,俄国也于1871年在巴库打出了一批油井,利用油轮和铁路组织出口,形成俄美对峙之势。19世纪末,全球石油产量2 000万吨,美俄两分天下,占到世界石油产量的95%。

20世纪之初,汽车、飞行器、拖拉机、飞机相继出现,煤炭作为动力太显笨拙不便,很快就被石油代替了。1912年,时任英国海军大臣的温斯顿·丘吉尔,决定将军舰的燃料由煤改为石油,使军舰更加轻巧灵活,战斗力更强,由此石油成为一项军事战略物资。20世纪的二三十年代,正当石油工业方兴未艾的时候,前苏联石油工业急剧衰落,而英国在伊朗获得了石油开采权,成立英国－波斯石油公司。一战后英法瓜分了战败国土耳其的石油资源;英、法、荷石油公司控制了在伊拉克发现的油田;继而美英等国加强了对巴林、沙特阿拉伯、科威特等中东国家油田的控制。各大国逐鹿中东油田之势逐渐形成。

第二次世界大战中,德国进攻苏联的战略目标之一就是要控制巴库石油资源,日本袭击珍珠港的战略目标之一也是意欲控制印度尼西亚的石油资源。二战战火所到之处,石油产量大减,而美国本土石油产量却增加了40%;委内瑞拉和墨西哥的拉美油田也开始崛起。一战前石油舞台的美俄双雄格局被美国、中东和拉美的三足鼎立之势所取代。

二战后全球经济迅速复苏,石油需求与生产急剧上升。美国石油产量虽仍持续增长,但速度已低于全球平均水平,占世界总产的份额由1947年的60%降到1972年的20%,1948年开始成为石油净进口国。而1938年产量只占世界产量6%的中东石油,1972年上升到34%,成为三分天下有其一的重要石油输出地区。西欧是中东石油的最大买主,20世纪70年代占到了世界贸易量的一半;日本80%的石油也来自中东。请看,1997年的世界石油贸易流向图,犹如一座中东喷泉,洒射向世界各方(图1—7)。

20世纪的六七十年代,石油输出国与石油消费国之间的矛盾白热化。垄断性的西方石油大公司对中东石油一面采取压价政策,一面高价出售加工油品,仅1953—1960年间就使石油输出国损失近400亿美元。于是,石油输出国于1960年成立了石油输出国组织OPEC,在1968年发表的《政治宣言》中指出"国家行使对其石油资源的永久主权",1971年又夺回了石油标价权。1973年10月,正当OPEC与西方石油公司激烈讨价还价时,第四次中东战争爆发了,

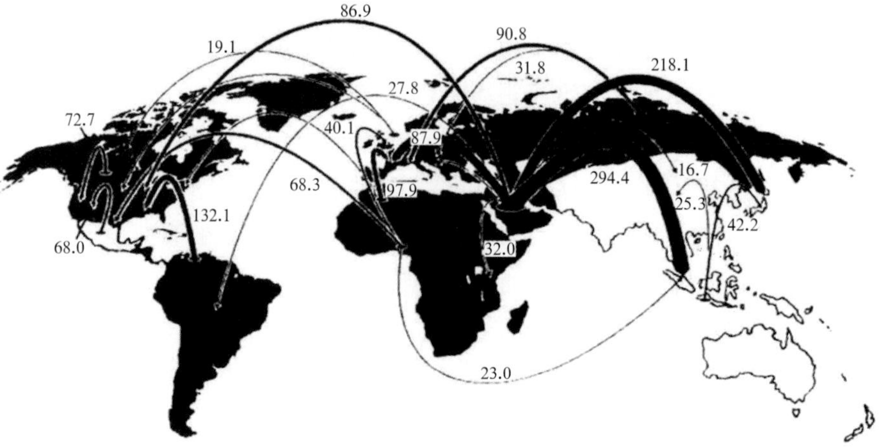

图1–7　1997年世界石油贸易主要流向图[9]
数字单位为100万吨。

OPEC 宣布石油减产、禁运和提价，一时每桶油价由 3 美元涨到 12 美元，引发了第一次全球性石油危机。以美国为首的石油消费国针对性地于 1974 年成立了“国际能源机构”(IEA)，提出了“市场力量战略”反制，使油价逐渐回落。不久，又爆发了两伊战争，引发了第二次能源危机，创下了每桶(1 桶约相当于 128～142 千克，下同)42 美元的最高纪录。

经过石油输出国与消费国之间的激烈较量和两次石油危机的巨大振荡，双方逐渐成熟，国际石油形势和格局发生了深刻的变化。包括非 OPEC 石油输出国的石油产量迅速增长，占到了世界总产的 1/3(2000 年)；俄罗斯实力越来越强；非洲越来越受到关注，以及经济全球化中的石油公司并购风越刮越紧，“爆炸性”并购事件不断，按 1999 年排序的 50 家大公司占有了世界石油产量的 86.4%，储量的 92%。输出国与消费国间已经是你中有我，我中有你，互相依存又互相制约，一个多元化和相互依存又相互制约的新格局逐渐形成。图 1–8 的右图可以从量上反映出一个多世纪以来，石油产量从美俄双雄到一美独大，进而发展到多极化时代。

根据美国地质调查所 USGS 1995、USGS 2000 等资料，全球石油资源的总量(含天然气液)是 4 549 亿吨，剩余可采储量是 1 304 亿吨，剩余可采储量排在前 5 位的全是中东国家，占去了 63.8%；天然气资源的总量是 4 192 亿吨(由 1 000 米^3 天然

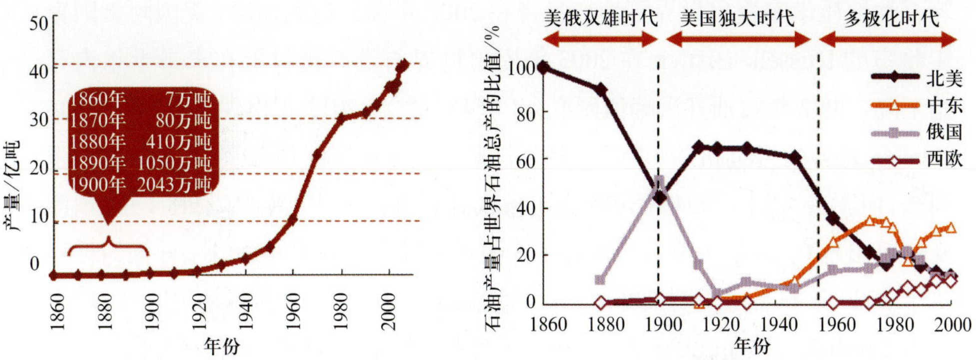

图1-8 1860—2000年世界石油产量[8,9,11]（左图）及主要地区和国家石油产量占世界总产的百分比值[9]（右图）

气相当于1吨标油换算得来)，剩余可采储量是1 188亿吨。剩余可采储量中俄罗斯占了40%，伊朗占了19%，加上随后的卡塔尔、阿联酋、沙特阿拉伯和美国6大产气国共占去了全球82%的天然气资源。地球在石油上特别眷顾了中东地区，而“福兮祸所伏”，中东油田也成为了战争的温床[9]。

石油是工业社会的“血液”、物质文明的推动力。20世纪是石油的世纪，它刀光剑影，纵横捭阖，称霸能林百余年。石油虽仍如日中天，但也脱离不了世事盛极而衰之道[9]。

1.5 峰值论与储产比

常言道：“家有万贯，不如算算”。算算有多少，用了多少？剩下多少？还能用多久？这对了解化石能源家底和谋划未来很重要。

这些年，石油峰值论在学术界讨论得很热闹，分歧很大。峰值论最早见于马利昂·金·休伯特(Marion King Hubbert)的一篇论文，认为油井产油量呈钟形曲线，一旦峰值出现，产量必然走下坡。这条钟形曲线叫“休伯特曲线”，峰值叫“休伯特峰值”。不料，他提出的“美国石油产量将在20世纪70年代出现峰值”的预言竟然被言中了。

20世纪90年代，日本有项1860—2060年间的能源状况及预测研究，提出化石能源峰值将在2020—2030年出现；Crai B.Hatfield和Richardy A.Kerr

等石油地质学家提出世界石油产量将在2008年前后达到顶峰；美国阿贡国家实验室的Russell Brown在2003年提出世界石油产量可能在未来十年内开始下降；2002年石油开采峰值研究会(ASPO)预测2012年出现峰值(图1-9)；2004年著名的咨询机构PFC能源公司董事长罗宾森·韦斯特认为峰值虽未到来，但不会太远；2004年壳牌公司和欧洲联合研究中心(JRC，2004年)预测峰值将出现在2030年前后；2006年法国石油学院教授Pierre Rene认为世界将于2020年左右出现石油峰值；英国BP公司2001年的预测是2010年，瑞典学者Fredrik Robelius认为是2015年左右[12]，等等，这样的研究很多很多。地球上的煤炭储量最丰，可是最近欧洲能源观察机构也预测煤炭生产峰值不会到来很晚，世界煤炭储量最多的美国，煤炭生产峰值将在2025年前后到来。

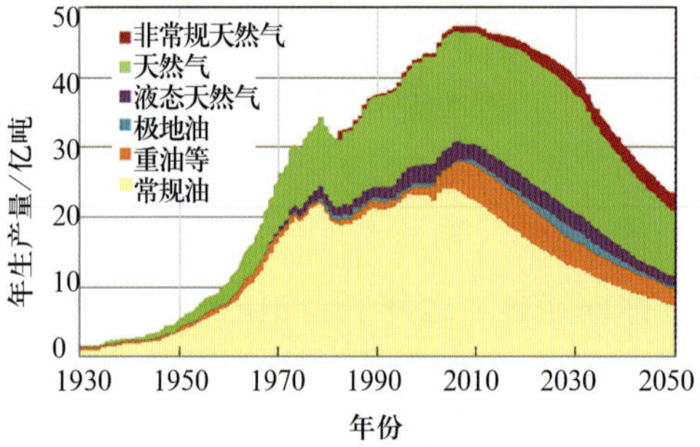

图1-9　世界峰值研究会2002年[13]对世界油气开采峰值预测

以上数字确实令人不安和沮丧。但也有另一种乐观的看法，认为“世界能源不像人们所说的只能用几十年，因为每年都有新的储量探明，所以“这些常规能源至少还能用上一百年”[14]；也有人认为，“历史上不止一次地泛起‘石油枯竭’的预言，但又一次次被事实所否定。20世纪后期，石油和天然气的剩余可采储量和产量总体上呈升势，它们像神话中的‘聚宝盆’，越采越多”[9]；2004年*Science*上发表的意大利学者Leonardo Maugeri的文章说：“石油峰值是虚假的警报，石油时代远未结束。”持乐观态度者的依据主要是对“新探明储量”的乐观上。

中国的石油峰值也受到了关注，研究者利用不同预测模型测算的结果见于表1-2[15]。

表 1–2　中国石油峰值模型预测结果[15]

模型	峰值年份	峰值产量/亿吨
Hubbert	2005	1.723
广义翁氏模型	2022	1.903
HCZ 模型	2012	1.885

“峰值论”的争论太激烈，可先搁置冷处理一下，还是看看“新探明储量”和“储产比”方面传递了哪些信息吧。

资源的天平上，一面是“新探明储量”在加量，一面是每年的开采生产在减量，那么资源情况和趋势又是如何判断呢？用“储产比”的方法可以说明这个问题，它既不说过去，又不说未来，只说某年的“剩余可开采储量”和“生产量”之比，以定势的角度看它还能开采多少年。如果将多年的“储产比”连续起来，就能较清晰地见其资源储量的发展动态与趋势，比较客观。我们可以用图 1–10 的 1961–2000 年世界石油（含天然气液，下同）和天然气的年剩余可开采量及储产比的动态曲线做个试验。

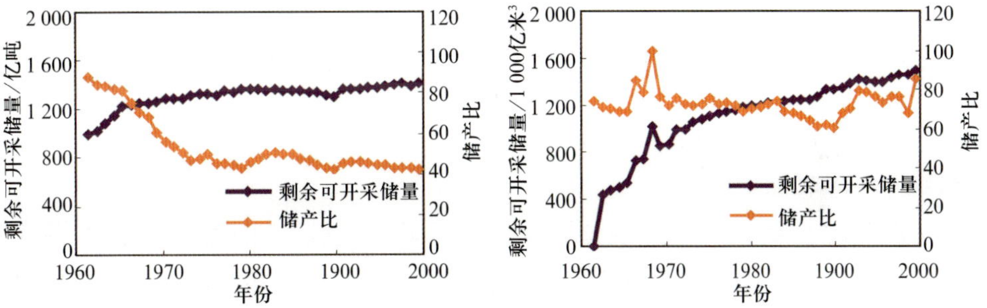

图1–10　世界石油（左图）和天然气（右图）的剩余可开采储量和储产比（1961–2000年）[9]
原资料中石油单位MMB和天然气单位BCF已分别换算为亿吨和1 000亿米^3。

图 1–10 左图上的“剩余可开采储量”动态曲线说明自 20 世纪 70 年代至 20 世纪末的 30 年间，世界石油的剩余可开采储量是平稳和微升地维持在 1 300 亿～1 400 亿吨之间，也就是说，新探明储量大体能抵消新增的生产量。但是，图中的储产比曲线则显示出，世界石油的储产比由 1961 年的 88.2 快速下降到 20 世纪 70 年代初的 50 左右，一直维持至 20 世纪末(近年已降到 42)。该图反映了：尽管剩余可开采储量稳定，但因年开采量快速增长使

二者比值在逐渐下降,也就是说石油可供使用的年限已经由 88 年减少到了 42 年。

图 1−10 中右图的天然气则是另一番景象。从勘探到开发,天然气比石油晚了半个世纪,1961 年的年产量仅 570 亿米^3,2000 年快速增加到 1.76 太米^3,剩余可开采储量由 400 亿米^3 增加到 149.4 太米^3,说明新探明储量超过了新增开采量,但 20 世纪 70 年代以后的增幅开始减缓。储产比曲线在 20 世纪 60 年代曾攀升到 100,随后一直维持在 75 左右的较高水平。

由图 1−10 还可看出,石油开发已是"人到中年",而天然气尚在"青年期"。

请注意,以上资料是在研究程度、勘探技术和开采科技已经相当成熟的背景下所反映的现实与趋势,稳定性较大。"储产比"是在用事实说话,比依据不足的"悲观论"和"乐观论"要客观和科学得多。

1.6 告罄危机

20 世纪 90 年代以来,不断有对石油、天然气前景预言预测的文章发表。1997 年 Bartlett 提出,"按现生产量,预计石油供应可持续 50 年,天然气也只够 50 年使用";1998 年 Campbell,C.J. 著文提出,"按世界现有的和未发现的原油储量估算,2010 年的石油开采量将开始减少,到 2050 年将由现在的年产 250 亿桶减少到 50 亿桶。"[16]

美国地质调查所在发展预测上做了一项很有意义的基础性工作,即在 2000 年的 USGS 2000 报告中,对世界石油(含天然气液)和天然气资源量做了进一步的划分,不仅有"剩余可开采储量",还有"储量增长潜量"(由于技术装备水平提高而对已开发油气田的挖潜增量)及"待发现资源量"。这三项指标几乎囊括了当前和未来各种状况下的潜在资源与储量。据 USGS 2000 测算,世界石油和天然气资源的剩余可开采储量、储量增长潜量和待发现资源量的三者之和分别是 3 574 亿吨和 3 696 亿吨,细节可见表 1−3。

在 USGS 2000 工作基础上,美国能源信息署 2005 年发布的资料[17]预测了 2002−2025 年世界石油和天然气消费量的年均增速分别为 1.9% 和 2.3%,并以此推算,全球石油剩余可开采储量加上储量增长潜量(共 2 297 亿吨)可用

表 1-3　世界石油与天然气资源量及构成

项　目	石油*		天然气**		合计	
	亿吨	%	亿吨	%	亿吨	%
待发现资源量	1 277	28.1	1 471	35.1	2 748	31.4
储量增长潜量	993	21.8	1 037	24.7	2 030	23.2
剩余可采储量	1 304	28.7	1 188	28.3	2 492	28.5
累计已开采量	975	21.4	496	11.9	1 471	16.9
总资源量	4 549	100.0	4 192	100.0	8 741	100.0

*石油含天然气液；**天然气单位换算：1 000米^{3}天然气相当于1吨标油；资料来源：USGS2000及参考文献[9]。

39 年；如再加上待发现资源量(共 3 574 亿吨)，可用 53 年；天然气可分别使用 47 年和 63 年。英国 BP 的《Statistical Review of World Energy 2005》对天然气可持续使用时间的预测是 66.7 年，与 IEO2005 的预测结果很接近。

至于煤炭，IEO 2005 预测，世界煤炭消费总量将由 2002 年的 52.6 亿吨增加到 2015 年的 72.5 亿吨，年均增速为 2.5%；2015—2025 年的年均增速将下降到 1.3%，2025 年的消费总量是 82.3 亿吨。由此，IEO 2005 提出的预测是，“目前的世界煤炭储量可以持续使用 90 年”。

IEO、USGS、BP 这些国际权威机构占有翔实资料，拥有丰富经验和先进的运算手段，能对各类能源的可开采储量、消费量、储产比等作出比较接近实际的估计和预测。化石能源是不可再生的，越用越少，总有用尽的一天。真是天意弄人，让尽情享受着化石能源光热恩惠的这一代人议论它的枯竭和后事，实属无奈，又非常必要，因为它关系着人类社会未来的兴衰。国际能源资深分析家马修·西蒙斯(Matthew R. Simmons)的最新力作《沙漠黄昏——即将来临的沙特石油危机与世界经济》[18] 中将这个问题说得很透。沙特阿拉伯是世界石油储量最大的国家，几乎是石油的化身与代名词。马修·西蒙斯却独具慧眼和力排众议地挑战了沙特阿拉伯原油日产量可以轻易提升到 1 500 万桶或 2 000 万桶并保持 50 年供应的神话，他严肃指出：

“世界的石油需求已经达到了一个前所未有的水平，而沙特阿拉伯的主要油田却年复一年地衰竭”；“沙特阿拉伯石油黄昏的到来标志着我们进入了一个石油供应逐步萎缩的世界”；“随着研究的不断深入，我也越来越相信世界正走向一场严重的能源危机”。

图1-11 汽车流（左图）及著名的英国《经济学家》杂志封面上赫然写上的“石油时代的终结”（右图）

马修·西蒙斯在石油的核心地区爆了这颗“地雷”，无疑是在化石能源渐趋枯竭的伤口上撒上了一把盐。他在中文版序言中提醒说：

> “未来全球能源消耗的增长也许很快成为未来经济增长的桎梏，而这一迫在眉睫的问题将深刻地改变着世界的历史”；“如果我们能够尽早地认识到这一点，就能尽快地设计出一套新的‘经济蓝图’，在不过度依赖矿物能源的前提下，保持经济的增长与繁荣”。

化石能源是工业化和现代物质文明的支柱，是经200年建起的一座光彩夺目、荫佑万民的巍峨大厦。而今大厦之将倾兮，吾将何如！且看下节能源明天。

1.7 能源明天

如果说1973年的第一次世界石油危机和两伊战争时的第二次石油危机是油价格危机的话，那么现在则是全球化石能源的资源危机，以及化石能源导致的环境危机。诺贝尔化学奖得主 George A. Olah 早在 1994 年就指出：

“大多数工业上重要的合成化学品是由石油资源衍生而来的。世界上每天的石油用量已超过 1000 万吨，而世界人口在不断增加，日益增加的能耗和有限的不可再生的化石燃料资源的日趋减少不可避免地产生矛盾。在 21 世纪，我们必须拿出新的解决方案来维持工业化国家现已达到的水平和不发达国家要努力达到的水平。”

中国科学院朱清时院士 1998 年也曾指出：

“近百年来煤和石油是主要能源和有机化工原料，它们给人类社会带来了繁荣，也造成了严重的环境污染。无论污染问题是否可以最终解决，人类迟早需要重新依靠可再生的生物质中储存的太阳能，但不是过去那样简单地燃烧它们，而是寻找高效地利用它们的新方法。”

政治家们也开始了他们的国家行动。先是克林顿离任前发布了《开发和推进生物基产品和生物能源》总统令；继而布什上台后掀起过一阵“氢能源热潮”，后在 2006 年的国情咨文演说中讲道：

“美国要保持领先地位就必须有足够的能源，但是美国在使用石油上，像吸毒一样地‘上瘾’，而这些石油是从世界上不稳定地区进口的。最好的办法就是依靠美国人的才智和技术进步，打破对石油的这种过分依赖，改善我们的环境，摆脱石油经济，使我们对中东石油的依赖成为过去。”

奥巴马政府更是以能源独立自主、清洁能源和应对全球气候变化作为他的新政支柱。

2007 年 3 月的欧盟首脑会议提出了 3 个“20%”的目标，即到 2020 年减排温室气体 20%，提高能效 20% 和可再生能源占能源总消费量的 20%。瑞典是欧洲能源革命的“急先锋”，1970 年的能源消费结构中石油占 77%，2003 年下降到 32%，总理佩尔松在 2006 年世界生物能源大会致开幕词中说：

“生物能源已经能满足目前瑞典 25% 的能源需求，2020 年瑞典将成为世界上第一个不依赖石油的国家。”

巴西2007/2008年度的甘蔗乙醇替代了国内50%的汽油，减排了2 580万吨温室气体，成为超过信息产业的国家支柱产业。

风电在德国、丹麦、西班牙等国发展起来，装机容量由20世纪90年代初的2.5吉瓦（1吉=10^9，下同）增加到目前的50吉瓦。仅德国的装机容量就有1.7吉瓦，占全国电力需求的7%。世界太阳能集热器的现运行保有量是154兆米^2，相当于热装机容量107.8吉瓦；2005年中国的运行保有量为75兆米^2，占世界总拥有量的48%。在太阳热能发电上，1991年美国首先在南加利福尼亚州的莫哈韦沙漠建了9个10兆～80兆瓦的太阳热能发电厂，2010年将迎来一个世界最大的、由2万个25千瓦太阳盘组成的、发电容量为500兆瓦的太阳热能发电装置。水能作为传统能源中的可再生能源，全球发电能力超过10太千瓦·时，水能资源已开发了18%。核能是一种清洁能源，法国的核电占发电总量近80%，瑞典和比利时占50%，德国和日本占30%，美国和英国也占20%。

在迎接能源转型的时代里，多少企业家梦想自己能成为当年的德雷克和洛克菲勒，站在新能源领域的高地上。世界首富比尔·盖茨（Bill Gates）投巨资的年产30万吨乙醇厂就设在旧金山附近；硅谷阳光微软系统（Sun Microsystems）创始人Vinod Khosla的风险投资、以Marathon为代表的石油界大举进入生物能源领域；汽车制造商福特、通用和戴姆勒－克莱斯勒已开灵活燃料汽车和新能源汽车之先河；壳牌石油公司、英国BP公司、中石油、中海油公司等石油巨头也纷纷进入可再生能源领域，为能源转型作战略性准备。

科学家们为明天能源想得更大更远，不仅要攻克从水中取氢，还于2006年在巴黎签署了有中国参加的、投资100亿美元和耗时35年的国际“热核聚变试验堆”（ITER）计划。近年来，美国、欧盟、俄罗斯、中国、日本、德国、巴西、印度等都跃跃欲试地“登月”，除了想在航天技术上“练手”和竞争外，还因为月球上有丰富的、极具诱惑力的氦–3。

山雨欲来风满楼。人类社会正在谋划能源的明天，准备迎接一个清洁和可持续的新能源时代的到来。

参考文献

1．罗运俊，何梓年，王长贵．太阳能利用技术．北京：化学工业出版社，2005．

2．黄素逸，高伟．能源概论．北京：高等教育出版社，2004．

3．张超．水电能资源开发利用．北京：化学工业出版社，2005．

4．吴庆余．基础生命科学．2版．北京：高等教育出版社，2006．

5．陈家良，邵震杰，秦勇．能源地质学．江苏：中国矿业大学出版社，2004．

6．吴晓煜．煤史钩沉．北京：煤炭工业出版社，2000．

7．姚强，等．洁净煤技术．北京：化学工业出版社，2005．

8．国家统计局，等．中国能源统计年鉴2008．北京：中国统计出版社，2009．

9．张抗，等．中国石油天然气发展战略．北京：地质出版社，石油工业出版社，中国石化出版社，2002．

10．王才良，周珊．找油的故事．北京：石油工业出版社，2006．

11．国家统计局，等．中国能源统计年鉴2004．北京：中国统计出版社，2005．

12．Fredrik Robelius．Grant Oilfields and Their Importance for Future Oil Production (www.diva-portal.orgldive/getDocument? Um_mbn_se_uu_diva-7625-1_fulltext.pdf).

13．中国可再生能源发展战略研究项目组．中国工程院重大咨询项目：中国可再生能源发展战略研究丛书·太阳能卷．北京：中国电力出版社，2008．

14．张旭之．多元化多学科参与解决中国能源供给．农林生物质工程座谈会论文集、2004.10：17～21．

15．冯连勇，陈大恩．国际石油经济学．北京：石油工业出版社，2009．

16．Campbell C J，Laherrere J H．The end of cheap oil．Scientific American，Mar．1998：78～83．

17．美国能源信息署．国际能源展望IEO2005．北京：科学出版社，2006．

18．马修·西蒙斯．沙漠黄昏——即将来临的沙特石油危机与世界经济．徐小杰译．上海：华东师范大学出版社，2006．

如果没有4亿年的温室效应，地球表面的平均温度不会是现在的15℃，而是-18℃。但是，工业化在一二百年里释放的二氧化碳相当于4亿年累积量的1/3，全球地面平均温度上升了0.7℃。气候突然变暖打乱了地球表面系统的平衡。

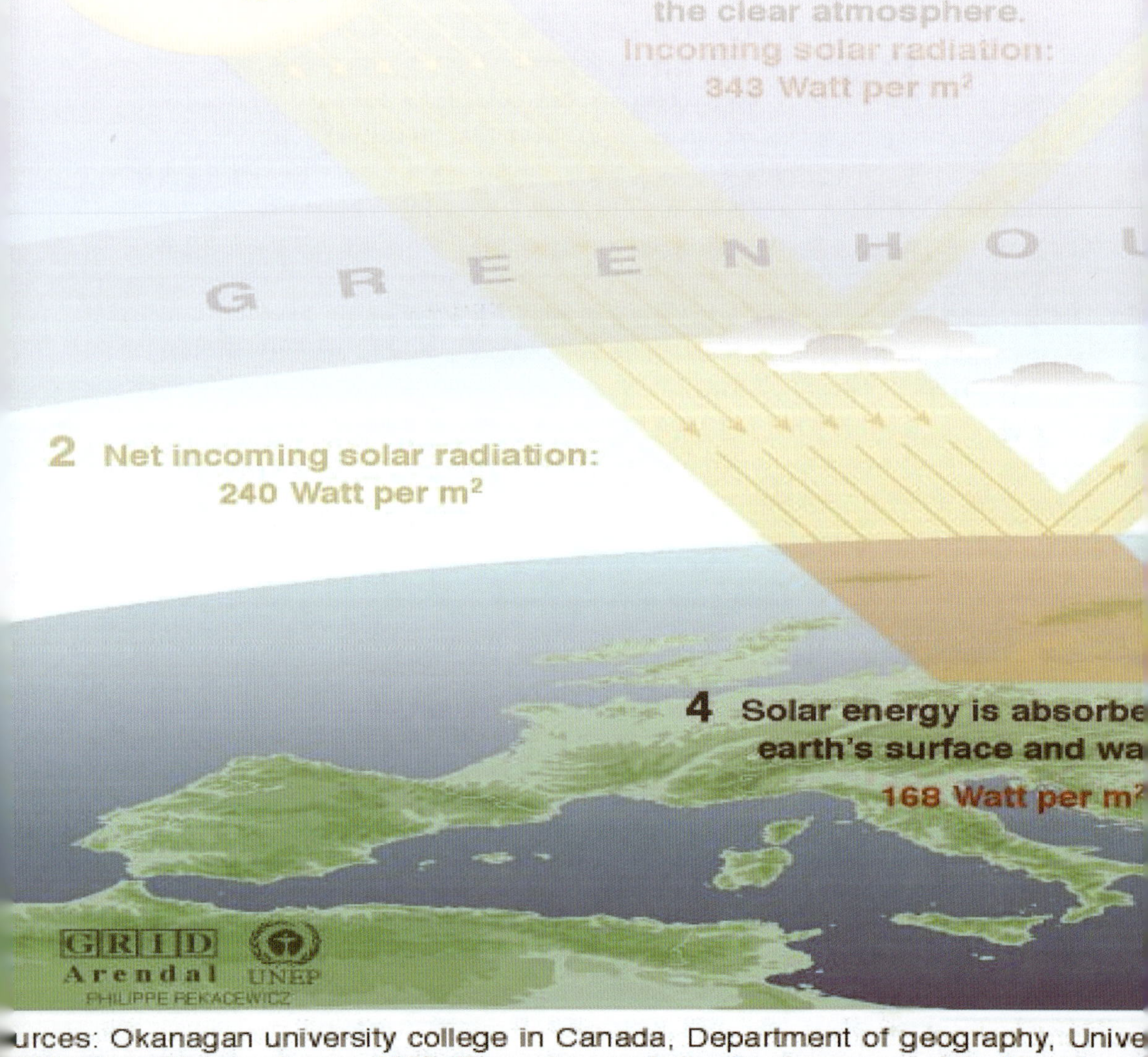

urces: Okanagan university college in Canada, Department of geography, Unive
ashington; Climate change 1995, The science of climate change, contribution of worl
IEP and WMO, Cambridge university press, 1996.

2 资源与环境危机

- 古典式循环经济模式
- 聚焦全球气候变暖
- 二氧化硫与粉尘的困扰
- 人类社会在觉醒
- 国际社会在行动
- 启动“后京都时代”
- 寄希望于绿色产品
- 中国的两难境地与决心

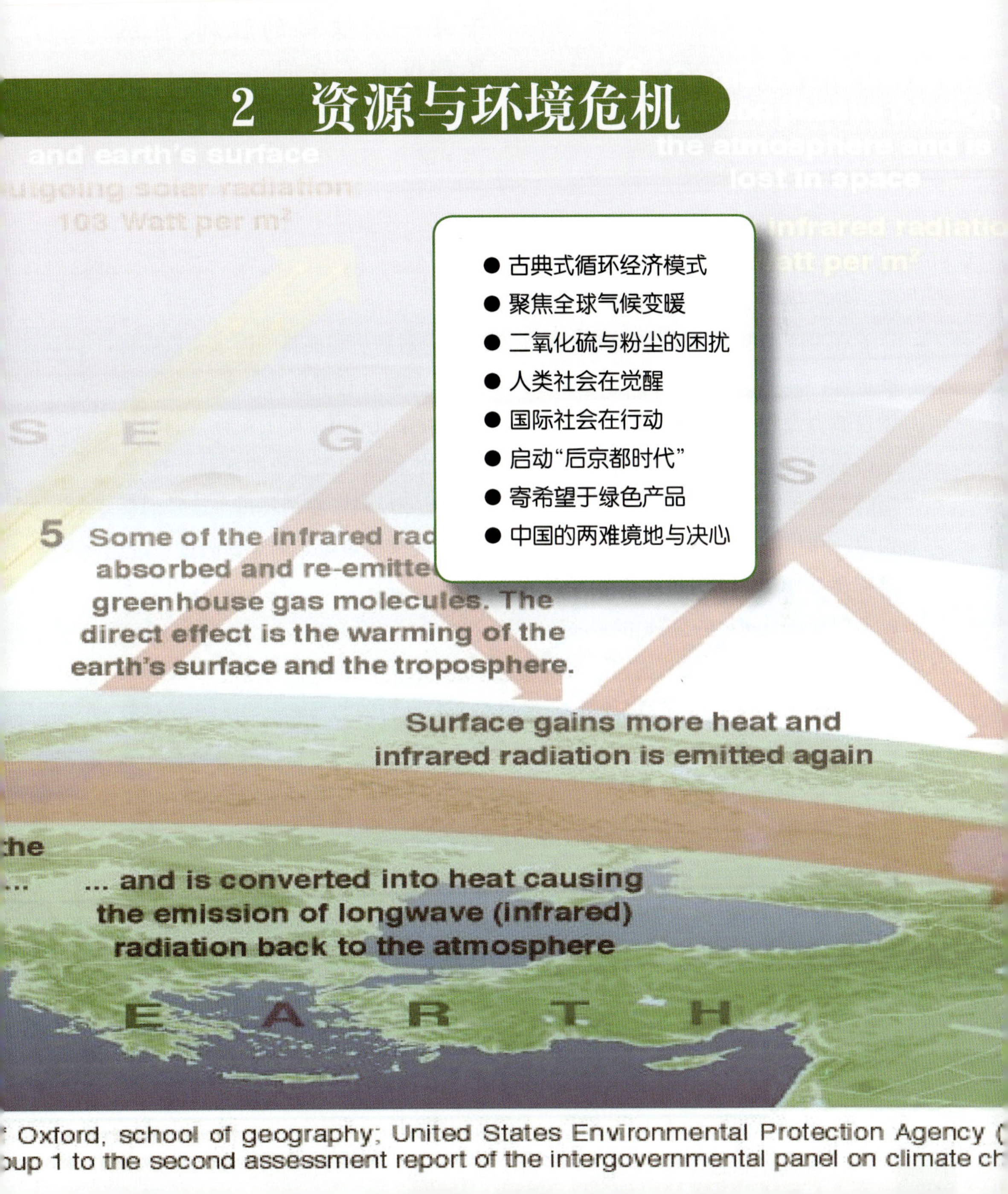

我们不要过分陶醉于我们人类对自然界的胜利。对于每一次这样的胜利，自然界都报复了我们。

——恩格斯

物质生产是人类社会最基本的生产活动。

在生产力低下的原始社会，人类生产活动中对物质和能量的需求和依赖程度很低；以农产品生产为主要对象的农业社会，主要是利用光、热、水、气等可再生自然资源和土地从事动植物生产，这已经延续了几千年；而工业社会的物质生产则是建筑在大量消耗和高度依赖不可再生的物质和能量资源基础上的。短短的200年，工业社会的物质生产将所需要的重要原料资源消耗过半或是消耗殆尽，同时导致对人类生存环境的严重污染。工业文明步步走向辉煌的过程，也是资源消耗和环境污染步步加深、危机步步严重和不可持续的过程，这成为不以人们意识为转移的、可怕的现实。

20世纪将工业文明推向了登峰造极，也让人类社会面临几千年来最实质性的和最严重的生存与发展危机。正像恩格斯曾经告诫的那样："我们不要过分陶醉于我们人类对自然界的胜利。对于每一次这样的胜利，自然界都报复了我们。"[1]

1987年，联合国向世界发出了"全球正面临人口、资源、食物和环境的严重挑战"的警示。本章正是以这种沉重的心情和时代危机感谈论着人类社会所面临的资源与环境危机，思考着人类社会的未来。

2.1 古典式循环经济模式

采菊东篱下，悠然见南山。

——陶渊明

鹅湖山下稻粱肥，豚栅鸡栖半掩扉。
桑柘影斜春社散，家家扶得醉人归。

——王驾

梅子金黄杏子肥，麦花雪白菜花稀。
日长篱落无人过，唯有蜻蜓蛱蝶飞。

——范成大

这些田园诗的意境总是那么悠然与静谧，即使在自然科学层面上，延续了几千年的传统农业，在物质与能量、资源与环境问题上也是那么清纯与和谐。

农业是从事动植物生产的产业，也是一种增加对太阳辐射能吸收转化及生命物质产出的产业，因为它依托植物载体及其光合作用机制，通过人的智力与体力投入而获得较自然状态下更多的能量和物质产出。植物以其光合能力，利用光能将二氧化碳与水合成为碳水化合物，同时又从土壤中汲取氮、磷、钾、硫、钙、镁等生命元素组成了植物躯体，所以在完成光能向化学能转化储存的同时也生产了植物性的物质产品（即一性产品），进而将能量和物质传递给动物体而完成二性产品的生产。完成生产周期后的这些物质与能量又重新回归土壤，进入下一生产周期的循环，如此轮回往复，生生不息至今。

几千年的传统农业只是在这个自然态的物质和能量循环中，通过选育良种、施肥、精耕细作、防除病虫害等农事活动，提高了动植物的产出和质量而已。在生产过程中，所有的动植物残体、人畜粪便、薪柴烧后的草木灰、残羹剩饭用以养猪积肥，连人死后也要“入土为安”地统统回归土壤；生产中所消耗的人力与畜力也是循环中能量转换的一个环节。传统农业是利用可再生的自然资源，以生物质为载体的一种闭合式物质和能量循环系统，没有外源性物质与能量的介入。这正是传统农业能维持数千年而地力不衰、产量不减、系统能够永续循环的奥秘所在。

传统农业遵循“天地与我并生而万物与我为一”（庄子《齐物论》）的天人合一哲学思想，以“夫稼，为之者人也，生之者地也，养之者天也”的“三才论”科学定位天地人三者的关系；强调“物宜、时宜、地宜”和“地力常新”、“精耕细作”、“相生相克”，使资源实现最大程度的回归与循环利用、最小程度的废弃与环境污染，实现自然资源消耗最少与对环境压力最小的一种低碳以至负碳式的高效循环模式。尽管它的科技和生产力水平不高，但它支撑了两千多年辉煌的农业文明，也为今天的人类社会提供了一个可资借鉴的、天人和谐的成功范例。

天道在于变。卡尔·马克思在描述早期工业社会和资本主义时说，大批农民破产，离开土地，被抛进了如同兵营般的工厂。同样，那“采菊东篱下，悠然见南山”的悠然，连同那平静和闭合的物质能量循环系统，也被蜂拥而至的高效化肥、高杀伤力合成农药、轰鸣的拖拉机、强大的电力以及精致的塑料地膜冲击得荡然无存。这些物质能量的“外来户”，打破了原闭合式物质能量的循环与平衡，使物流量和能流量骤然加快，带来了生物量产出的倍增。但是，化肥的过量使用导致水体富营养化和亚硝胺富集；有机肥施用的减少和地膜的白色污染导致地力衰退；高杀伤力的有机合成农药同时也大量杀死害虫的天敌，增强了病虫的抗药性和减弱了作物的抗逆性，等等。此外，化肥、塑料、机械动力设备与电力等的生产都需要消耗大量化石能源和排放温室气体，这就构成了现代农业的另一个侧面。

高科技和高物质产出适应了社会发展的高需求，而高资源消耗和高环境代价又带来了社会的不可持续。以上仅就传统农业与现代农业而言，如果放大到200年间的工业经济与自然资源环境之间的关系，又何尝不是如此。

以上并非为了褒传统农业，贬现代农业，想走回头路，而是以传统农业为例，提出社会发展中的天人和谐理念。低科技、低生产率可以天人和谐，高科技和高生产率是不是必然高资源消耗、高环境污染、天人对立呢？当然不是。那么如何才能高科技、高生产率，而又低资源消耗、低环境污染，实现现代版的天人和谐模式呢？人类社会如何从不可持续的工业经济走向可持续的绿色经济，这正是人类社会所追求的下一个社会形态。

2.2 聚焦全球气候变暖

不仅是资源枯竭困扰着人类社会，环境的迅速恶化也使人忧心忡忡。当初，人们在挖掘使用煤炭和石油时，何等满心喜悦，怎曾想到所排放的废气竟会产生今天如此严重的环境后果。

地球大气层中的氧、氢、氮等单原子及双原子气体对太阳辐射和地球反射的影响很小，而有三个原子的二氧化碳、水蒸气、二氧化硫等则对太阳不同波长辐射具有很强的选择性，短波辐射可顺利通达地球表面，而经地面增温后发出的长波辐射却大量被吸收，像温室暖房的玻璃一样地减少了地球表面热量的散失，所以将这些气体称为“温室气体”。

2007年《自然》杂志登载耶鲁大学的一篇文章说，温室气体对地球表层气候的影响至少已经持续了4.2亿年，在此期间，二氧化碳含量每增加1倍，全球气温增加3℃。据专家们估计，如果没有这些温室气体，地球表面的平均温度不会是现在的15℃，而是－18℃，地球上的生物界和人类还会有今天的兴盛与繁荣吗？温室气体对地球和人类是有莫大贡献的。但是，地质时期的温室气体积累和气候暖化是一个非常缓慢和渐进的过程，是地球系统进化中的一部分，是与生物进化协同发展的。而现在人们常说的“温室气体导致全球变暖”则是在极短的时间内以极快的速度（就地质过程而言）增加大气的温室气体，导致暖化和使大气与生物系统发生紊乱。

工业生产和现代生活需要大量使用化石能源，使煤炭、石油和天然气将它们在地质时期数亿年间积聚的碳、硫等以二氧化碳、二氧化硫、一氧化碳等化学形态一股脑地排放了出来。研究全球气候变化的权威性国际组织IPCC发布的第四次科学评估报告《气候变化2007》中说，全球大气二氧化碳浓度已从工业化前的280微升/升（原文为280 ppm）增加到2005年的379.1微升/升（原文为379.1 ppm）。1906—2005年的100年间，全球地面平均温度上升了0.74℃；与1980—1999年相比，未来20年全球将增温0.4℃，到21世纪末增温1.1～6.4℃，海平面将上升0.2～0.6米。该评估报告肯定地指出：“全球气候变暖已是不争的事实”，一个“令人恐惧的已知事实”（汤·弗里曼，2008）[2]，而“化石燃料的使用是导致全球变暖的主要原因”（IEO 2005）[3]。

全球气候变暖对人类生存环境带来什么样的影响？该评估报告作了如下描述：

——冰川消融加速，冰川积雪的储水量减少，海平面上升，旱区面积扩大，世界1/6以上人口的可用水量将受到影响。

——水资源时空分布失衡，部分地区旱者愈旱，涝者愈涝，洪涝灾害加重，热浪、强降水、台风等极端天气事件将更加强烈和频繁。

——对全球生态系统将造成不可恢复的影响，包括全球平均温度增幅将超过 1.5～2.5℃; 二至三成物种可能灭绝；二氧化碳增加海水酸度和导致海洋生态失衡；农林业的气候变率及气候和生物灾害增加，收成更加不稳定。

——对沿海及低洼地区的经济及社会发展造成巨大影响；将导致突发性公共卫生事件增多增强，严重威胁人类健康，对亚洲的威胁将更加严重。

美国能源信息署的《国际能源展望》(IEO 2005)中也提出，引起全球变暖的温室气体 80%～85% 来自于化石能源消费，并使用 SAGE 模型[3]，提出全球化石燃料的二氧化碳排放量以年均 2% 的速度增长(2002–2005 年)，并将由 2002 年的 244.1 亿吨增加到 2025 年的 387.9 亿吨，其中，石油、煤炭和天然气的贡献分别为 54.5 亿、53.5 亿和 35.4 亿吨。图 2–1 为全球 1870–2000 年二氧化碳浓度变化曲线。

美国戈达德空间研究所对全球 800 多个气象监测站 121 年的(1880–2000 年)数据记录进行了整理。设 1950–1980 年的地球气温平均值为标准值，则 1880–1930 年的全球气温均低于标准值，1977 年以后几乎年年超过标准值，16 个最暖的年份都出现在 1980 年以后。据政府间气候变化小组预测，21 世纪地球平均气温将上升 1.4～5.8℃。

温室气体除二氧化碳外，还有甲烷、氯氟碳化物、氧化亚氮等，四者的贡献分别为 49%、18%、14% 和 6%。甲烷是有机物质厌氧分解的产物，煤层气(瓦斯)、天然气、湿地、稻田、畜禽粪便和城市垃圾等都会排放出甲烷。甲烷的温室效应是二氧化碳的 21 倍，但数量远少于二氧化碳，在大气中停留时间约为 10 年，而二氧化碳为 100 年。

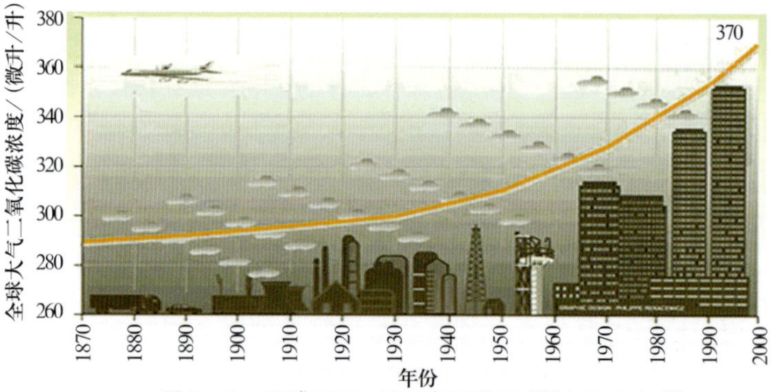

图2–1　全球1870–2000年二氧化碳浓度动态[4]

2.3 二氧化硫与粉尘的困扰

使用煤炭的另一个严重的负面影响是导致二氧化硫对大气的污染和造成酸雨(图 2-2)。

煤炭中一般都含有 1%~2% 的硫，每燃烧 1 吨煤，就有约 20 千克的二氧化硫释放到大气中。大气中的二氧化硫在水汽中溶解而生成硫酸，使降水成为酸性，pH 达 5.6 以下者称酸雨。酸雨不仅直接危害人体健康，还会使河湖水体酸化，破坏森林、植被和土壤，导致生态恶化，以及腐蚀金属等各种材料。酸雨受气流移动的影响，可以长距离输送，造成跨区、跨国污染。全球有三大酸雨区，即北欧、北美和中国西南部。

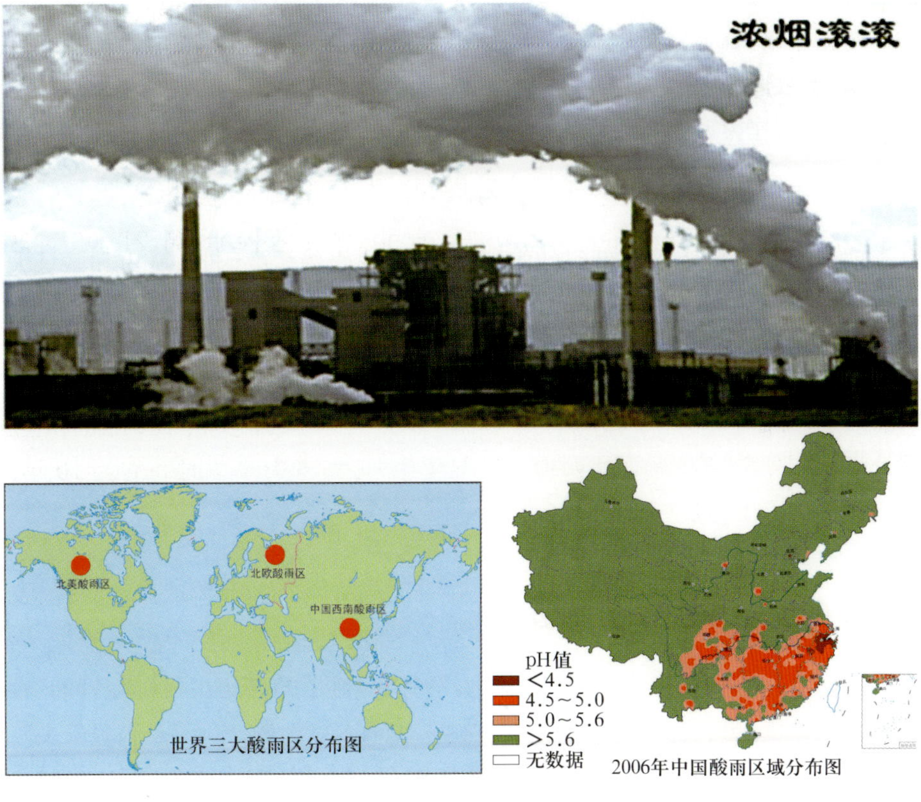

图2-2 全球和中国酸雨现状

上图为工厂烟筒的滚滚浓烟，左下图是世界三大酸雨区分布图[4]，右下图是中国酸雨区分布图；资料来源：钱易，2007。

煤炭燃烧时还会产生大量颗粒物质和水蒸气，如遇气压较低和湿度较大的天气，就会形成含大量粉尘和有害气体的烟雾。1930 年比利时马斯河谷的烟雾事件导致 60 多人死亡和许多人发病；1948 年美国宾夕法尼亚州多罗拉镇的烟雾事件导致 17 人死亡，近 6 000 人发病；1952 年 12 月发生的伦敦烟雾事件更是震惊了世界。

英国是工业革命的摇篮，从 18 世纪初到 19 世纪的 100 多年里，千千万万个锅炉不停地排放煤烟和蒸汽，将伦敦覆埋于烟雾之中。下面是查理·狄更斯的著名小说《荒凉山庄》(《Bleak House》)中对 100 多年前"雾都"伦敦的一段描述：

> "处处弥漫着雾。从绿洲和草原流出的小河上，笼罩着的是雾，雾还掩盖着河的下游，那里聚集着由肮脏城市和停泊小船所倾出的污物。雾罩在埃塞克斯的沼泽上，罩在肯狄斯的高地上。雾覆盖在车场上，还飘荡在大船的帆桅四周……雾飘进格林威治退休老人的眼睛里和喉咙里，使他们在炉旁不断地喘息。"

即使在工业化才半个世纪的中国，也深受煤炭粉尘的困扰，城市和区域大气环境中的可吸入颗粒物严重超标。中国 74% 的城市人口在三级和劣三级空气质量中生活；酸雨区面积占国土面积的近 1/3；七大水系中 4～5 类水质占 32%，劣 5 类水质占 27%(2005 年)。这是中国半个世纪工业化所付出的部分环境代价。

2.4 人类社会在觉醒

白居易在《遣怀》诗中"乐往必悲生，泰来犹否极"的名句出自《周易》的"否(音 pi)极泰来"思想，即"天地交则顺，曰泰；天地不交则失，曰否"。"否极泰来"、"物极必反"、"盛极而衰"等说的都是矛盾往往向它的对立方面转化的哲学思想。当资源与环境的阴霾在人类社会上空弥散，伤害着人类健康，腐蚀着美好家园的时候，它也激发了人类的良知、理性与勇气。

1828 年，德国化学家维勒开创了合成化学；1940 年瑞士嘉基公司推出了世界第一例人工合成杀虫剂 DDT，它对害虫的强大杀伤力震惊了世界。1944 年，美国农药公司生产了 4 540 吨 DDT，1951 年产量增加了 10 倍。当人们还在为它对害虫的强大杀伤力而欢欣鼓舞的时候，1962 年，海洋生物学家蕾切尔·卡逊出版了以 DDT 等有机化学农药伤害环境为主题的著作，一部令世人振聋发聩的《寂静的春天》[5]。这是环境危机伊始时响起的一记春雷，是掷向环境伤害者的第一支投枪。该书在开篇“明天的寓言”里是这样述说的：

“一些不祥的预兆将落到村落里。神秘莫测的疾病袭击了成群的小鸡，牛羊病倒和死亡。到处是死神的幽灵，农夫们述说着他们家庭的多病，城里的医生也愈来愈为他们的病人中出现的新病感到困惑莫解……农场里的母鸡在孵窝，但却没有小鸡破壳而出。农夫们抱怨着他们无法再养猪了——新生的猪崽很小，小猪病后也只能活几天……曾经一度是多么引人的小路两旁，现在排列着仿佛火灾浩劫后的、焦黄的、枯萎的植物。被生命抛弃的地方只有寂静一片……不是魔法，也不是敌人的活动使这个受损害的世界的生命无法复生，而是人们自己使自己受害。”

蕾切尔·卡逊的这本书像捅翻了马蜂窝似的令那些贪婪成性的化工公司老板们发抖发狂，恶毒攻击她是“歇斯底里”、“煽情”、“老处女”和“大自然的女祭司”。而时任美国副总统的阿尔·戈尔在该书的再版前言中写道：“《寂静的春天》犹如旷野中的一声呐喊，用她深切的感受，全面的研究和雄辩的论点改变了历史的进程。如果没有这本书，环境运动也许会被延误很长时间，或者现在还没有开始。”《寂静的春天》成为当代环境保护主义运动的先驱和旗帜。

与《寂静的春天》一书不无关系的是，1968 年 4 月，来自 10 个国家的 30 多位科学家、实业家、经济学家和人类学家聚会在罗马山猫科学院，讨论“人类困境”的沉重问题，由之而诞生了“罗马俱乐部”这个声名显赫的非正式国际协会组织。1970 年夏天的会议上，麻省理工学院教授杰伊·福雷斯特提出了一个全球模型，可以从不同方面认识人类社会的困境和相互的关系，随之，由丹尼斯·米都斯(Dennis L.Meadows)等撰写的，又一本环境经典著作《增长的极限——罗马俱乐部关于人类困境的报告》[6] 于 1972 年问世了。

在这个多变的时代，预言总是苍白的，但该书就食物、不可再生资源和环境污染等影响社会发展的重大要素成指数增长的论点以及“增长极限”的概念，至今仍在影响着人们对人类社会未来的思考。书中对世界未来的两种前景是如是述说的：

> 第一种前景是，“如果在世界人口、工业化、污染、粮食生产和资源消耗方面以现在的趋势继续下去，这个行星上增长的极限有朝一日在今后100年中发生。最可能的结果是人口和工业生产力双方有相当冲突的和不可控制的衰退。”
>
> 第二个前景是，“改变这种增长趋势和建立稳定的生态和经济的条件，以支撑遥远的未来是可能的。全球均衡状态可以这样来设计：使地球上每个人的基本物质需要得到满足，而且每个人有实现他个人潜力的平等机会”。

人类社会面临的资源与环境的严峻形势惊动了联合国。联合国于1972年在斯德哥尔摩召开了第一次人类环境大会，会上提交了一份由58个国家、152位成员组成的委员会编写的一份非官方报告——《只有一个地球》[7]，又一部环境问题的经典著作问世了。该报告用大量鲜活的事例痛陈了工业化国家对地球的深重伤害，书的结尾这样写道：

> “我们在如此动乱和分裂的地球上……从哪里能找到那么大的力量，心理上和理智上的力量，去使人们对全人类忠心耿耿呢？
>
> 在这个太空中，只有一个地球在独自养育着全部生命体系……这个地球难道不是我们人世间的宝贵家园吗？难道它不值得我们热爱吗？难道人类的全部才智、勇气和宽容不应当都倾注给她，来使她免于退化和破坏吗？我们难道不明白，只有这样，人类自身才能继续生存下去吗？”

1981年，L·R·布朗在他的《建立一个可持续的社会》一书的扉页上写下了：

> “我们现在不是在前辈手中继承地球，而是向子孙后代借用地球。”“尽管我们许多人居住在高科技的城市化社会，我们仍然像我们

的以狩猎和采集食物维生的祖先那样依赖于地球的自然系统。”

1987年,受联合国秘书长的委托,以挪威首相布伦特兰夫人为首的22人国际委员会(WCED)向联合国提交了一份《我们共同的未来》的报告,以十分紧迫的心情向世界宣告“全球正面临人口、资源、食物和环境的严重挑战”。

《寂静的春天》发表后的三四十年里,一座一座保护环境、爱护地球的丰碑耸立在人类社会发展的大道上,标志着一种全新的理念,一个人类新时代的开始。

2.5 国际社会在行动

联合国及其属下组织是可持续发展理念的倡导者和行动的组织者。1991年联合国粮农组织(FAO)在荷兰登博斯召开了有各国农业部长参加的“农业与环境会议”,发表了著名的《登博斯宣言》。大会提出了“可持续农业和农村发展(SARD)”的概念,要求建立强化有机物质的循环利用、减少化肥农药等石油产品的投入、提高农产品的产出与质量、保护自然资源与环境的可持续性农业系统。

1992年,联合国在巴西里约热内卢召开了世界环境与发展首脑峰会,中国的李鹏总理出席了大会。大会以可持续发展为中心议题,通过了全球性、纲领性文件《21世纪议程》,签署了《联合国气候变化框架公约》。该公约的目标是把大气中的温室气体浓度稳定在一个安全水平,使自然生态系统能够适应全球的气候变化,确保食物生产不受到威胁,使经济能够持续发展。

从对自然资源的疯狂掠夺和对生存环境的恣意糟蹋,到关爱地球和可持续发展,是一次人类良知和理性的觉醒和胜利,是一次时代思想和理念的革命。人类社会采取的第一个大行动是针对减缓大气污染和全球气候变暖的。为了贯彻落实《联合国气候变化框架公约》,1997年12月在日本召开的京都会议通过了《京都议定书》草案,对二氧化碳、甲烷、氧化亚氮、氢氟碳化物、全氟化碳、六氟化硫等6种温室气体做出了具体的减排部署,规定了38个工业化国家从2008年到2012年必须完成比1990年减少5.2%的削减指标:欧盟减排8%,美国7%,日本和加拿大6%,东欧各国5%~8%,而新西兰、俄罗斯和乌克兰可将排放量稳定在1990年水平,并允许爱尔兰、澳大利亚和挪威的排放量比1990年分别增加 10%、8% 和 1%。对发展中国家没有安排减排任务。

10 年后的 2002 年，联合国又在南非约翰内斯堡召开了世界环境与发展二次首脑峰会，朱镕基总理发言中宣布中国批准了《京都议定书》。2004 年 3 月，欧盟环境部长会议批准了《京都议定书》；同年 6 月，日本政府批准了《京都议定书》。但是，占世界人口 4%，而二氧化碳排放量却占全球 20% 的美国布什政府，却以“气候变暖的不确定因素很多”和“付出经济代价太大”等为由而退出了《京都议定书》，反映了极端利己主义和对全球环境的不负责任态度。8 年后的美国奥巴马政府一改前任劣迹，积极应对全球气候变化。

不知是偶然还是刻意安排，在研究全球气候变化的权威性国际组织 IPCC 的第四次科学评估报告《气候变化 2007》发布后不久，即 2007 年 6 月，在德国海滨小镇海利根达姆召开了 8 国首脑峰会，峰会将应对全球气候变化作为了大会主题。欧盟和加拿大等国提出了关于到 2050 年全球温室气体排放量比 1990 年降低 50% 的建议。在激烈讨价还价和强大的压力下，布什勉强同意美国将“认真考虑”才达成了峰会的“妥协方案”。8 国同意于 2008 年之前谈判和提出 2012 年《京都议定书》失效后的“后京都时代”的新的温室气体排放标准。“后京都时代”如何应对全球气候变化终于提上了议事日程。

拒签《京都议定书》的布什不愧是政坛老手，以攻为守和转被动为主动地抢过默克尔为欧盟举起的“应对全球气候变化”大旗，当年 9 月就在华盛顿召开了“主要温室气体排放国”会议，寻求对美国提出的“温室气体减排长期战略”的支持，并把中国和印度等发展中国家也一起拉了进去。同年 11 月，在罗马召开了第 20 届世界能源大会。

2.6　启动“后京都时代”

海利根达姆小镇 8 国峰会正式提出“后京都时代”议题后，举世关注的关于“后京都时代”议题的会议于当年 12 月在印度尼西亚巴厘岛召开了，会议主题是“从气候变化的毁灭性灾难中拯救我们的地球”。欧盟、美国、发展中国家等都试图在会议上发挥自己的影响力而又最大限度地维护自身利益，以及在相互妥协中寻求可行的解决方案。会议争论十分激烈，美国代表一直拒绝接受大会提出的发达国家2020年前的减排目标，欧盟代表威胁抵制美国2008年主办的主要经济体气候变化会议，直到会议的最后一刻才达成了妥协的决议草案。草案提出发达国家应在2020年前将温室气体排放量在1990年水平上减少25%～40%，并要求所有国家的有效参与和遵循“共同但有区别的责任”原则。草案重申经济社会发展和消除贫困是发展中国家的优先解决问题，并支持发展中国家所采取的减缓气候变化的国家行动，促进可持续发展和更清洁的经济增长。

酝酿和筹备已久的、有194个国家代表及119位国家元首和政府首脑出席的联合国气候变化会议于2009年12月在哥本哈根召开了(图2－3)。这是继“巴厘岛会议”后的又一次讨论“后京都时代”的峰会，一次受世人极大关注和被称作“挽救地球”的会议。丹麦气候和能源大臣康妮·赫泽高女士说，如果这次会议失败的话，我们将会花更多时间和成本去寻找另一个解决办法，这是我们等不起的，这次会议只能成功，不能失败。但这毕竟与各国的国家利益攸关，会议不是慈善义演，而是一场发达国家与发展中国家利益与道义上的博弈。“丹麦文本”与“北京文本”的出台，外交上的针锋相对和唇枪舌剑使这次会议既充满戏剧性又让世人担忧。争论的焦点仍然是先行工业化国家应当正视并承担起导

图2–3　2009年哥本哈根气候变化大会

左图为大会会场；右图是印度代表队的成员都穿上了上面印有“要改变系统，而不是改变气候(Change System not Climate)”的T恤衫。图片来源：新华社(左图)；何钢(右图)。

致当今气候状况恶化的历史责任,必须率先大幅量化减排指标并向发展中国家提供资金和技术支持,这是必须履行的法律义务和不可推卸的道义责任。遗憾的是发达国家在会上的表现是不负责任的。

尽管如此,会议继续坚持了《联合国气候变化框架公约》、《京都议定书》和巴厘岛路线图的精神;坚持了"共同但有区别的责任"原则;提出了将全球平均温升控制在工业革命以前2℃的长期行动目标。《哥本哈根协议》没有在所有缔约方中达成一致,但最大范围地将各国纳入了应对气候变化的合作行动;在发达国家强制减排,发展中国家在可持续发展框架下采取减缓行动,最不发达国家和小岛屿发展中国家可以在自愿和获得支持的情况下采取行动,以及在长期目标、资金和行动透明度问题上达成重要共识。

气候变化已经严重伤害了地球和人类自身的生存环境,哥本哈根会议没有给世界以企盼的结果。绿色和平全球总干事库米 · 奈都(Kumi Naidoo)表示,"没有公平,没有雄心勃勃,更没提法律约束力,各国领导人在气候变化问题上统统失职。"乐施会国际执行负责人霍布斯(Jeremy Hobbs)认为1 000亿美元资金资助只是美好目标而不是承诺。企业界的期待也落了空,全球风能理事会(GWEC)称这份短短两张纸的"临时协议"不足以向市场和投资者提供足够清晰的信号。

哥本哈根会议取得了进展,也留下了遗憾,将初始的目标留给了2010年的墨西哥会议。在气候变化问题上,世人希望各国领导人的境界高些,决心大些,步子快些,但现实留给世人的却是耐心多些。气候变化是个系统问题,应对气候变化也是个系统问题,而且是更加复杂的经济与社会系统问题。中国有句俗语:"好事多磨",当然,大好事要经历更大的磨难,像唐玄奘"西天取经"一样。

坎昆峰会开幕了,世人正拭目以待。

2.7 寄希望于绿色产品

20世纪70年代以来,人们开始寻求对石油的替代,寻求煤炭的清洁生产,寻求提高工业的能源效率,寻求高效低毒的化学农药,寻求合理的施用化肥,寻求……人类社会在求索自己的未来。《增长的极限》曾概念性地勾勒了一个对资源和环境的未来愿景，认为在这个有限的世界系统中，能抑制人口和工业资本增长的负反馈回路是环境污染、不可再生资源的耗竭和饥荒。为了避免这种极端的结果则必须自觉地抑制增长，使之运行在一个较好的“人口和资本基本稳定，倾向于增加或者减少它们的力量也处于认真加以控制的平衡之中。”

一方面是资源耗竭和环境污染的“负反馈”仍在无情地推进，另一方面是人们在不断追求丹尼斯·米都斯的“平衡状态”。20年后罗马俱乐部的另一份报告——《四倍跃进》(Factor 4)[8] 给出了“乐观的回答”：即用效率革命的方法，以现在资源消耗的一半去获取增加1倍的物质财富，以达到《增长的极限》中提出的“平衡状态”。书中精心准备了如超级汽车、节能式建筑、地下滴灌、电子书籍、电视会议、柏林的“汽车共享”等50个实例。实例是具有说服力的，但是要实现“四倍跃进”也非易事，正如书中所说的：“在理论上，理论和实践是一回事；而在实践上，它们是不同的两码事。”书中用了大量篇幅，列举了从理论、观念、市场、贸易、税收等对开展效率革命的影响。但不难看出《四倍跃进》的作者仍是充满信心的，相信“月亮会比太阳更有价值，因为它是在人们最需要光明的晚上发出的光亮。”(毛拉·纳斯洛丁 Mullah Nasruddin 语)1997年的“卡诺勒斯(Carnoules)宣言”进而提出了“在一代人的时间内，把资源、能源和其他物质的效率提高十倍(Factor 10)”。

L·R·布朗更加关注当今人口压力和泡沫式经济增长导致全球性水土资源的短缺和退化、化石能源的强度消费和温室气体排放、生态与环境恶化、粮食生产能力下降、饥饿与疾病蔓延、社会分化与动乱等。他说：“人类对大自然的总体需求，在1980年前后第一次超过了地球的可再生能力，1999年已超出或透支了20%。”强调这种“生态借债即将到期”。这是对“增长极限”的另一种表述。

L·R·布朗在他的《生态经济》[9] 及以后的《B模式》[10] 中明确提出以牺牲资源与环境为代价和不可持续的现行“A模式”必将被“B模式”所代替。实现“B模式”的途径是提高水和土地的生产率，将碳排放减半，以及通过稳定人口、普及教育、全民医疗等应对社会挑战。书中警告说：“以矿物燃料为基础、以汽车为中心、充斥着一次性物品的西方经济模式，在工业国家已不再行得通，在中国、印度等发展中国家也不会行得通。”

毛泽东的革命理论宝库中有这样一条：干革命要靠两杆子，即“笔杆子”和“枪杆子”；还说“枪杆子里面出政权”。政治革命是这样，产业革命也是这个道理。可持续理念的实现，既要有先知们的绿色理论和传播，也要有绿色产品和市场，而绿色"政权"是靠绿色产品和市场的"枪杆子"打拼出来的，"枪杆子"掌握在企业家的手里。

20 世纪 80 年代，当塑料产业如日中天和"白色污染"刚刚露头(石油基塑料制品三四百年也不能被降解)的时候，一些企业就开始尝试在石油基塑料中添加碳酸钙或淀粉而使废弃塑料崩裂散碎，继而又研制出了可以降解的生物基塑料。Cargill 公司建成年产 14 万吨的聚乳酸生产装置，生产了杯、盘、瓶、盒等生活用品以及纺布和成衣；斯达其泰克公司和 KTM 公司生产了聚乳酸 PLA 的包装材料；日本富士通公司用玉米淀粉加工生成的生物降解塑料用于生产电脑外壳，等等。苹果公司的 2008 年度环境报告中有这样一段话：

> "去年，我们宣布于 2008 年末在苹果产品的生产中禁用聚氯乙烯(PVC)以及溴化阻燃剂(BFR)等物质，承诺实现无汞显示器以及不含砷的显示器玻璃的生产，我们的技术采用了更具效率的发光二极管(LED)技术。这些挑战中最具难度的是去除 PVC 和 BFR，我们正在整个产品线禁用溴和氯，苹果已经授权并测试数千种组件和机械塑料为无溴与氯的产品。2007 年 6 月，苹果的配备业界首个无汞的 15.4 英寸 LED 显示屏的全新 15 英寸 MacBook Pro 上市。2008 年 1 月，MacBook Air 的推出成为另一个里程碑式的标志事件，世界上机身最纤薄以及首台采用无砷显示屏玻璃以及无汞背光技术的笔记本电脑面世。"(www.apple.com.cn/environment/update)

苹果公司的态度和努力是应当受到赞扬和钦佩的。

人类社会需要先知者的绿色理论，需要媒体的传播，更寄希望于企业家的绿色产品与广大公众的参与。

2.8 中国的两难境地与决心

工业化高速进行中的中国，正面临发展经济与资源环境矛盾的两难境地。

化石能源占 97% 和其中煤炭占 73% 的现实，使中国在能源消费结构及其温室气体排放上陷于双重不利的地位。以 2005 年的生产量计，中国的煤炭、石油和天然气分别只够用52年、14年和45年，中国是个化石能源资源贫乏的国家，特别是石油。中国又是个温室气体排放的大国，1995年以30.1亿吨二氧化碳排放量登上世界第二的排名榜（EIA，1995），2008年与美国并驾齐驱，接近60亿吨水平，2009年"荣登"榜首。煤炭是温室气体排放的主要贡献者，占到全国二氧化碳排放总量的70%，二氧化硫排放总量的90%，氮氧化物排放总量的2/3（2003年），而煤炭正是中国能源的支柱。

据中国气象局报道，位于青海瓦里关本底站的观测，2005年大气二氧化碳浓度已经达到380.4微升/升，超过全球平均值（371.1微升/升，IPCC，2007）；北京、黑龙江、浙江、湖北四个本底站的观测资料表明1991—2005年的二氧化碳和甲烷浓度已持续上升到历史最高水平。近100年来，中国的年平均气温上升0.5～0.8℃（超过世界平均水平）（图2—4，图2—5）；海平面年均上升2.5毫米；20世纪50年代以后的年平均降水每10年减少2.9毫米；酸雨区占国土面积30%以上；此外，山地冰川快速退缩，极端天气与气候事件的频率和强度明显增加。从陆地到水体，以至大气，华夏大地已经遍体鳞伤，生存与发展环境日趋恶化，这种可怕的进程仍在持续加速。

中国工业化进程快速发展，能源需求急剧增长，但能源消费结构严重不良，

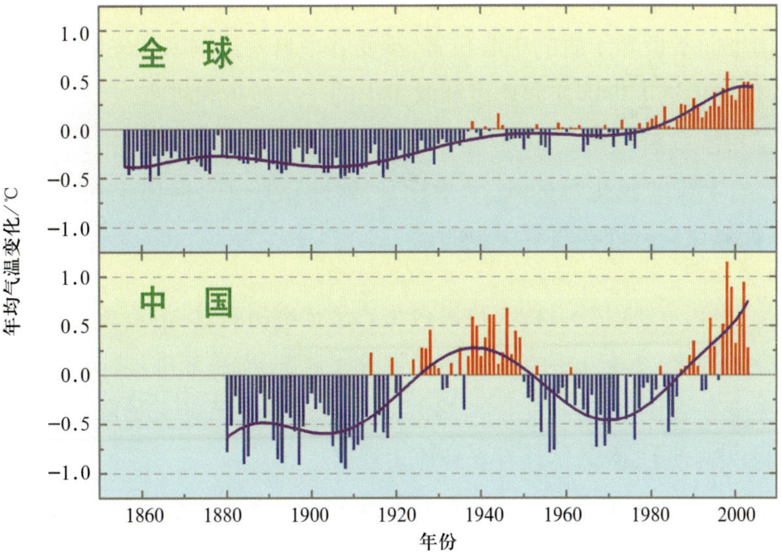

图2—4　1860—2000年全球及中国地表年均气温变化
资料来源：中国国家气象局气候中心，2007。

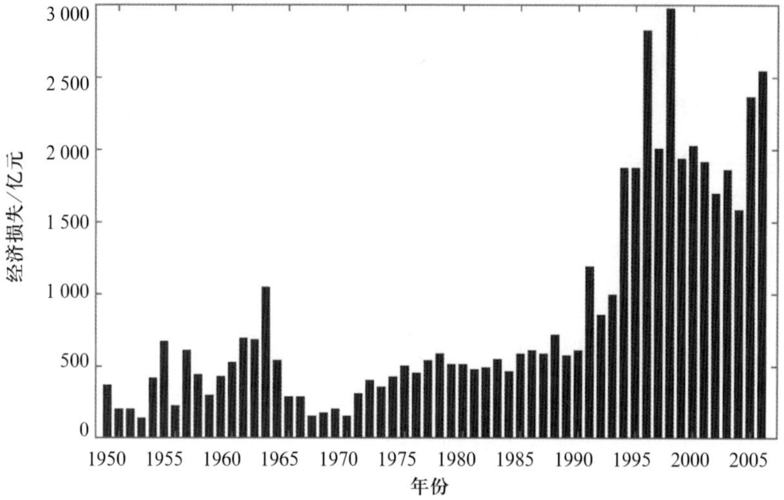

图2–5　1950–2006年中国气象灾害造成的经济损失

1949–1991年资料源自国家科委全国重大自然灾害综合研究组，1994；1992–2006年资料源自有关部委。

结构改善难度不小，减排的国际压力越来越大，中国能源问题竟如此尴尬与两难。中国政府先后发布了《中国应对气候变化国家方案》[11] 和《可再生能源中长期发展规划》，近年加大了节能减排的推进力度，加快了核能及可再生能源的发展。如何评价和展望中国的能源困境，本书第 12 章将有专门讨论。哥本哈根会议将中国推向了世界矛盾的中心位置，承受着来自发达国家和发展中国家的双重压力，但也促进了中国能源态度和政策上的一次转折和进步。

会前中国政府宣布到 2020 年单位国内生产总值二氧化碳排放比 2005 年下降 40%～45% 的减排目标。这个指标有“软性”的一面，但仍受到国际社会的好评。正如温家宝总理在演讲中说的：

“中国有 13 亿人口，人均国内生产总值刚刚超过 3000 美元，按照联合国标准，还有 1.5 亿人生活在贫困线以下，发展经济、改善民生的任务十分艰巨。我国正处于工业化、城镇化快速发展的关键阶段，能源结构以煤为主，降低排放存在特殊困难。”

“中国政府确定减缓温室气体排放的目标是中国根据国情采取的自主行动，是对中国人民和全人类负责的，不附加任何条件，不与任何国家的减排目标挂钩。我们言必信、行必果，无论本次会议达成什么成果，都将坚定不移地为实现、甚至超过这个目标而努力。”

于理而论，目前的全球气候变暖主要是先行工业化国家造成的，中国起的作用很小。自1950年到2002年，中国的二氧化碳排放量只占世界总量的0.3%；美国人年均能源消费7.91吨标油，中国才1.24吨(2004年)。于法而论，《联合国气候变化框架公约》针对发达国家和发展中国家的不同情况，提出了“共同但有区别的原则”。但就事而论，中国已是温室气体排放第一大国，自身环境状况严重恶化，且有损于“负责任大国”的形象。

参考文献

1. 恩格斯·F Friedrich.自然辩证法. 见：马克思恩格斯全集.北京：人民出版社，1985，20：519.

2. 汤马斯·佛里曼（Thomas L Friedman）.世界又热、又平、又挤. 丘羽先等译.台湾天下远见出版股份有限公司，2008.

3. 美国能源信息署.国际能源展望（IEO2005）.北京：科学出版社，2006.

4. 黄素逸，高伟.能源概论.北京：高等教育出版社，2004.

5. Rachel Carson.寂静的春天.吕瑞兰，李长生译.长春：吉林人民出版社，1997.

6. Dennis L Meadows，et al. 增长的极限——罗马俱乐部关于人类困境的报告. 李宝恒译. 长春：吉林人民出版社，1997.

7. Barbara Ward，Rene Dubos.只有一个地球. 《国外公害丛书》编委会 译. 长春：吉林人民出版社，1997.

8. Ernst von Weizsacker，Amory B Lovins，Paul Hawken.四倍跃进.北京大学环境工程研究所译.北京：中华工商联合出版社，2001.

9. 布朗 L R. 生态经济.林自新等译.北京：东方出版社，2002.

10. 布朗 L R. B模式.林自新等译.北京：东方出版社，2003.

11. 中国国家发展改革委员会.中国应对气候变化国家方案.2007.

奥巴马总统在2010年的国情咨文中说："掌握洁净、可再生能源动力的国家将处于21世纪的领先地位"。

3 21 世纪的多能演义

由一个系统进化到另一个系统，是由有序到无序再到新的有序，平衡到失衡再到新的平衡的过程。转型过程中的无序与失衡，是一座充满兴衰沉浮、激烈冲突的舞台。

——作者

2 500多年前，中国历史上统一强大的西周历时300年后分化为“春秋五霸”和“战国七雄”，出现了中国历史上的一个伟大的春秋战国时代，至公元前221年才统一于秦。在纷乱与争斗的四五百年里，政治上出现了管仲等诸多名相，出现了合纵连横和商鞅变法，出现了土地私有化和繁盛的商业；军事上有长勺之战、马陵之战、长平之战等著名战事，涌现了田单、赵括、王翦、孙膑等众多名将和《孙子兵法》等传世名著；科技和生产力发展上出现了牛耕与铁器、都江堰和郑国渠，出现了冶铁、煮盐、纺织、造船以及《四分历》、《考工记》等辉煌成就；文化上出现了奠基中华文明的李耳、孔丘等一批伟大的思想家，以及《周易》、《诗经》、《论语》、《道德经》等不朽之作，还有屈原惊天地、泣鬼神的旷世奇文《天问》与《离骚》。

在系统进化中，由一个系统进化到另一个系统，是由有序到无序再到新的有序、由平衡到失衡再到新的平衡的过程。转型过程中的无序与失衡，是一座充满兴衰沉浮、荣枯进退激烈冲突的舞台，是滋生新思想、新事件、新人物、新里程碑的热土。社会进化是这样，能源进化也会是这样。

化石能源成就了辉煌的工业文明，也成就了自身在工业社会的一统能源霸业200年。花无百日红，新陈代谢规律不可抗拒，不可持续的化石能源一统王国开始走向解体，21世纪将上演一场能源领域的“春秋战国”演义。这是系统进化中的一次由有序到新的有序之间的过程，是能源发展历史的一次伟大进步。相信在能源产业与科技、社会经济与生活、生态文明与环境方面都会硕果累累，能源的春秋战国演义将有声有色，精彩万般。

3.1 全球氢能风暴

21世纪之初，曾刮过一阵氢能风暴，席卷过全球。

美国总统布什一上台，2001年就在《国家能源政策报告》中提出发展氢能，翌年2月形成了题为《美国向氢经济过渡的2030年远景展望》报告，继而出台了《国家氢能发展路线图》。他在2003年国情咨文演说中说：“我们要使美国在制造无污染的氢燃料汽车方面领先全世界……让今天诞生的婴儿成为未来驾驶第一辆氢动力无污染汽车的人。”他在参观燃料电池展览后说：“如果过去你对无休止的能源战感到厌倦，让我们在21世纪发展氢燃料电池吧。”

一时间，在全球掀起了氢能热和氢经济热，日本、德国、中国等先后制定了本国的氢能发展计划；包括中国在内的15国和欧盟还于2003年发起了“氢经济国际伙伴计划(IPHE)”。2004年5月在北京召开的第二届国际氢能论坛上，国际氢能源协会副主席Carl-Jochen Winter说：“从19世纪煤炭到20世纪石油、天然气和核能的使用，每一次新能源的开拓都带给人类生产力以质的飞跃。如今到了21世纪，开发以氢能为代表的一代清洁、高效、安全、可持续的新能源，无论对整个世界还是对中国的可持续发展都将有着特别重要的意义。”

热潮中也有冷思考。认为氢在地球上不是一种单独存在的自然资源，而是像电能一样，要从水、天然气或生物质中分离后才能得到的一种二次能源。氢能是清洁的，但制氢则需要大量消耗一次能源和污染环境。每获得1个单位氢能(电解水)需投入约1.5个单位的电能，或3个单位的原煤，难怪安德鲁·奥斯沃尔德(英)推算后得出“氢能不是免费的午餐，不是清洁能源”的结论。氢能是只“水老虎”和“电老虎”，美国国家研究理事会(NRC)2004年的一项研究报告预测，如果美国向氢经济过渡，至少每年要生产 600 亿千克氢气，需要消耗 720 亿～2 610 亿米^3 的水，即在目前电力生产用水量基础上新增 27%～97%；在电解效率为 60% 时，需要消耗现美国全国发电量的 80%。此外，还有氢的泄漏和导致对大气臭氧层的破坏以及成本过高问题等等。

但是氢能倡导者仍大有人在。2006 年 11 月有多名国际知名科学家给八国集团首脑会议国家首脑及联合国发出《百年备忘录》，认为氢能是未来能源和气候变暖问题的永久解决办法，要求大力发展氢能。在中国也有这方面的争论，中国工程院倪维斗院士认为："氢气只不过是一种像电一样的能源载体，是要用其他一次能源转换得到的"，氢能可以"从水到水"是"一种十分迷惑人的说法"[1]。但是，毛宗强教授[2]反驳说，以水制氢消耗了水，使用中氢和同样数量的氧结合生成同样质量的水，这十分迷惑人的说法不是事实吗？

当前正在"热炒"和"热吵"的另一个焦点是氢动力汽车和氢燃料电池。通用、福特、戴姆勒－克莱斯勒、丰田、本田等世界大型汽车公司投巨资于氢燃料电池汽车，氢能等清洁燃料汽车和动力电池成为近两三年国际汽车展上的最大亮点。但是对它当前的实用性和经济性持怀疑态度的也大有人在，因为汽车的燃料是清洁了，但发电厂上空排放的温室气体更多了。"铁路警察，各管一段"，车老板管汽车盈利，电老板管发电盈利，谁管气候变暖？

看来，值此多能演义时代，氢能将是一个许久不能平静的话题。

3.2 新能源大器晚成

在众多技术问题尚未解决之前，布什总统对氢能的一番热情洋溢的讲话只能是一次美好的畅想。2004 年 12 月美国国家能源政策委员会提交的一份报告说："美国科学院估计需要 50 年时间的全力开发，氢能才能露出地平线。"布什也在 2006 年的国情咨文中改口说："这不是近期的解决办法，也不是中期的解决办法，而确实是远期的解决办法。"勿论是正面的还是反面的，布什的讲话总是那么生动和旗帜鲜明。经过一番热炒的"氢能"与"氢经济"终于回到了理性的轨道，静下心和埋下头来研究解决那些技术难题才是正道，科学是"炒"不得的。

在未来新能源的思考中，科技界颇为看好可控核聚变技术。

太阳是个巨大的热核反应堆，通过小原子的核聚变反应生成较大原子以获取和释放能量。人类在可控条件下进行核聚变反应最早是在苏联的一个叫“托卡马克装置”中实现的，目前核聚变反应研究集中于氢的同位素氘(D)和氚(T)之间的反应，人们给它的爱称是“人造小太阳”。氘在海水中蕴藏十分丰富，1升海水中提取的氘，经聚变后可释放相当于300升石油的能量，这是一种无污染、无长寿命放射性核废料和资源近于无限的一种理想能源。有中国参加的、投资100亿美元和耗时35年的国际“热核聚变试验堆”(ITER)计划于2006年11月在巴黎正式签字。

也有不少业内专家认为核聚变的技术难度太大。物理学家何祚庥院士著文说：“理论上可以认为受控热核电站是‘取之不尽，用之不竭’的能源，但要走向商业化，有人估计在2050年以后，有人估计要到2100年或更晚一些。严重的问题是发电成本将至少是现在核电的10倍。”又说：“材料的寿命与中子的辐射能量、辐照强度成反比，当前压水堆的寿命是30～40年，压水堆中的中子平均能量是0.25电子伏，快中子堆中子平均能量是0.1兆电子伏，至于受控热核堆，中子的主导能量是14兆电子伏；14兆电子伏中子对材料的破坏要比0.25电子伏的中子至少大一二个数量级！”[3]

还有一个令人兴奋不已的远景就是氦–3。近年来，美国、欧盟、俄罗斯、中国、日本、德国、巴西、印度等都跃跃欲试地“绕月”或“登月”，除了想在航天技术上“练手”和竞争之外，还因为月球上有丰富的、极具吸引力的氦–3。聚变反应中每千克氦–3可获得能量6×10^8兆焦(1兆焦$=1\times10^6$焦)，能量偿还比是97倍，而铀的核裂变只有20倍，它是人类社会长期、稳定、安全、清洁、廉价的一种可控核聚变能源原料，可供人类使用几万年。权威人士认为，用航天飞机将液态氦–3运回地球在经济上是有可能的，当然这是在50年或更长时间以后。但愿中国“嫦娥”(工程)早日“奔月”，吴刚早日捧出“氦–3酒”。

水中的氢、海里的氘、月球上的氦–3，科学家们都想到了，都是科学依据充足、信誓旦旦的。这些新能源的原料来源几乎取之不尽，用之不竭；生产和使用过程清洁、安全和稳定，可谓是一劳永逸的能源解决方案。但是新能源的技术难度的确太大了，需要科学家的极大努力和政治家的坚定，需要半个到一个世纪的时间。如果新能源得以商业化，人类大可不必为未来的能源担忧。

凡大器者多晚成，也许新能源是下个世纪的能源新“盟主”，但愿如此，这是人类社会共同的期盼。图 3−1 至图 3−4 展示了核能、氢能及“嫦娥工程”有关图片。

图3−1　加拿大的一座核电站

图3−2　北京市长安街上的氢燃料电池汽车
图片来源：刘秋田

图3−3　中国科学院等离子体物理研究所（安徽）的可控核聚变装置
图片来源：新华社，武巍。

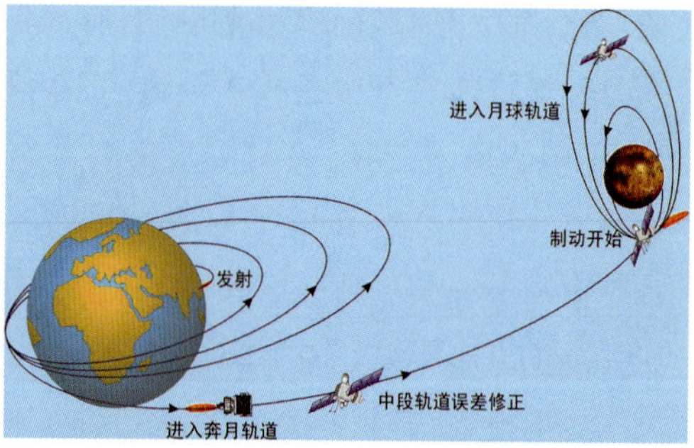

图3−4　中国“嫦娥工程”的卫星轨道
图片来源：欧阳自远。

3.3　核能一路走好

上面说的是核能中的核聚变，它离我们还很远；本节说的是核能中的核裂变，眼前的事，即常说的“核电”。

在核反应堆中，用慢中子轰击易裂变的原子核（通常是铀−235 或钚−239），使之分裂为两个较小的原子并释放出两三个中子，单位铀裂变所释放的能量是煤炭的 200 万倍。1942 年费米的第一个核反应堆试验成功，1945 年爆破了第一颗原子弹，1956 年第一个商业核电站在英国开始运行。截止到 2005 年 3 月，全球有 30 个国家的 440 座核电反应堆在运行，总装机容量为

366.5吉瓦，占世界电量消费的17%和能源消费总量的6%[4]，其中工业化国家占了80%。核能没有温室气体排放，生产的又是电能，高品位的清洁能源。

世事很难十全十美，总是利弊相随，使核电经历了半个多世纪的“用核－弃核－用核”的反复与波折，至今和今后对它仍会有不同的态度与政策。原子弹造成的核恐惧心理对建核电站起到了明显的阻碍作用，特别是1973年的三里岛核电站和1986年的切尔诺贝利核电站事故以后，人们越来越多地反对使用核能。因此对核电建设的公共设施要求越来越严格，造价与成本节节攀升，致使美国等许多国家的核电计划步步推迟，瑞典、西班牙和德国干脆终止了建设计划。但是在化石能源资源贫乏的法国、日本、韩国却坚持发展核电站，就像法国在20世纪70年代决定建核电站时所说的：“我们没有石油和天然气，没有煤炭，也没有别的选择。”随着反应堆的自动控制、自动监测与故障排除等技术的进步，核电站的安全性越来越高。在美国，随着发电功率的提升，核电成本已相当于煤电而远低于石油和天然气发电。

法国的核电占发电总量近80%，瑞典和比利时占50%，德国和日本占30%，美国和英国占20%，中国不到5%，核电无疑是中国替代煤电的一种重要取向。但何祚庥也提醒说：“中国天然铀资源供应不足，已探明量只能支持25座功率100万千瓦的标准核电站。”他还指出：“尤其需要提请社会公众关注的是：在核能领域中，还常常容易低估处理放射性废污所需要的资金和忽视发展其相关的处理技术。这实际上是将困难和代价移交给儿孙们去承担。”[3]

在化石能源价格飙升和环境污染日益受到关注的形势下，核电必将迎来一个极佳的发展机遇，特别是在经济迅速发展、能源需求旺盛的中国、印度和巴西。国际原子能机构最近预测，未来10年核电可能增加近1倍，可占到发电总量的13%左右。核电的传统技术与设施已相当成熟，现在人们关注和正在研发的重点是快中子核电技术，它将大大提高天然铀资源的利用率和缓解核燃料的不足，尤其是在中国。但是，未来的路也不会是一帆风顺的，主要的担心仍然是在大发展中的核安全问题。壳牌石油公司对2050年前的能源技术发展的预测中就提出了2030年以后将不会再有新建的核电站。[5]图3–5为部分国家核发电量排序。

望核能一路走好。

3.4 水能沿河走线

利用水流动力推动水车和石磨古已有之，自从有了涡轮机和发电机之后，水电才普遍兴盛起来，成为电力家族中的重要一员。目前水力发电占到世界电力消费总量的17%，在水力资源丰富的南美、北欧和加拿大，可占本国发电量的50%以上（图3–6）。自1878年在法国建成世界第一个水力发电站，到20世纪中叶，水电站大坝已成为现代化和“人类征服自然”的象征。美国科罗拉多河上的胡佛大坝、俄罗斯伏尔加河上的古比雪夫大坝、埃及尼罗河上的阿斯旺大坝、南美巴拉那河上的伊泰普大坝、加纳沃尔特河上的阿科松博大坝以及中国长江上的三峡大坝等都是世界上伟大的水利工程，超大型的水力发电站。

据文献资料[6]，全球川河水流中蕴藏的水能资源是50.5亿千瓦，相当于每年44.28太千瓦·时的发电能力；技术可开发的水能资源装机容量是22.6亿千瓦，相当于9.8太千瓦·时年发电能力，已经开发利用了18%左右。根据中国工程院2008年出版的咨询报告[7]，中国水力资源的理论蕴藏量为6.94亿千瓦，技术可开发量、经济可开发量和已经及正在开发的装机容量分别为54 164万、40 180万和13 098万千瓦；它们的年发电量分别为24 740亿、17 534亿和5 259亿千瓦·时。按联合国发展组织（UNDP）提出的分类，大中型水电为传统能源，小水电才属新的可再生能源，到2005年底，中国小水电的装机容量为3 800万千瓦，年发电量约1 300亿千瓦·时，担负着全国近1/2国土面积和1/4人口的供电任务[8]。

水能以水为载体，沿河走线，发电资源丰富、清洁、可持续、价廉、技术成熟，还兼有防洪、灌溉、改善通航等多种功能，是当前争议较少和最具开发潜力的一种可再生能源。在中国，水能剩余的经济可开发储量相当于400座标准的核发电站，发电成本是核电的一半。在化石能源换代和21世纪多能演义的时代，为发展水能提供了难得的发展机遇，必将在它那枝形水线上宏图大展，立业建功。

如此巨大的工程，必然会对河流生态产生很大影响，使某些回流鱼类等水生生物的生存环境发生很大改变，甚至导致某些物种的灭绝，还有占用土地和移民等问题。甘蔗没有两头甜，相对于水利工程对社会的巨大贡献而言，这些问题应当是可以接受和设法弥补的。生态问题应当高度重视，但也不要把生态现状和物种群落看成是绝对和神圣不可侵犯的。越来越加剧的人类活动已经使原

生态面目全非,如处理得当,以优化的人工生态对自然生态进行替代,也会取得很好的生态效果。以现在的生态学理论和生物学技术,生态和生物学家是会有能力重建和优化河流人工生态系统的。当然最终要看政府的态度与决策。

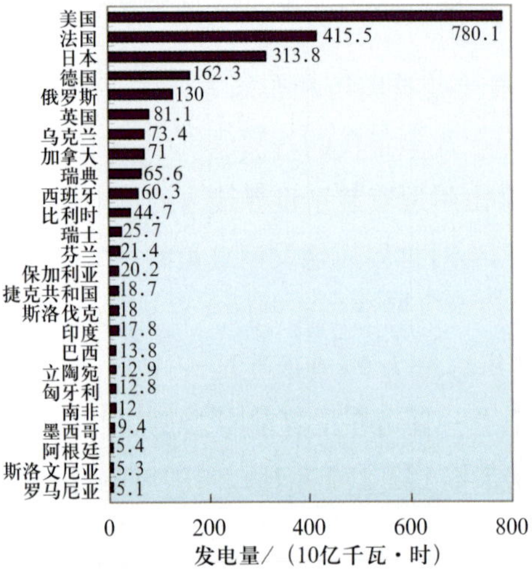

图3-5 部分国家核发电量排序

资料来源:IAEA Energy Statistics, http://www.Nation Master.com/graph。

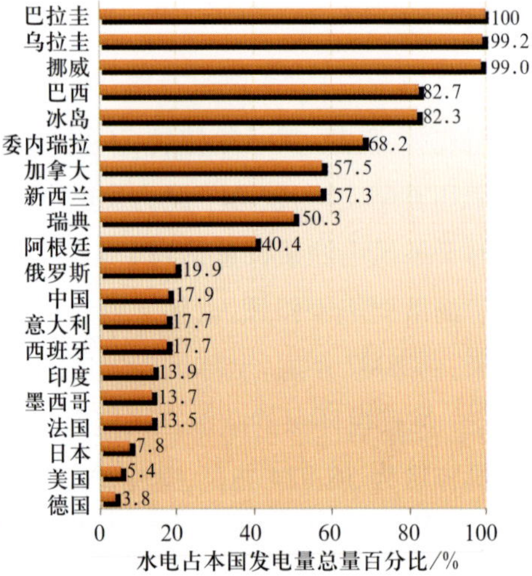

图3-6 部分国家水电占本国发电总量百分比[13]

3.5 风能雄踞一方

与水能一样,借风力行船和风车推磨也是古已有之的,还成就了哥伦布发现新大陆和郑和七下西洋的壮举。风能的现代利用则是通过风力带动涡轮机,再传递给发电机发出电力的。如果说水在大地上如树枝般沿河走线,自高而低地奉献势能,而风能则是成片成带,雄踞一方地奉献动能。因为不是有风即可发电,必须是具有构成风力发电场条件的地方的风才能派上用场,一般是距地面10米或50米高度的年平均风速要大于5米/秒。据世界能源理事会估计,具有风力发电场条件的陆地面积约占27%,发电能力约为2.3×10^6兆瓦,可年发电20太千瓦·时[9]。根据中国气象局第三次风能资源普查的结果(2007年),中国风能资源总储量为43.5亿千瓦,技术可开发量2.97亿千瓦,面积约20万千米^2,

主要分布在北方地区和青藏高原。离岸 20 千米近海区域的技术可开发量为 1.8 亿千瓦，面积 3.7 万千米^2。“天苍苍，野茫茫，风吹草低见牛羊”的内蒙古自治区是中国最大的风力场，技术可开采量占全国总量的一半(1.5 亿千瓦)[10]，而刘邦 “大风起兮云飞扬”(《大风歌》)中所写的沛县却没有风力场，寓意明志而已。

风力发电是 19 世纪晚期开始的，却很快就被廉价和布局方便的火电和水电所代替。但是，风水轮流转，不想 20 世纪七八十年代的石油危机中，美国又以政策和补贴支持，复苏了风力发电，在旧金山附近安装了世界最大的风电装置。当时美国风电的装机量达到 1 000 兆瓦，占当时世界风能发电总量的 90%，后因油价回落而陷于停顿，近年又因油价上涨和对发展清洁能源的关注而快速增长起来。到 2007 年底，全球风能发电的总装机容量为 94 005 兆瓦，占总发电量的 1%。一贯重视环保的欧洲在风能开发利用上一直走在世界前面，2007 年底的总装机容量为 56 824 兆瓦，其中德国居世界首位(22 277 兆瓦)。中国风电起步较晚，但近年发展较快，截至 2007 年的总装机容量是 5 906 兆瓦，居全球第五位。[10]

风电设备制造的能耗低，生产过程不需要专用水源、不排放污染物，随着技术进步和规模化程度的提高，成本已下降到接近于火电(中国现上网电价为每千瓦 · 时 0.5～0.6 元，美国还要便宜)。发展风电的问题是，风电场要占用大面积土地，涡轮机有碍视线并发出噪声，对鸟类有伤害，故风场只宜设在人口稀少地区。目前世界风电场主要在近海一带，陆上风电很少，而中国陆地风能资源远丰富于近海。

利用风能的一个致命性弱点就是它的稳定性和储能问题，尤其是在上电网条件下。目前电网是按火电的特性设计的，技术要求非常严格。风能的密度随时随刻都在改变，所生电力不连续、不稳定，电流、电压、频率的控制难度很大，控制不好会对电网产生强大冲击，需要有大量的技术处理，如建设与水能、太阳能、生物能等其他能源互补性的发电系统。非并网的直接利用是一种重要途径，但也需要解决复杂的协调问题和相关技术问题。问题的核心在于寻求具有商业开发价值的储能技术。

风能虽雄踞一方，但要做的事还很多。

3.6 太阳能先热后电

太阳普照大地，奉献着她的辐射能量。在穿过大气层到达地球陆地表面的 17×10^4 亿千瓦太阳辐射能中，植物吸收存储仅占 0.015%，用于食物和燃料的只有 0.002%。[11]

陆地表面的太阳辐射量深受纬度、地形、季节、大气环流以及年日照时数的影响，所以辐射资源量的地域差异很大。以中国为例[12]，极丰富带（Ⅰ）的资源量每年每立方米大于 1 750 千瓦·时，很丰富带（Ⅱ）在 1 750～1 400 千瓦·时，丰富带（Ⅲ）在 1 400～1 050 千瓦·时之间，一般带（Ⅳ）小于 1 050 千瓦·时，四带所占的面积分别为国土面积的 17.4%、42.7%、36.3% 和 3.6%，中国的太阳能资源是相当丰富的。何祚庥算了一笔账，中国 85 万千米^2 沙漠的潜在发电量相当于 1.67 万座标准核发电站。[3]

太阳辐射能的利用有两条途径，一是热能，如"太阳能集热器"的光学装置，聚集太阳的光与热，还可继而以热生蒸汽，驱动发电机转化为电能；二是利用半导体器件（通常是太阳能电池）将太阳光子的能量直接转换为电能，即光电效应。太阳能的热利用已经商业化多年，但热电与光电的成本太高，是火电的 10 倍以上，目前尚处在研发阶段。

太阳能集热器是近期可以开发和发展潜力很大的项目。中国 2006 年的运行保有量为 9 000 万米^2 [12]。由于是中温加热和主要用于与建筑物配套的供热（热水、供暖、空调），在当前大力推进节能减排的形势下，必将有一个大的发展，也是争议最少和各方看好的一种可再生能源。

在利用太阳热能发电上，1991 年美国首先在南加利福尼亚州的莫哈韦沙漠建了 9 个 10 兆～80 兆瓦的太阳热能发电厂，2010 年还将迎来一个世界最大的、由 2 万个 25 千瓦太阳盘组成的、发电容量为 500 兆瓦的太阳热能发电装置。圣迭亚戈也将建成一个 300 兆瓦的太阳热能发电装置。当前的主要问题是需要通过技术进步将发电成本降下来才有市场竞争力。

对太阳热能发电的看法不尽相同，有人认为"太阳能热发电厂是目前最有可能发展成为最大规模的发电厂。"乔治·A·奥拉[13]也有一种看法是，"从与自然和谐、顺从自然的角度，应该是分散能源分散用，即分散能源直接提供给合适的分散用户和其所需的用能方式。中国是否要发展大规模的太阳能的热发

电值得深入探讨，不能因为国外有示范我们就一定要'跟上'。"[1]

对太阳能光伏发电一致看好，但不是现在就能实现规模化、商业化生产。光电是由光到电的纯物理转换，没有中间过程，无需任何其他转换部件，无需消耗水等其他资源，也无任何排放物及噪声，所以许多专家都看好光电前景。何祚庥就是一位积极倡导者，认为通过降低单晶硅或多晶硅的厚度或设计生产出专用的单晶硅或多晶硅，可以使光电池成本下降60%～80%。[3]

2005年世界太阳能电池的年产量为1 818兆瓦，主要集中产于美国、欧洲和日本，预测2020年将达到200吉瓦。一些世界权威组织看好光电前景，世界能源组织IEA和欧洲光伏工业协会EPIA均预测2020年世界光电将占总发电量的1%，而2040年可达到20%或21%；欧洲联合研究中心JRC也预测2040年将达到20%以上，21世纪末的太阳能发电可占到总发电量的60%以上。

太阳能先热后电，前景诱人。

3.7 生物质能独树一帜

如果注意的话，我们会发现以上介绍的核聚变、核裂变、氦-3、氢能以及沿河走线的水能、雄踞一方的风能、先热后电的太阳能等可再生能源和新能源都有一个共同特征，即皆为物理态能量和仅能用于转化热与电的产品。生物质能则别开生面，独树一帜，请看它以下的10项表现：

（1）它是太阳辐射能经植物加工转化的、唯一的一种化学态能量。

（2）它以植物为载体，具有良好的稳定性和储能性。

（3）它既含能量，又有物质性载体，可以生产能源和非能的物质性产品。

（4）它具有原料上的多样性，如作物秸秆、林业剩余物、畜禽粪便、加工业的有机废水废渣、城市垃圾等有机废弃物以及利用低质土地种植的各种能源植物，等等。

（5）它具有产品上的多样性，其能源产品既有物理态的热与电，又有液态的生物乙醇和生物柴油、固态的成型燃料、气态的沼气等，还有非能的生物塑料等材料以及系列生物化工产品。

（6）生物液体燃料是规模替代化石运输燃料的主要选择。

（7）生产过程也是有机废弃物和有机污染源的无害化和资源化过程，故兼有环保及资源循环利用功能。

（8）生产与消费过程中的全部生命物质和能量均可进入地球生物圈循环系统，连释放的二氧化碳也可重新被植物吸收，是真正意义上的“零碳”和“永续”。

（9）可以促进农村经济发展，增加农民收入，对发展中国家有特殊意义。

（10）生物质遍及地球陆地与水域，原料资源十分丰富，有研究预测全球2050年可年产402亿吨标煤能量，是现今世界能源年消费总量的2～3倍[14]；中国2030年前后的生物质原料资源的年产能约为11.71亿吨标煤（参见第17章）。

以上10项是其他可再生和新能源所不具备和无法替代的。作为一种生产原料，生物质也有能量密度低、原料分散、季节性强的缺点，又因与粮食供应和生态密切相关，处理不当会产生负面影响，但这些不足都是技术性的、可以克服的。本书写的就是生物质产业，这里只是个开场白。

3.8 可再生能源家族

可再生能源之可再生，乃太阳辐射能的供应与转化可连续可持续耳。有直接转化的热能和电能，有以空气为载体的动能、有以水为载体的势能、有以植物为载体的化学能、有以海水为载体的动能，等等，它们是“一母所生的兄弟”，是太阳辐射能家族里的不同成员，各“兄弟”的载体和特性不同，所需要的条件和占据的地盘不同，生产方式和产品不同，各有长短（表3–1）。

在可再生能源的现代技术开发中，水能利用得最早，技术最成熟。全球50.5亿千瓦的水能资源，可利用率近一半，全球已开发利用了18%，中国达到30%。全球和中国的风能资源量很大，但可利用率很低，如中国风能的理论资源量是水能的6倍，可利用量只有水能的3/4，但因开发晚而发展空间大。全球生物质资源的理论量及可利用量是可再生能源中最高的，中国的可利用生物质资源量比风能和水能之和还要高（表3–1）。图3–7为4种可再生能源示意图片。

表 3–1　不同可再生能源特性比较

	水能	风能	太阳能	海洋能	生物质能
载体	水	大气	太阳辐射	海水	植物
赋存能态	势能	动能	辐射能	动能	化学能
转化能态	电能	电能	热能，电能	电能	多能态
储能性	差	差	差	差	好
开发区位	江河沿线	限风电场	高丰度地区	沿海	有植物生长处
开发程度	++++	++	+	–	++
能源产品	发电	发电	供热，发电	发电	固、气、液三态产品
非能源产品	无	无	无	无	生物材料和化工产品
环保性	单一	单一	单一	单一	多重
经济带动性	制造业	制造业	制造业	制造业	农业、制造业、运输业

注：“+”越多代表开发程度越高，“–”代表未被开发。

图3–7　风能、太阳能、水能和生物质能的示意图片

不同可再生能源的特性不同，各有各的一片天地。以中国而论，风能与太阳能的高丰度区集中于北方，水能集中于西部，太阳能集热器散布于城市建筑物，生物质能则广布全国。因此，开发可再生能源要因地制宜，因需（市场）制宜和重

在分布式。在有条件的地方，还可以两三种可再生能源叠置并进，例如中国的呼伦贝尔、浑善达克、科尔沁、毛乌素四大沙地可以有光能和风能。

中国古代有“龙生九子，不成龙，各有所好”的传说：赑屃能负重，供于石碑之下；鸱吻喜眺望，供于屋檐；蒲牢喜鸣，供于大钟；狴犴嫉恶如仇，供于监狱门楣；饕餮贪吃能喝，供于鼎盖和桥头；趴蝮喜水，供于桥栏；睚眦好斗，供于兵刃；狻猊性好烟火，供于香炉；椒图忌它物入巢，供于门楣。以此比喻可再生能源家族颇为贴切，可“依其所长，分而供之”。

3.9 21 世纪的多能演义

在能源发展历史上，19 世纪 70 年代初出现过 3 个标志性事件：1870 年全球煤炭生产量超过 2 亿吨、1870 年美国的洛克菲勒创办了美孚石油公司、1871 年俄罗斯在巴库打出了第一批油井。若以这些事件作为化石能源时代的起始标志，那么化石能源的一统天下至今已有 140 年了。经工业社会对化石能源的强度消耗和化石能源对环境的恶化，化石能源将逐渐走向终结，一个清洁可持续新能源新时代必将到来。

能源的更迭换代是一个漫长而错综复杂的过程。20 世纪 70 年代以后，石油危机屡现，美国和巴西的燃料乙醇、欧洲生物质发电和风能多有露头，但只要油价一降，它们就很快败下阵来，像拳击场上面对拳王的一个弱小新手，好一路的摔打跌宕。进入 21 世纪，化石能源的资源与环境压力越来越大，可再生能源的自身实力和社会关注度也日渐增长。生物乙醇产量近 6 000 万吨，巴西甘蔗乙醇的综合成本已经能够与 50 美元一桶的石油价格相竞争而不需国家补贴；核能、风能、太阳能增长加快，一个能源多元化的时代列车开始启动，就好像“拳王”逐渐年老力衰，年轻新手日益强壮技精。

在能源需求激增的 21 世纪，化石能源的高性价比和成熟的市场运行系统使它在相当长时间仍处于主导地位，但随着清洁能源的成长而替代加速，能源消费结构中将演绎一段消长沉浮的历史。

风能、太阳能和生物质能的各有长短，各有地盘，相辅相成，是指它们的自然属性方面，一旦注入了经济和社会内涵，情况就要复杂得多，如技术成熟度、

市场竞争力、经管水平、政策导向和支持力度等内外环境与条件会大相径庭。一项重要科技突破，一道新政策和计划的推行，一个明星企业和企业家的崛起，一起不可预见的偶发事件等，都会引起这个敏感天平的震荡起伏，这正是 21 世纪多能演义舞台的有声有色和魅力所在。

在这个复杂多变的系统中，能基本和长期起作用的因素主要是企业、科技和政策，三者是个有机整体。能源产品的生产与营销是企业，提高产品性价比的动力源泉是科技，政策是二者的发展环境。所以，企业家、科技专家和政治家三者智慧的良好整合是某项能源产品在角逐中取得优势的保证。一个能源品种，一个能源企业，一个能源产品，成功也好，挫折也好，都可以从中找到解释和原因。

在国家层次上，政府是国家能源发展战略的决策者和战术的制定者，是 21 世纪多能演义的编剧和导演。美国、巴西、欧盟等正在运用他们的国家工具推动能源转型的战略与战术。20 世纪 70 年代发生第一次石油危机后，沙特阿拉伯的石油部长亚马尼(Sheikh Yamani)有过这样一句名言："要记住，石器时代的消失并不是因为用光了石头"，这话颇具哲理。石器时代的结束不是用光了石头，而是因为有了铜器和铁器；农业社会的结束不是因为农作物没有了收成，而是因为有了现代科技和工业革命。所以社会的发展不必等到"气数已尽"才改朝换代，而是用进步的力量去主动替代。能源问题也是这个道理，哪个国家用先进的清洁和可持续能源去主动替代化石能源，哪个国家就会赢得 21 世纪能源转型的主动，成为引领新经济发展的火车头。

中国是个能源需求极高和消费增长极快的国家，是个能源消费结构中化石能源比重极高的国家，是个石油资源极贫和进口依存度超过 50% 的国家，是个温室气体排放第一的大国。在 21 世纪的多能演义中，中国是采取"先用光石头"(包括国外的)战略呢？还是加快"冶金炼铁步伐"尽快进入"铁器时代"的战略？这对中国崛起的战略后果是大不一样的，慎之。

参考文献

1. 倪维斗. 我国的能源现状与战略对策. 科技日报，2007-01-25.
2. 毛宗强. 没有气体能源的战略是不完整的能源战略. 科技日报，2007-03-05.

3. 何祚庥. 解决中国未来的能源问题，是以核能为主，还是以可再生能源为主？中国科学院院士建议. 2006(15).

4. 苏亚新，毛玉如，赵敬德. 新能源与可再生能源概论. 北京：化学工业出版社，2006.

5. Shell—Energy Needs, Choices and Possibilities, Scenarios to 2050.

6. 张超. 水电能资源开发利用. 北京：化学工业出版社，2005.

7. 中国可再生能源发展战略研究项目组. 中国工程院重大咨询项目：中国可再生能源发展战略研究丛书·水能卷. 北京：中国电力出版社，2008.

8. 中国国家发展改革委员会. 中国可再生能源中长期发展规划. 2007.

9. 黄素逸，等. 能源概论. 北京：高等教育出版社，2004.

10. 中国可再生能源发展战略研究项目组. 中国工程院重大咨询项目：中国可再生能源发展战略研究丛书·风能卷. 北京：中国电力出版社，2008.

11. 罗运俊，何梓年，王长贵. 太阳能利用技术. 北京：化学工业出版社，2005.

12. 中国可再生能源发展战略研究项目组. 中国工程院重大咨询项目：中国可再生能源发展战略研究丛书·太阳能卷. 北京：中国电力出版社，2008.

13. 乔治·A·奥拉，阿兰·戈佩特，G K 苏耶·普拉卡西. 跨越油气时代：甲醇经济. 胡金波等译. 北京：化学工业出版社，2007.

14. 国际科学院委员会. 未来之路：向可持续能源迈进，2007.10.22.

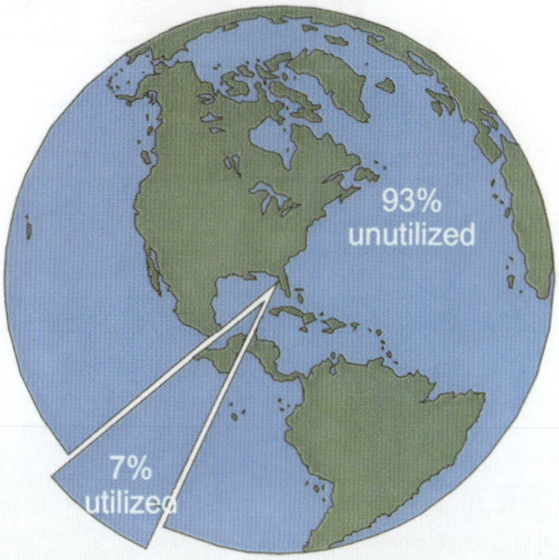

人类只利用了地球生物质资源的 7%，
还有 93% 的生物质资源没有被人类利用。

4　生物质和它的产业

- 大自然的第一车间
- 生物质产业
- 生物质原料知多少
- 生物质产业一石三鸟
- 鸟瞰生物质产业
- 大事记，1895–2010

一把新的、能打开生物质奥秘之门的钥匙已经在握，科技魔术师们正在点石成金，用一堆秸秆和朽木将飞机送上蓝天。

——作者

从司空见惯的电闪雷鸣中，富兰克林的风筝实验揭示了电的本质，以后才有了电灯、电话、电机、无线电、电视、手机，等等。人类 7 000 多年前学会养牛食肉，2 000 多年前学会用牛耕田，1 000 多年前发现皮可革、奶可饮，现在可以通过基因工程使一头牛成为生物反应器，成为一座身价万倍的蛋白质药物车间。这些不胜枚举的故事说明一个简单的道理：一旦科学这把钥匙开启了自然奥秘之门，技术就会成为一个点石成金的魔棒。

像天上的电闪雷鸣、地上的食草牛群一样，生物质俯拾皆是，是平凡得不能再平凡、普通得不能再普通的区区草芥。可是，1999 年美国总统克林顿在他的一份总统令中说："目前生物基产品和生物能源的技术，有潜力将可再生农林业资源转换成能满足人类需求的电能、燃料、化学产品、药物及其他物质的主要来源。"[1] 他是在宣布，一把新的、能打开生物质奥秘之门的钥匙已经在握，科技魔术师们正在点石成金，用一堆秸秆朽木将飞机送上蓝天。

4.1 大自然的第一车间

太阳辐射能是地球能够持续获取能量的唯一来源，它可以直接将光与热洒满大地，也可以转化为风能、水能、热能和电能等的物理态能量形式运行，唯独一种能态，化学态能量是通过植物转化后形成的，这是怎么回事？

植物何以能够将太阳辐射能转化为化学能？这靠的是植物自身的光合能力，也就是利用太阳的光能，将从大气中吸收的二氧化碳和从土中吸收的水合成为一种有机物质，就是碳水化合物，并释放出氧气，其化学反应式是：

$$6CO_2 + 6H_2O \rightarrow C_6H_{12}O_6 + 6O_2$$

就生命意义而言，这是自然界最初始的和最伟大的化学反应式了。

植物叶片的表皮细胞内，排列着大量叶肉细胞，每个叶肉细胞中有三四十个叶绿体(每平方厘米叶片有约 50 万个叶绿体)，每个叶绿体都是一个小小的能量转化车间，植物的光合过程主要是在这里进行的。

叶绿体像个扁平的凸透镜，直径只有 2～7 纳米。叶绿体被双层的生物膜包裹，其内充满着液态的基质 (stroma)，基质中悬浮着许多排列整齐的扁平的类囊体 (thylakoid)，就像一摞硬币。类囊体表面排列着由碳和氢原子构成的可以被太阳光激活的叶绿素分子。光是一种电磁波，一种具有能量和动量的粒子(光子 photon)流，正是这些光子流将类囊体上的叶绿素分子激活，产生复杂的电子得失、传递和反应过程，将二氧化碳和水合成为碳水化合物，完成了由光能向化学能的转化(图 4-1)[2]。

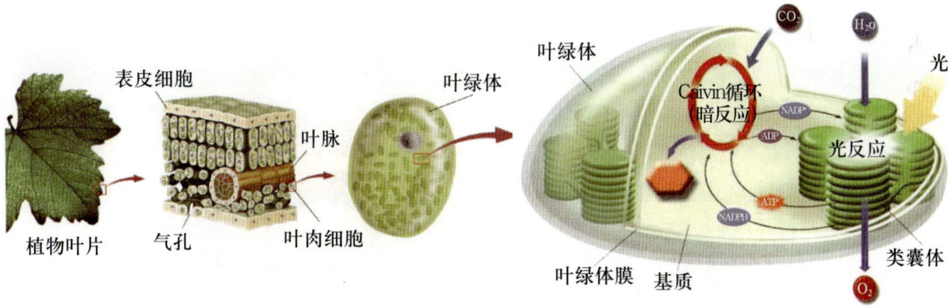

图4－1　植物叶片、叶绿体及光合机制和过程[2]

这种能够在光能转化中获取能量的生物，植物学上叫光合自养生物。几十亿年前地球上就出现了这种结构简单的低等植物。最近，英国《新科学家》周刊发表了一篇揭示光合作用起源的文章，将这份功劳归于了蓝藻门细菌，是它们为地球开创了对太阳能转化贮存的新时代，滋生了地球上欣欣向荣的生物界。但真正能够大规模转化和贮存太阳能的应当是在 4 亿年前，生物由海洋登陆以后出现的高等绿色植物。它们在大量捕获贮存太阳能量的同时，为了构成自身器官与机体，还从土壤里吸收和积聚了大量的氮、磷、钾、钙、镁、硫等十多种的生命元素，使生命载体及其有机物质的组成更加复杂，物质和能量的生物学循环更加丰富多彩。

除光合自养生物外，还有一种靠从自养生物汲取能量和营养而生存繁衍的"异养生物"，如动物等。植物是地球生物圈的"生产者"，而动物等"异养生物"，是"消费者"；农业的植物生产是"一性生产"，而动物生产是"二性生产"。植物和动物在它们的生存和繁衍过程中只消耗了所获取的一小部分能量，而生命物质残体全部回归到土壤和水体，在微生物参与下完成其生命物质的下一轮循环过程，构成了地球表面上生生不息的生物圈。

现如今，地球上的绿色植物能捕获转化多少太阳辐射能量？产生多少生物质？一说是每年 2 000 亿吨(Lynd， L.R.，1999 年)，一说是 1 700 亿吨[2]。用一个可以看得见摸得着的、比较容易理解的例子说，如果 1 公顷田地收获了 9 吨玉米籽粒和 18 吨秸秆，其能量产出相当于 15 吨标煤。中国每年种 3 000 万公顷玉米，相当于每年转化积存 4.5 亿吨标煤的太阳能，约占中国全国能源消费总量的 1/6。

地球陆地表面不同地理带的各类生态系统的能量贡献是不一样的，如果

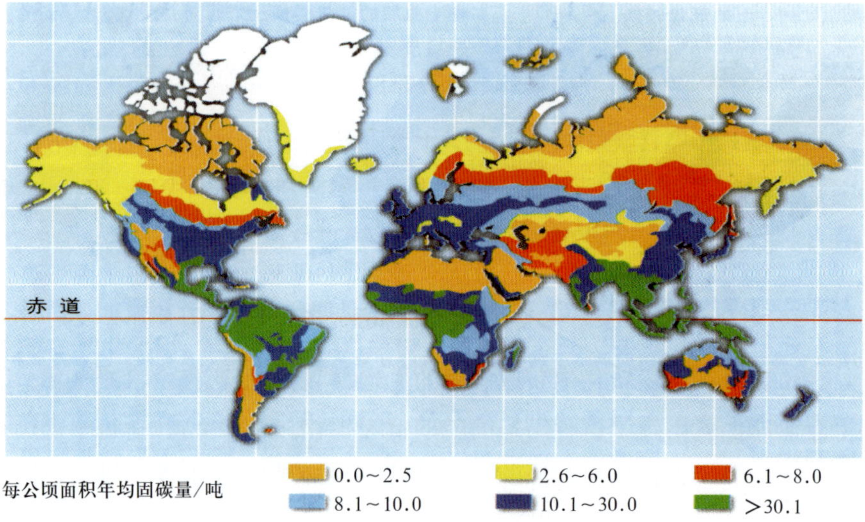

图4-2 地球陆地不同生态带的固碳强度及其分布[2]

按每公顷的年固碳量计，可以从0吨到30吨以上（图4–2）。热带雨林、温带森林、稀树草原、灌木丛、温带草原及荒漠，它们每公顷的年平均固碳量分别是：大于30.1吨、10.1～30.0吨、8.1～10.0吨、6.1～8.0吨、2.6～6.0吨和0.0～2.5吨。

如果说地球上能持续获得能量的来源是太阳，植物则是唯一能捕获、转化和储存太阳能量的第一车间。

4.2 生物质产业

转化储存于动植物体的能量和生命物质是人类获取能量和营养的来源，农业是专门从事动植物生产的产业。传统农业可以生产稻麦棉、猪牛羊等初级农产品，近代农业科技和工业科技可以生产量大质优的初级农产品，并将它们加工成种类繁多和精美绝伦的食品、服装、皮革、药品，等等。而现代科技则进而将作物秸秆、畜禽粪便等各种生物质原料加工生产出千百种的清洁能源产品和塑料等生物材料以及生物化工产品，也就是所说的"生物能源"与"生物基产品"。Myle C.Brady 编写的，著名的土壤学教材《土壤的自然与性质》第13版（2002年）中提出："土壤的功能不仅是生产食物和纤维，还要担负起生产能源的任务"[3]。

随着化石能源的资源性枯竭，世界对全球气候变暖的关注，以及生物能源与生物基产品生产的迅速发展，一个生物质原料与产品的生产、流通、市场、政策、科技研发和服务的新兴产业体系正在形成。

在概念上，一切生命体均可称之生物质，而赋予产业内涵的表述要多一些针对性。美国在发布《发展生物基产品和生物能源》的总统令的同时，为便于推进工作和规范管理，对相关概念做了以下界定：

"生物质"（biomass）是指可再生和循环的有机物质（成熟的木材除外），它包含以能源为目的的作物、树、粮食作物和饲料作物及其残体、水生植物、树木和树木残体、动物粪便和其他有机废弃物。"生物基产品"（biobased products）是指利用生物产品或者可再生的农业种/养殖原料(包括植物、动物和海洋生物)或者林业原料而得到的商业性或者工业性产品(不包括食物和饲料)。“生物能源”(bioenergy)是指由生物质产生的能源(包括电能,液态、固态和气态燃料,热能)。[1]

显然,这个定义是根据当时美国的情况提出的,明确提出了原料的内涵及兼“生物基产品”和“生物能源”两类产品。本书提出了生物质产业的概念,并定义为:

生物质产业是以可再生和循环利用的有机物质,主要是以种植、养殖、林业、农业产品加工和生活等的有机废弃物,以及利用边际性土地种植的能源植物为原料,以现代科学技术从事生物能源和生物基产品生产的现代绿色产业。

此生物质产业的定义突出了农业有机废弃物和边际性土地,突出了现代科技和绿色产业的内涵。根据来源和化学成分,对生物质原料作了如下的分类(表4–1),并附注上相应的主要产品。

表 4–1 生物质原料综合分类

化学成分	作物类	能源植物类	有机废弃物类	主产品
淀粉类	谷类籽粒、薯类	–	食品及农产品加工废弃物	燃料乙醇、沼气、生物塑料、淀粉加工产品
糖类	甘蔗、甜菜等	甜高粱、菊芋	废糖蜜、糟渣等	燃料乙醇及下游产品
油脂类	油菜、大豆等	木本油料植物、油藻等	工业废弃油脂、厨余垃圾油、人畜粪便*	生物柴油及下游产品、沼气
纤维类	–	芒草、柳枝稷、蒿柳等多年生草本植物及能源林	作物秸秆、林业剩余物、有机废渣及垃圾	固态、液态和气态能源产品及下游产品

*人、畜粪便含脂肪、蛋白质和碳水化合物等。

生物质原料具有很强的区域性,不同地域有不同的优势生物质原料;同一类生物质原料在不同地域的品质和产量表现不同;同一地域的同类生物质原料也可以因自然生长或人工种植而使品质与产出不同。其次是经济性,由于生物质原料的高分散和低能量密度，因此具有可收集性和经济性才能作为原料资源。第三是它的生态性，即在生物质原料生产和开发上要与资源循环利用和生态环境保护紧密结合，使经济效益、生态效益与社会效益紧密结合。

4.3 生物质原料知多少

全球生物质原料资源有多少？这对生物质产业的发展和未来至关重要。

生物质资源与生物质原料资源是两个不尽相同的范畴，前者是凡生物质者皆资源，后者是指能用于生物质产品生产者方为原料资源。确定能成为生物质原料的相关因素很多，有自然方面的，有经济和政治方面的，也有概念和边界不很清晰的问题，这是一件新事和难事。过去的一些零星研究中(Lashof & Tirpak，1990；Hall，1993；Sorensen，1999；Fisher & Schratten holzer，2001；Yamamoto，2001[4]；Hoowijk，2003[5])多注重于退化土地和多余农田的生物质原料产出的潜力分析，估算结果相差悬殊。

2004年，荷兰乌德勒支大学Edward Smeets，Andre Faaij等[6]对2050年全球生物质原料资源做了预测研究。这是首次就生物质原料进行的全球性和系统性的专门研究，对我们从宏观上了解发展生物质产业的原料资源状况和潜力具有很高的参考价值，本节将重点介绍他们的研究成果。

Edward Smeets等人的研究中坚持不与粮食争地和不得毁林，只利用不再适合于商业作物生产的退化土地和退耕农田的原则。该研究的原料对象主要是专用能源作物、农业废弃物、农林加工剩余物、畜禽粪便及城市有机废弃物等。这种设计使该研究避开了当前十分敏感的、关于发展生物质能源是否会影响粮食安全和生态环境的问题，使这项研究结果更具现实性和参考价值。研究中使用的是IMAGE模型，研究设计中根据不同土地利用类型和生产模式，并考虑到水分供应(雨养/灌溉)、技术水平、饲料转换效率等多种生产条件和要素，从低产出到高产出设计了四种情景。

经过大量数据输入和计算，模拟出高低两种技术水平条件下的生物质能源生产的“产量–面积曲线”，低技术水平条件下的产能潜力是1 807艾焦/年(1艾焦$=1\times10^{18}$焦)，相当于432亿吨原油的能量；高技术水平条件下的产量潜力是4 435艾焦/年，相当于1 060亿吨原油的能量。该模型设置的最适宜土地

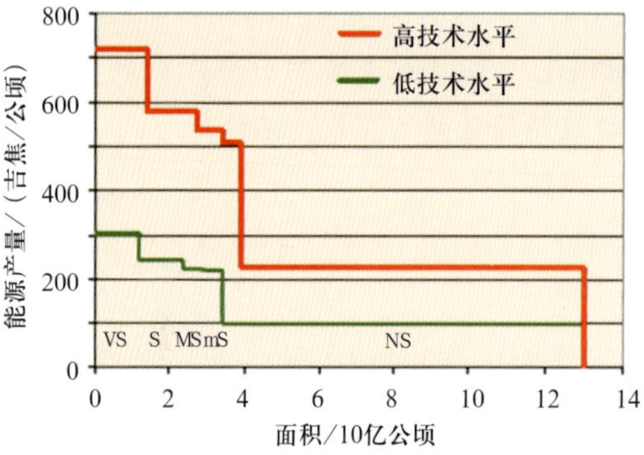

图4-3 两种技术水平条件下生物质能源生产的“产量-面积曲线”[6]

(VS)、适宜土地(S)、一般适宜土地(MS)、勉强适宜土地(mS)及不适宜土地(NS) 5种条件下的面积和能源产量见图4-3。

基于以上“产量-面积曲线”,将以国家为基础的数据展布到全球10个大区,按模型设计的从低产出到高产出的4种情景,2050年生物质能源的年产出潜力的预测结果分别是(按标煤计)93.26亿吨、175.26亿吨、401.76亿吨和502.54亿吨;按标油计分别是:64.8亿吨、122.6亿吨、280.05亿吨和350.6亿吨。4种情景分别是2005年世界石油消费量(38.37亿吨)的1.7~9.1倍,即具替代世界石油以至化石能源的资源潜力。

从图4-4和表4-2各大区资料看,次撒哈拉非洲、加勒比海和拉丁美洲等前五个地区的生物质资源潜力占了全球的一半以上。其中前3个地区有大面积

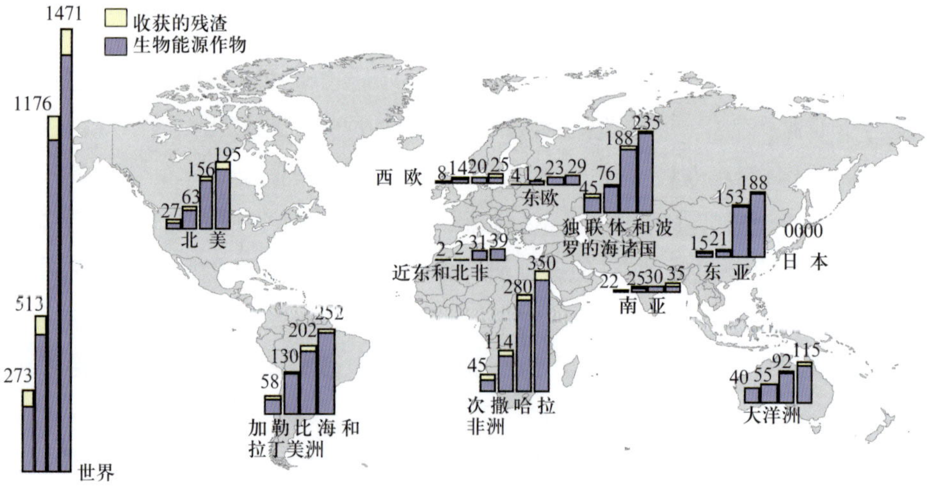

图4-4 全球十大区域生物质能源生产潜力预测(2050年)[6]

柱1至柱4(自左到右)为4种土地情况,分别为mS,MS,S,VS,单位为艾焦/年。

土地适合作物种植，无论对2050年人口和消费增长作何预计，生物能源的生产潜力都很大；而东亚地区的情况是土地面积辽阔，但人口和消费的增长都不会很快。该项研究认为，北美和大洋洲无论是高水平粮食消费、人口与需求的高增长，以及土地利用和农业管理上的进步，在未来的50年里，作物生产会显著减少对土地的要求。该研究认为，前苏联地区和加勒比海国家因苏联解体而使生产力和消费水平显著下降，需要较长恢复时间，农业用地的生产潜力将大大超过生产与消费需求的增长，所以是全球生物质原料资源潜力最大的地区。

表4–2　全球十大区域生物质能源生产潜力预测(2050)　　亿吨/年

十大区域	勉强适宜土地(mS)	一般适宜土地(MS)	适宜土地(S)	最适宜土地(VS)
次撒哈拉非洲	11.0	27.3	66.9	83.7
加勒比海和拉丁美洲	13.9	31.1	48.3	60.3
独联体和波罗的海国家	11.5	18.2	45.0	56.2
北美	6.5	15.1	37.3	46.6
东亚	3.6	5.0	36.1	45.0
大洋洲	9.6	13.2	22.0	27.5
近东和北非	0.5	0.5	7.4	9.3
南亚	5.3	6.0	7.2	9.1
东欧	1.0	2.9	5.5	6.9
西欧	1.9	3.3	4.8	6.0
十大区域合计	64.8	122.6	280.5	350.6
占2005年世界石油消费量的比例/%	168.9	319.5	731.0	913.7

注：表中数字是由图4–4中数据按1艾焦/年相当于标油0.239 1亿吨/年，折算为标油量；世界石油消费量采用2005年的38.37亿吨。

4.4　生物质产业一石三鸟

生物质产业可以替代化石能源、保护环境和促进农村经济发展，乃"一石三鸟"之举。

当今人类社会面临资源与环境问题的严重挑战，其核心是化石能源，既有资源性枯竭问题，又是导致全球气候变暖的元凶。可持续清洁能源对化石能源的替代是能源结构进化的必然，是实现人类社会可持续发展的关键一役。

能源结构进化的过程是化石能源、可再生能源和新能源三者间的消长演变过程，其核心是可再生能源对化石能源的替代。可再生能源家族中水能、风能、太阳能和生物能各有所长，但在资源量上，则以生物质为大。中国的可利用生物质原料资源是水能的 2 倍和风能的 3.5 倍。在能源产品上，生物质能源不仅有热与电，还有固态、液态和气态的十多种能源产品和种类丰富的“生物基产品”。生物能源对化石能源的替代面大，影响面广，原料充足。在美国，2003 年的生物质的贡献即占当年全国能源消费总量的 3% 以上，超过了水利发电而成为贡献最大的可再生能源[7]。在生物燃料对化石运输燃料替代上，美国有一个 2020 年替代 20%、2030 年替代 30%、2050 年替代 50% 的计划；欧盟有 2020 年替代 10%[8] 的计划，而巴西 2009 年就已经替代了 57%。对化石能源的替代是生物质产业的第一个功能。

生物质产业的第二个功能是保护环境。

“人为二氧化碳排放主要是由于化石燃料的燃烧引起的”(IEO 2005)，作为清洁能源之一的生物能源对化石能源替代的本身就是减少二氧化碳的排放，此其一也。其二是对化石能源基的非能化工产品的替代，因为它们既消耗了有限的化石能源资源且产品多对环境造成伤害，如每年有近亿吨不能降解的石油基塑料垃圾导致的“白色污染”，而生物基塑料则可以完全被生物降解；当前美国 3/4 的有机化工原料来自石油，而 2050 年的有机化工原料中的 90% 将来自生物质[9]。其三是农林及其加工业的有机剩余物、畜禽粪便、废水、废渣和废气，以及城市有机垃圾等污染物都可以在生物质产品生产过程中无害化和资源化，生物质产业也是环保和资源循环利用的绿色产业。

生物质产业的第三个功能是促进农村经济发展。

美国、巴西和欧洲等在多年发展生物质产业的实践中发现，发展生物质产业可以显著促进农村经济发展和增加农民收入。巴西前总统卢拉说：“巴西十分注重通过发展生物燃料带动农业发展，使农民富裕起来，更好地解决粮食与贫困问题”，“生产乙醇是发展中国家，特别是非洲、拉丁美洲和亚洲经济发展的希望”。《联合国亚太经济社会观察 2008 报告》说：“生物燃料产业的发展势不可挡，它非常有利于增加农民收入、创造就业机会和抑制油价。”即使在美国，也是“给乡村农民、林业者、牧场主和商人带来大量新的、鼓舞人心的商业和雇佣机会，为农林业废弃物建立新的市场，给未被充分利用的土地带来经济机会。”这些年美国发展生物燃料的最大受益者是农民，不仅原料来自农民，全美200多个生物燃料加工厂大多数也是设在农村和由农民自办的[9]。

现代媒体信息量很大，在生物能源或生物质产业上，给社会公众和领导部门传递的多是与风能和太阳能相提并论的清洁能源形象，对意义重大的环保功能与社会功能笔墨不多。希望媒体向公众和相关决策部门多传递生物质产业一石三鸟的信息，特别是生物质产业在缓解“三农”困境上可以大有作为，这对发展中国家非常重要，本书在第13章有专门阐述。

4.5　鸟瞰生物质产业

在这里可以对生物质产业作一个鸟瞰，先有一个轮廓印象，再逐步在全书展开。

现代生物质产业已孕育百年了，起起伏伏。19世纪末，最早的汽车首先使用的就是生物燃料，但很快生物燃料被价廉物美的石油所替代。20世纪70年代出现世界石油危机，人们又想起了生物燃料，巴西的甘蔗酒精、美国的玉米乙醇、北欧的生物质发电、瑞典的生物气公交车等等。可是，当石油价格一落，就被人们抛到了脑后。直到20世纪末期，人们发现石油资源渐趋枯竭，全球气候变暖比预想的严重得多，特别是人类社会在环境与可持续发展意识上的觉醒，生物能源才真正被推上世界新能源舞台。1999年美国出台的《开发和推进生物基产品和生物能源》总统令发挥了“登高一呼”的作用，开发生物质能源热潮在世界许多国家蔓延开来，十月怀胎的生物质产业终于一朝分娩。

自1999年至今生物质产业已有10岁了。这10年里，以美国和巴西为主力的全球燃料乙醇年产量近6 000万吨，欧盟2006年生物燃料产量也达到538万吨标油。燃料乙醇、生物柴油、成型燃料、生物质热电联产、产业沼气、生物基塑料等的生产技术已趋成熟，生产成本接近化石燃料；许多国家正在组织向纤维素乙醇和费托生物柴油等的第二代生物燃料的技术攻关；先行国家的生物燃料政策支持体系，以及从田间到车轮的物流、销售、服务体系已趋健全。

这10年来，生物质产业已成熟多了，但成长之路仍相当艰辛，充满着“成长的烦恼”。

像一个不谙世事的孩子，美国玉米乙醇一马当先，以两位数字的年增速发展，在推动世界生物质产业的发展上立下了汗马功劳。但也招来了众多质疑，认为它抬高了玉米价格，影响了贫穷国家的粮食进口和世界粮食安全；也因发展生物柴油而在马来西亚等发生过开垦热带雨林事件而备受指责。2008年初的世界粮食危机中，美国的玉米乙醇更是“千夫所指”，被误解为“罪魁祸首”并加以“反人类罪”。当石油桶价由147美元暴跌到60美元以下时，生物燃料发展的外环境变得冷酷起来，世界金融危机更使之雪上加霜。

生物质产业发展中的这些中环境不佳，但大环境一直很好。中环境是短效的，大环境才是长效的。2002年联合国在南非召开了第二届世界环境与发展大会；2006年和2008年分别在瑞典和巴西召开了世界生物能源大会；2007年IPCC发布第四次科学评估报告《气候变化2007》以及八国首脑峰会将应对全球气候变化作为大会主题；2008年开始实施《京都议定书》和巴厘岛会议启动了“后京都时代”议题；2009年联合国在哥本哈根召开了世界气候变化会议。这10年是人类社会对环境和可持续发展意识得到巩固和加强的10年。

10岁“少年”虽显稚嫩，但毕竟生命力十分旺盛。有了10年成长经历，不会再犯像砍伐森林、与人争粮之类的低级错误。在未来的10年，当第二代生物燃料成为主力产品，液体生物燃料迈上年产亿吨台阶，固体燃料和产业沼气得到商业普及，生物基产品在市场开始崭露头角，产业体系逐步健全完善和一批企业茁壮成长的时候，生物质产业就将成长为一个帅气十足的小伙子了。

4.6 大事记，1895—2010

下面是生物质产业孕育期和成长期的大事记。

孕育期(1895—1997)

- 1895年，德国工程师Rudolf Diesel研制成功生物柴油，1900年巴黎博览会展示了以花生油为燃料的发动机。
- 1907年，美国福特公司制造出第一台燃烧纯乙醇的发动机。

● 1925 年，巴西的甘蔗乙醇汽车完成了 400 千米长距离的测试，随后政府规定凡政府公务用车必须在汽油中添加 10% 的乙醇，公众用车也要添加 5%。

● 20 世纪 30 年代美国国家农业应用研究中心成立，开发出玉米变性淀粉、大豆印刷油墨、棉籽食用营养加强剂等生物化工产品。

● 1973 年，第四次中东战争爆发，OPEC 宣布石油减产、禁运和提价，每桶油价由 3 美元涨到 12 美元，引发了第一次全球性石油危机。

● 1975 年，巴西启动了“生物能源计划”和“全国实施发展燃料乙醇生产计划”，政府规定在汽油中添加乙醇的比例由 5% 增加到 20%。

● 1975 年开始，瑞典政府每年从预算中支出 3 600 万欧元，支持生物质燃烧和转换的技术研发和示范项目补贴。

● 1976 年美国开始小规模生产玉米乙醇，当时的总统卡特宣布，凡使用和推广添加 10% 的乙醇汽油(E10)，可以免征联邦税。

● 1976 年德国在 FAL 建设了第一座工业化生产沼气工程。

● 1976 年以来，中国的农村户用沼气有了大的发展，联合国粮农组织(FAO)向发展中国家推广中国经验。

● 1983 年瑞典开始在斯德哥尔摩市公交系统进行替代化石燃料实验，通过对 9 种燃料车的十多年的试验，最终选择了沼气公交车和乙醇公交车。

● 1990–2000 年间，巴西燃料乙醇年产量一直稳定在 1 000 万吨左右。

● 1991 年，瑞典开征二氧化碳税。

● 1992 年，联合国在巴西召开世界环境与发展大会，通过了《21 世纪议程》和签署了《联合国气候变化框架公约》。

● 1993 年巴西颁布法律，在全国强制使用 E20 和 E25 的乙醇汽油。

● 1997 年瑞典实行固定电价制度，补贴生物质发电；2003 年按生物电占用电总量比例给予税收减免优惠和实行生物电指标可以自由买卖的“绿色电力证书交易制度”。

● 1997 年，欧盟发布《欧盟战略和行动白皮书》，提出发展可再生能源及生物能源的指标。

成长期(1998–2010)

● 1998 年，美国农业、林业和化学三个协会联合提出“基于植物/作物的农业展望 2020：通过可再生的基于植物/作物的资源利用对增强美国经济安全的展望”。

● 1999 年，美国国家科学院提出《生物基工业产品：研究和商业化是当务之急》报告。

● 1999 年 8 月 12 日美国总统克林顿发布了《开发和推进生物基产品和生物能源》的第 13134 号总统令，命令能源部和农业部于 120 日内完成一份到 2010 年将美国生物基产品和生物能源增加 3 倍的报告。

● 2000 年美国能源部和农业部向总统提交了《开发和推进生物基产品和生物能源》的报告，同年国会通过了《生物质研发法案》。

● 2001 年中国国务院批准在吉林等四省兴建陈化粮燃料乙醇工厂，设计年生产能力共 73 万吨。

● 2001 年欧盟发布了《促进可再生能源电力生产指导政策》，要求到 2010 年欧盟电力总消费的 22% 来自可再生能源。

● 2001 年美国 Cargill-Dow 公司建成世界首个由玉米淀粉发酵年产 14 万吨聚乳酸(PLA)和其他多种聚合物塑料的工厂。

● 2002 年美国制订《生物质技术路线图》，成立“生物质项目办公室”及生物质技术咨询委员会。

● 2002 年末，日本经内阁会议正式审议通过了《日本生物质综合战略》，制订了 2010 年的发展目标和实施 78 项行动计划。

● 2002 年，联合国在南非召开第二届世界环境与发展大会。

● 2003 年印度在 10 个邦推广使用含 5% 乙醇的汽油(E5)，2006 年扩大到全国。

● 2003 年欧盟发布《欧盟交通部门替代汽车燃料使用指导政策》，提出了汽车燃料消费中 2005 年、2010 年和 2020 年的生物液体燃料掺比指标。

● 2005 年 8 月美国参、众两院通过和总统签署了《国家能源政策法》，要求燃料制造商到 2012 年在汽油中必须加入 2 250 万吨生物乙醇。

● 2005 年中国全国人民代表大会通过的《中华人民共和国可再生能源法》以及国家“十一五”规划纲要提出加快开发应用生物质能源。

● 2006 年 1 月，美国总统布什在国情咨文中提出：“美国在使用石油上，像吸毒一样的“上瘾”，必须依靠美国人的才智和技术进步打破对石油的这种过分依赖，摆脱石油经济，到2025年将替代75%的中东石油进口。"

● 2006年比尔·盖茨投资太平洋乙醇公司，Vinod Khosla的风险投资和以Marathon为代表的石油、能源工业界大规模进入燃料乙醇生产领域。

● 2006年2月瑞典政府宣布，瑞典将于2020年率先进入后石油时代，成为世界上第一个不依赖石油的国家。

● 2006年5月，有50个国家1 100名代表参加的"2006年世界生物能源大会"在瑞典召开。

● 2006年5月，瑞典总理佩尔松在世界生物能源大会致词中说，生物能源已能满足目前瑞典25%的能源的需求；2005年燃料乙醇销售量增长了500%，售出的汽车中10%以上是生物燃料车。

● 2006年8月中国国家发展与改革委员会(简称发改委)、农业部、林业局联合召开了"全国生物质能源开发利用工作会议"；11月财政部、国家发改委等五部委发布了《关于发展生物能源和生物化工财税扶持政策的实施意见》；2006年中国燃料乙醇产量达到152万吨，推广乙醇汽油1 544万吨，居世界第三。

● 2007年8月中国发布《中国可再生能源中长期发展规划》提出投资约20 000亿元实现2020年达到能源消费总量15%的目标。其中生物能源目标是：生物质发电总装机容量达到3 000万千瓦，固体成型燃料为5 000万吨，沼气为440亿米^3，燃料乙醇为1 000万吨和生物柴油200万吨。

● 2007年10月欧盟委员会发布《可再生能源路线图》，提出2020年可再生能源在欧盟能源消费总额中要占到20%；生物燃料的最低目标是占交通部门所消耗的汽油和柴油总量的10%。

● 2007年12月中美两国政府在北京签署了共同发展生物燃料产业合作备忘录；2008年8月中美两国政府在休斯敦签署协议共同建设中美生物燃料联合研究中心。

● 2007年12月，美国发布以发展生物质能源为主的《能源自主与安全法案2007》，提出常规生物能源与先进生物能源的划分方法，提出了液体生物燃料2022年的指标是1.08亿吨，其中先进生物燃料6 300万吨。

● 2008年初，发生世界粮价危机。一位联合国官员发表了"如今生产生物燃料是反人类罪"的言论，4月巴西总统卢拉在会议上反驳说："真正的反人类罪是将生物燃料抛到一边，将各国推向粮食和能源短缺的境地。"

● 2008年6月8日的中国《科技日报》发表了石元春题为《粮食！石油！生物燃料！》文章，以大量事实和数据驳斥了生物燃料是世界粮食危机“罪魁祸首”的错误言论。

● 2008年7月10日的油价每桶147美元，年底跌到60美元以下；9月16日美国雷曼兄弟公司申请破产保护，全球金融危机爆发。

● 2008年11月17日在巴西召开了“国际生物燃料大会”，会议提出“在发展中国家，生物燃料应放在优先地位以应对世界经济危机。”

● 2009年1月，奥巴马在美国总统就职演说中提出：“我们将开发太阳、风和土壤为汽车和工厂提供燃料和动力。”

● 2009年6月美能源部长朱棣文宣布放缓对氢燃料电池车的研究步伐，取消对氢燃料电池研究的资助。

● 2009年6月26日美国众议院以微弱多数通过《清洁能源安全法案》，规定2020年二氧化碳减排量较2005年增加17%，2050年减排83%，远未达到国际社会提出的减排目标。

● 2009年7月8日八国峰会签署关于将全球平均气温上升幅度控制在2℃以内的协议。

● 2009年8月美国科学院(NAS)、工程院(NAE)和国家研究会(NRC)完成了一份权威性咨询报告《美国能源的未来》。

● 2009年10月，多米尼加RJS集团宣布投资5亿元兴建一座现代化的大型农工联合企业，涵盖燃料乙醇、电力、饲料、有机肥料等。

● 2009年12月在哥本哈根召开了有194个国家代表及119位国家元首和政府首脑出席的联合国气候变化会议，总理温家宝宣布中国到2020年单位国内生产总值二氧化碳排放比2005年下降40%～45%的减排目标，提出要“大力发展生物质能、太阳能、地热、风能等新型可再生能源。”

● 2009年11月23日，“全球可再生燃料联盟”委托加拿大咨询公司(S & T)进行的生物燃料减排效果专项研究报告发布。

● 2009年12月美国能源信息署(EIA)发布了2010年度的能源展望报告(AEO 2010)，将预测期延长到2035年，描绘了21世纪前1/3时期中美国能源发展的轮廓。

● 2010年1月24日美国总统奥巴马在他的国情咨文讲演(2010)中说：

"掌握洁净、可再生能源动力的国家将处于21世纪的领先地位。"以及在"未来三年内,将把可再生能源供应翻一番。"

● 2010年2月,美国可再生燃料协会发布的《2009年燃料乙醇工业对美国经济贡献》报告说,尽管受到金融危机影响,美国仍完成了3 180万吨的生产目标,减少进口石油3.64亿桶,占进口石油量的5%。

● 2010年3－6月,中国国内对秸秆直燃发电发生争论。

● 2010年5月27日,中国国家能源局、美国能源部、美国农业部联合在北京召开了"中美先进生物燃料论坛"。

● 2010年7月美国环保局发布大幅调低2011年纤维素乙醇生产指标。

● 2010年12月联合国世界气候变化大会在墨西哥坎昆召开。

● 2010年12月中国中央电视台《对话》节目专题播放了《决胜生物质》;《科学时报》发表了署名石元春的文章《生物质能源主导论》。

参考文献

1. The White House. Offiice of the Press Secretary, Executive Order of Developing and Promoting Biobased Products and Bioenergy. Augest 12 1999.

2. 吴庆余. 基础生命科学. 2版. 北京: 高等教育出版社, 2006.

3. Myle C Brady,Ray R Well. The Nature and Properties of Soils. 13th Ed. 2002.

4. Yamamoto H, et al. Evaluation of Bioenergy Potential with a Multi—region Global—use—and—energy Model. Biomass and Bioenergy, 2001 (21) .

5. Hoogwijk M A, et al. Exploration of the ranges of the Potential of Biomass for Energy, Biomass and Bioenergy. 2003.

6. Edward Smeets, Andre Faaij, Iris Lewandowski. A quickscan of global bio—energy potentials to 2050. Report NWS—E—2004—109,ISBN 90—393—3909—0. 2004.

7. U.S. Department of Energy & U.S. Department of Agriculture. Biomass as Feedstock for a Bioenergy and Bioproducts Industry: The Technical Feasibility of a Billion—Ton Annual Supply. April 2005.

8. Commission of the European Communites. Renewable Energy Road Map, Renewable energy in the 21st century: building a more sustainable future. Brussels, 2007.

9. Roger Conway. Everything Old is New Again——The Future for Bioproducts,2007(PPT).

巴西有一望无际的甘蔗田，这使她成就为世界第一产糖大国，现在又成为世界第一大甘蔗乙醇大国。

5 巴西奇迹

- 群星荟萃的一台大戏
- 穷则思变，另辟蹊径
- 一个全新的产业体系
- 拉美的绿色“沙特”
- 总统推手卢拉
- 圣保罗上空的蓝天和白云
- 两块“金砖”

巴西已为有关生物燃料的辩论做好了准备，我愿意为此周游全世界。

——巴西总统卢拉，2008

渐变与突变的交替是客观世界进化的一般规律。渐变是积累，突变是革命，自然界与社会皆然。至于突变与革命发生在哪里，决定于其内在与外在条件，诱因也很重要，它是催生剂。

是16世纪和17世纪的以哥白尼－牛顿为旗帜的科学革命，以及随之而在欧洲发生的资产阶级所有制对封建所有制的成功替代造就了18世纪的欧洲工业革命。工业革命之所以发生在英国，因为它是当时科学革命和政治革命的中心，还因1764年的珍妮纺织机和1776年的瓦特蒸汽机这两个诱因均发生于此，成就了这个世界工业革命的先锋。19世纪，德国以合成染料为突破口，掀起了以化学工业为标志的工业革命的二次浪潮，而20世纪的汽车、飞机和石油工业均在美国异军突起，使工业革命的第三次浪潮越大西洋而至美国。

果由因生，互为因果和因果轮回是佛学的一种理念。化石能源支撑了工业经济，工业经济耗尽了化石能源和恶化了环境，它敲响了工业经济丧钟，也催生了新能源和绿色经济时代。至于这场能源革命会在哪里发生和如何演进，则要视其内外在条件了。

就生物能源而言，如果从20世纪70年代的石油危机算起，这场“马拉松”已经跑了三四十年，尤其是近十年，运动员在跑道上已经拉开了距离，跑在最前面的第一军团是巴西和美国，第二军团是欧洲，还有后面的第三军团。为什么巴西和美国会成为生物能源发展的领军国家？乃其内外在条件所赐。本章先说巴西奇迹，下章讲美国的宏图大略，再下一章介绍第二、三军团。正是这些“运动员”在描绘21世纪之初的现代生物质产业大潮兴起的壮丽画卷。

5.1　群星荟萃的一台大戏

比利时工程师勒努瓦 1838 年迁居法国时，在巴黎的一家餐馆做过侍应生，1852 年任机械师，6 年后发明了以煤气和空气混合为燃料的爆燃式发动机，可用于固定式的机床和印刷机的驱动，但他在机动三轮车上的试验失败了。可是，德国的一位贩运食糖、茶叶和厨具的行商，尼古拉斯·奥古斯特·奥托对勒努瓦的机动三轮车试验非常感兴趣，产生了“四冲程活塞运动”（即“奥托循环”）的奇想并取得了成功。他聘请了一批专业人士将分公司开到了美国费城，从而引来了戈特利布·戴姆勒对四冲程发动机的重大技术改进。1883 年戴姆勒试制成功了一台功率为 1 马力(1 马力＝ 735.5 瓦)的十分轻巧的发动机“落地钟”(Standuhr)。1886 年初，他从德国订制了一辆十分精致的马车，再将这台轻巧的发动机安装在马车的转向拉杆旁边，趁着夜色，将这辆没有马拉的马车作为礼物送给了他的夫人，世界上第一辆四轮汽车就是如此浪漫地诞生了(图 5-1)。

图5-1　世界第一辆四轮汽车和戈特利布·戴姆勒[1]

如此轻巧精致的“马车”和内燃机，用什么燃料是个大问题，采用固定式的纺织机和印刷机所用的煤炭肯定是不行了。1895 年德国工程师鲁道夫·狄塞尔研制成功生物柴油；1900 年巴黎博览会展示的就是以花生油为燃料的发动机；1907 年福特制造出的第一台发动机的燃料就是酒精。可是，生物燃油出生不久就夭折了，被物美价廉的石油赶出了市场。

历史总是充满巧合，在汽车问世的同时，1859 年德雷克在美国夕法尼亚州用内燃机钻出了第一口油井，1863 年洛克菲勒成立了第一家炼油厂，上帝给汽车送来了精致的燃料。当时的石油是只有在美国和俄罗斯才能生产的一种稀罕之物，是戴姆勒在 1882 年首先提出了以汽油作为“落地钟”内燃机动力燃料建议的。天作之合，汽车与石油从此结下了不解之缘。

由勒努瓦、奥托、戴姆勒、洛克菲勒导演，由内燃机、汽车和石油众多明星联袂演出的这台精彩的工业革命大戏，于 19 世纪后期和 20 世纪之初上演了。大戏的脚本产生于欧洲，戏台却搭在了美国。

半个多世纪以后，一场汽车燃料的革命在巴西发生了。

5.2　穷则思变，另辟蹊径

中国有句谚语：“穷则变，变则通”，用在巴西发展燃料乙醇上颇为贴切。

20 世纪之初，美国出现的汽车和石油热潮无疑对邻居巴西产生了很大诱惑力。但是当时的巴西很穷，即使买得起汽车也买不起汽油，因为汽油太贵，从美国进口汽油对巴西经济的压力太大了。穷则思变，巴西在进口美国汽油的同时，始终没有忘记福特第一台汽车中的酒精燃料，凭借国内盛产甘蔗和加工酒精的优势，继续进行酒精燃料试验。1925 年，甘蔗乙醇汽车完成了 400 千米的长距离测试；1931 年 2 月 20 日，发布了 19717 号总统法令；1933 年又通过了 737 号法令，规定凡政府公务用车必须在汽油中添加 10% 的乙醇，公众用车也要添加 5%，同年成立了“糖醇研究所”，进行技术研究。二战期间，巴西进口石油非常困难，竟在汽油中掺进了高达 62% 的乙醇[7]。

第二次世界大战以后，工业国之间对石油资源的争夺越来越激烈，消费国与资源国之间的矛盾越来越深。1973 年爆发了第四次中东战争，石油输出组织 OPEC 宣布石油减产、禁运和提价，引发了第一次全球性石油危机，震撼了工业化的石油消费国。当时，巴西石油消费中的 80% 依靠进口，约占全国贸易逆差的一半。石油危机中，巴西政府为进口石油多支付了 40 亿美元，同时世界糖价下跌，沉重地打击了巴西经济。于是，巴西于 1975 年重新启动“全国实施发展燃料乙醇生产计划”，号召并以法律形式在全国强制推行使用添加乙醇的“爱国汽油”。1979 年的第二次石油危机中，巴西的乙醇计划再掀高潮，到 20 世纪 80 年代中期甘蔗乙醇产量达到 700 万吨左右(图 5-2)，使用乙醇汽油的汽车销量占到 90% 以上。[3]

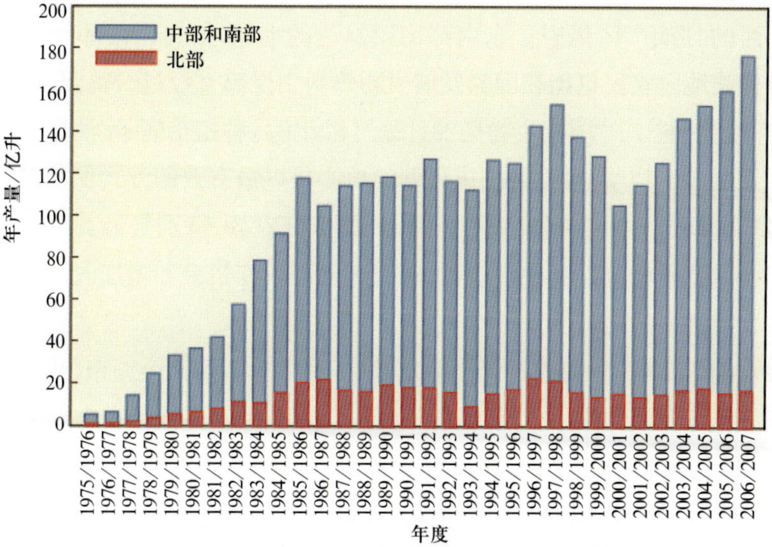

图5-2　1976—2006年巴西甘蔗乙醇年产量 [4]

巴西乙醇发展计划的实施也非一帆风顺。20 世纪 80 年代末和 90 年代初，因石油价格持续走低，政府停止了对 E95 作为发动机燃料的经济补贴，曾经发挥重要支撑作用的巴西糖醇研究所也被解散了，乙醇汽油计划的支持体系趋于瘫痪。1993 年又重颁乙醇振兴计划，强制使用 E20 和 E25 乙醇汽油。直到世纪之交才进入稳定快速发展佳境。经过 30 多年艰苦卓绝的努力，巴西终于取得了燃料乙醇战役的重大成功，打开了一片汽车燃油的新天地。2007 年，巴西已有 360 家具有生产能力的乙醇厂，正在新建的 120 家，乙醇产量由 1975 年的 30 万吨发展到 2008 年的 1 749 万吨。

据巴西农业部数据，2007/2008 榨季甘蔗产量为 4.75 亿吨，乙醇产量为 1 650 万吨(与其他官方数字稍有出入)，蔗糖产量为 2 960 万吨；计划 2008—2020 年，甘蔗播种面积由 780 万公顷增加到 1 390 万公顷，产量由 4.87 亿吨增加到 10.38 亿吨，乙醇产量由 1 749 万吨增加到 5 191 万吨，以及联产生物质发电由 1 800 兆瓦增加到 14 400 兆瓦，2025 年乙醇产量提高到 7 200 万吨，远期规划是 3.2 亿吨，这是一个了不起的宏图伟业。巴西甘蔗乙醇的一个重要优势是低成本和高市场竞争力，甘蔗乙醇成本是每升 0.19 美元，而美国玉米乙醇是 0.33 美元，欧盟小麦乙醇是 0.55 美元[4]。

为了扩大燃料乙醇战果，又一个新的计划启动了。

巴西的甘蔗产区集中于东南部比较发达的地区，如何让西部和北部不适合种植甘蔗地区农民也能在国家发展生物燃料中受惠？经过一番调研论证后，2004 年 12 月推出了“国家生物柴油计划”(PNPB)，种植小桐子、油棕、棕榈、大豆等作为生产生物柴油的原料。该计划的核心是以最有效的方式保护供应链中的最薄弱的环节——家庭农场和消费者，给家庭农场，特别是最贫困地区的原料生产者以特殊的补贴和税收优惠，并通过创造工作机会和增加收入来提高他们在整个社会中的地位。

该计划于 2005 年初通过议会审定，以 11907 号联邦法令颁布。法令将生物柴油列入国家能源结构中的新燃料，规定从 2008 年 1 月开始在常规柴油中必须加入 2% 的生物柴油(B2)，2013 年提高到 5%(B5)，如有可能，在严格监管条件下提高到 100%。在政府的强力推动下，仅两三年时间，已投产工厂 57 个，生产能力为每年 17.4 亿升。

巴西乙醇产业发展的前期，需要政府的补贴和减税，随着技术进步、成本降低和市场竞争力的增强，政府逐渐减少了补贴。30 年间，由于发展乙醇而减少原油进口，政府节约开支达 500 亿美元，是乙醇产业投资和补贴的 10 倍，且为农村创造了大量就业岗位。

5.3 一个全新的产业体系

进入 21 世纪的巴西，已经不停留于单一的乙醇产品生产，逐步向着一个战略性的国家支柱产业方向发展。因为它因应了化石能源替代、减排温室气体、可持续发展，以及帮扶贫困农村人口等的时代使命，国内又有强大的资源优势。

巴西乙醇产业的成功发展也得益于实行的一项长期的国际技术合作计划，如 20 世纪八九十年代与美国、南非和澳大利亚在甘蔗品种改良方面的技术合作；与毛里求斯在栽培技术方面的合作；与葡萄牙和法国在发酵、蒸馏等加工工艺方面的技术合作等。技术改进使甘蔗乙醇产量由20世纪70年代每公顷2 000升提高到现在的6 000升以上。

一方面由单一乙醇产品拓展到生物柴油，构建液体生物燃料生产体系；另一方面大力建设健全物流-销售系统。巴西72%的乙醇生产集中于东南部地区，但在全国建立了公路、铁路、水路和出海港口的物流网以及储存配送设施，许多是与石油物流及销售网相结合的。到2007年，巴西已有7万多家原料生产供应商、386家乙醇生产厂、261家经销商（配送）、618家零售经销托运商以及3.5万个销售站构成的从蔗田到车轮的完整的生产销售系统[5]。2007年5月，总统卢拉签署了连接Goias和圣保罗地区输往大西洋海岸的乙醇管道建设计划，全长1 150千米，年输送能力80亿升，斥资7亿美元。2007年动工，2011年前达到出口35亿升乙醇的输送能力，主要是出口日本（图5-3）。

图5-3 巴西甘蔗乙醇输出物流图[2]

发展生物燃料产业，离不开汽车，就像士兵离不开枪一样。介绍发展甘蔗乙醇经验时，巴西人总是情不自禁地大摆灵活燃料汽车的功劳。1979–1993年间，巴西共生产了500多万辆使用乙醇汽油的汽车，1999年乙醇汽油汽车生产技术上取得重大突破，更加经济耐用的乙醇汽油汽车的出厂对乙醇汽油的发展着实地推了一把。特别是在2003年，美国福特汽车公司巴西分公司推出了首辆灵活燃料汽车（FFVs汽车），可单独使用汽油或酒精，也可使用任意比例的汽油和酒精混合燃料，其功率、价格与同类普通汽车基本持平，市场销售量超过了纯汽油汽车。自2005年5月至2006年上半年销售的108万辆汽车中，FFVs汽车占到了65.3%。在4年多的时间里，生产了60多种款式的300多万辆FFVs汽车。目前，巴西国内销售的汽车中80%是可以使用从纯乙醇到纯汽油的灵活燃料汽车，巴西是世界上唯一不供应纯汽油的国家。FFVs 汽车支持了甘蔗乙醇的发展，甘蔗乙醇也带动了汽车工业，使传统汽车产品大树上又生长出一条生命力旺盛的 FFVs 新枝。可谓是“老树春深更著花”。

巴西甘蔗生产已成为带动农业、糖、乙醇、电力、机械制造、化工、汽车、交通、市政建设等 13 种行业的一项国家支柱产业。每 100 万吨甘蔗可生产 6.34 万吨乙醇，带动相关产业创造产值 1.73 亿美元、经济增加值 8 550 万美元和提供 5 681 万个就业岗位(表 5–1)。目前巴西生产乙醇的能量投入产出比高达 1 : 9.3。

表 5–1 巴西每 100 万吨甘蔗对相关产业的带动

带动行业	产值/万美元	增加值/万美元	就业岗位/个
甘蔗	2 225	1 040	1 467
相关农业	715	405	697
糖	400	135	31
乙醇	4 890	1 945	211
电力	340	365	37
矿物加工	15	10	4
钢铁采矿冶金	355	105	48
机械、汽车等	465	210	51
石油天然气	1 475	605	12
化工	695	235	41
食品	770	155	93
市政建设	65	40	23
其他相关行业	840	285	287
贸易和服务业	4 065	2 650	2 679
家庭	—	365	—
总计	17 315	8 550	5 681

资料来源：Scaramucci and Cunha.Sugaracane–based bioethanol：energv for sustainable development/coordination BNDES and CGEE–Rio de Janeiro：BNDES,2008.P206

巴西已建成 10 大甘蔗乙醇生产基地，形成由甘蔗种植–乙醇加工–专用汽车–国内市场–国际贸易，以及技术和装备等一套比较完善和成熟的体系。乙醇汽油及相关产业总产值已达到国民生产总值的 8%，超过了包括电信业在内的信息技术产业[3]。乙醇燃料也被引用到了航空业，世界首架使用乙醇燃料的飞机由巴西航空工业公司于 2004 年 10 月试飞成功了。现有 1.2 万架以上的小型飞机和农用飞机使用含水乙醇(即 95% 乙醇),与汽油相比每千米飞行成本降低 40%,提高发动机效率 5%。

2008 年秋在巴西召开的,有 90 个国家和 24 个国际组织参加的"国际生物燃料大会"上,巴西公布 2007/2008 年度乙醇产量 1 749 万吨,完成产值 112 亿美元,替代了国内 50% 的汽油和减排了 2 580 万吨温室气体。从 1976 年到 1996 年乙醇的生产成本大约从每油当量桶(BOE)90 美元降到 45 美元左右,平均每年降低 2%~3%。

甘蔗乙醇还是个投资少和提供就业岗位多的产业。石油工业每提供 1 个工作岗位,水电和煤炭可提供 3~4 个,而乙醇产业可提供 152 个;每提供一个工作岗位,乙醇产业的投资额是 1.1 万美元,而消费品、汽车、冶金和石油化工分别是 4.4 万、9.1 万、14.5 万和 22.0 万美元。乙醇还可以联产乙烯和甘蔗基的聚羟基丁酸酯、聚乳酸等十多种能替代石油的高附加值下游产品。

5.4 拉美的绿色"沙特"

在发展生物燃料上,巴西没有停留于"国家支柱产业",而是顺势而上,大踏步地走向国际舞台。

在全球寻求对化石能源替代和减排温室气体的大形势下,巴西凭借自身的资源优势和低成本的市场竞争力,积极推进生物燃料产品的出口和国际合作。巴西 Coimex 公司和日本 Mitsui 公司于 2003 年合资组建了 CM 生物能源公司,预计每年向日本出口价值约 30 亿美元的甘蔗乙醇;日本国际合作银行(JBIC)对乙醇生产项目提供了约 50 亿美元信贷。巴西与瑞士签订了每年提供 10 万吨无水酒精的贸易合同;与印度达成了两年内出口 10~15 套酒精生产成套设备的合作协议;在委内瑞拉等 10 个拉美和非洲国家承建了 16 个酒精蒸馏厂并提供全套生产设备。2005 年,巴西出口乙醇 200 万吨,占全球乙醇交易量的 53%,2006 年又投资 90 亿美元,计划将 2010 年的出口量增加 1 倍,并大力向国外推广巴西的燃料乙醇技术和成套设备。由于燃料乙醇出口陡增,巴西决定在巴拉那瓜港增设乙醇燃料出口专用码头,可供当地 27 个乙醇燃料生产企业便捷出口燃料乙醇。

巴西正在全球、地区和双边三个层面上制订走向世界的战略：已着手制订国际技术规范和标准，积极组建生物燃料的国际市场，并与南美诸国组建“南方共同市场”，印度-巴西-南非对话论坛（IBSA），以及与美国、日本等国签订了双边合作协议等。在巴西积极倡导和组织下的由巴西、南非、中国、美国、印度和欧盟等成员组成的国际生物燃料论坛于2007年3月2日在巴西召开，目的是讨论在国际范围促进生物燃料的使用和生产，为生产商和消费者间提供对话平台，这是一个重要的里程碑。

“国际生物燃料大会”于2008年11月17日在巴西召开，这是巴西开展的又一次重要国际行动。巴西全国公民协会主席Dilma Rossef女士在开幕式致辞中讲：

“此次大会有90个代表团，上千名代表参会，对生物燃料开展积极对话和讨论，共同解决全球变暖问题。生物燃料是解决气候变化的主要武器。人类正进入后碳经济时代（Post Carbon Economy），巴西的经济是建立在可再生能源基础上的，目前全国以乙醇替代了50%的汽油，生物柴油替代了3%的化石柴油，这一比例还在快速提高。自2003年启动灵活燃料汽车（FFVs）市场，已有700多万辆，现在汽车销售中的90%以上是FFVs汽车。

巴西的甘蔗乙醇能效非常高，每公顷甘蔗可产6 000升乙醇，化石能源投入产出达1∶8以上；乙醇不仅作为燃料，而且可大规模生产基本有机化工原料乙烯等。在发展中国家，生物燃料应放在优先地位以应对世界经济危机。”

（作者注：2009年度巴西燃料乙醇产量为1 980万吨，替代了56%的汽油，减排二氧化碳4 233万吨，提供工作岗位169万个。）

国际能源组织（IEA）副执行官Richard Jones出席了大会，他在发言中说：

“从第一次石油危机以来的35年间，人们一直在寻求能源安全。坏消息是煤和石油仍主宰着能源体系，释放大量二氧化碳，并且价格高涨和波动；好消息是生物燃料能有效地减排二氧化碳和提高能效。据 IEA 预测，到 2050 年全球生物燃料将替代 26% 的化石运输燃料。为应对高油价，运输燃料必须多元化，生物燃料是其中的解决方案之一。”

大会提出的全球生物燃料发展的结论性意见有：生物燃料是实现能源多元化、能源安全、控制气候变化的有效手段之一；生物燃料产业可以创造大量就业机会、发展农村经济和增加农民收入，对发展中国家尤为有利；生物燃料企业宜小规模和分散地在农村中发展；纤维素乙醇在 2015 年后实现商业化生产，第二代生物柴油需要的时间可能更长；生物燃料的发展需要政策和技术支持，政策是短效性的，技术是长效性的，等等。

大会也指出了当今世界生物燃料发展中的不足。如强调生物燃料原料的多元化不够；不仅仅依靠甘蔗，还需要开发不占用耕地、用水少、种植成本低、产能高、能在全球广泛种植的原料植物；在第二代生物燃料实现商业化之前，需要开发过渡性技术，如中国采取的薯类乙醇和甜高粱乙醇等技术。

巴西在他们的实践中形成了一个重要理念：生物燃料是世界性的，必须在世界范围得到发展，才能实现生物燃料所具备的优势。像耸立于石油世界的沙特阿拉伯一样，崛起于拉美的巴西已成为一个液体生物燃料王国。

5.5 总统推手卢拉

路易斯·伊纳西奥·卢拉·达席尔瓦 (Luiz Inacio Lula da Silva) 出生在巴西东北部的一个贫穷农民家里，7 岁时随全家移居圣保罗，只上过 5 年小学。很小就到街上擦皮鞋，12 岁在洗染店当学徒，14 岁成为一家五金厂的正式工人。20 岁开始参加工会运动，35 岁参加创建巴西劳工党并担任过党主席，40 岁当选全国立宪议会联邦众议员，56 岁当选为巴西历史上第一位工人出身的总统，国内外名望很高。

许多传记作家都想揭开卢拉的成功之谜，但他从不安排此类采访。一次他到一个名叫卡巴的小镇视察，该镇小学请他带领学生上一节早读课，领读的课文是《我的第一任老师》。领读后一个盲童学生怯生生地问："总统先生，您的第一位老师是谁？"卢拉沉思了片刻，讲了这样一个故事：

图5-4　巴西前总统卢拉

"像你们这么大的时候，一次我放学回家，找不到钥匙，父母要几天后才能回来。返回学校去找，没有找到；用一枚别针去钩开门锁，没有成功；想从窗子爬进去，窗子是从里面关死的。正在我准备爬上房顶，想从天窗跳进去的时候，邻居博尔巴先生问我："你想干什么，小伙子？"我说："钥匙丢了，进不去门。"他说："难道你就不能想点别的办法吗？""我已经想尽了所有的办法。""你并没有想尽所有的办法，至少你没有请求我的帮助。"说着，他从口袋里掏出钥匙，把门打开了，原来是妈妈在他家留下了一把钥匙。如果你们问我，谁是我的第一任老师，我认为就是博尔巴先生。"

（引自：www.chinaname.cn/article/2008-12/40224.htm）

这个故事传开后，也许不会再有人对一个只有小学文化程度的人能够当上总统而感到惊奇了。这个故事也解开了我的一个疑团：卢拉为什么如此重视在巴西发展生物燃料？在世界粮食危机中当生物燃料受到不公正指责时能如此地力排众议，义正词严？他出生在巴西贫穷农村，他的苦难童年和他的"第一任老师"，是他千方百计帮助巴西贫困民众和使自己国家富强起来的力量源泉。他像幼时寻找钥匙一样，千方百计地为巴西寻找到了生物燃料这把扶困济贫、富家强国的钥匙。

2002年10月接任总统的卢拉，深知发展生物燃料对巴西农民和国家有多么大的意义。在继续推进燃料乙醇的同时，于2003年7月，他要求联邦政府各机构调查评价巴西生产和使用生物柴油的可行性，亲自对调研报告举行了一系列有研究机构、大学、农民、农业工作者、企业家、汽车制造商、州政府和立法机构代表参加的听证会。2005 年初议会通过并颁布了《国家生物柴油计划》。为了让原料产区农民受益，同年发布的 11116 号法令中提出了“社会燃料核准”认证制度，规定生物柴油生产商从家庭农场购买的原料必须达到最低标准(北部地区 10%，南部地区 30%，东北半干旱劣质地区 50%)，并向家庭农场提供技术支持方能获得政府的优惠补贴。这个制度的核心就是为了维护生物柴油生产和供应链条中的最薄弱环节——家庭农场的利益。

正如巴西原能源司司长 Antonio Jose Ferreira Simoes 指出的：“就其可以提高较贫困人口的生活标准而言，生物燃料的生产是与饥饿和贫困进行斗争的宝贵资产。”[2]

在 2008 年上半年发生世界粮价危机和生物燃料备受攻击的时候，卢拉总统挺身而出，仗义执言，力排众议。在被问到如何看待由于粮价上涨而欧洲有人敦促欧盟放弃运输燃料中生物燃料占到 10% 的目标时，他说：“别和我说生物燃料导致粮价上涨。我们要理智地看待生物燃料，不要情绪化，不要附和欧洲的观点。”

在因粮价问题海地等国发生动乱时，一名联合国高级官员发表了“如今生产生物燃料是反人类罪”的言论。卢拉在联合国粮农组织 2008 年 4 月召开的拉美加勒比第 30 届地区会议上予以尖锐驳斥：“有人试图将世界粮食危机归因于生物燃料，这是荒谬的歪曲。巴西的经验表明，生物燃料不仅没有威胁到粮食安全，而且可以在农村地区增加就业，为农民带来更多收入。”“真正的反人类罪是将生物燃料抛到一边，将各国推向粮食和能源短缺的境地。”

卢拉于 2008 年 4 月 19 日在与随同出访非洲加纳的记者谈话时批评美国：“玉米是牲畜的重要饲料，生物燃料政策唯一令人担忧的是用玉米生产酒精，就像美国所做的那样。”他在驳斥生物燃料导致粮价危机时说：“令人奇怪的是，许多人对生物燃料进行批评，但没有看到有人对石油价格从 30 美元上涨到 103 美元进行批评。”“为什么那些批评家没有一个提到高油价导致农业高成本的负面影响，没有人反对发达国家政府对本国农业的高补贴导致对发展中国家农业的打击？”

卢拉以挑战者的姿态宣示：“巴西已为有关生物燃料的辩论做好了准备，我愿意为此周游全世界。”

5.6 圣保罗上空的蓝天和白云

中国的一个赴巴西生物燃料考察团的考察报告是这样起头的：

“看着巴西名城圣保罗上空的蓝天和白云，这种漂移在低空的大朵大朵白云，只是在我国高原才能看到。我们怎么也不能把这个城市的1800万人口、800万辆汽车和全国50家最大企业中的60%集中于此的这些数字和这里的蓝天白云摆放在一起。”

（引自www.jsgs.gov.cn　2006年7月22日）

考察报告写得很浪漫，从另一个视角和想象空间描述了甘蔗乙醇在巴西产生的环境效应。想必报告作者也许会有陈师穆（唐）观云时的遐想：

“晴晓初春日，高心望素云。
人归悬想处，霞色自氛氲。”

巴西能源研究机构（EPE）公布的年度《国家能源平衡报告》显示，2007年甘蔗乙醇和甘蔗渣生产的生物能源已成为仅次于水电的第二大可再生能源。生物质能是巴西增长最快的可再生能源种类，目前46.4%的能源都是可再生能源，远优于经合组织成员国的主要能源。经合组织成员国的可再生能源只占5.2%。

巴西在发展生物燃料中十分重视对生态与环境的保护。

巴西甘蔗种植面积和蔗糖出口均是世界第一。2007/2008年度，甘蔗种植面积780万公顷，其中50.5%用于生产燃料乙醇200亿升。甘蔗种植面积虽大，但只占农田面积的10%，根本谈不上影响粮食生产，事实上，在甘蔗产量大幅增长的同时，粮食产量也大幅度增长了。另外，80%以上的甘蔗田集中于圣保罗州，不在亚马孙雨林区，再说亚马孙地区的气候和土壤根本不适合种植甘蔗。所以关于巴西发展生物燃料毁坏了亚马孙热带雨林的传言是毫无根据的[2]。不过，联合国粮农组织2009年3月的一份报告称，巴西2000—2005年间减少森林面积310万公顷，年均减少0.6%，而之前5年是0.5%（260万公顷），主要用于扩大大豆种植和肉类的生产。21世纪之初巴西曾发生过砍伐亚马孙森林的现象，2006年后推行的《国家生物柴油计划》中得到了较好处理。

巴西甘蔗乙醇的能量投入产出比是1∶9.3，而美国玉米乙醇是1∶1.3。在温室气体减排上，甘蔗乙醇的表现也很出色。据国际能源组织的一项报告(《生物燃料用于交通运输——国际展望》，2005年)称，与其他国家用不同原料生产的类似产品相比，巴西的产品全生命周期的温室气体减排量最高，可以达到90%；减排成本最低，减排1吨二氧化碳当量约20美元。根据一项评估报告，巴西通过乙醇对化石燃料的替代，2003年减排的二氧化碳当量达到3 320万吨[6]。甘蔗收割时，除所需的茎秆外的大量废弃有机物均付之一炬，导致物资浪费和环境污染。现圣保罗州已有半数以上的工厂同意在2017年前终止露地焚烧方法，最后完成国家制订的2031年全部终止露地焚烧的目标。

巴西发展生物燃料是放眼世界的。

巴西提出生物燃料必须在世界范围得到发展，建议将生产国增加到200个，认为只有生物燃料可以“将世界范围的能源生产变得更加平等，减少生产国与消费国之间的不对称和不平等情况”。[2]巴西并没有以其资源优势和占有的发展“先机”，欲称霸于生物燃料国际市场，巴西的这种理念是值得尊敬的。

“上不失天时，下不失地利，中得人和而百事不废”(《荀子·王霸篇》)，将天时、地利与人和三者作为成功三要素是中国人普遍接受的一条通理。巴西发展生物燃料既顺应了全球能源换代与应对全球气候变暖的“天时”，又占尽了巴西自然资源丰富的“地利”，还得到了总统推手卢拉的坐镇指挥和政府的得力措施，怎不成其发展生物燃料之伟业。

“天时”对世界各国都是平等的，“地利”各有所长，至于“人和”全在各国政府。难怪孟老夫子两千多年前就提醒过：“天时不如地利，地利不如人和。”辩证法也告诉我们，事物发展的外因是条件，内因才是原动力。巴西能在生物能源领域领军世界，巴西政府的作用是关键。

5.6 两块“金砖”

什么是培育新兴的产业体系？什么是发展低碳经济和绿色经济？什么是真心实意地为弱势群体、广大的贫苦农民谋福祉？巴西给世界，给中国提供了一个多么好的样板啊!

当今世界舞台上,除7大工业国外,中国、印度、巴西、俄罗斯最令人瞩目,是4个潜力最大的新兴大国。这四国的英文字头分别是C、I、B和R,如果将排列次序变化一下,就成为“BRIC”,其发音与砖块“brick”相似,故有“金砖四国”之称。这是高盛全球经济研究部主管吉姆·奥尼尔做的一个字母组合游戏,不想“金砖四国”和BRICs很快就被世界接受和广为传用了。中国和巴西是其中的两块“金砖”。

中国和巴西都是发展中的农业大国,有许多相似之处,国土面积、耕地面积和农业产值在国内生产总值中的比重等都很接近。中国和巴西分别为世界第三和第十大经济体,在经济总量、增长率、外汇储备等方面中国有明显优势,而在人口及土地等自然资源上巴西优势明显。但两国在能源战略和政策上却是南辕北辙。

巴西一直是世界上第八大能源进口国,直到2007年,巴西探明的石油储量只有17.3亿吨(最近发现大油田)。面对资源短缺,巴西将能源发展战略的基点定位在利用本国农业资源和促进农村经济相结合地发展生物燃料,如此在世界能源舞台上演出了一幕有声有色的大剧,获得了满世界的喝彩。同是能源资源紧缺的农业大国,中国则依托外汇储备优势,石油天然气立足国外,既不自主也不安全地靠买油购气度日能到几时?

“种瓜得瓜,种豆得豆”,两国不同的能源战略必将结出不同果实。

镜于水而知容,镜于人而知吉凶。

我在激情中写完了“巴西奇迹”,写作的时时刻刻都在想着自己的国家——中国。

参考文献

1. Henry Joseph Junior.灵活燃料发动机技术//生物燃料在巴西的发展.巴西外交部驻华大使馆, 2008.

2. Antonio Jose Ferreira Simoes.生物燃料：巴西所取得的经验及在巩固国际市场方面遇到的挑战//生物燃料在巴西的发展.巴西外交部驻华大使馆, 2008.

3. 中国驻巴西使馆.巴西生产酒精燃料和酒精汽车概况及其发展经验. 2004-07-06.

4. Marcia Azanha Ferraz Dias de Moraes.对巴西乙醇工业的思考//生物燃料在巴西的发展，巴西外交部驻华大使馆，2008.

5. Ildo Sauer.生物燃料在巴西的发展：销售与物流//生物燃料在巴西的发展.巴西外交部驻华大使馆，2008.

6. Alfred Szwarc.燃料乙醇和温室气体控制//生物燃料在巴西的发展.巴西外交部驻华大使馆，2008.

美国伊利诺伊州在无灌溉和无施肥的试验地里种植的芒草的乙醇产出是玉米的15倍，利用5 000万英亩的能源植物加上农业废弃物所产出的乙醇可替代目前美国汽油消费量的一半。

——朱棣文

6 美国的宏图大略

目前生物基产品和生物能源技术将有可能使可再生农林业资源成为能转换为满足人类需要的电能、燃料、化学物质、药物及其他物质的主要来源。

——比尔·克林顿,1999

世界生物质产业的“马拉松跑道”上的另一位领跑者是美国,身手更是不凡。燃料乙醇产量原本落后于巴西,不几年就将巴西甩在了后面,可是因车用燃料消费量太大,燃料乙醇所占份额远不及巴西,且巴西甘蔗乙醇的经济性和环保性也远胜于美国玉米乙醇。

美国的自然资源丰富,科技和经济实力雄厚,更重要的是因深受石油高进口依存度所累,被“两伊”和中东拖得疲惫不堪,力求“能源自主与安全”,所以在生物质能源赛场上跑得特别卖力气。从克林顿的推进生物基产品和生物能源总统令到小布什的“让依赖中东石油成为历史”和现在的奥巴马的“清洁能源新政”,整整跑了十年,生物质能源在美国如火如荼。

美国是个善于抓住某项战略科技突破,打造新经济增长点,盘活全局,引领世界的国家。20 世纪初,美国在石油业和汽车业曾领跑过世界; 20 世纪后期提出“信息高速公路”,打造了美国信息产业,创造了美国新经济奇迹,用“网络”引领了世界; 奥巴马政府审时度势,抓住应对全球气候变暖命题,以清洁能源对化石能源的替代为杠杆,撬动美国经济迈向一个新的更高阶段。

这个“清洁能源经济”,既可在国内摆脱石油依赖进口和减排温室气体的压力,又可将每年进口 6.5 亿吨石油的巨款转用于国内绿色产业,创造大量绿色岗位。在全球战略上,可以缓解美国因争夺石油资源而在伊朗和中东的政治与军事压力；可以削弱俄罗斯拥有丰富油气资源的战略优势；可以在与中国打交道中，以其绿色技术优势增加中国对美的依赖，扩大绿色技术与产品出口，减少对华贸易逆差。这是“转被动为主动”和“反客为主”战略战术的现代版，这个序幕已经拉开。

正是在这种大背景下，本章将讲述生物质产业在美国的孕育，以及如何一步一步发展和做大做强起来的，这是一部活生生的教材。

6.1 美国的玉米情结

巴西有甘蔗王牌，美国有玉米情结。

玉米起源于美洲大陆，自15世纪哥伦布发现新大陆后才逐渐传播到世界各洲。三大粮食作物中，唯有玉米是C4作物，比C3作物的小麦和水稻的光合效率高，产量高，适种范围广，抗逆能力强，还可以用作饲料和工业品加工原料，它是近二三十年种植面积和产量增长最快的一种谷类作物。北起北纬60°，南到南纬40°；从低于海拔20米的地球洼地到海拔4 000米的雪域高原都有它的身影。它的大本营，或最佳最集中的分布地区叫“玉米带”，即7月等温线在20～27℃，无霜期在140～180天的生态气候区域，具体是四大块——美国中北部、中国东北平原和华北平原、欧洲多瑙河流域及拉美的墨西哥和巴西。

按联合国粮农组织(FAO)较早的统计资料(2001年)，世界玉米播种面积为13 966万公顷，美国占20.1%，中国占16.8%，巴西和墨西哥占14.7%；世界玉米总产6亿吨，美国占39.2%，中国占18.4%，巴西和墨西哥占10.1%；世界玉米平均单产为每公顷4 296千克，美国8 391千克，中国4 703千克，巴西3 237千克。玉米是美国的第一大作物，种植面积和总产都是世界第一。

20世纪的二三十年代，美国逐渐完成了农业的机械化、化肥化以及以杂交玉米为代表的良种化以后，农作物产量快速增长，以至过剩。为了给剩余农产品寻找出路，美国成立了“国家农业应用研究中心”，成功地开发了玉米变性淀粉、大豆印刷油墨、棉籽食用营养加强剂等产品，开创了以玉米等为原料的生物化工产品生产之先河。在农产品加工业中玉米一直走在前面，80年代美国开始成立特种玉米协会，陆续开发出上千种玉米加工产品，有食品、饲料、淀粉类产品、生物基塑料、服装、化妆品等。由此,我们就不难理解,为什么1973年出现世界石油危机的时候,巴西想到的是甘蔗乙醇,美国想到的则是玉米乙醇。靠山吃山,靠水吃水,这是顺理成章,再自然不过的事了。中国人喜食稻米和红烧肉,欧洲人爱吃面包和牛排,物产与文化使然也。

1976年美国开始小规模生产玉米乙醇,当时的总统卡特宣布,凡使用和推广添加乙醇10%的乙醇汽油(E10),可以免征联邦税。但是,以美国的富有和石油基础的强大,当时玉米乙醇的开发只具有象征性和潜在意义。1980年美国玉米乙醇产量18万吨的时候,巴西的甘蔗乙醇已超过200万吨;八九十年代美国玉米乙醇的产量一直只有巴西甘蔗乙醇产量的1/3,进入21世纪才迅速缩小差距,2005年持平,2006年反超巴西,成为世界第一。2009年美国生产3 156万吨,减排二氧化碳3 374.5万吨,创造了95.6万个就业岗位,计划2010年6月把汽油中的乙醇含量从10%提高到15%。

为什么这些年燃料乙醇在美国发展如此迅速?这就要追溯到13134号总统令了。

6.2　智高一筹的总统令

20世纪70年代的两次石油危机引发了巴西、美国和欧洲的生物燃料产业,但星星之火而已。20世纪之末,石油的资源性枯竭信息频频,全球气候变暖风声紧紧,好像是两股轻风吹拂到了生物燃料的星星火种上。但是,真正将这把火煽起来的应当是美国的13134号总统令,它是进军号,是里程碑。

克林顿上任之初,提出全球信息高速公路,离任前的1999年8月12日,签署了《开发和推进生物基产品和生物能源》的第13134号总统执行令[1]。该总统令的第一款就开宗明义地说:

"目前生物基产品和生物能源技术将有可能使可再生农林业资源成为转换为能满足人类需要的电能、燃料、化学物质、药物及其他物质的主要来源。这些领域的技术进步能在美国乡村给农民、林业者、牧场主和商人带来大量新的、鼓舞人心的商业和雇佣机会;为农林业废弃物建立新的市场；给未被充分利用的土地带来经济机会；减少我国对进口石油的依赖和温室气体的排放，改善空气和水的质量。”

“总统令”还提出“到2010年生物基产品和生物能源增加3倍，2020年增加10倍，每年为农民和乡村经济新增200亿美元的收入和减少1亿吨碳排放量”的宏大目标。

这个“总统令”的出台与两个报告有关。一个是1998年美国农业、林业和化学三个协会的“通过可再生的植物/作物资源利用对增强美国经济安全的展望”报告[2]，提出基于植物可再生资源的产品可以推进美国的可持续发展，到2020年可以增长5倍的观点。另一个报告是1999年美国国家科学院提出的《生物基工业产品：研究和商业化是当务之急》[3]，提出“最迟到2020年，至少由生物基产品行业可以提供25%的有机化工原料和10%的液体燃料，最终满足90%以上的美国有机化学消耗量和50%的液体燃料需要”的中长期目标。这两个报告在形成13134号总统令中起了关键作用，是现代生物质产业的催生婆。

“总统令”还指令建立一个由农业部部长和能源部部长担任主席的“生物基产品和生物能源部际协调委员会”、“生物基产品和生物能源咨询委员会”以及“生物基产品和生物能源协调办公室”，并定义了“生物质”、“生物基产品”和“生物能源”，以统一认识和规范全国及各州的管理。签署总统令的同时，发布了《写给农业部部长、能源部部长、财政部部长、环保署署长的备忘录》，命令他们在120天内完成一份到2010年将美国生物基产品和生物能源增加3倍的报告。美国农业部和能源部如期向总统提交了《发展和推进生物基产品和生物能源》报告[4]，同年国会通过了“生物质研发法案”；2002年制订了《生物质技术路线图》[5]（图6-1）并成立了“生物质项目办公室”及“生物质技术咨询委员会”。

正如《生物质技术路线图》中的预言：

“这份报告预示了一个充满活力的新行业将在美国出现，它将提高我们的能源安全、环境质量和农村经济，它将生产我们国家相当大一部分的电力、燃料、化学品和其他关键性产品”；我们要“像阿波罗登月计划那样整合这个行业。这是一项意义深远的挑战，需要大胆的想象力，在多个科技前沿领域同时取得进展，在基础设施和市场开发上大量投资，提供政策和教育上的大力支持。路线图的制订者相信，成功的回报将是巨大的，它将是未来人类事业的基础。”

美国农业部2002年制订的“生物质能源研究的战略计划”的标题是“一个更具活力的美国农村”[6]。艾奥瓦等一些农业大州也纷纷制订了本州的生物质产业发展计划和技术路线图(图6−1下右图)。[7]

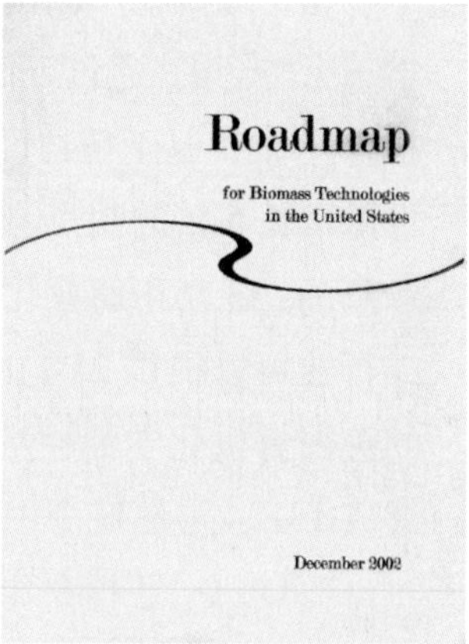

图6−1　美国的几个重要文件封面

上左：2000年USDE/USDA就发展生物基产品和生物能源给总统的报告；
上中：关于2020年植物/作物基可再生资源的报告；
上右：2002年美国生物质技术路线图；
下左：2002年USDA生物质能源研究的战略计划；
下右：2002年艾奥瓦州生物基产品与生物能源发展路线图。

经过政府的这一番紧锣密鼓的部署，一个发展生物质产业的热潮在美国兴起了，也带动了世界。

2001年欧盟发布《促进可再生能源电力生产指导政策》，要求到2010年欧盟电力总消费的22%来自可再生能源；2003年欧盟发布《欧盟交通部门替代汽车燃料使用指导政策》,提出在汽车燃料消费中生物液体燃料的比例要由2005年的2%提高到2010年的6%,2020年达到8%;2001年中国在吉林等四省兴建了年生产能力合计为73万吨的陈化粮燃料乙醇工厂;2002年日本内阁会议正式审议通过《日本生物质综合战略》;2003年印度开始在9个邦推广使用E5乙醇汽油,开始了"石油/农业领域"的"无声革命";2004年9月,世界经合组织(OCED)发表的研究报告指出:"各国政府应大力支持和鼓励生物质能源领域的技术创新,减小它与传统原油及天然气产品的价格差距,以最终达到替代的结果。"短短的三五年里,生物质产业在世界范围如潮推浪涌。

为什么说这个总统令"智高一筹"呢?

且不说用了几千年的薪柴,就说1973年石油危机后发展起来的生物能源。人们总是就事论事地只看到生物质的能源功能,只想到"生物燃料",而这份总统令第一次把生物基产品放了进去,还摆在了生物能源的前面,确是智高一筹。随着时间的推移,人们将会越来越感受到它的智慧与前瞻,感受其意义之修远兮。这个智慧不是无中生有、凭空而来的,而是源于20世纪30年代美国就开始出现的玉米变性淀粉等的加工工业,以及90年代生物基塑料的出现,使美国看到了只有"生物基产品"才能替代"石油基产品",只有碳水化合物原料才能替代碳氢化合物原料,是克林顿对美国国家科学院提出的"生物质最终将满足90%以上的美国有机化工原料和50%的液体燃料的需要"论断的认可。

6.3 萧规曹随,更上一层楼

"一个将军一个令",布什一上任,就把克林顿准备批准签署的《京都议定书》给否了,但是对克林顿的13134号总统令想否而没否成,事情是这样的。

布什上任后将生物燃料放在了一边,在2001年的《国家能源政策报告》中提出要发展氢能的新主张,他说:"如果过去你对无休止的能源战感到厌倦,让我们在21世纪发展氢燃料电池吧。"一时间在美国和全球掀起了一股"氢能源热"和"氢经济热"。热过以后,在2006年的国情咨文中他不得不改口说:"这不是近期的解决办法,也不是中期的解决办法,而确实是远期的解决办法。"布什对一件事的表态,总是那么鲜明,讲话那么干脆和生动,包括否定自己的观点。

“旱路不通走水路”，布什回过头来，还是“萧规曹随”地大抓起了生物质产业，且是有过之而无不及。起草历时 5 年之久的、2005 年 8 月经参、众两院通过和总统签署的《国家能源政策法》中有一个专门的乙醇令，要求到 2012 年，燃料制造商必须在汽油中加入 2 250 万吨生物乙醇，它可以每天减少 8 万桶原油的消耗。这一条令，将克林顿原来制订的 2 012 年燃料乙醇生产指标（1 635 万吨）调高了 37%，可以实现如下的综合效益：

——减少 20 亿桶原油进口和节省大部分支付给外国石油商的 640 亿美元购油款；

——为美国经济各领域创造 234 840 个就业岗位；

——增加美国家庭收入 430 亿美元；

——在 2005–2012 年间增加 GDP 2000 亿美元；

——在可再生燃料生产装备方面创造 60 亿美元的新增投资；

——到 2012 年 75 亿加仑（1 美制加仑 = 3.785 升）乙醇/生物柴油的生产、使用及服务将产生 700 亿美元的产值；

——对购买使用混合燃料的车辆给予优惠，每辆小型车补贴 2 000 美元，每辆商用公共汽车减税优惠 40 000 美元，拨款总额为 8.74 亿美元；

——给予建设后备燃料加油站 30%、最高 3 万美元的信贷，这些燃料包括 E85（含 85% 乙醇的汽油）、天然气、氢和生物柴油等。

（摘自美国能源法案，2005）

2006 年 1 月 31 日，布什在他的国情咨文演说中有这样一段精彩讲话（图 6–2）：

Bush pushes fix for oil 'addiction'

President says technological advances will cure dependency

Wednesday, February 1, 2006; Posted: 5:52 a.m. EST (10:52 GMT)

(CNN) -- President Bush called in his State of the Union speech Tuesday night for the United States to break its "addiction" to Middle Eastern oil using technological solutions."Keeping America competitive requires affordable energy," Bush told Americans, who are paying more than $2 a gallon for gasoline. "Here we have a serious problem: America is addicted to oil, which is often imported from unstable parts of the world.""The best way to break this addiction is through technology," he said, adding that technological advances will help achieve a "great goal: to replace more than 75 percent of our oil imports from the Middle East by 2025." (Watch who applauds Bush's energy proposals -- 2:20)

图6–2 关于布什2006年国情咨文中“石油瘾”的报道

“美国要保持领先地位就必须有足够的能源。但是，美国在使用石油上，像吸毒一样地‘上瘾'，而这些石油是从世界上不稳定地区进口的。最好的办法就是依靠美国人的才智和技术进步，打破对石油的这种过分依赖，改善我们的环境，摆脱石油经济，使我们对中东石油的依赖成为过去。""我们的一个伟大目标是：到2025年能替代75%的中东石油进口。"

一个出身于石油世家的小布什，能把话讲到这个份儿上，足显其决心与魄力。实现这个"伟大目标"靠的主要是乙醇等生物燃料，还有提高单位燃料的里程数等。

为了推进乙醇替代战略，美国一手抓原料，一手抓汽车，用中国的话说，就是"抓两头"。

年产乙醇五六百万吨的规模，以玉米为原料尚可，到了一两千万吨以至更大的规模，问题就出来了。不仅引来粮价和粮食安全方面的种种质疑，生产成本也不容易降下来。布什在2006年的国情咨文中强调："要特别资助用创新技术生产乙醇，不仅是玉米乙醇，而且是用木屑、秸秆、柳枝稷(switch grass)等生产纤维素乙醇；要在6年内使纤维素乙醇的商业化生产成为现实，并具有经济竞争性。"2006年美国能源部投资3.75亿美元支持3个纤维素乙醇研究中心，同时投资3.85亿美元资助6个纤维素乙醇示范工厂。从2006年10月到2007年4月，美国的风险投资公司、华尔街银行以及石油公司在纤维素乙醇方面投资了2亿多美元，纤维素乙醇厂可以享受双重补贴。大规模发展燃料乙醇必须拥有资源丰富、价格便宜和对粮食安全不构成威胁的原料，纤维素乙醇是最佳选择，但也是个世界性的技术难题。

另一手是抓汽车，如按现行的E10，可不用改装汽车，但只能替代10%的汽油，解决不了大规模替代问题。所以在推行E85乙醇汽油的同时推广使用对发动机稍加改造的灵活燃料汽车(FFVs)。美国福特汽车公司说，如果已经上路的500万辆FFVs汽车都使用E85，减少的汽油用量将比1 000万辆电动混合燃料车所产生的效果还要大。福特公司2005年生产了25万辆FFVs汽车，2006年为28万辆，在依利诺伊州和密苏里州建设40个E85加油站，并宣布放弃混合动力车计划，全力生产FFVs灵活燃料汽车。

通用汽车公司也说，每使用37加仑E85就能节省1桶原油。2005年生产了27万辆，2006年再生产40万辆FFVs汽车，并与美国壳牌石油公司、

VeraSun 能源公司合作在芝加哥地区建设了 26 个 E85 加油站。

燃料乙醇工业已成为美国经济发展的一种催化剂。2005 年美国燃料乙醇产量 1 200 万吨，为 GDP 贡献了 177 亿美元，创造了 15.4 万个就业机会，为美国家庭节约了 57 亿美元，为联邦政府增加了 19 亿美元和地方州政府增加了 16 亿美元的税收，还减少了 1.7 亿桶原油的进口和节省了 87 亿美元的购油款[8]。预计到 2015 年乙醇工业对美国国民经济的贡献将是 460 亿元，并在 2005–2015 年间累计减少 37 亿桶原油进口。

2008 年的世界粮价危机中，当美国玉米乙醇成为千夫所指的"罪魁祸首"的时候，布什在 2008 年 4 月 29 日的新闻发布会上直截了当地回答说："问题的实质是我们的农民种植能源，并不再从不稳定地区或不友好的国家购买石油，这是我们的国家利益所在。"真不失其率直不羁的"牛仔"风格。

且不说克林顿白宫绯闻和布什外交劣迹，但在推动美国和世界生物质产业的发展上，此二位前总统是功勋卓著的。

6.4 年供 10 亿吨行吗？

美国国会通过了一个关于到 2030 年以生物质燃料替代目前石油消费总量 30% 的发展目标，其中占国家电力的 5%、交通运输燃料的 20% 和化工产品的 25%。国会要求能源部与农业部为此提交一份本土生物质资源支撑程度的可行性报告（图 6–3）。两部于 2005 年 4 月向国会提交的报告名称是："作为生物能源和生物基产品行业原料的生物质：年供应 10 亿吨的技术可行性研究"[9]。

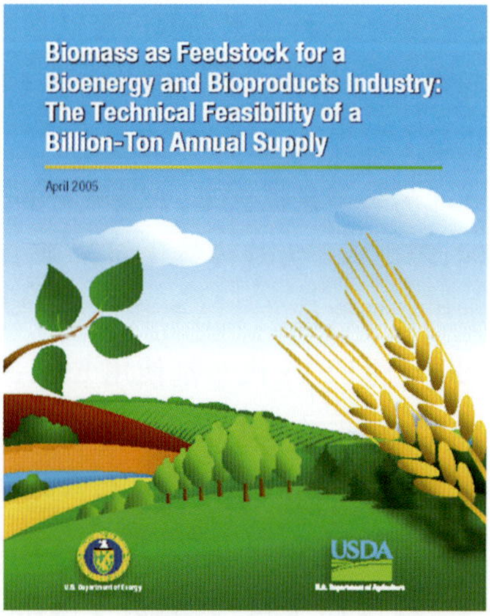

图6–3　美国能源部和农业部生物质原料资源报告封面

报告一开篇，回答得就非常干脆："The short answer is yes! "（没问题！）具体结论是：实现 2030 年以生物质燃料替代目前石油消费总量的30%的目标，每年提供10亿吨（干重，下同）生物质原料就够了，而此专题研究发现具有13.7亿吨的产出潜力，难怪回答得那么干脆。报告还指出，科学家们正在探索可以产出更多生物质原料的方案。原料的七成来自农业，三成来自林业（图6–4）。源自林业的生物质原料有森林采伐剩余物、林地疏伐剩余物、林产加工残余物、造纸厂黑液、城市木质残余物和薪柴六大类，每年可提供3.68亿吨，其中48%来自林地，39%来自二级加工剩余物，其余来自于城市木质剩余物的回收。

源自农业的生物质原料一是来自现有农用土地；二是在不改变土地用途和种植结构情况下，通过提高技术与装备水平的增量；三是调整种植结构和改变土地利用方式，用一部分土地种植多年生能源植物（如柳枝稷）所增加的产出。一个重要前提，即实施这三条必须是在“保证国家对食物、饲料及其出口的需求”的基础之上。

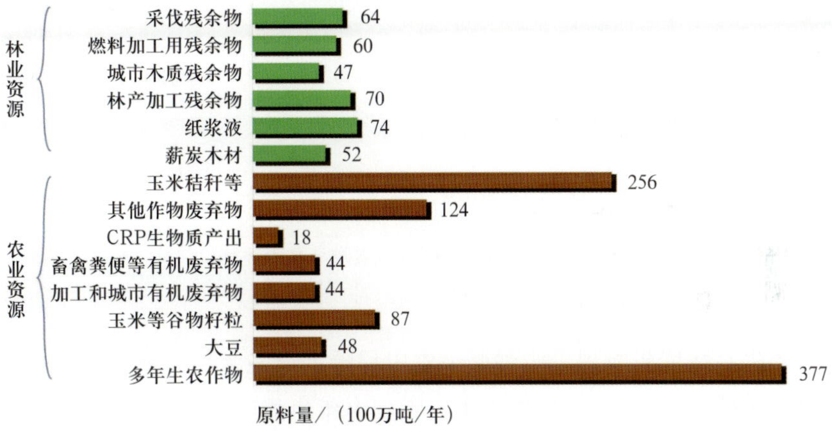

图6–4　美国年提供13.66亿吨生物质原料的组成[9]

CRP指美国的休闲土地。

美国在发展生物质产业的原料结构中，突出了农林等有机废弃物及多年生纤维素能源植物，食物基的玉米和大豆只占一成，并不像有些人士和媒体宣传的“汽车与穷人争粮”、生物能源影响粮食安全等等。美国在发展生物质能源上不是盲目冒进和一意孤行，而是顾大局、有原则的。该报告还十分注意将生物能源和生物基产品的生产纳入到现行的农业生产体系中去，以促进农业产业结构的革命和农业种植结构的优化，提高农业的经济和生态效益。

研究报告就原料的产出量设计了三种预测情景，即现生产状况与水平条件、强化技术和激励因素条件，以及在情景 2 基础上将中等增长水平的 1 600 万公顷农田改种多年生纤维素能源作物。三种情景的原料产出分别为 1.94 亿、5.99 亿和 9.98 亿吨，详细结果见表 6–1。

表 6–1　美国源自农业的生物质原料资源状况预测　　万吨，%

生物质原料类型		情景 1 产出量	情景 2 产出量		情景 3 产出量	
			中产出	高产出	中产出	高产出
秸秆等农作物废弃物	玉米	7 500/38.7	17 000/40.0	25 600/42.7	17 000/29.1	25 600/25.7
	其他谷物[1]	1 700/ 8.8	5 000/11.8	8 200/13.7	5 000/8.6	7 700/7.7
	其他作物[2]	2 100/10.8	3 700/8.7	4 800/8.0	3 600/6.2	4 700/4.7
CRP 生物质产出		—	2 800/6.6	2 800/4.7	1 800/3.1	1 800/1.8
畜禽粪便等有机废弃物		3 500/18.0	4 400/10.4	4 400/7.3	4 400/7.6	4 400/4.4
加工及城市有机废弃物		3 100/16.0	4 000/9.4	4 400/7.3	4 000/6.9	4 400/4.4
玉米等谷物籽粒		1 500/7.7	5 600/13.1	9 700/16.2	5 600/9.6	8 700/8.7
大豆		—	—	—	1 300/2.2	4 800/4.8
多年生农作物		—	—	—	15 600/26.7	37 700/37.8
合　计		19 400/100.0	42 500/100.0	59 900/100.0	58 300/100.0	99 800/100.0

1 其他谷物含小麦、高粱、大麦、燕麦、水稻；2 其他作物含棉花、油料、烟草、蔗糖、马铃薯等。

该报告在环境影响评价中强调由农田移除大量残余物会降低土壤质量，需要通过施肥给以补充。环境评价中也注意到多年生能源作物可以减少耕作次数从而减少机械对土壤物理性状的不良影响，可以为鸟类和哺乳动物提供栖息场所，以及畜禽粪便规模化用于生物能源生产可以减少营养元素的流失及对地表水和地下水资源的污染等正面作用。

研究报告的结论性意见是：开发生物质原料资源可能对环境产生的负面影响只是技术性的和可以克服的，而在经济上和生态上的综合效应则是巨大的和难以估量的。为了保证生物质原料的持续供应，必须在获取原料资源的同时，注意消除其可能产生的负面影响。图 6–5 为美国可再生物质资源图。

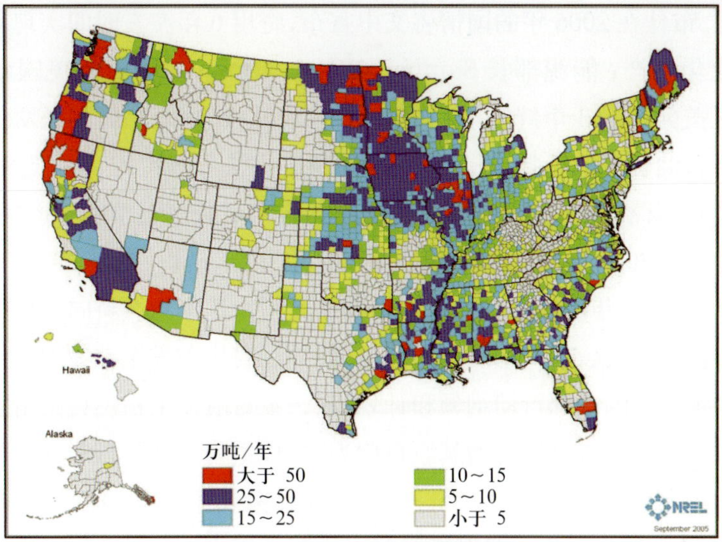

图6–5 美国可用生物质资源图

图例中的单位是万吨/年；资料来源：美国能源部。

6.5 寄希望于第二代

美国农业部和能源部关于替代30%石油消费总量的生物质原料报告是美国由一代生物燃料向二代生物燃料的转折点。以玉米为原料的乙醇只作为适度发展规模的过渡性产品，而未来九成原料均来自非粮的农林废弃物和多年生纤维素能源植物。

作物每产1份籽粒，就有1.2～1.5份的秸秆，玉米的比例是1∶2。美国年产玉米3亿吨，同时就有6亿吨玉米秸秆。秸秆的主成分是纤维素、半纤维素和木质素，三者比例大体是4∶3∶3。纤维素和半纤维素是植物体中最多的成分，占碳素总量50%以上，远高于淀粉、糖、脂肪和蛋白质。有资料称，美国倾全国玉米之力仅能产1亿吨乙醇，而秸秆类农林废弃物的潜力是3.3亿吨，难怪秸秆类农林废弃物被视为生物能源和生物基产品的希望所在。

为什么只是希望而非现实呢？因为在植物学结构上，纤维素和半纤维素是由葡萄糖单体相连接形成的相互平行排列而不分支的长链分子，是上千个这种纤维素分子由氢键相互连接起来的一种生物大分子，植物挺立，树高千仞，靠的正是它的支撑。这种分子结构对水解作用有很强的抗性，也给科技界出了一道大难题。布什在2006年的国情咨文中宣布，将用6年左右时间实现纤维素乙醇的商业化生产；能源部长Samuel W. Bodman随即宣布美国政府将投入1.6亿美元建设3个纤维素乙醇生物厂，以及投入21亿美元开发纤维素乙醇等替代石油资源的新技术。目前在生物酶等方法上虽取得了重要进展，但成本仍然较高，解决这个技术问题就是为打开这座宝藏而寻求的一道“秘笈”。图6–6为美国2030年纤维素原料来源分布图。

如果说2005年能源部和农业部报告是美国一代生物燃料向二代生物燃料过渡的转折点，那么2007年底国会通过的《能源自主与安全法案》[10]，则是以法律形式固定下来的一部行动纲领和计划。该法案对液体生物燃料做出了新的划分和要求，将玉米、大豆等食物基原料称为“常规生物燃料”，将非食物基及纤维素基生物燃料称为“先进生物燃料”，二者的温室气体（GHG）减排指标分别为20%和50%，纤维素基生物燃料更要求达到60%以上。

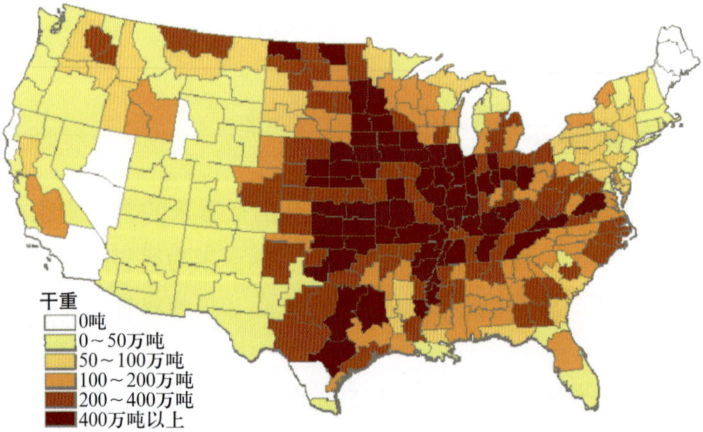

图6–6 美国本土2030年纤维素原料来源分布图
资料来源：D.Ugarte, University of Tennessee, 2007。

该法案提出的液体生物燃料2022年发展目标是1 362亿升（1.08亿吨），其中燃料乙醇是1 325亿升，并提出了2008–2022年间各类生物燃料的逐年生产指标计划（图6–7）。常规生物燃料自2008年的2 700万吨增加至2015年的4 500万吨后就不再增加，而先进生物燃料则由2009年的180万吨增长到2022年的6 300万吨。

为鼓励发展燃料乙醇，美国联邦政府给每加仑燃料乙醇补贴0.51美元，

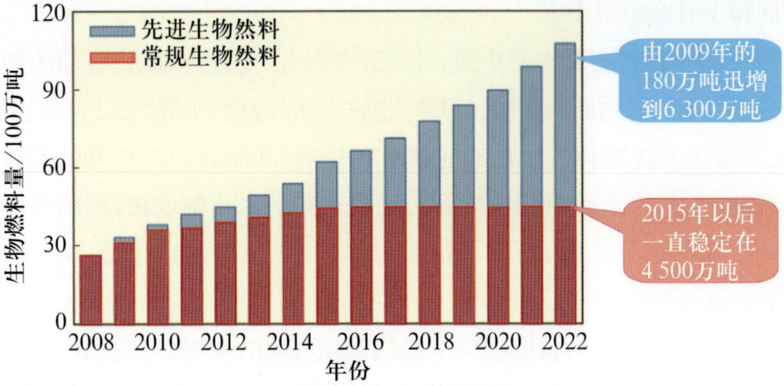

图6-7　美国生物燃料发展计划[10]

各州政府再补贴 0.05 美元。为了发展农村经济，美国政府采取一系列优惠财税政策措施鼓励农民兴办燃料乙醇工厂。农民办一个年产 10 万吨的燃料乙醇工厂，每加仑成本仅约 1.2 美元，销售价 2.2～2.3 美元，获利甚丰。美国现在的乙醇工厂大多数是农民办的。为了实现生物质燃料原料和产品结构上的调整，2008 年 5 月的新《农业法案》出台的配套政策是将目前每加仑玉米乙醇的补贴由 51 美分减到 45 美分，而纤维素乙醇的补贴增至 1.01 美元，相差 1 倍有余。厚此薄彼如斯，可见用心之良苦，总统奥巴马和能源部长朱棣文对纤维素乙醇更是钟爱有加。

但是纤维素乙醇的技术难题使布什的信誓旦旦和奥巴马的种种努力都没有如愿以偿。2010 年 7 月，美国环境保护局再次宣布，将 2011 年的纤维素乙醇的生产指标由 82 万吨调低到 2.1 万～8.4 万吨，先进生物燃料的生产指标不变。[11]

6.6　春江水暖鸭先知

1866 年，西门子在发明电动机后给他在伦敦的弟弟写的一封信中说：“电力技术将会开创一个新纪元，谁抓住了它谁就会引领这个时代”，一项新技术的发明必将开创一个新产业。“竹外桃花三两枝，春江水暖鸭先知”，企业家对新技术和未来市场最为敏感，以企占有先机，获取产品先期进入市场的强大优势、高额利润和少有竞争对手。

《今日美国》的一篇文章中说："农田作物有可能逐渐取代石油成为获得从燃料到塑料的所有物质的来源，'黑金'也许会被'绿金'所取代。""在今后的25年内，工业农场主将能种植出足够的燃料和原料，从而我们几乎可以不再依赖于外国石油。专家估计，利用2 025万公顷尚未得到利用的农田，美国最终每年可以生产2 838亿升乙醇，而我们目前每年利用进口石油提炼的汽油的总量为2 649亿升"。[12]

生物质产业已成为投资的一个热门领域，华尔街的投资商们已经接受生物乙醇是一种相对安全的长期投资项目的观点。世界首富比尔·盖茨投资8 400万美元购买了太平洋乙醇(Pacific Ethanol)股票，年产30万吨的乙醇厂就设在加利福尼亚州旧金山附近；硅谷阳光微系统(Sun Microsystems)的创始人Vinod Khosla的风险投资和以Marathon为代表的石油、能源工业界也大举进入燃料乙醇生产领域。13134号总统令发布后，美国的森林工业即开始了与电力、石油、化工公司合作，利用林木废弃物生产能源及化工产品，美国国际石油公司等也开始剥离石油资产，用于生物质能源产品开发。

被生物燃料激发起来的行业中，汽车业要算最活跃的一个。

美国三大汽车制造商福特、通用和戴姆勒-克莱斯勒一同上书美国国会，许诺要在2010年前将可替代燃料汽车的年产量翻番至200万辆。福特汽车公司董事长比尔·福特表示，为了追求更宽泛的环境策略，他将放弃早先制订的在2010年年底前生产25万辆混合动力车的目标，将重心转移到发展乙醇等其他的可替代燃料汽车上，并宣布与VeraSun能源公司建立合作伙伴关系，在美国中西部地区堪萨斯城和芝加哥中间修建了50个E85乙醇汽油站[13]。戴姆勒－克莱斯勒也表示，到2008年汽车总产量中的1/4将是乙醇汽油车；而通用汽车已经在全球范围生产了190万辆可使用高含量乙醇的车辆。2006年的北京国际车展上，美国通用汽车公司展出了被称为最新生物动力科技的萨博乙醇燃料车。图6-8和图6-9表现了美国E85汽车及加油站情况。

说到美国的汽车业，不能不提到福特汽车公司2003年在巴西推出的首辆汽油/酒精双燃料汽车(FFVs汽车)，仅2005年5月至2006年上半年销售的108万辆汽车中，FFVs汽车就占到了65.3%。4年里共生产和销售了60多种款式的300多万辆FFVs汽车，对巴西的乙醇产业的推动做出了非凡贡献。

图6-8 美国E85乙醇汽油加油站（左图）和FFVs汽车（右图）

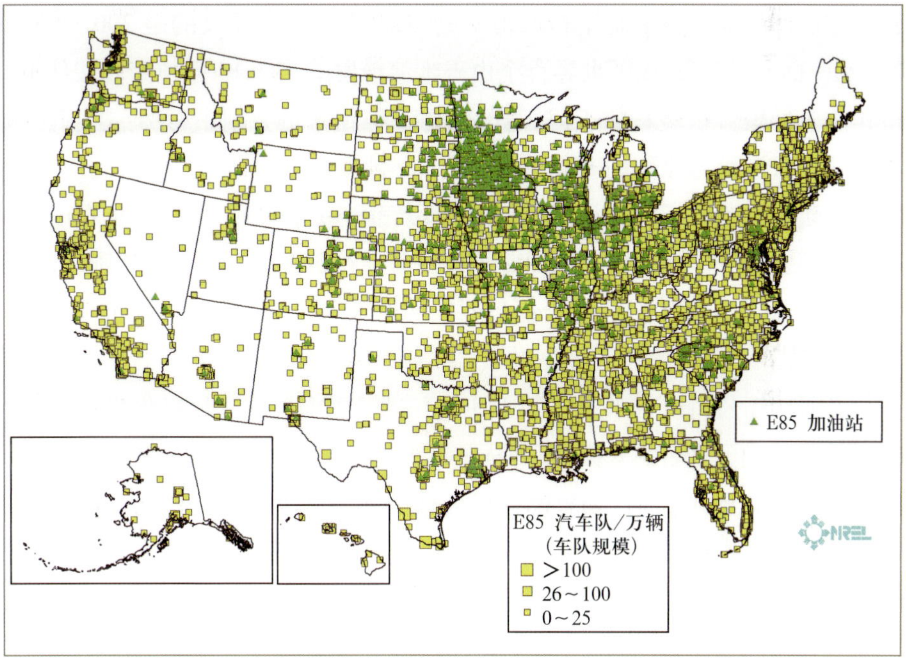

图6-9 美国E85乙醇汽油加油站分布图

资料来源：美国能源部。

纤维素乙醇无疑是一个极具吸引力和前瞻性的企业投资热点。

在美国能源部支持下，BC International 公司计划投资 9 000 万美元；Masada Resource 公司计划投资 1.5 亿美元；Arkenol 公司计划投资 1 亿美元建设纤维素乙醇工厂。荷兰皇家壳牌石油为加拿大 Iogen 公司投资 4 000 万美元建设的纤维素乙醇中试厂已经运行了 2 年，并计划投资 3.5 亿美元在美国中西部或加拿大建设一个年产 10 万吨纤维素乙醇的生产厂。在这轮投资热潮中，西班牙 Sunopta Inc 公司的纤维素乙醇工厂于 2006 年投产；瑞典 2006 年也投资 1.48 亿瑞典克朗兴建了一个以木屑、锯末为原料，年产 5 万吨纤维素乙醇的示范工厂。

企业较早介入的另一个投资热点是生物降解塑料对石油基塑料的替代。

20 世纪 80 年代，国际社会越来越担忧数百年也不能降解的石油基塑料造成的“白色污染”使地球不堪重负，目前世界每年产生近亿吨塑料垃圾。企业界先是在塑料中添加 10% 左右的淀粉使废弃塑料散碎，但九成的散碎塑料仍是不能降解的。20 世纪 90 年代，以淀粉发酵生成的乳酸聚合成具有塑料性能的大分子材料替代石油基塑料取得了成功，具有里程碑意义的是 2001 年美国 Cargill-Dow 公司建成了世界首个由玉米淀粉发酵年产 14 万吨聚乳酸(PLA)和其他多种聚合物塑料的工厂。美国生物工程技术协会副主席称：“我们开始看到以玉米淀粉为原料的 PLA 生物材料在制造业的所有部门中得到应用，这可能会彻底改造旧经济。用转基因作物和家畜改变了农业，现在它正在改造工业。”[14] 随之，日本丰田公司于 2002 年用白薯淀粉基塑料制成了汽车配件，发表了“白薯拯救地球”的文章，富士通公司成功用玉米淀粉基塑料替代了计算机的塑料外壳。

美国杜邦公司以玉米生产的 1,3-丙二醇(POD)，成本比用化学法降低了 25%。他们收购了著名的先锋种子公司，组织了工农综合企业，并将 2010 年销售额的 25% 定位于生物质产品。德国巴斯福公司 2003 年宣布，将以可再生的生物质资源作为化学品生产的主要原料，替代石油基原料。荷兰皇家壳牌石油公司做出了这样的估计：“21 世纪的前 50 年，生物质将提供世界化学品和燃料的 30%，世界市场份额将达到 1 500 亿美元。”

6.7 奥巴马与他的部长们

生物燃料在美国两任总统任职期间均显强势，奥巴马领导的美国政府的态

度引起了许多人的兴趣。当然，这对我所关注的“决胜生物质”更是意义重大。

“三十年河东，三十年河西。”布什上任否定了克林顿准备批准签署的《京都议定书》，时隔 8 年，奥巴马的就职演说又推翻了布什的全球气候变化政策，大力推进以应对全球气候变化和发展清洁能源为主干的“绿色新政”(图 6–10)。奥巴马在他仅有的 3 825 个中文字符的就职演说稿中也没有忘记提到：“我们将利用太阳、风与土壤，来驱动我们的汽车和工厂。”虽然奥巴马与布什都在推进可再生清洁能源以及将生物质能源放在突出位置，但思想基础与目标上有所差异。布什关注的是减少中东石油进口，目标很明确、很实际；奥巴马则提升到美国应对全球气候变化和追求减排与低碳目标的国家战略层面上来。

图6–10　2009年1月21日奥巴马在总统就职典礼上发表演说

2009 年 5 月 5 日奥巴马总统对农业部长 Tom Vilsack 下达了总统令，要求农业部大力加快在生物燃料产业的投资和生产，在美国建立永久的生物燃料产业，扩大生物燃料基础设施，利用这个产业为美国加快发展农村经济提供唯一的机会。农业部长雷厉风行，6–9 月间就以近 2 亿美元推动了 10 个生物质能源项目。Tom Vilsack 在参议院起草气候变化法案时说，基于农田的碳补偿是气候法案取得成功的关键，没有农民和农场主的参与，气候法案将一事无成。通过保护性耕作和植树可以将大量碳吸存于土壤(http://www.reuters com/article/2009/07/07/us-climate-usa-farm-idUSTRE56668Q20090707)。

能源部部长朱棣文上任不久明确提出："要大力发展生物燃料和低碳生物能源，特别是解决20亿贫困人口的用能问题。"在能源部2007–2008年度为研发纤维素乙醇投入10.4亿美元的基础上，2009年再投入7.9亿美元(风能仅1.2亿美元)。而最近，美国能源界掀起的氢燃料电池风波中，朱棣文又处在了漩涡中心。2009年6月《科学》杂志发表了一篇题为"氢能车是狂热还是未来？"(Hydrogen Car：Fad or the Future?)的文章(图6–11)。其关注点正是朱棣文宣布的，大大放缓对氢燃料电池车的研究步伐，取消对氢燃料电池研究的资助。主要是因为燃料电池成本高、耐久性差、车载大容量压缩氢气技术难度大以及没有全国性加氢站网。7月，朱棣文又提出了一个"重新占领能源科学和工程前沿"的清洁能源人才培养计划。以一位诺贝尔化学奖得主的科学素养，必将在能源领域造福美国于久远。2010年1月13日，他在华盛顿宣布，根据《美国经济复苏和再投资法案》，能源部将再投资8 000万美元于支持先进生物燃料研究及生物燃料与加油系统基础设施建设。这位能源部长上任不到一年，对生物能源可谓是雷厉风行，快马加鞭。

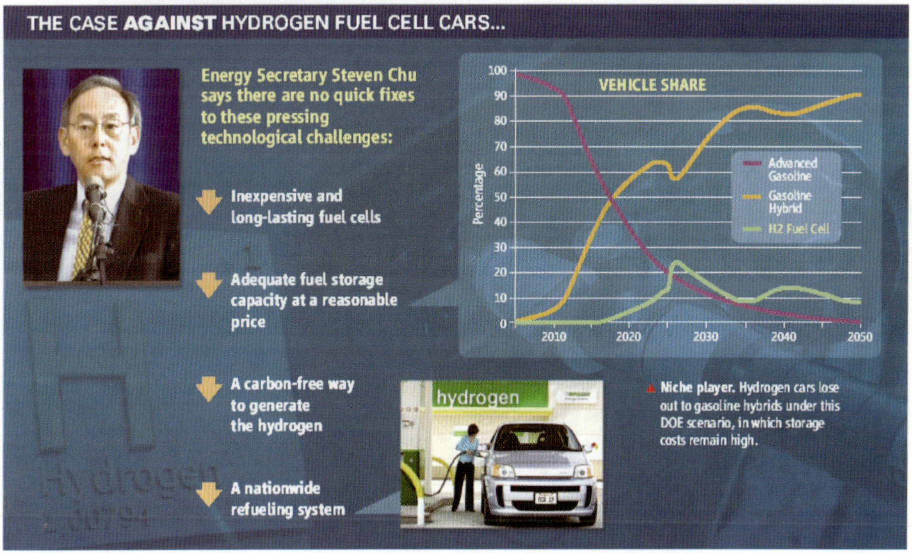

图6–11 "氢能车是狂热还是未来？"一文插图

图片来源：Science, June, Vol. 324, 2009。

6.8 金融危机中的美国生物能源产业

2008年秋,源于美国的金融危机席卷全球,美国自身更如同生了一场“伤筋动骨”的大病。在实体经济无一幸免的情况下,美国第二大燃料乙醇生产商VeraSun能源公司2008年10月申请破产保护,16家乙醇厂关掉了12家,全国燃料乙醇产业蒙上了一层阴影。可是不到一年,墨菲石油公司就宣布以9 200万美元收购了110 Mgy在Hankinson的乙醇厂,随之Suncor公司宣布在加拿大安大略省的乙醇厂的扩建工程重新启动,人们以此作为美国燃料乙醇产业复苏的信号。

据美国可再生燃料协会2010年2月发布的《2009年燃料乙醇工业对美国经济贡献》报告带来了令人高兴的消息,尽管受到金融危机影响,美国仍完成了《能源自主与安全法案2007》制订的2009年3 180万吨燃料乙醇的生产目标,比2008年增长了14.7%。2008—2009年间有12个工厂(36万吨生产能力)停产,但又新建了11家工厂,生产能力24.2万吨,扩建生产能力18.8万吨,总体仍是上升态势。在金融危机重大考验中,燃料乙醇产业只是“偶感风寒”而已,很快生机重现,显示了一个新兴的清洁能源产业在美国经济中的稳定地位,不是那稍现即逝的昙花。

6.9 ARPA-E计划与一份权威报告

1957年,苏联成功发射第一颗人造地球卫星的消息震惊了全美。美国紧急推出了一个“前瞻性国防研究计划”,由专门成立的局“ARPA”(Advanced Research Projects Agency)领导和组织,最初的任务是重组美国军事空间项目,同时承担探索未来先进国防技术的发展,以确保美国军事技术的世界领先地位。互联网、高速计算机、全球定位系统等都是这个计划的产物,ARPA被称作是推动美国国防技术转型的“引擎”。

1999年,美国国家科学院的《生物基工业产品:研究和商业化是当务之急》报告提出美国应在生物基产品转化领域占据“全球领导地位”,促成了《开发和

推进生物基产品和生物能源》总统令的发布和全球的生物质能源热潮。2007 年美国国家科学院又提出了"正在升起的风暴群"(Rising Above the Gathering Storm)[15] 报告，建议建立类似于 ARPA 的"战略性能源换代技术研究计划"，即"ARPA–E"(E 指能源)。二者都是在国家竞争力受到严重威胁背景下提出的国家重大战略行动，ARPA 成功了，ARPA–E 的未来意义不可低估。

此计划于当年就作为《美国竞争力法案》的一部分被国会通过，支持革命性和转化型的能源科技研发，以减少美国对外国能源的依赖，提升美国经济与能源安全，确保美国在能源技术研发中的世界领导地位。在 2009 年的美国国家科学院 146 届年会上，奥巴马宣布了清洁能源技术开发的行动计划，2008–2012 财政年间将拨款 49 亿美元，并类似于国防部的前瞻性研究计划署(DARPA)在能源部成立了"能源前瞻性研究计划署"(DARPA–E)。所支持的研究项目是带有高风险性和一旦成功回报十分丰厚的项目，跨部门、跨学科的项目，以及从基础研究直到产业化的"一条龙"式研究项目等。2009 年的 3 500 多项申请中，被批准的不到 2%，其中太阳能占 18%、生物能源占 15%、提高能效占 14%、燃料电池和"智能电网"各占 6%、风能占 5%、核能占 2%。[14] 被批准资助的项目中如培养蓝细菌制造生物燃料项目就具有高风险和高回报特点。从中可以看到美国在发展可再生能源中的一些动向。

2009 年 8 月 21 日出版的《Science》(Vol.325) 透露了另一则重要信息[15]：由美国科学院(NAS)、美国工程院(NAE)和美国国家研究会(NRC)联合组建的"美国能源的未来"委员会，完成了一份权威性的决策咨询报告——《美国能源的未来》[16]。其重要内容包括：

——只要加速应用已有及开发中的能源生产与使用技术，就能大幅度提高能效及减排，可抵消到 2020 年间能源消费中的增量，这是近期最现实和成本最低的一种选择。

——2050 年前，石油仍将是主要的交通运输用燃料。2020 年前能够替代石油的主要是生物燃料，2020–2035 年间将有一些新的替代性可再生新能源可供选择，包括推广轻型(小排量)车和充电型车。

——为了适应间断性强的新能源——风能和太阳能，须紧急扩充国家电网并使之现代化。

——通过一揽子技术途径，在今后二三十年内实现大幅度减排温室气体是完全可能的。

该报告提出了一种新的发展动向，即生物质与煤混合物经热解气化后再转化的液体燃料 CBTL(Coal-and-Biomass-to-Liquid Fuel)，它可以发挥生物质能全(生命)周期碳净排放为零和煤炭资源丰富的双重优势。到 2035 年，纤维类生物乙醇及 CBTL 将达到日产 170 万～250 万桶石油当量的产能。2020—2035 年，纤维类生物乙醇只有当石油价格上涨到每桶高于 110 美元时才经济可行，而 CBTL 的盈亏平衡点将低于 56 美元。

6.10 走上能源的世纪转型换代之路

自克林顿签署《开发和推进生物基产品和生物能源》总统令(1999)，布什的《美国能源法案》(2005)、《能源自主与安全法案》(2007)和他在国情咨文演讲中的“美国使用石油像吸毒一样上瘾”的名言，到奥巴马的清洁能源新政(2009)整整 10 年，美国的 21 世纪能源发展之路看得越来越清晰了。即在 21 世纪前 1/3 时间里，能源消费温和增长，清洁能源加速替代，能源效率提高与减排，以及在清洁能源替代的运输燃料和电力两大领域中以生物质能源所占比重最大。

2010 年初，美国能源信息署(EIA)发布的《能源展望 2010》[17] 描绘了 2035 年前美国能源发展的轮廓。报告提出，美国单位 GDP 的能耗和二氧化碳排放以及人均能源消费将持续减少，用电的年均增长率将由 20 世纪 50 年代的 9.8、70 年代的 4.7 和 90 年代的 2.4 降低到 1.0，能源效率的提高可以使能耗降低 15%。因而在多种因素影响下，美国能源消费将温和增长并逐步由化石能源过渡到可再生能源。

美国 2035 年的石油消费量可维持在 2008 年水平，主要是由于：

(1)到 2035 年，液体燃料需求的增长部分可以由生物燃料满足，燃料乙醇消费量将占石油消费量的 17%；

(2)到 2035 年生物燃料可使美国对进口原油依赖下降至 45%；

(3)轻型车能效将由每升 12 千米提升到每升 17 千米。未来汽车中，以生物燃料和汽油为动力的灵活燃料汽车(FFVs)占40.9%,轻度油电混合动力车占26.37%,纯油电混合动力车占18.27%,电动汽车占5.35%(作者注:并不像中国有些媒体宣传的所谓"电动车时代")。

另一重大进展是到2035年非水电可再生能源发电量将由2008年的1 236亿千瓦·时增至5 886.5亿千瓦·时,占美国发电量增长的41%。其中生物质发电占49.3%,风电占37%,光伏发电占4.2%,地热发电占4.8%,垃圾发电占4.7%。其中以生物质发展最快,风能在2005—2015年经快速发展期后即处于平稳状况。

能源在美国的战略位置是显而易见的。布什在他的国情咨文演说中说:"美国要保持领先地位就必须有足够的能源。"(2006年)奥巴马在他的国情咨文讲演(2010)中说:"掌握洁净、可再生能源动力的国家将处于21世纪的领先地位。"以及在"未来3年内,将把再生能源供应翻一番。"中国素有"民以食为天"之说,而美国的经济社会发展则是"以能为天"的。

在国家发展受到重大挑战与为了引领世界的层面上,美国从国防上的ARPA到能源上的ARPA-E,从《美国能源未来》报告到《2010能源展望》报告,我们不难看出在美国繁荣经济和强大国力的背后,正是这些国家重大战略支撑和指引下的结果,他代表着一个国家的远见与成熟。中国化石能源资源极贫、需求剧增、煤炭独大、二氧化碳排放最多,可是却仍专注于化石能源和国外资源(详见第12章),走美国20年前走过的老路。中国为何不远见一些,成熟一些,利用后发优势,走能源跨越发展之路?学习引进先进的节能减排技术固然重要,学习引进他们的先进思想、发展战略和工作方法更为重要。问题的实质是美国有一套以科技界为基础的智囊团与政府业务主管部门相结合,又有"听证会"、"四会"等的审议制度和机制,而在中国只是政府的几位主要官员"说了算"。

"牵牛要牵牛鼻子",这是毛泽东说的。

参考文献

1. The White House. Offiice of the Press Secretary.Executive Order of Developing and

Promoting Biobased Products and Bioenergy.August 12,1999.

2. U.S. Agricultural, Forestry, and Chemical Communities.Plant/Crop—Based Vision 2020 for Agriculture: A Vision to Enhance U.S. Economic Security Through Renewable Plant/ Crop—Based Resource Use.1998.

3. U.S. National Academy of Sciences. Promising Resources Technologies, Processes and Product Line.1999.

4. USDE & USDA.Report to the President of the United States, In Response to Executive Order 13134: Developing and Promoting Biobased Products and Bioenergy.February 14, 2000.

5. Biomass Research and Development Technical Adivisery Committee of U.S..Roadmap for Biomass Technologies in the United States, December 2002.

6. USDA.A More Vibrant Rural America: Technology for Agricultural Research Service Bioenergy System——A Strategic Plan for Agricultural Research Service Bioenergy Research. ARS National Program 307: Bioenergy and Energy Alternatives.2002.

7. Biobased Products and Bioenergy Vision and Roadmap for Iowa. 2002—10.

8. John M. Urbanchuk.Contribution of the Ethanol Industry to the Economy of the United States, (Prepared for the Renewable Fuels Association) . (www.ethanol.org) Feb. 21, 2006.

9. USDE & USDA.Biomass as Feedstock for a Bioenergy and Bioproducts Industry:The Technical Feasibility of a Billion—Ton Annual Supply, April.2005.

10. CRS Report for Congress.The Energy Independence and Security Act of 2007.Summary of Major Provisions. December 21, 2007.

11. Cellulosc ethanol makes strides, despite setbacks. Worldwide Refining Business Digest Weekly. July 19 : 31, 2010.

12. USA TODAY.2001—02—01.

13. Ford Plans Shift in Focus Away From Hybrids, Micheline Maynard Published:June 30, 2006.

14. The Washington Post.2007—05—03.

15. U.S. Energy Agency Stumbles Out of the Blocks. Science, 2009, 325.

16. National Academy of Sciences, America' s Energy Future (Summary Edition) ,2009.12.

17. U.S.Energy Information Agency (EIA) .Energy Outlook 2010, 2009.12.

瑞典谢莱夫特生物质联合企业的热、电及生物质颗粒燃料联产的热效率可达97%。

7　第二和第三军团

我们的发展要归功于广大世界千丝万缕的影响。从这些影响中，我们吸收我们能吸收的和对我们有用的那一部分。

——歌德

生物质产业的兴起好比一场马拉松赛，跑道上领跑的是巴西和美国，其后是欧洲军团，运动员有德国、瑞典、英国、丹麦等；殿后的第三军团有中国、印度、日本、马来西亚、菲律宾、莫桑比克等。

第一军团起步早，工作基础好，原料资源足，技术实力强，生产规模大，有总统级推手，竞技状态也很好。但是，产品品种比较单一，美国玉米乙醇先天不足，正在向二代生物燃料上突破；巴西甘蔗乙醇有"绝活"，现在又添生物柴油，他们正在加快领跑速度。

欧洲军团起步不晚，功底深厚，重生态与环境，产品多样化，别有洞天。但苦于原料资源不足，生产规模和政府组织动员能力上不如第一军团，如能调整战略，扬长避短，发挥单项技术和产品优势，必获奇效，像宝马和诺基亚那样令世人耀眼。

殿后的第三军团队伍庞大，起步晚，工作基础和技术实力差，政府认知滞后，推动力不足，"运动员"跑得很吃力。但他们中多有原料资源及市场需求优势，潜力很大，如政府提升认知并加大推进力度，有的运动员是可能冲进二军团的，但很难。

生物质产业的这场"马拉松赛"已经跑了三四十年，拉开成了三个"军团"，以上是对三个"军团"的综合点评。本章将具体介绍第二和第三"军团"的竞技情况。

7.1 一座盛开的百花园

如果用一望无际的蔗田和辽阔的玉米地来想象巴西和美国的生物质能源，那么，大西洋彼岸的欧洲则是另一番风景，犹如进入一座百花盛开的花园，一场生物质能源产品的博览会。在理念上，她少了些急功近利和好大喜功，多了些环境质量追求，还有几分静谧与浪漫。尽管有了欧盟宪章和统一欧元，但欧洲的多元化特质是改不了的，在发展生物质能源上也是这样。

壁炉是欧洲家庭的标志性设施，北欧有 9 个月的取暖季。过去壁炉里烧的是木柴或木炭，以后用石油，现在用的是一种叫 Pellets 的颗粒燃料，是用林区及木材加工的剩余物、劣质木材和作物秸秆等经粉碎后压缩成的颗粒或小块。它的好处是热效率高、清洁、体积小、易流通和商品化，又是废弃有机物的再利用[1]。它像过去中国北方城市的煤饼，南方城市的煤球，大街上很容易买到。

欧洲，尤其是北欧，森林资源十分丰富，就地取材地用林区劣质材及林木加工剩余物供热发电，以替代石油和煤炭，多好的事情。生物质供热发电和热电联产在欧洲已经发展成一个技术和装备成熟、流通体系健全、商业化程度很高的产业，热效率可达 90% 以上。还有适合村镇使用的小型和中型生物质发电厂以及英国的由 5 个装机容量 44 兆瓦的机组构成的供热发电系统。仅就生物质发电一项，欧盟 15 国 2004 年的发电量就达到了 550 亿千瓦·时。

如果将颗粒燃料比作玲珑小巧的海石竹花，生物质热电联产就是灿烂的四季海棠，她们分别是 2007 年和 2008 年欧洲的金奖花卉得主。沼气利用是欧洲“百花园”里的又一枝奇葩，好像色彩斑斓的郁金香。

欧洲畜牧业发达，畜禽粪便成为越来越令人头痛的环境问题。20 世纪 70 年代石油危机中，德国成功地利用畜禽粪便进行了沼气发电，后来干脆将沼气厂设在了天然气管网旁，将净化后的沼气直接输入天然气管网替代天然气。还可以将净化的沼气压缩后装罐分送到用户。

欧盟有一条法令，对城市周边垃圾填埋场的甲烷气体排放量有一定限制，由此推动了垃圾发电。在英国的一些偏远地区，至今仍收集垃圾填埋场的沼气进行发电，一般装机容量为 2 兆～5 兆瓦，总发电量累计达 44.24 亿千瓦·时(2006 年)，高于同年风能发电量。2008 年英国生物质能源在可再生能源中的份额为 7.9%，计划 2015—2016 年上升到 15.4%。

生物柴油的故乡在欧洲，是欧洲生物燃料的标志性产品，如百花园中的英国玫瑰、日本樱花、中国牡丹和墨西哥仙人掌。油菜是欧洲的主要油料作物，在化石运输燃料替代的选择中，当然会首选油菜生物柴油，像巴西的甘蔗酒精和美国的玉米乙醇一样地顺理成章。

燃料乙醇在欧洲是后起之秀，2003 年才开始部署，是“百花园”中新引进的一个品种。当原油价格每桶 72 美元时，生物柴油具有竞争力；油价高达每桶百美元时，生物燃料乙醇的优势就开始显现出来。随着化石燃料的替代和温室气体减排压力越来越大，燃料乙醇的原料来源及成本就优于生物柴油了。

欧洲生物质能源大家庭里人丁兴旺，颗粒燃料、生物质发电、热电联产、垃圾发电、沼气供热发电、生物气运输燃料、生物柴油、燃料乙醇，样样都有，在盛开的欧洲百花园里争奇斗艳，各领风骚，不像美国和巴西那里的燃料乙醇一支独秀。

2006 年的秋天，瑞士的第一个 E85 绿色“汽油”加油站投入使用，当地政府举行了一个隆重仪式，特意敦请“瑞士先生”雷纳佐布鲁蒙梭作为第一个为自己汽车添加“绿色汽油”的嘉宾。在欧洲，绿色是一种希望，一种美的憧憬和浪漫情怀。

7.2 受累于资源短缺

欧洲的化石能源资源十分贫乏，消费量又大。2002 年 21 亿吨标煤的能源消费中 3/4 是石油、天然气和煤炭，三者分别占 40.0%、23.4% 和 14.8%。石油的 80% 和天然气的 50% 都要靠进口。近年来俄罗斯与乌克兰频频“斗气”，“殃及池鱼”地让欧洲着实地“感冒流涕”了一番，急迫寻求对化石燃料的替代。

欧盟对《京都议定书》关于 2008−2012 年减排温室气体 8%(以 1990 年排放量为基数)的承诺是认真的。1997 年发布的《欧盟战略和行动白皮书》要求可再生能源在总能源消费中的比例要由 1997 年的 6% 提高到 2010 年的 12%；2003 年发布的《欧盟交通部门替代汽车燃料使用指导政策》要求汽车燃料消费中生物液体燃料的比例指标由 2005 年的 2% 提高到 2010 年的 5.57%；2005 年又提出 2010 年生物燃料达到 1.5 亿吨标油的替代目标，具体部署是：0.55 亿吨标油用于发电，0.75 亿吨标油用于供热，0.19 亿吨标油用于交通运输。

油菜生物柴油是欧盟国家发展的重点，2004 年产量 224 万吨，远高于美国，其中德、法、意、比等主产国的年产量都在 25 万～45 万吨水平。为完成传统柴油中添加生物柴油的比例由 2005 年的 2% 提高到 2010 年的 5.75% 的目标，生物柴油的需求量由 2005 年的 490 万吨迅增到 2010 年的 1 400 万吨。因自身资源与生产能力不足，2005 年从马来西亚进口的棕榈油增长了 63%；奥地利碧路生物能源生产贸易公司准备在中国江苏南通兴建年产 27 万吨的油菜生物柴油厂，意大利、冰岛等国也在与中国谈判。

生物柴油有很好的环境效果，但受到原料资源和价格的制约，发展得不快。在美国和巴西的影响下，欧盟于 2003 年开始在运输燃油替代上作了一个重要调整，制订了一个当时年产不到 200 万吨却要 2012 年赶超巴西的快速发展燃料乙醇计划（图 7-1 右上图）[2]。连生物质资源短缺的英国，也建设了以成本比甘蔗和玉米高 1 倍多的、年产 10 万吨的小麦乙醇生产厂，以甜菜糖厂中的低质糖为原料，年产 5 万吨的乙醇生产厂，并实行对使用燃料乙醇每升免税 20 便士的政策。

1996 年瑞典的沃尔沃汽车公司（Vovol）生产出第一辆 Vovol-850 型双燃料（甲烷、汽油）汽车，现在市场上已有多种款型的沼气-汽油汽车。德国大众、宝马两大品牌公司都在抓紧研发生物能源汽车和尽早推出主流车型供应市场。

功夫不负有心人。2006 年欧盟的生物燃料产量达到了 538 万吨标油，对运输燃料的替代由 2005 年的 1% 上升到 2006 年的 1.8%，给他们以巨大鼓舞和信心[3]。在大力发展生物柴油的同时，欧盟也寄希望于燃料乙醇，而发展燃料乙醇更寄厚望于纤维素原料。瑞典、丹麦、西班牙等国正大力投入纤维素乙醇技术的攻关研究。

尽管欧盟做出了种种努力，但是 1997 年提出的 2010 年可再生能源在欧盟能源消费总额中要占到 12% 的目标和 2003 年提出的汽车燃料消费中生物液体燃料 2010 年达到 5.57% 的目标，看来是很难完成了。欧共体委员会于 2007 年 10 月认真总结了发展生物质等可再生能源的经验与教训，检讨未完成此二目标的原因。会议在提出的《21 世纪可再生能源发展路线图》[4] 中再次强调：

“欧盟和全世界都处在关于能源未来的十字路口。气候变化、对石油和其他化石燃料越来越大的依赖性、不断增长的进口量,以及持续上升的能源成本,都使得我们的社会和经济变得非常脆弱。”

“在复杂的能源政策描绘中,可再生能源部门是最突出的一个能源部门,因为它有能力减少温室气体的排放并降低污染,利用当地的分散的能源来源,并能激励世界一流的高科技行业。”

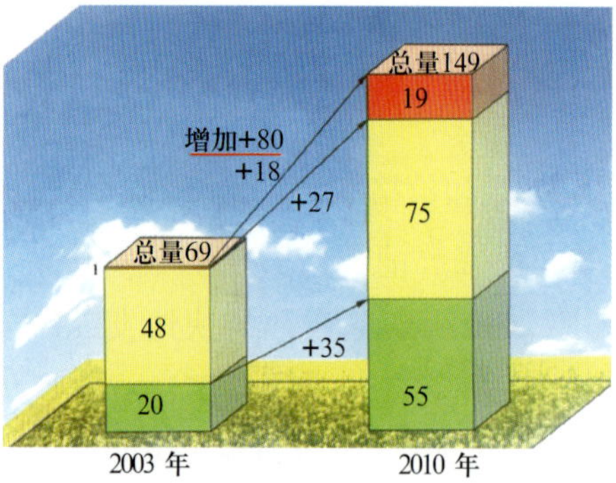

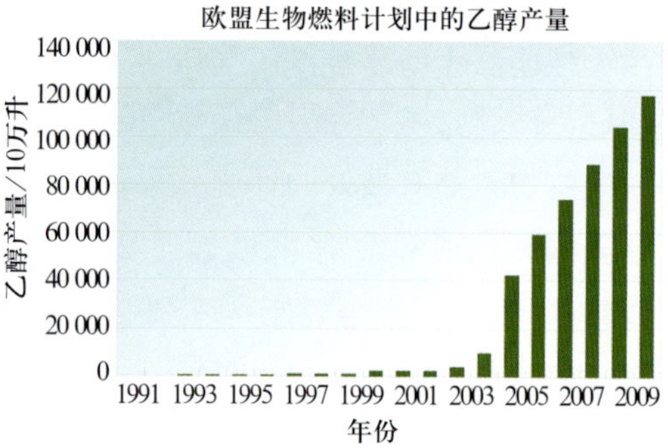

图7–1 欧盟生物能源发展状况图

左上图是欧盟2001年制订的2003–2010年可再生能源发展目标,红色为生物燃料,黄色为生物能源供热,绿色为生物质发电,单位为10^6吨标煤;右上图是欧盟2003年制订的1991–2012年生物乙醇产量计划;左下图是欧盟2007年初发布的2006年生物燃料产量达到538万吨标油的报告首页[3]。

在统一认识的基础上,提出了一个强制性和受法律约束的目标,即到2020年,欧盟的能源消费总额中可再生能源要占到20%,其中的生物燃料部分是这样写的:

“生物燃料是唯一可以大规模获得的替代交通部门的汽油和柴油的能源。鉴于石油供应形势的不稳定性及对交通部门所产生的影响,欧盟委员会为生物燃料设定的2020年最低目标是占交通部门所消耗的汽油和柴油总量的10%。”

欧盟对待发展可再生能源和生物质能源的严肃态度，坦诚透明和自我批评的精神，都会赢得世界对他们的尊敬。从欧盟发展生物燃料的进程中不难看出，他们有先进的理念和良好的产业素质，可以出奇花异葩般的精品，但是要大规模地替代化石能源，还是在资源上显得捉襟见肘。看来，欧洲更需要有寻求大规模化石能源替代的整体战略思想和部署。

7.3　佼佼者德国

2004年6月，在我代表国家中长期科技发展规划农业组向温家宝总理汇报工作中谈到沼气发电时，正好总理访欧归来不久，他兴致勃勃地谈到他参观德国沼气发电设施时的情景。他说：“过去我总以为沼气就是农村一家一户用来点灯炒菜，这次在德国看到的沼气发电可以供应全村，甚至附近两三个村子。他们的技术和设备非常先进成熟。”

20世纪70年代全球石油危机中，在巴西和美国开发乙醇、北欧发展生物质供热发电的时候，德国依托其雄厚的化工基础，建设了世界第一座工业化生产沼气的工程。德国沼气发电厂年发电量达50亿千瓦·时，约占国民消费电量的1%。利用沼气发电还可以大大减少禽畜饲养场的甲烷排放和粪污对环境的污染。德国于2006年超越英国成为欧洲最大的沼气生产国，沼气产业提供了上万个绿色工作岗位。

德国是世界生物柴油生产和消费大国，自2004年德国对生物燃料采用税收全免政策以来，各燃油公司均以最大允许掺混比例(5%)将生物柴油掺兑到普通柴油中。同时，随着B20(指在普通柴油中加入20%生物柴油，余类推)和B100等高掺兑比柴油在市场占有率的增加，乙基叔丁基醚也大量掺混在普通汽油中。政府的免税政策也鼓励了投资者从农场种植到炼油加工厂等领域进行大规模投资和提高了生物柴油的产能。相关领域的配套政策与制度的逐渐完善，使燃料零售商及汽车制造商也积极参与进来，让消费者充分接受并乐于使用这种高掺混生物燃料。

2006 年欧盟 385 万吨生物柴油的产量中，德国为 241 万吨，占 63%。德国有 900 多家生物柴油加油站出售添加了生物柴油的混合燃料油，并规定在主要道路上只准销售 B20 混合燃油，奔驰、宝马、大众、奥迪等轿车也开始适应于 B20 混合燃油。

在欧洲，德国是生物质能源推进中的佼佼者，2005 年的生物质能源已占到可再生能源的 68%。德国可再生能源委员会总协调人 N.E. Bassam 指出“可再生能源家族中现实可行的能源是生物质能源”。德国农业部长 Renate Kuenast 2004 年在“北京可再生能源论坛”的讲演中说：

> “德国在欧盟近几年出台的框架计划基础上，到 2010 年，可再生能源在总能源消费量的比例将提高 2 倍，2050 年要占到 50% 左右，一个最快又最廉价的提供可替代化石燃料的办法就是生物燃料。德国的生物质液体燃料占总液体燃料的比例将由 2005 年的 2% 提高到 2010 年的 5.75%，并以此提高农民和乡村的收入。在德国，已有 100 万公顷相当于 8.6% 的耕地种植了能源植物。”

7.4 谁先告别石油时代？

说到欧洲的生物质产业，不能不说“急先锋”瑞典。

首次世界人类环境会议是 1972 年在瑞典首都斯德哥尔摩召开的。此后，瑞典一直在欧洲和世界扮演着环保和发展生物质能源的“急先锋”角色，在与环境友好型国家的世界排名中总是名列前茅。

瑞典地处北欧，人口 900 万，国土面积 45 万千米^2，森林资源丰富而极少化石能源资源，石油天然气和煤都要靠进口。1973 年全球石油危机时，瑞典的进口石油占其能源消耗的 72%，供热的 90%。瑞典气候寒冷，一年中有 9 个月的取暖时间，石油危机首先威胁到的是生活取暖。20 世纪 70 年代末，首先利用其丰富的森林资源，以林产加工剩余物和劣质材为原料生产颗粒燃料，替代石油供热取暖；Stockholm 能源公司将三座 100 兆瓦锅炉由燃煤改为烧生物质颗粒燃料；1997 年又建成第一座规模化生产沼气和经净化压缩后用于运输燃料的工厂；1999 年开始推广使用乙醇汽油。

在生物质供热取暖上，热电联产技术已经成熟，可集中供热并生产高品位的电能进入电网，热效率达 90% 以上，Kraft 公司最近兴建了一座能效可超过 95% 的热电工厂（薪柴燃烧热效率一般为 10%～15%）。瑞典的小型锅炉和发电机组约 100 千瓦，可以户用；大型锅炉和发电机组可为居民区供热发电。到 2003 年年底，生物能源年产达 1 030 亿千瓦·时，占全国能源消耗总量的 16.5%；生物能源集中供热 385 亿千瓦·时，占供热能源消费总量的 68.5%。生物能源的工业用途为 512 亿千瓦·时，是石油（224 亿千瓦·时）和煤（166 亿千瓦·时）的 1～3 倍。

瑞典生物质能源开发上的另一突出成就是沼气提纯后的车用生物天然气，他们叫“生物甲烷”（Biomethane）。1983 年开始在斯德哥尔摩市的公交系统进行替代化石燃料实验，通过对 9 种燃料车的十多年试验结果，最终选择了沼气公交车和乙醇公交车，认为是最现实可行的车用替代燃料。瑞典 PURAC 公司利用屠宰场下脚料、畜禽粪便、秸秆等有机废弃物为原料厌氧发酵生产沼气，经净化和压缩后作为车用，以替代液化天然气。2007 年瑞典有生物气驱动车 1.5 万辆，其中小轿车 1.3 万辆，加气站布满全国。

图 7-2 中可以看到，20 世纪末开始发展生物气用于运输燃料，2006 年的消费量就超过了天然气。据瑞典最大的 E-ON 可再生能源公司的预测，2040 年前后，天然气将全部由生物天然气替代。

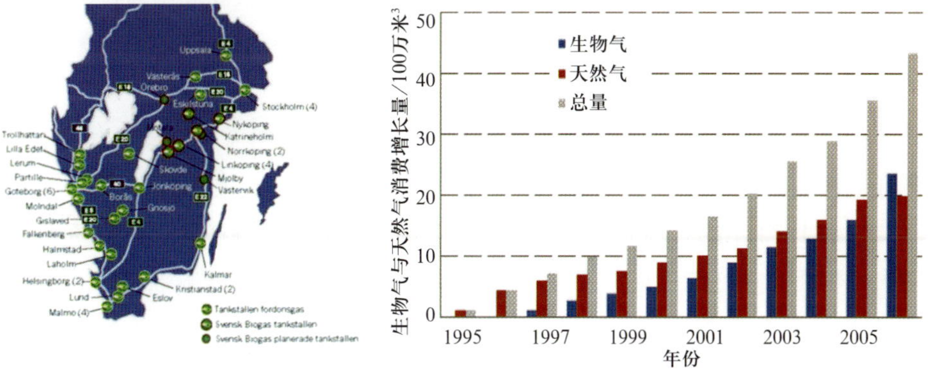

图7–2　瑞典生物气加气站分布图（左图）和瑞典生物气与天然气消费量的增长（右图）

资料来源：瑞典燃气协会。

1970 年瑞典能源消费结构中石油占 77%，2003 年下降到 32%。瑞典的下一步是继续以其林产优势，在发展纤维素乙醇上取得新战果。2006 年投资 1.48 亿瑞典克朗已在 O-vik 兴建了一个以木屑、锯末为原料、年产 5 万吨纤维素乙醇示范工厂，计划将纤维素乙醇发展成为年产值超过 3 000 亿美元的新兴产业，汽车制造商们也作出响应，纷纷开发柔性燃料车，如 Saab 生物燃料系列[4]。

2006 年世界生物能源大会在瑞典召开，瑞典总理佩尔松在开幕词中说，生物能源已能满足目前瑞典 25% 的能源需求；去年燃料乙醇销售量增长了 500%，瑞典售出的汽车中 10% 以上是生物燃料车。瑞典正投入数十亿欧元以扩大运输用生物燃料生产；替代石油的生物能源生产已成为瑞典农业生产的重要组成部分，为农村创造越来越多的就业和商业机会。佩尔森在大会上还郑重宣布："2020 年瑞典将成为世界上第一个不依赖石油的国家。"

在瑞典推进生物质产业发展中，政策发挥了决定性作用。下面大体按时间顺序列举了部分出台政策。从中可以看出瑞典政府用心之良苦和力度之巨大。

- 1975 年开始，每年从预算中支出 3 600 万欧元，支持生物质燃烧和转换技术的研发以及商业化前期技术的示范项目补贴；另一方面开始按对大气的污染程度对各类燃油征收燃油税、电力税和汽车税。

- 1991 年开始征收二氧化碳排放税及硫排放税（世界首例），使用化石燃料的税赋越来越重。1991 年每排放 1 吨二氧化碳收税 370 瑞典克朗，2001 年、2002 年、2003 年和 2004 年分别提高到 530、630、760 和 910 瑞典克朗。

- 1997 年开始实行固定电价制度，对生物质发电采取市场价格加每千瓦·时 0.9 欧分的补贴。从 1997 年到 2002 年，对生物质能热电联产项目提供 25% 的投资补贴，5 年补贴了 4 867 万欧元；为鼓励户用生物质能源采暖，每个用户补助 1 350 欧元。

- 2003 年根据企业使用生物电占用电总量的比例给予税收减免优惠，并实行生物质发电的指标可以自由买卖的"绿色电力证书交易制度"。

面对 1973 年的石油危机，和巴西一样，瑞典依托其自身优势资源将新兴的民族生物质产业红红火火地发展了起来，既克服了本国化石能源资源贫乏的困难，又减少了化石能源进口和温室气体排放。瑞典是继巴西后变压力为动力和否极泰来的又一范例。

7.5 “生物质日本”

在发展生物质产业上，日本情况比较特殊，优势和弱势都很突出。优势是它的科技、工业和经济实力很强，以及化石能源换代和减少温室气体排放的需求很高；弱势是生物质原料资源贫乏。尽管如此，日本政府对生物质产业却有着很高的认知水平和精心部署。

2002年7月，日本成立了生物质政策制定委员会，在内阁府、农林水产省、经济产业省等一府五省主持下，曾七易其稿，于2002年末，经内阁会议正式审议通过了重要的《日本生物质综合战略》文件[5]。该文件称，如此地慎重，实乃“划时代举措”。该文件明确提出，重新推进可再生的生物质资源开发利用的原因是：防止全球变暖，形成循环型社会，促进有竞争性的新兴产业成长，以及搞活农林渔业。

该文件制订的2010年目标是，开发利用废弃物类生物质的含碳量达到80%以上，开发未利用生物质（林地剩余物和作物秸秆糠麸）的含碳量达到25%以上。为此部署建设500个示范性的市、町和村，其技术目标是提高能源转换效率和降低产品制造成本。实施中还制订了78项行动计划，如设置“生物质综合战略推进委员会”和“生物质资讯总部”；构建“生物质收集−输送系统”；促进相关技术和产品的开发和实用化；建立示范点；进行生物塑料的研制试验和启动生物乙醇和生物柴油等汽车燃料的评价和实车试验等。

《日本生物质综合战略》报告对日本国内的废弃物类、未利用类和资源作物类三类生物质资源量的估计是350亿升原油，相当于日本2000年进口量的14%；按资源换算为3 300万吨碳，约为日本国内生产塑料的含碳量的3.3倍。因此，得到的基本概念是：依靠国内生物质资源基本可以满足对石油基的物质生产替代，但只能满足15%的能源需求。根据这样一个基本判断，决定了日本发展生物质产业的战略取向和重点，以及生物质能源上75%的缺口，需要逐步加大生物质能源的进口和减少化石能源进口来弥补。

日本Mitsui公司与巴西合资组建了CM生物能源公司，预计巴西每年向日本出口价值约30亿美元的甘蔗乙醇；日本国际合作银行(JBIC)对乙醇生产项目提供了约50亿美元信贷。2007年在巴西动工的连接Goias和圣保罗地区输往大西洋海岸的乙醇管道，主要是为了向日本出口燃料乙醇。

日本虽然缺乏生物质原料资源，但切勿轻视其科技和产业实力对生物质产业的影响。如生物柴油的制约在于原料，而日本则在难度很大的厨余垃圾油脂收集和小型加工转化上功夫独到。日本在燃料乙醇等加工业的废水废渣处理和沼气生产技术等方面的实力都很强，至于在能源利用效率上，早已领先于世界其他国家。如果说欧洲是生物质产业的百花园，也许不久，日本将会成为生物质产业的一个"精品技术橱窗"。日本将会一面进口生物质燃料和产品，一面出口其相关技术与装备，以智力换资源。

最后需要提到，日本十分推崇生物炼制(biorefinery)概念，提出建设"生物质城"的设想，提出了从"石化日本"向"生物质日本"转变的宏大目标，图 7–3 是这一概念的图示。

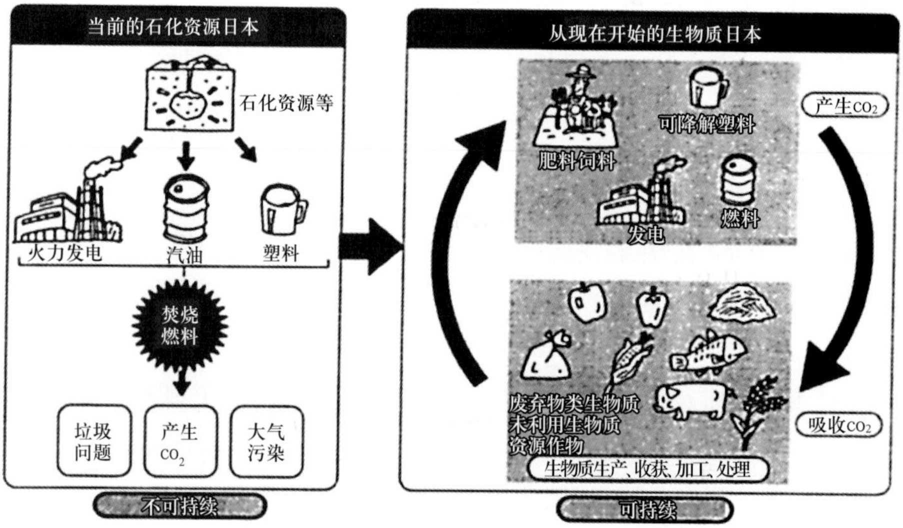

图7–3　从"石化日本"向"生物质日本"转变概念图[5]

7.6　稳扎稳打的印度

印度 2003 年实行燃料乙醇试点，2004 年开始了石油/农业领域的"无声的革命"。

第一阶段是先在盛产甘蔗的 10 个邦推行 E5 乙醇汽油，由印度石油公司从

Maharashtra，Andhra Pradesh 等 9 个邦收购乙醇。2006 年进入第二阶段，即在全国推广使用 E5 汽油，共设了 11 538 个乙醇汽油加油站。印度石油天然气部秘书 Srinivasan 女士在信息发布中说：“石油公司将开始从农民那里得到长期的乙醇供应。这将使农民生产的乙醇能得到好的价钱。乙醇与汽油混掺后是一种很好的燃料。”[6] 第三阶段是 2010 年前后在全国推行 E10 乙醇汽油，并于 2020 年将比例提高到 20%。

印度法律规定 2010 年必须在运输燃料中最低添加 5% 的生物燃料，到 2011 年增加到 10%。印度总理辛格于 2009 年提出，“所有国有石油公司必须执行国家生物燃料法令，违令者将受到起诉。”

印度人多地少，甘蔗种植面积和产糖量虽接近巴西，但能用于燃料乙醇生产的不多，仅以甘蔗制糖的副产品废糖蜜作为生产乙醇的原料。因废糖蜜资源有限，拟大力开发甜高粱乙醇。2005 年印度生产燃料乙醇达 160 万吨，成为全球第四大乙醇生产国，但仍满足不了乙醇汽油掺比的需要而不得不从巴西进口。

随着生物柴油在交通运输方面的广泛使用，政府大力支持在不适宜种植粮食的土地发展小桐子树和白粉桫椤等人工林。印度有 3 920 万公顷土地适合种植小桐子树，后又在铁路沿线种植 740 万公顷。英国 BP 公司已在印度投资 940 万美元种植了 8 000 公顷小桐子树，计划每年生产 7 000 吨生物柴油。但在生产技术及说服农民等方面仍有许多工作要做。

据最新报道[7]，印度 2007—2008 年度消费原油 2.75 亿吨，自产 1.78 亿吨，预测 2030 年的进口依存度将超过 90%。发展生物燃料是缓解能源紧张形势的主要选择。2008 年已有 1 100 万公顷小桐子树种植面积，计划将在普通柴油中添加 20% 的生物柴油。

与中国很相似，利用简单沼气池发酵产生沼气(在当地称作 Gobar 天然气)，已在印度许多农村家庭(估计已超过 2 亿)作为做饭的主要燃料。政府也采取贷款、科技培训等措施鼓励农民使用沼气。

印度推进现代生物能源已有十数年之久，认为发展生物质能源可以带来清洁和高效能源，可以促进农村经济发展和减少石油进口。当前面临的问题有能源植物育种问题、农民的种植技术培训问题，以及扩大种植的土地资源问题等。印度发展生物能源的前提是不占用其他种植用地，不对生物多样性和水土资源构成威胁。

7.7 行动中的东盟

东盟国家多处热带，水热条件和生物质资源十分丰富，但技术和经济基础远不及跑在前面的一、二军团，起步也晚了许多。

马来西亚盛产油棕榈，2006 年的种植面积 420 万公顷，产毛棕榈油 160 万吨，是传统的食用及化妆品用油，多出口到欧洲和日本。由于欧盟对生物柴油的需求增加而自身资源不足，2005 年从马来西亚进口的棕榈油突然增长了 63%；中国等的进口量也有增加，导致国际棕榈油市场价格的大幅上扬，带动了马来西亚和印度尼西亚等国的油棕榈生产和本国的生物质产业发展。马来西亚本国在建 75 个生物柴油生产厂，需要消耗百万吨棕榈油原料。出口与国内双重需求使棕榈种植面积剧增，以至出现热带雨林被毁事件，引起国际社会的极大关注与质疑。出于环境考虑，欧盟拟限制进口棕榈油，马来西亚政府也加强了对毁林的监管和与进口方共同召开"可持续棕榈油圆桌会"讨论对策，形势已经得到控制。图 7–4 为马来西亚棕榈树种植园。

菲律宾 2006 年制订"生物燃油法"(RA9367)，2007 年成立"生物能源局"，计划 2009 年在全国使用 E5 乙醇汽油，2011 年全国使用 E10 乙醇汽油，为此已兴建近 10 个日产 80～120 吨的燃料乙醇生产厂。此外，还利用其资源优势，重点发展甜高粱乙醇和小桐子生物柴油，菲律宾前总统阿罗约曾亲自视察小桐子种植园(图 7–5)。菲律宾国际生物燃料公司(BiPi)于 2009 年投资约 1 亿美元在 Murcia 城兴建了甜高粱–甘蔗乙醇厂，年产乙醇 45 万升，装机容量 95 000 兆瓦。

泰国计划从 2008 年 1 月起把汽油中的乙醇含量由 10% 提高到 20%，泰国能源部已与工业部就汽车问题进行了磋商，使每升 E20 乙醇汽油比 E10 乙醇汽油便宜 1 泰铢以上[8]。曼谷公共石油公司建议泰国新政府利用泰国的资源优势，大力促进生物乙醇生产，积极开拓出口渠道。

芬兰的 Neste Oil 公司在新加坡投资 8.1 亿美元建设全球最大的生物柴油厂，年产 80 万吨，预计 2010 年投产[9]。越南政府发布了生产和使用生物燃料的指令，计划到 2015 年生产 25 万吨燃料乙醇，2025 年生产 180 万吨，技术主要依靠巴西，并通过免税、低息贷款等优惠政策促进引进技术和投资。

东盟诸国盛产木薯，是生产乙醇的重要原料。泰国每年种植木薯 117 万公顷，2004 年产木薯干片 1 960 万吨，是东盟第一大木薯片生产国和出口国。东盟的木薯片产量在4 000万吨上下。中国云、桂、琼等省已有燃料乙醇企业进入东盟木薯生产市场。

图7-4　棕榈树种植园

THE EXPONENT OF PHILI
SINCE 1900
MANILA BU
LET US UNITE THE NATION AND MOVE FORWARD
THE NATION'S LEADING
VOL. 416 No. 29 ** WEDNESDAY, AUGUST 29, 2007 70 PAGES P18.00 IN METRO

G.M.A. VISITS JATROPHA PLANTATION. President Gloria Macapagal Arroyo (seated center) is flanked by (from left) Bukidnon Rep. Candido Pancrudo Jr., Bukidnon Gov. Jose Maria Zubiri, Talakag Mayor Nestor Macapayag, and Department of Agriculture Secretary Arthur C. Yap at the jatropha nursery in Talakag, Bukidnon which she visited yesterday. She called for the planting of more jatropha curcas which can be used as fuel additive, and is being pushed by the Philippine National Oil Co. - Alternative Fuels Corp. (PNOC-AFC). (Priscila R. Arias)

图7-5　2007年8月29日菲律宾前总统阿罗约视察小桐子种植园
图片来源：程序。

7.8　非洲的先行者

正当2008年世界粮价危机爆发，海地等20多个非洲国家因粮价引发社会动乱的时候，巴西总统卢拉在当年4月会见荷兰总理时说：

> “生产乙醇是发展中国家，特别是非洲、拉美和亚洲经济发展的希望。对于今天的海地，如果我们到那里去投资建设生物燃料产业将会使海地人民和投资国双方受益。”

非洲有着丰富的水、热、土地和生物质资源，以农业生产为主业，是发展生物质产业的一片沃土。但是非洲缺少粮食，生产力水平和经济发展还相当低，开创生物质产业并非易事，但是莫桑比克走出了可贵的第一步。莫桑比克与中非矿业勘探公司签署了一项合作协议，投资5亿美元共同开发3万公顷的原料作物种植基地，预计每年生产乙醇燃料10万吨以及肥料和饲料等副产物，还能提供大量就业岗位。

2007 年 9 月,莫桑比克与巴西就社会与经济合作方面签署了 6 项双边协议,其中包括巴西为莫桑比克发展生物燃料产业提供技术援助等的承诺。两国以巴西甘蔗乙醇产业为蓝本起草一份关于生物燃料方面的技术转移草案。莫桑比克同时与印度也建立了友好伙伴关系,其生物燃料行业(MBFI)投资 1 800 万美元用于生产甘蔗乙醇和小桐子生物柴油。

一些发达国家开始意识到他们缺乏用来大规模发展生物质产业的土地等自然资源,非洲是一块很好的投资去处,可以达到互利双赢的目的。但是,进展的顺利与否主要不是取决于资金与技术,落后的生产力、管理水平以及社会化组织程度等都将成为取得成功的制约因素。因为这种大规模的发展计划比小规模的、地方级生物能源发展计划的实施要复杂得多。但这些困难都是技术层面上的,非洲丰富的资源潜力则是决定性和长期起作用的因素,现在需要的是勇气、毅力和时间。

非洲石油大国尼日利亚也通过开发地面的可再生资源来发展经济和解决农民问题。2008 年 7 月 14 日尼日利亚《今日报》(This Day)报道,该国的“全球生物燃料有限公司”(Global Biofuel Limited)经尼日利亚石油公司批准投资 7.5 亿美元(875 亿尼元)在国内 7 个州建设一系列甜高粱乙醇项目。公司经理 Felix Babatunde Obada 博士在 Ekiti 州举行的首个项目奠基仪式上指出:

> “尼日利亚恰逢从燃料乙醇受益的绝好时机,世界各国都在考虑借助生物燃料降低飙升的进口石油的成本,减排污染物和缓解气候变暖。甜高粱乙醇项目将创造 40 万个就业机会和建立起现代工业”,“燃料乙醇不仅建立了充满活力的新经济,而且有利于国家的长远发展。因为化石能源终将枯竭,尼日利亚将拥有多种可靠的能源资源,并从石油资源中获得战略利益”。

2008 年 2 月,尼日利亚派遣了 50 名政府官员参加世界农业博览会,寻求生物燃料投资者和生产技术。该国制造者协会投资 4 000 万美元正在建设木薯乙醇厂。尼日利亚木薯协会预计,到 2012 年燃料乙醇产业将因减少石油消耗而每年可以节省 61 亿美元。

2009 年 10 月,多米尼加 RJS 集团宣布投资 5 亿元兴建一座现代化的大型农工联合企业,涵盖燃料乙醇、电力、饲料、有机肥料等。该公司拥有 5.7 万公顷农田,每年可生产 4 000 万升生物燃料和装机容量 50 兆瓦。

7.9 开局不错的中国

在第三军团里，中国起步最早，开局也不错。

事出偶然，20 世纪 90 年代中期，中国粮食连续几年增产，1996 年迈上年产 5 亿吨台阶后，吉林、河南、安徽等产粮大省的陈化粮压库成为政府的一个大包袱，是时任总理朱镕基最为头痛的一件事。记得总理在一次院士报告会上说："美国用玉米生产乙醇很成功，我们用陈化粮生产乙醇，不是可以一举两得吗？"于是，2001 年在吉林、黑龙江、安徽、河南 4 个粮食生产大省批准上了 4 个陈化粮乙醇生产项目，设计年生产能力 73 万吨。随着 4 厂陆续投产，先是在此 4 省加辽宁省封闭运行使用 E10 乙醇汽油，继而在河北、山东、江苏、湖北 4 省的 27 个地、市推开。2006 年销售燃料乙醇 152 万吨，乙醇汽油 1 544 万吨，仅次于美国和巴西[10]，为中国的生物质产业开了一个好头。

再往远说，20 世纪 70 年代以来中国政府一直在农村推广应用沼气，曾被联合国作为发展中国家农村发展项目的一个样板。虽几起几落，惨淡经营，但自 2000 年以来，政府逐年加大政策及资金扶持力度，累计投入资金 30 多亿元。据《可再生能源中长期发展规划》提供的资料，到 2005 年底，全国农村户用沼气池已达到 1 800 万个，年产气约 70 亿米^3；建成大型畜禽养殖场沼气工程和工业有机废水沼气工程约 1 500 处，可年产气约 10 亿米^3 [11]。

2005 年中国全国人民代表大会通过了《中华人民共和国可再生能源法》[12]，提出"国家鼓励清洁、高效地开发利用生物质燃料，鼓励发展能源作物。将符合国家标准的生物液体燃料纳入其燃料销售体系。" 国家"十一五"规划纲要[13]中也提出："加快开发生物质能，支持发展秸秆、垃圾焚烧和垃圾填埋发电，建设一批秸秆和林木质电站，扩大生物质固体成型燃料、燃料乙醇和生物柴油生产能力。"由此，中国在发展生物质产业上有了法律依据。

2006 年是生物质产业积极推进的一年，政府连连出手。3 月国家发展改革委员会启动了发展生物质产业的高技术示范工程专项，全国有 30 余个生物质企业进入此示范工程项目；8 月国家发改委、农业部、林业局联合召开了"全国生物质能源开发利用工作会议"(图 7–6)，向各省(自治区)和部分地、市全面部署了生物质能源的开发利用工作；11 月国家财政部、发改委、农业部、税务总局、林业局发布了《关于发展生物能源和生物化工财税扶持政策的实施意见》，实行弹性亏损补贴、原料基地建设补贴、示范项目补助和税收优惠。国家科技部也启动了发展生物质能源和化工的重大专项，还在“863 计划”和“科技支撑计划”等相关科技计划中列项。

图7-6　2006年8月国家发改委召开的“全国生物质能开发利用工作会议”主席台

企业界投资生物质产业的热情很高。中石油、中石化、中海油、中粮等大型国有企业在广西、海南等生物质原料资源丰富的省、自治区投资建厂；中粮集团在广西北海的年产量为 20 万吨的木薯乙醇厂已于 2008 年初投产；国能生物发电集团已有 10 个 30 兆瓦机组和 7 个 12 兆瓦机组正式投入运营，7 个 12 兆瓦机组在建；广西钦州新天德等民营企业的燃料乙醇、生物柴油、生物塑料、颗粒燃料、生物质发电等纷纷起步。中国学界参与的积极性很高，2005 年 1 月中国工程院召开了“中国生物质工程论坛”，5 月召开了“生物质科学与技术前沿”香山会议；2005 年中国工程院立可再生能源重大咨询专项进行研究，2006 年 3 月与广西壮族自治区签署了发展生物质产业的合作协议，11 月在北京召开了“2006 中国生物质能源论坛”。中国农业大学、清华大学、中国农业工程研究设计院、中国农业科学院等一批高校和研究机构相继成立生物质工程技术研究中心。

2007 年发布的《可再生能源中长期发展规划》中对生物质能源提出的发展目标是：“到 2020 年，生物质发电总装机容量达到 3 000 万千瓦，生物质固体成型燃料利用量达到 5 000 万吨，沼气年利用量达到 440 亿米^3，生物燃料乙醇年利用量达到 1 000 万吨，生物柴油年利用量达到 200 万吨。”[11]

发展生物质产业对中国具有重要战略意义，也有丰富的原料资源和较好的工作基础。2006 年 4 月温家宝总理在主持的国家能源领导小组会议上听取可再生能源中长期发展规划时意味深长地说：“看来，在这个问题上，我们要早觉悟，早起步”，多么贴切地反映了中国生物质产业发展的良好开局！2009 年温家宝总理在哥本哈根全球气候变化会议上提出：“要大力发展生物质能、太阳能、地热、风能等新型可再生能源。”

以上说的是“开局不错”，后来的竞技状态就急转直下了。

参考文献

1. 中国工程院.瑞典、丹麦、德国和意大利生物质能开发和利用考察报告. http://www.newenergy.com.cn, 2006-8-17.

2. C Berg.World Ethanol & Biofuels Report. 2004-4.

3. EurObserv’ER.5.38 MToe Consumed in 2006 in the UN. Biofuels Barometer, May, 2007.

4. Commission of the European Communites. Renewable Energy Road Map.Renewable energy in the 21st century: Building a more sustainable future. Brussels, 2007.

5. 小官山宏等.日本生物质综合战略.李大寅译.北京：中国环境科学出版社，2005.

6. 印度石油天然气部合作局网站：Posted online: Monday, March 20, 2006 at 0101 hours IST.

7. Keya Acharya.ENERGY-INDIA: Biofuelling Confusion. Zaheerabad, Andhra Pradesh, Mar 3,2009 (IPS/IFEJ) .

8. Thai News Service. 2007-11-26.

9. Xinhuanet.Neste Oil to build world’s largest bio-diesel plant in S'pore. 2007-12-13.

10. 熊必琳.中国生物燃料乙醇工业回顾与“十一五”规划.中国生物燃料乙醇产业化发展战略研讨会讲演文集.中国工程院，2007.

11. 中华人民共和国可再生能源中长期发展规划. 2007.

12. 中华人民共和国可再生能源法. 2005.

13. 中华人民共和国国民经济和社会发展第十一个五年规划纲要. 2006.

出于环境考虑，欧洲在车用燃料替代上主要发展生物柴油，致使欧洲60%以上的油菜籽都用于生产了生物柴油。

8 琳琅满目的产品橱窗之一

第一部分 液态生物燃料

- 酒文化的新篇章
- 一代燃料乙醇当家
- 明日之星 —— 纤维素乙醇
- 生物柴油优点多多
- 受原料拖累的生物柴油
- 二代生物柴油蓄势待发

第二部分 气态生物燃料

- 灰姑娘——农村户用沼气
- 一颗新星——产业沼气
- 产业沼气 = 天然气
- 关于生物质气化与制氢

枪杆子里面出政权。
——毛泽东

如果说水能和风能的产品是电，太阳能的产品是热与电，生物质的产品橱窗则是琳琅满目，数十种的液态、气态和固态的能源产品以及生物材料和生物化工等非能产品，目不暇接，美不胜收。它是淀粉、糖、纤维素、半纤维素及木质素的一次物质能量的大转化和大重组，一次生物质大家庭的精彩汇演。可谓是“天上人间诸景备，芳园应赐大观名”。

浅说是产品，实质是决胜于市场的武器装备，精良与否，事关成败。毛泽东有“干革命要靠笔杆子和枪杆子”和“枪杆子里面出政权”的名言。发展生物质产业也是一次产业革命，要想让革命红红火火地闹起来，既少不了战略指引和制造舆论的“笔杆子”，也少不了能够夺取政权的“枪杆子”。“枪杆子”就是产品，要“枪杆子”的是企业家，战场就是商场。理论再高，文章和书写得再多，最后解决战斗和夺取“政权”的是产品与市场。

本书提出的“决胜生物质”的概念，决胜的前线在哪里？就在产品与市场，以及它们的核心与灵魂——先进科技。本书用两章篇幅于生物质产品与前沿技术，是为了献给战士——企业家们的，是用“笔杆子”支持“枪杆子”的具体行动。

由于产品繁多，本章先介绍液态及气态能源产品，下一章介绍其他产品。这两章中的生物化工方面内容主要是根据李十中教授提供及《中国可再生能源发展战略研究丛书 · 生物质能卷》[1] 的有关资料编写的。

第一部分 液态生物燃料

8.1 酒文化的新篇章

淀粉和糖类经酵母菌发酵后产生酒，可食用，可精馏成酒精，学名乙醇（C_2H_5OH）。

有文字记载的酒生产和食用在中国有 3 000 年以上的历史。早期的“尧舜千钟”，仪狄造“旨酒”以献大禹，汉天子八月饮“酎”酒，曹操的“对酒当歌，人生几何？”，以及“青梅煮酒论英雄”、“杯酒释兵权”、“温酒斩华雄”等等脍炙人口的故事，以后的李白斗酒诗百篇和苏东坡的“明月几时有，把酒问青天”等等酒的美谈佳事，不胜枚举。酒怎么会有这么大的魅力？

根据考古，人工栽培葡萄已有 7 000 年历史，葡萄酒的酿造起源于古波斯。在尼罗河河谷地带考古发现的土陶罐上的浮雕中描绘了古埃及人栽培、采收葡萄、酿制以及饮用葡萄酒的情景，至今也有 5 000 多年了。《圣经》中有这样的记载：耶稣在佳娜的婚礼上将水变成美酒后说“我是真正的葡萄，我的父亲是种植葡萄的农民”，耶稣的信徒把酒视为上帝之子的鲜血。创世记里还讲述了诺亚醉酒的生动故事。

19 世纪化学工业发展后，发明了酒的精馏技术，可以将酒中的乙醇浓度提高到 98% 以上，叫酒精，有高纯度酒精、精馏酒精、医用酒精、工业酒精等等。在内燃机和汽车出现的初期，酒精成为了它们的燃料。随着物美价廉的石油现身，酒精燃料就昙花一现地销声匿迹了。可是世事沧桑无常，不想百年以后，酒精却又东山再起，替代起石油来了。

20 世纪 70 年代发生世界石油危机中，酒精燃料在巴西和美国应运而生，21 世纪初更在世界许多国家兴起。世界啤酒年消费量 1 500 亿升，葡萄酒 400 亿升，即使再加上烈性酒，也远不及燃料酒精的“酒量”。据美国 Hart 能源咨询公司 2009 年 10 月提出的一份研究报告预测，2015 年全球对乙醇的需求将达到汽油消费需求量的 12%～14%，亚太地区乙醇产量将占全球总产量的 20%。才几年工夫，长江后浪推前浪，一代新酒超旧酿，真快！

酒是人类文化中的瑰宝，共同的财富。现在又增添了以酒精驱动汽车，以乙醇生产种种化工产品，巴西还利用酒精燃料将飞机送上了蓝天，正演绎着“寂寞嫦娥舒广袖，吴刚捧出桂花酒”的新编故事。

8.2 一代燃料乙醇当家

当代生物燃料谁当家？一代燃料乙醇。无论在发展速度、规模、产量和影响上，她都是当之无愧的“头牌花旦”。所谓一代燃料乙醇，是指以农作物的淀粉或糖作为原料，经水解及酒精发酵而生成的乙醇。最近美国称这种食物基生物燃料为“常规生物燃料”[2]。

燃料乙醇有良好的环保性，不含硫、无灰分；全酒精汽车的二氧化碳排放量是同类汽油汽车的 1/12；E10 乙醇汽油汽车比同类汽油车可以减排二氧化碳 30% 以上和氮氧化物 10% 以上，铅化合物、碳氢化合物等有害物质的排放也少得多。此外，作为汽油抗爆剂的 MTBE(甲基叔丁基醚)因对地下水质的污染，已明令禁用，而添加 10% 乙醇的汽油即可具有同等效果。所以，燃料乙醇替代汽油的效用是多方面的。

20 世纪 70 年代第一次世界能源危机中，巴西和美国开始燃料乙醇对汽油的替代，直到 20 世纪末期，巴西一直维持在年产 1 000 万吨上下，美国维持在五六百万吨。随后美国大幅增加，2009 年美国生产 3 156 万吨，跃居首位，巴西 1 980 万吨，欧盟也迅速上升到 313 万吨，全球达到 5 859 万吨。美国最近又出台了 2022 年超过 1 亿吨的计划，欧盟、巴西等众多国家也是雄心勃勃，发展之势锐不可当。

一代燃料乙醇的原料主要是淀粉和糖。淀粉是一种营养储存态的多糖，集中于玉米、小麦等谷类作物的籽实或薯类的块根。从植物学角度看，籽实是生殖体，块根是营养体，生殖体中的淀粉需要消耗较多能量和只能在作物生长后期才开始积累，而营养体块根生成的淀粉耗能较少，且在全生长过程中都能转化积累。所以薯类的淀粉产出比谷类籽粒要多，对生长条件和田间管理要求也不高。一般情况下，1 公顷玉米的淀粉可生产燃料乙醇 2.05 吨，而 1 公顷木薯的淀粉可以生产 6 吨，接近玉米的 3 倍(表 8–1)。

因为淀粉是一种多糖，需要经过水解和糖化为双糖和单糖后才能进行酒精发酵。而糖类植物，如甘蔗、甜高粱、甜菜、菊芋等是在茎秆或地下块根、块茎中积存的单糖（葡萄糖和果糖）和双糖（蔗糖），无需经过水解工序即可直接进行酒精发酵。

表 8–1　不同原料生产燃料乙醇的产出表 [3]

原料	产量/（吨/公顷）	糖或淀粉含量/%	料均酒精产量/（升/吨）	地均酒精产量/（千克/公顷）
甘蔗	70	12.5	70	4 900
木薯	40	25	150	6 000
玉米	5	69	410	2 050
小麦	4	66	390	1 560
稻米	5	75	450	2 250

淀粉类原料和糖类原料的加工工艺基本相同，只是糖类原料较淀粉类少一道淀粉水解工序。图 8–1 是以淀粉质为原料生产乙醇的工艺流程。

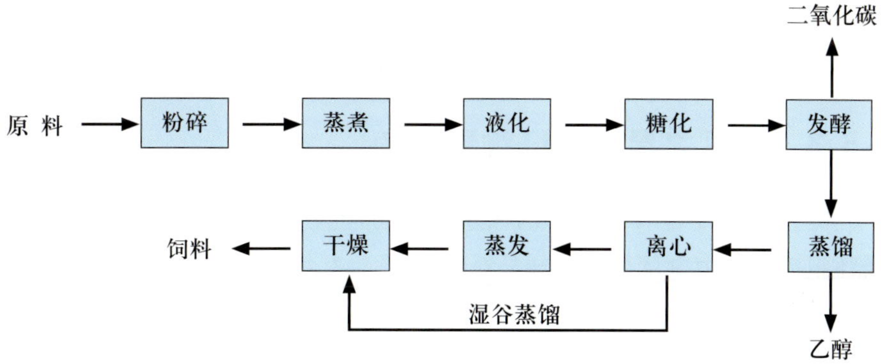

图8–1　以淀粉质为原料生产乙醇的工艺流程

原料处理有干法、湿法之分，蒸煮、液化、糖化过程通常采用连续工艺。蒸煮温度一般高于100℃，近年在德国、美国研究出低温蒸煮及同步糖化发酵的蒸煮温度是50℃，可降低能耗和节省糖化设备。发酵是工艺流程中的主体部分，多用间歇法，但发酵时间长，糖化酶用量大，污染杂菌的危险性也较大，这些缺点正在克服中。蒸馏是乙醇工艺中耗能最多的一道工序，是节能技改的重点。吸附法分离乙醇技术是代替精馏工艺的一次重大革新，意大利的ETA公司等已取得初步成果。乙醇的脱水处理多用分子筛技术，蒸汽消耗较低的膜技术脱水工艺正在研究中。蒸馏后的釜液一般采用可生产高质量饲料DDGS的工艺。

巴西甘蔗乙醇采用榨汁后液体发酵方法，技术成熟。甜高粱一般也用液体发酵法，美国每100千克甜高粱汁可生产54.4升乙醇；印度1吨甜高粱秆产45升无水乙醇，乙醇成本0.39美元/升，该技术已向菲律宾和一些非洲国家转让，印度国内也建有日产48吨95%乙醇的液体发酵工厂。但液体发酵法的能耗高，还有蔗秆/汁液保存及废水处理问题。清华大学研发了固体发酵技术ASSF，工艺和设备简单，发酵时间短，耗能少，收率高，易于机械化生产和自动化控制(详见第20章)。

制定燃料乙醇标准对推动生产和使用的规范化以及质量监督非常重要。美国、巴西等国均有各自的标准，中国2001年制定了E10的国家标准。2007年巴西、美国、印度、中国、欧盟和南非的代表举行了会议，共同商讨制定燃料乙醇标准问题，以利于燃料乙醇在世界市场上取得初级产品地位和推动全球燃料乙醇贸易体系的形成。

8.3 明日之星——纤维素乙醇

人类食物主要是农作物中的碳水化合物(淀粉和糖)、蛋白质和脂肪，而植物体组成成分中含量最多的却是纤维素(含半纤维素，下同)，可占到一半或70%以上。这些纤维素和木质素或薪柴，或饲料，或弃之于沟塘，或付之于一炬，原因是科学技术还没有发达到深度利用它们的时候。据最新的一份研究报道："放眼全球，每年纤维素类生物质生成量转化为生物燃料相当于340亿～1 600亿桶原油，这已经超越了目前全球每年 30 亿桶原油的能源消耗。”[4] 这个数字实在令人吃惊，就像发现了一座无限的宝藏。如果人类能将它利用起来，前景太让人乐观了。

既可以利用现有的废弃未用的纤维素资源，也可以种植以收获纤维素为目的的能源植物。纤维素能源植物比一般农作物对水土条件和种植管理的要求低得多，化石能源的消耗也少得多，所以成本低、能效高、减排效果好。投入一个能量单位的化石能源，只能得到 1.36 个能量单位的玉米乙醇，但可得到 10.31 个能量单位的纤维素乙醇。纤维素乙醇的能量效率是玉米乙醇的 8 倍、汽油的 13 倍[5]。所以美国为实现 2030 年以生物质燃料替代 30% 运输燃料的目标而提出的 13.66 亿吨生物质原料中，纤维素类原料占到 80% 以上[6]。仅 2008 年和 2009 年两年美国就投入 20 多亿美元支持纤维素乙醇技术研发，建了 30 多套中试和示范装置。

纤维素是一种多糖，具有保护植物细胞和各种组织器官形状（如细胞壁、维管束、木质部、韧皮部等植物的躯体），支撑整株植物机体的功能，像人的骨骼一样。它是由上千个葡萄糖分子紧密咬合、层层叠置、由氢键连接起来的长链分子。这种植物结构对水解有很强的抗性，也就是将其中的糖分子保护了起来，封存了起来，谁也别想去动它。为了克服纤维素及半纤维素对水解的抗性，已有数十年的研究，至今正在作技术上的“冲刺”。

第二次世界大战后，多用硫酸做催化剂水解纤维素，其设备投资与生产成本很高，环境污染也严重。20 世纪 70 年代，美国开始研究用酶法水解木质纤维素生产乙醇，开发了 SSF 和 SSCF 工艺，同时进行糖化和发酵，至今仍是国际公认的纤维素乙醇的主导性技术。

1999—2005 年间，生产纤维素乙醇的酶成本已经降低为原来的 1/30，继续降低的难度越来越大。Iogen 是加拿大专业生产纤维素酶的公司，采用纤维素酶水解纤维素，固液分离水解糖（木糖、葡萄糖）和工程酵母菌发酵生产乙醇的 SHF 工艺（Separate Hydrolysis and Fermentation）生产纤维素乙醇（图 8-2）。在渥太华（Ottawa）建成的世界上第一座木质纤维素乙醇中间试验工厂可年产燃料乙醇 3 000 吨，日处理麦秸 40 吨，每吨麦秸可产乙醇 300 升，乙醇成本每升 0.55～0.69 美元，经济性还很差。

2007 年，美国能源部投资 3.75 亿美元分别在威斯康星州的 Great Lake、

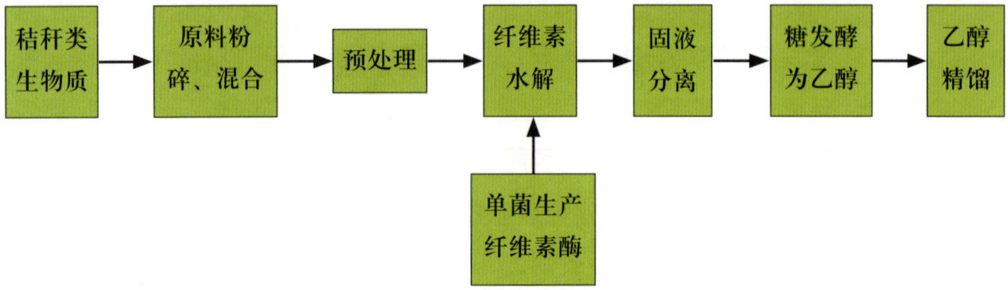

图8-2 加拿大Iogen公司的酶水解分离发酵SHF工艺

田纳西州的 Oakridge 和加利福尼亚州的 Berkeley 建了 3 个纤维素乙醇研发中心，支持了 6 个纤维素乙醇示范厂。2008 年，美国能源部又出资 3 380 万美元支持迪斯曼创新中心(DSM Innovation Center)、杰能科(Genencor)、诺维信(Novozymes)和沃瑞姆(Verenium)4 家公司进行纤维素酶研究。据美国能源部估计，2012 年纤维素乙醇的成本可以降低到每加仑 1.07 美元。

欧洲的瑞典、丹麦、芬兰、奥地利、法国、意大利等国都在进行纤维素乙醇的研究。瑞典的 ETEK 乙醇厂也有 1 座 10 米^3 的发酵罐采用 SHF 工艺进行中试，以木屑为原料，纤维素酶水解，酵母菌发酵，周期为 72 小时，推算乙醇成本为每加仑 1.8 欧元，计划将成本降到每加仑 1.4 欧元。

理想的纤维素乙醇技术是 CB(Consolidate Bioprocessing)一体化乙醇生产技术，即同一微生物系统完成产纤维素酶、纤维素水解和乙醇发酵过程，实现一步生成乙醇。试验中的该技术尚存在乙醇产率不高等诸多技术问题。[7]

中国“十五”期间，“863”项目支持了酸水解法生产纤维素乙醇 600 吨/年示范工程的研究，技术路线与国外大抵相同。“十一五”期间加大了对纤维素乙醇研究的支持力度，开发了分子振动辅助预处理、微生物菌群同步产纤维素酶水解纤维素、在线分离可发酵糖、工程细菌共发酵戊糖与己糖生产纤维素乙醇技术，即同步多菌产酶水解发酵 SMEHF 工艺，有望在降低纤维素乙醇成本上取得较大进展。纤维素乙醇的科技攻关在企业界也受到了重视，中粮集团肇东酒精有限公司建立了产量为 300 吨/年的装置，目前正建设 5 000 吨/年的生产试验装置。河南天冠集团也建成了千吨级试验装置。

纤维素乙醇成为全球的技术攻关热点，正厉兵秣马，待命出征。

8.4 生物柴油优点多多

在化石燃油替代上，欧盟主打的不是乙醇而是生物柴油，因为生物柴油确实有它许多优点。它是以动植物油脂为原料生产的一种长链脂肪酸的单烷基酯，是天然油脂与甲醇酯交换后，将分子质量降至与石油基柴油相接近的一种优质的清洁燃料和精细化工原料。

脂类广泛存在于动植物体内及细胞中，是细胞代谢的重要储能化合物。由于含有较多氢原子，故储存的能量比糖类高得多。中性脂肪是由甘油和脂肪酸结合而成的脂类，在动物体内称脂肪(fat)，植物体内称油(oil)。提取花生、大豆、油菜、向日葵、棉籽、油桐、油棕等油类植物果实中的油脂食用和照明古已有之，作为发动机燃料，最早也可追溯到1900年巴黎博览会上展示的花生油发动机。但作为发动机燃料，植物油存在黏稠度高、挥发性差、十六烷值低、冷启动难以及燃烧时积炭多等诸多弊病。

为克服这些不足，化学家进行了大量研究，发现酯化处理后可以使植物油分子变小、分子链变短、黏稠度降低、挥发性增加，性质可接近于石油基柴油。德国斯科特公司在生物柴油与普通柴油的性能比较试验中发现，生物柴油的闪点、热值、十六烷值、含硫量、含氧量等指标都优于石油基柴油，储运和使用中的安全性也高许多。美国环保署(EPA)2002年的一项测试报告表明，添加20%生物柴油在普通柴油发动机中使用是安全的，性能与耐久性相同，且燃烧未尽的碳氢化合物、二氧化碳及颗粒物的排放明显减少。美国生物柴油委员会的研究也提出，使用添加生物柴油发动机比使用普通柴油发动机排放到空气中的致癌毒素减少了75%～90%。生物柴油在替代燃料中是唯一能达到美国“清洁能源法”健康影响测试指标的品种。

生物柴油是欧盟国家发展的重点，2006年产量380.5万吨(图8−3)，比上年增长了27%。欧盟提出的生物柴油2010年发展指标是：生物柴油在普通柴油中的添加比要由2005年的2%提高到5.75%。德国规定在主要道路上只准销售B20混合燃油(在石油基柴油中掺混20%生物柴油，如此类推)；法国加油站也开始出售B5混合柴油；奥地利将B100的生物柴油应用于环境敏感地区。美国也首先用于大城市、航运等环保敏感部门，1999年只有3家运输公司使用，现已近400个部门使用，联邦政府是最大用户。

发达国家对柴油质量的要求日益严格，欧洲和美国20世纪90年代规定柴油含硫量小于500微克/克，最近美国制定的2010年柴油含硫量标准小于50微克/克，中国目前的标准是2 000微克/克。据美国乔治亚大学的一项研究，采用生物柴油的公交车即使在价格为每加仑3美元时仍具很强的竞争力。马来西亚有关部门认为，当国际原油价格为60美元/桶时，其利用棕榈油生产生物柴油在经济上也是可行的。

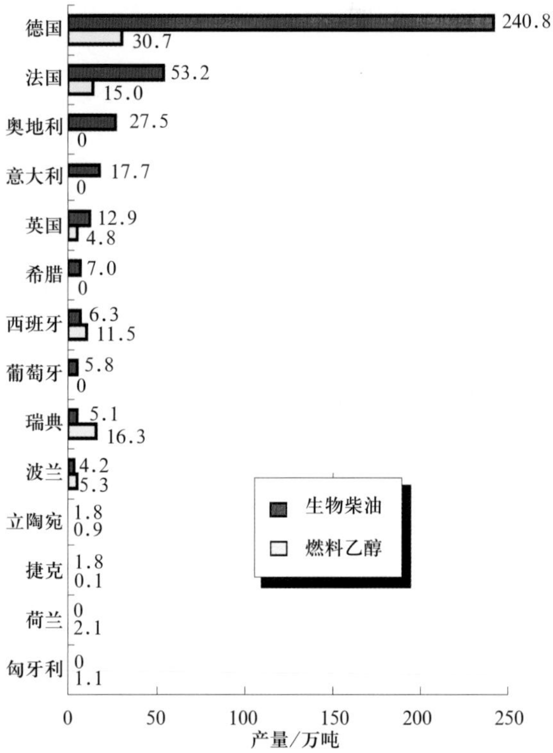

图8–3 欧盟生物柴油及燃料乙醇2006年产量[8]
产量以标油计。

生物柴油的好处如此之多，需求如此之大，何以全球产量仅为燃料乙醇的一成，问题出在原料资源不足和价格偏高上。

8.5 受原料拖累的生物柴油

生物柴油以天然动植物油脂为原料，原料成本占到生产成本的80%，生物柴油的发展在很大程度上决定于原料的供应与价格。

原料有油料作物、木本油料和废弃油脂三大类。欧洲主要是油菜籽油脂，美国是大豆油脂，马来西亚是棕榈油脂，澳大利亚是动物脂肪，日本是厨余垃圾油脂，“八仙过海，各显其能”。欧洲以油菜籽为主要原料，除有种植传统外，也因为油菜籽化学组成与普通柴油非常接近，是生物柴油的理想原料，发展生物柴油消耗了欧洲60%的油菜籽。20世纪80年代初，美国进行了大量的燃料油植物的研发，选定了 12 种烃类植物；1999 年，美国能源部又组织了有法、荷、德、奥等多国科学家参加的对油棕等部分热带植物及藻类研究项目。得出了 2050 年全球液体燃料油 80% 将来自木本、草本栽培油料植物及藻类的乐观结论。

中国的油菜面积和总产约占世界的 30%，是世界最大油菜生产国。奥地利碧路(Biolux)公司在江苏南通拟设年产 27 万吨的生物柴油厂；美国公司在上海建年产 5 万吨的生物柴油厂；德国公司计划与浙江新市油脂股份有限公司合作建年产 20 万吨的生物柴油厂；意大利公司计划在黑龙江建年产 20 万吨的生物柴油厂。为什么中国自己不大力发展油菜柴油呢？一是中国全国植物油的年缺口约 400 万吨，进口 670 万吨；二是欧洲对发展油菜柴油的财税政策十分优惠，中国为保障食用油的供应而不鼓励以油菜生产生物柴油。但也有中国专家对利用南方 700 多万公顷冬闲田种植冬油菜的潜力抱有希望。中国盛产棉花，以棉籽油为原料的可行性也受到关注，关键还是原料油脂的价格。

木本油料具有可利用中、低山和丘陵地规模化种植、不争食用粮油和农田，且有利于生态保护的优点，但高度分散和管理不便，规模化种植难度较大。在木本油料中首先受到关注的是麻疯树，也叫小桐子或芙蓉树，1995 年在洛克菲勒基金会和德国政府支持下，在巴西、尼泊尔、津巴布韦作为一种能源作物开始种植。印度有 3 920 万公顷土地适合种植小桐子树，英国 BP 公司投资 940 万美元种了 8 000 公顷。中国西南诸省有半野生和栽培的小桐子树，四川已种 1.73 万公顷，产籽 17 万吨，产油 6 万吨。中国的油桐、油棕已有数十年的开发历史，光皮树、黄连木、石栗、桉树、油茶等能源油料植物都有较高开发价值。

日本对废弃油脂的再生利用十分重视，食用油脂年消费量 200 万吨，废弃油脂约 40 万吨，1993 年开始了废弃油脂柴油的研究。日本在推行使用废弃油脂柴油中，启用以生物柴油为燃料的社区公车；一部分的食品配送车使用生物柴油为燃料；麦当劳、肯德基快餐店利用废弃食用油制造生物柴油；政府还制定了生产和销售生物柴油可享受免税政策等支持措施。

近年对油藻十分关注，特别是在美国。藻类繁殖力极强，适应性广，含油量可高达 40%～60%，从温带至热带，从淡水到咸水皆可快速繁殖，油藻有可能成为寻求生物柴油原料中出现的另一匹“黑马”。目前尚在实验阶段，商业开发尚需时日。

生物柴油是通过甘油三酯与甲醇进行酯交换而生成，小规模生产多用间歇酯交换法，大型企业采用连续酯交换。目前国外生物柴油生产多用常温、常压液碱催化剂两级连续醇解工艺，采用较多的是德国鲁奇(Lurgi)公司的技术。此外，德国汉高(Henkel)公司开发了碱催化的连续高压醇解工艺，可使用高酸值原料，催化剂用量少，工艺流程短，适合规模化连续生产，缺点是对反应条件要求苛刻，甘油回收能耗较高。

生物柴油加工技术的改进主要在于降低生产装置的投资和生产成本，减少污水对环境的污染，以及扩大工艺对原料的适应性。目前技术改进的主要方向有：通过互溶剂强化油脂和甲醇的互溶性反应；超临界反应强化酯交换技术；传统的液碱催化的常压酯交换的工艺流程复杂，污染环境严重，使用固体碱催化剂是一个重要发展方向；酶催化酯交换技术可以使酯交换反应和酯化反应同时进行，加工高酸值原料，催化剂可以重复利用。

8.6 二代生物柴油蓄势待发

以常规性动植物油脂为原料生产生物柴油终究受资源与原料成本所限，且多数产品只能以2%～20%比例与石油基柴油掺混，不能单独使用。如果能突破油脂原料的限制，打开纤维素宝库的大门，就不会再为原料而发愁了。现在全球关注的焦点，就是像纤维素乙醇一样地进行二代生物柴油的科技攻关。BtL(Biomass-to-Liquid)技术就是利用农林业残余物、动物内脏、城市固体废物、污水以及旧轮胎等有机废弃物为原料，转化生产高质量的清洁燃油、化肥和其他化工产品，目前主要是通过生物质气化再经FT(Fischer-Tropsch)合成技术及热分解技术TDP(Thermal Depolymerization)制备燃油。

FT合成生物柴油技术是先将秸秆等生物质粉碎干燥后，在高温、高压条件下气化得到合成气，净化后进入FT合成装置进行FT合成制备燃油。FT合成产物中有气态烃(C1～C4)、石脑油(C5～C10)、柴油(C11～C12)和蜡组分(>C20)。其中超过5个碳的有机物很容易通过冷凝分离和回收，并被用作燃料；蜡状物质进行选择性地加氢裂化生产C10～C20的中间馏分，并进行异构化以提高低温流动性，然后进行常规蒸馏以获得燃料。尾气中通常含有未能反应的氢气、一氧化碳及低碳烷烃，可进入反应器循环利用，并在循环反应部分加入重整装置和转移反应器进行重整和转移反应,或作为FT合成的副产品直接燃烧供热发电。

FT合成生物柴油的十六烷值可高达85,性能优于石油基柴油,是最具前途的一种生产生物柴油的技术。德国的CHOREN公司成功开发了该技术,目前已开始建设年产量1.5万吨的工业示范装置(图8-4为其中的一个年产200吨合成生物柴油装置)。该技术与煤的气化循环利用(IGCC)性质相同,但生物质的成分比煤更复杂,设备和前期投资巨大,目前从秸秆类生物质制得的生物柴油成本比利用生化技术生产燃料乙醇要高40%~50%,降低成本是技术攻关的重点。

图8-4　德国CHOREN公司的年产200吨生物质气化/FT合成生物柴油装置[9]

TDP技术是将生物质通过快速热解生产生物柴油的一种技术,一般包括预处理、热解、分离3个过程,技术关键是必须严格控制热解过程的反应温度及原料的滞留时间,以确保在极快的加热和热传导下原料能迅速转变为热解蒸汽,以及避免碳和灰分在热解蒸汽的二次裂解中起催化作用。美国在费城建立了一个采用TDP技术利用有机废弃物生产生物柴油的中间试验厂,最近又在密苏里州的Carthage投资2 000万美元建设了一座采用TDP技术日处理200吨火鸡加工废弃物和产出274桶柴油的工厂。由于液体产物收率低、成分复杂,加之成本较高等原因使该技术目前尚难推广。国际能源署(IEA)组织了美国、加拿大、芬兰、意大利、瑞典、英国等国的10余个研究小组对此进行了10余年的研发,1995年在加拿大、美国、意大利及芬兰等国已有20余套生物质快速裂解试验装置,规模从每小时几十千克到几百千克的生物质处理量。

中国在生物质热裂解制取液体燃料方面的研究尚在试验阶段。沈阳农业大学在联合国UNDP资助下,从荷兰的BTG引进一套50千克/小时旋转锥闪速热裂解装置并进行了相关的试验研究;上海理工大学、浙江大学、中国科学院广州能源研究所和中国科学院过程研究所等都在进行生物质热裂解液化方面的研究。

第二部分 气态生物燃料

8.7 灰姑娘——农村户用沼气

一说到沼气，很容易联想到畜禽粪便与烂草，沼池与腐臭；联想到农民破旧房屋中昏暗的灯光、微弱的火苗与炒菜的油烟。但是，如果把时间尺度拉长到亿万年间，把它的化学反应式亮出来，谁也不敢小觑于它了。

生物体死亡后的有机物质，一旦处于渍水厌氧条件之下，很快就有数百种功能不同的微生物对它发起“攻击”，一步一步地分解，最后生成水和以甲烷(CH_4)为主要成分的气体，即沼气。正是这个有机物质的分解过程使亿万年前的一部分有机物质转化生成了煤炭、石油与天然气。这个有机质分解和生成甲烷的化学过程，存在于数亿年前的地质时代，今天还在照样进行，不过用现代技术只需几天或几十天时间就可以产生沼气了。化石天然气里的甲烷成分一般在95%以上，相当纯净，而今生产的沼气中除有55%～65%的甲烷外，还混杂有大量水蒸气、硫化氢、一氧化碳、氮气等其他气体。

在嫌气条件和厌氧微生物作用下，不含氮的有机物质分解的化学反应式是：

$$C_6H_{12}O_6 \xrightarrow[\text{嫌气/细菌}]{} CH_3(CH_2)_2COOH + 2H_2 + 2CO_2$$

$$4H_2 + CO_2 \longrightarrow CH_4 + 2H_2O$$

有机物质的沼气发酵过程一般分水解液化、酸化、产甲烷3个阶段进行，见图8-5。

事物总有它的两面性，沼气既是理想的清洁能源，如任其排放到大气，其温

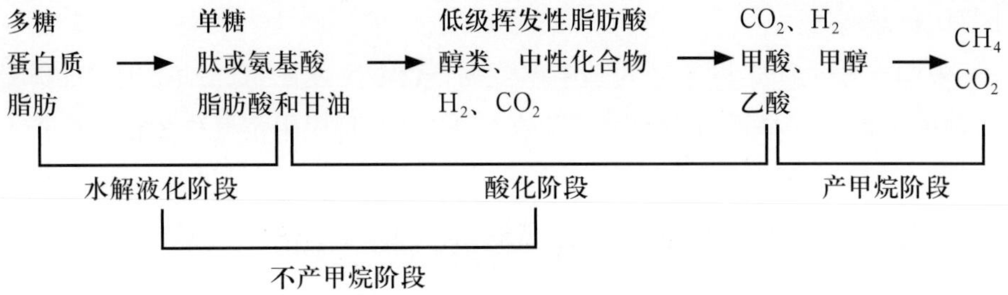

图8-5 有机物质的沼气发酵过程

室效应是二氧化碳的21倍，在导致全球气候变暖中甲烷已经做出了约20%的不良贡献。环保中有个表示水污染的常用术语，叫"化学需氧量"（COD），实际上就是在工业和生活排放的废水和污水中含有较多的有机物质，在自然状态下分解这些有机物质过程中需要大量消耗空气中的氧气，并将产生的甲烷和二氧化碳释放到大气里，此过程对环境有着双重的害处。所以，开发利用沼气是化双害为一利，一举两得的善举。

中国农村推行户用沼气已经三四十年了，如果与发达国家的工业化生产与应用沼气相比，它像只丑小鸭，一碟上不得宴席的小菜，可是就其发展数量之大和给农民造福之深，像"灰姑娘"变身为"白雪公主"那样令人吃惊。

中国有2亿多农户，靠樵采和秸秆，烟熏火燎地过了几千年，哪有城里人那么清洁和方便地使用现代生活能源，而且樵采滥伐还导致植被破坏、生态恶化，中国农村能源现状太需要改善了。20世纪70年代以来，中国政府一直在农村推广应用沼气，起起落落地浮动在500万户上下。2000年开始，政府加大了政策及资金扶持力度，到2005年底累计达到了1 800万户，沼气年利用量70亿米^3，替代了1 000万吨的秸秆和薪柴，惠及了近亿农民，并计划2010年发展到2 700万户。这些闪闪发光的数字，在世界上也是绝无仅有的了。

经过近30年的摸索和积累，中国已经在沼气池型、厌氧微生物、发酵工艺和沼气利用上形成了一套比较成熟的技术和经验。在发酵工艺上，根据不同情况，采用半连续投料法、分层装料法、批量投料法，以及干发酵工艺、两步发酵工艺等。利用水压间和发酵间的液面高度差来调控储气室气压的水压式沼气池技术就是中国的独创。政府颁布了《中国水压式沼气池标准图集》、《中国水压式沼气池验收标准》、《小型沼气灶》等一系列国家标准和推广的技术。当前存在的主要问题是沼气进料浓度低、发酵原料转化率低、产气率低、运行稳定性差、利用环节比较薄弱等。

中国农业生产是以家庭为基本单位的，规模小、水平低、分散、生活能源缺乏，发展户用沼气是适合中国国情和农村需要的。将户用沼气作为沼气生产和应用的一种模式，可称之“中国模式”，早在20世纪七八十年代，联合国粮农组织就曾向发展中国家大力推广过。

8.8 一颗新星——产业沼气

美欧等发达国家的工业及科技基础好，又没有中国汪洋大海般的落后农村，所以在发展沼气上，首先是出于环保需要，一起步就与现代工业和现代农业联系在一起。20世纪70年代的全球石油危机中，巴西和美国开发乙醇，瑞典搞起生物质供热发电，而德国则建设了世界第一座工业化沼气工程。

工业化生产沼气的前提是要有充分、及时和持续的原料供应，如瑞典是与大型屠宰和肉品加工厂，或是与大城市污水或有机垃圾处理厂相结合，还专门培育了用于生产沼气的麦类植物作为辅助原料。瑞典Lund大学开发了“二步法”秸秆类生物质制沼气技术和在10℃条件下产气率大于200升/千克的低温高产沼气技术。美国主要是依托大中型养殖场，与沼气供热发电及温室供热三位一体，使热量以至二氧化碳得以最佳的循环利用，自用外的多余电力卖给电网（图8–6）。

中国依托规模化畜禽养殖场建成的大中型沼气工程和工业有机废水沼气工程约1 500处，年产沼气约10亿米^3（2005年）[10]。但大中型养殖场对沼气利用的积极性不高，主要是沼气产后的自用和他用的系统不配套，费钱费事，好处不大，远不如拉来的电省事便宜。2009年北京德清源大型养鸡厂解决了这个问题，建设了以鸡粪为原料的大型沼气生产及2兆瓦热电肥联产工程，除满足自用外，多余电量卖给电网。

另外一个发展工业化沼气生产的好去处是农产品加工企业，它们排放的废水废渣中多富含有机物质，是污染源，又是可以生产沼气的原料来源。广西是我国食糖和淀粉生产大省，也是高COD值废水排放的大省，中国农业大学生物质工程中心与广西必佳公司合作研究的高浓度有机废水高效处理的

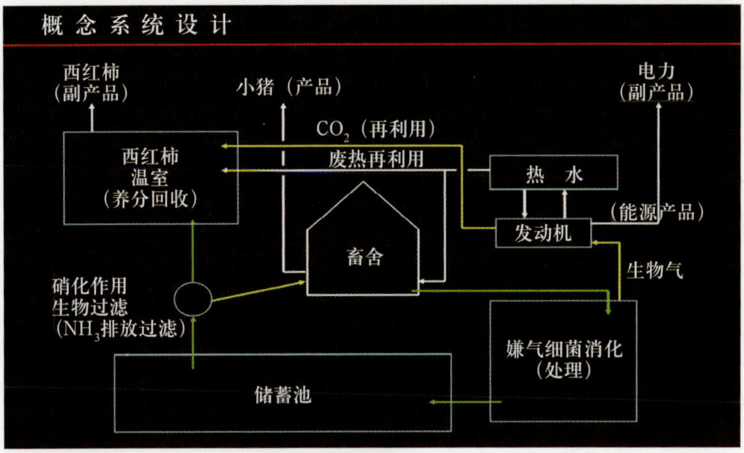

图8-6 美国大型养殖厂的物质和能量系统及综合利用的概念设计图（上图）及实景（下图）
图片来源：NC STATE UNIVERSITY。

UASB-TLP 技术于 2009 年 2 月在广东湛江农垦集团取得了成功，开辟了利用甘蔗制糖排放的高浓度有机废水为原料产业化生产沼气的新路子。湛江农垦集团年产蔗糖 110 万吨，伴生糖蜜 30 万吨，以 UASB-TLP 技术可产业化地年生产沼气 1 亿米^3。

8.9 产业沼气 = 天然气

在瑞典和德国，工业化生产的沼气经纯化和压缩后直接送入天然气管道或罐装进入市场和送到用户，瑞典还广泛用作汽车燃料。

净化压缩技术是指先去除沼气中的硫化氢、一氧化碳、氮气等其他杂气，使甲烷含量达到 97% 以上（通常采用水洗、分子筛或活性炭吸附等物理方法，也可用碱溶液吸收等化学方法），再经压缩，即可获得和天然气一样的压缩沼气 CBG（Compressed Biogas），简称生物气（biogas），其主要成分和性质与天然气无异。CBG 一般并于天然气管网，主管道压力为 8 兆帕，故沼气厂一般建在天然气管网附近。也可以罐装送到用户(图 8-7)。瑞典压缩沼气的 1 米^{3}成本不到 5 瑞典克朗(1 瑞典克朗约合 1.02 元人民币),按中国目前工艺水平和生产条件估计,1 米^{3}成本约 3 元。CBG 的生产技术成熟,市场需求巨大,经济效益显著。

图8-7　瑞典的压缩沼气储存罐（左图）、净化压缩系统（中图）及商品罐（右图）

图片来源：李十中，2006。

CBG 的能量密度大,使用方便,可标准化,易储存、运输和交易,符合商业化要求。除罐装管输外,替代天然气作为运输燃料在欧洲相当普遍。标准体积为 1 米^{3}的车用甲烷相当于 1.1 升汽油,排放的温室气体比乙醇汽车还低,汽油车就更没法比了。生物气汽车与天然气汽车一样,具有双燃料系统,即汽油箱与压力为 20 兆帕的甲烷箱。甲烷的临界压力为 4.58 兆帕,临界温度为 −82.64℃,因密度稍低于汽油,箱体稍大,1 箱甲烷气可使汽车行驶 250～400 千米。瑞典 Vovol 汽车公司于 1996 年生产了第一辆 Vovol−850 型双燃料(甲烷、汽油)汽车,现在市场上已有多种款型的甲烷−汽油汽车。

一般双燃料汽车在售价上比普通汽车贵约一成,因石油价格上涨和政府的鼓励政策,以及人们环保意识的提高,双燃料汽车的销售呈明显上升趋势。到 2005 年底,瑞典全国有 5 000 多辆生物气汽车,加油加气站 70 余个,还有 1 列斯德哥尔摩至海滨的火车使用生物气燃料。2007 年有生物气驱动车 1.5 万辆,其中小轿车 1.3 万辆,有 100 多个加气加油站。目前,全球有 410 万辆 CBG 汽车和 8 300 座加气加油站(图 8−8)。

为区别于中国农村的户用沼气,程序教授提出了“产业沼气”概念,指“规模化生产和纯化沼气,使之能像天然气和液化气那样,由管道或气罐(瓶)输送和装运。”[11]

欧洲对天然气需求激增,缺口很大,不断加快沼气产业化开发步伐。中国的天然气供应严重不足，程序教授最近著文[12]分析了我国产业沼气的5种主要资源和实现产业化必须克服的技术、政策瓶颈。结论是中期内产业沼气具有相当于年产900亿米^{3}天然气的潜力，是很有开发前景的一种生物质能产业。

图8–8　生物气加气加油站（左上图）、双燃料汽车的燃料箱（左管加气，右管加液体燃料；右上图）、Linköping市的生物气公交车（左下图）和哥德堡市城际列车（右下图）
图片来源：程序、李十中。

8.10　关于生物质气化与制氢

生物质气化技术已有百余年历史，最早的气化反应器是1883年诞生的，以木炭为原料，气化后的燃气用于驱动早期的机械。20世纪70年代以来，欧美等发达国家继续开展生物质气化研究，将生物质转换为高氢燃气、裂解油等高品质燃料，以及结合燃气轮机和燃料电池等方式转换为电能。中国的气化技术研究始于20世纪80年代，如中国科学院广州能源研究所开发的上吸式生物质气化炉和循环流化床气化炉、中国农业机械化科学研究院研制的ND系列生物质气化炉、山东省能源研究所研制的XFL系列秸秆气化炉、大连环境科学院开发的木柴干馏工艺以及商业部红岩机械厂开发的稻壳气化发电技术等。目前已建500多座秸秆气化站,为农民提供燃气。

生物质气化过程简单,对设备要求不高,但能量转化效率比较低(一般产能为生物质所含能量的60%~70%)、燃气热值低(标准体积为1米^{3}的热值为4兆~6兆焦)、焦油含量高、燃气受焦油和颗粒污染,生物质裂解气化技术在不断改进中。随着生物质(含成型燃料)直燃供热发电及热电联产技术的改进和热效率达到90%以上,生物质气化技术在欧洲已经用得越来越少了。发展趋势是将气化获得的合成气(Syngas),经FT(Fischer-Tropsch)合成得到生物柴油或化工产品,或经净化压缩后替代天然气。

氢气是一种高热值的清洁能源,随着氢气储存技术(如氢化物合金)和燃料电池技术的迅速发展,氢气制取和用于驱动汽车日盛,氢动力汽车成为现代汽车展上的一大亮点。制氢有水电解法、水煤气转化法、甲烷裂解法,美国的最新制氢技术已使天然气制氢的成本由每加仑5美元降到3.6美元。相对而言,生物法制氢成本低廉,克服了其他制氢方法高能耗的弊端,废弃物还能重复利用。2005年8月美国《能源法案》批准37亿美元用于氢和燃料电池的研究和基础设施建设,支持氢能汽车。日本通产省和科技厅于1995年开始了一个长达28年的生物产氢计划;欧洲共同体委员会和国际能源组织也分别于1996年和1999年提出了生物产氢的大规模研究计划。

生物质制氢多用光合细菌,因为厌氧发酵细菌虽不需光源、生产条件要求简单和成本低廉,但产氢效率低和可控性差。也可以利用厌氧发酵中的纯种产氢细菌,但因原料的复杂性而难以实现工业化规模生产。意大利ETA公司等开发了生物质直接气化制氢技术,过程简单,产氢速度快,成本显著低于生物质电解制氢和乙醇制氢,欧洲正积极推进此技术的开发。

尽管氢被炒得很热,其始作俑者美国的能源政策委员会在2004年的年终报告中提出,通过对氢的原料可供给性、二氧化碳减排性、与现有基础设施的相容性等4项指标与汽油相比较,到2020年仍不具竞争优势。美国科学院预测,需再经50年的全力研发,氢才能显示其优越性。中国10位院士于2006年联名建议:"氢能燃料电池的研究要作长期打算,细水长流,切切实实地解决关键材料和关键科学技术问题，特别是将提高环境适应性、提高可靠性、大幅度延长寿命和研究低成本材料及零部件作为重点，而不要急于'汽车换代'，更不要急于打算扩大批量生产。"

2009年4月，美国能源部长朱棣文停止了对氢燃料电池车研究项目的资助，理由是成本高，燃料电池耐久性差，车载大容量压缩氢气技术难度大，以及没有全国性加氢站网。

参考文献

1. 中国可再生能源发展战略研究项目组. 中国工程院重大咨询项目：中国可再生能源发展战略研究丛书·生物质能卷. 北京：中国电力出版社，2008.

2. CRS Report for Congress. The Energy Independence and Security Act of 2007. Summary of Major Provisions. December 21, 2007.

3. 刘铁南，于随然.燃料乙醇与中国. 北京：经济科学出版社，2005.

4. George Huber. Grassoline at the Pump. Scientific American, July. 2009.

5. Michael Wang. Updated Energy and Greenhouse Gas Emissions Results of Fuel Ethanol. The 15th International Symposium on Alcohol Fuels, San Diego, CA. Sep.26—28.2005 (PPT) .

6. USDE & USDA. Biomass as Feedstock for a Bioenergy and Bioproducts Industry:The Technical Feasibility of a Billion—Ton Annual Supply. April.2005.

7. 李十中. 纤维素乙醇生产技术. 2008（内部资料）.

8. EurObserv' ER. 5.38 MToe Consumed in 2006 in The UN. Biofuels Barometer, May.2007.

9. Bodo M.Wolf. Verfahren und Anlagen zur Umwandlung von Sonnenenergie in erneuerbare synthetische Kraftstoffe (PPT) ,IIR—Konferenz,24/25.Jun,2003.

10. 中国可再生能源中长期发展规划，2007.9.

11. 程序. 我国"产业沼气"的前景（PPT），2009—06—27.

12. 程序，梁近光，郑恒受，朱万斌. 中国"产业沼气"的开发及其应用前景. 农业工程学报，2010，26（5）：1—6.

　　这是瑞典的一辆由斯德哥尔摩开出的生物燃气火车。照片上写着“生物燃气可以驱动各种车辆”。

9 琳琅满目的产品橱窗之二

第三部分 固态生物燃料

- 直燃混燃，似易亦难
- 成型燃料——生物煤
- 97%！热电联产
- 两个案例

第四部分 非能源生物基产品

- 伟大而糟糕的发明：塑料
- 替代“伟大”者更伟大
- 中国的课题：生物降解地膜
- 万年基业，生物基化工产品

第三部分 固态生物燃料

9.1 直燃混燃，似易亦难

固态生物燃料最本色，不经液化、气化而直接或稍经加工后用作燃料。也许你会问，几千年来农民不就是向灶膛里添劈柴、塞秸秆做饭烧炕吗？是的，如果要你将几百吨上千吨的劈柴或秸秆扔进一个大锅炉里烧掉，这和做饭烧炕能是一回事吗？支配你的 3 000 元月薪过生活和要你经营亿万家产能是一回事吗？当然不是。

将这么多的能量密度低和松散的燃料送进一个硕大的锅炉里，让它燃烧得顺利、充分和将热效率由 10%（灶台）提高到 30% 甚至 90% 以上，这可是门大学问，工业院校设置的“热物理”、“燃烧学”等等的课程讲的都是这门学问。此外，供料也是问题，一个 25 兆瓦的发电机组，每年要将散布在方圆一二百千米农田里的 20 多万吨秸秆，以最少能耗和最低费用，及时不断地运到发电厂，这也绝非易事。

以生物质直燃或与煤混燃供热发电在欧洲已有很长历史。芬兰 1970 年开发了生物质混燃的流化床锅炉技术；年消耗秸秆 4 万吨的丹麦 Energy2 电厂，全年工作 5 000 小时，发电 4 900 万千瓦·时，产热 360 太焦，能效在 30% 左右；瑞典的 Umea Energy 垃圾热电厂的直燃能效也能达到 30%；丹麦、奥地利等欧洲国家已陆续研制出了生物质与煤混燃发电的锅炉。在美国，有 300 多家生物质与煤炭混燃的发电厂，装机容量为 9 800 兆瓦，发电 370 亿千瓦·时（2004 年），生物质直燃发电占可再生能源发电量的 70%[1]。欧洲和美国生物质直燃发电用的主要是林木废材和林业剩余物等木质性原料，作物秸秆很少。

中国政府对部分国营电厂发出了添加一定比例生物质燃料的指令，出台了生物质电价补贴政策，国家发改委2004年立项建了三座秸秆发电示范厂。随后国能生物发电集团在江苏、山东、河南、河北等地筹建了数十家以秸秆为原料的生物质发电厂，至2008年底，已有10个30兆瓦和7个12兆瓦机组正式投入运营[2]。民营企业内蒙古毛乌素生物质热电公司投资2.7亿元，以收集沙生植物沙柳等平茬枝条为原料发电上网，功率25兆瓦，将生物质发电与治沙结合起来，很成功。

传统的锅炉都是按燃烧煤炭的特点设计的。作物秸秆原料的体积大，含碱金属（钾，钠等）、硅及氯离子较多，高温时熔融结渣，容易堵塞炉膛烟道，腐蚀性强。瑞典农业大学研发出的中、小型专用锅炉中设置有专用的内膛和炉排，有适于燃烧高灰分含量生物质燃料的特殊燃烧器以及可以使结渣松碎的添加剂。大型专用锅炉还配有"泡动流化床"(Bubbling Fluidized Bed)及掺烧约5%的泥炭。中国国能生物质发电集团已拥有先进的秸秆燃烧发电的技术和锅炉设备。

生物质原料的能量密度低，又受运输半径所限，故多为20兆瓦级以下的小电厂，其热效率及投资效益当然不及煤电，但它有利于减排温室气体，是可持续的清洁能源，每吨生物质原料收价200～250元，可以为农民提供增收渠道和劳动岗位，这些社会效益都是煤电所不能期企的，这对发展中国家特别重要。

9.2 成型燃料——生物煤

壁炉是欧洲家庭的一种标志性设施，端庄精美，油画和照片上常有所见，欧洲的能源革命正是在这里悄悄兴起的。欧洲壁炉历来烧的都是木柴或木炭，20世纪开始用煤炭、后来用石油或天然气，20世纪后期又越来越多地添加生物质颗粒燃料（图9–1），使化石能源逐渐退出

图9–1　欧洲家庭壁炉的燃料革命

这块传统领地。颗粒燃料是固态成型燃料的一种，像中国过去城市里的煤球和蜂窝煤一样，到处都可以买到，非常清洁与方便，好烧又环保。

成型燃料是利用林地抚育更新和林产加工的剩余物或农作物秸秆等原料，粉碎后不需加温和黏合剂，直接压缩成大小不同的颗粒状(pellets)或块状(briquettes)。如此地稍作加工，它的能量密度增大了，包装和储运方便了，热效率提高了，十分有利于商品化和市场化。普通炉灶的薪柴热效率稍高于10%，工业锅炉的生物质直燃热效率在30%左右，成型燃料可以达到30%以上。成型燃料可用于家庭炊事与取暖，可用于工业锅炉，也可用于发电或作生产液化气化燃料以及生物化工产品的原料。

1973年世界石油危机之时，瑞典70%的供热能源来自石油，而2003年的全国生物能源集中供热38.5太瓦·时(1太瓦·时=10亿千瓦·时)，占消费总量的68.5%。生物质燃料的工业用途为51.2太瓦·时，远高于石油(22.4太瓦·时)和煤炭(16.6太瓦·时)[1]，在这里，危机真的变成机遇，黑煤换成"绿煤"，石油换成了"绿油"。在欧洲，有900万人口的瑞典，成型燃料的年使用量为200万吨，人均200千克；600万人口的丹麦年消费成型燃料70万吨，人均100千克以上。图9-2为2002年欧盟的生物能源生产组成和颗粒燃料分布图。

第二届世界生物质成型燃料大会是2006年与世界生物质能源会议联合在瑞典召开的。在生物质成型燃料生产与利用的机械设备展会上展出的颗粒(Pellet)和切片(Chip)的成型机械、专用锅炉、发电设备等产品多种多样，目不暇接。欧洲各国制订了各自的成型燃料标准，如奥地利的ONORM M 1735，瑞典的SS 187120和SS 187121，德国的SSDIN 51731，意大利的CTI-R 04/5，以及欧盟的分类标准CEN/TS 14961等。成型燃料的社会化服务做得也很好，有专用的配送车分送到各家各户的专用炉具或发电设备上(图9-3)。

生物质材料的力传导性能很差，但通过缩短力传导距离和给予剪切力，可使被木质素包裹的纤维素分子团错位变形和延展，在较小的压力下相邻相嵌、重新组合而成型。利用这一原理制造的机械设备，自然含水量下的生物质在常温下不用任何添加剂、黏结剂而可被压缩成型。20世纪50年代日本研制成功冲压成型机；80年代颗粒成型技术获得突破(图9-4)，螺杆挤压成型技术获得普遍应用；意大利还研发了可以使生物质在高水分含量(50%)条件下常温成型的技术。

中国吉林辉南宏日新能源公司自行开发研制了年产 1.2 万吨颗粒燃料的全套设备，2008 年承包了长春市的一家约 4 万米^2 供热面积的四星级酒店，以颗粒燃料替代燃煤，热效率 83%，费用节省 50%，环保效果更是突出。

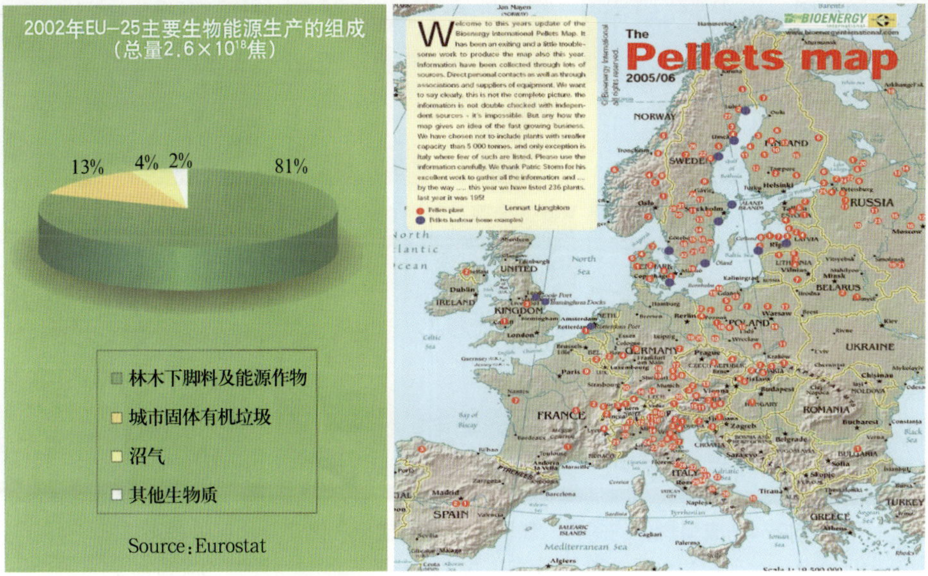

图9-2　2002年欧盟25国的生物能源生产的组成（左图）和欧洲2005/2006年颗粒燃料分布图（右图）

图片来源：程序摄自2006年世界生物质能源大会展厅。

图9-3　德国的商品颗粒燃料和社会化服务

图片来源：张百良。

图9-4　成型燃料的备料、粉碎、压缩、成型、燃烧及小区供热系统
图片来源：李十中，2006。

9.3　97%！热电联产

同样是生物质燃料，普通炉灶的热效率为 10%，直燃锅炉为 30%，成型燃料为 40%，而近年在欧洲迅速发展起来的“热电联产”(Bioenergy　Combine)却可以达到 80%，甚至 97%，真是不可想象。

2006 年世界生物质能源会议是在瑞典的一个只有 3.8 万人口的小城延雪平市召开的，1982 年在这里诞生了第一台生物质燃料锅炉；1992 年在这里最早安装了热电联产锅炉及发电机；2002 年又制订了开发以能源灌木——蒿柳(*Salix.*　*Viminalis* L.)为原料的成型燃料及热电联产技术，计划年发电量 350 兆瓦。

瑞典 Kraft 热电工厂在世界上首开生物质供热、发电和颗粒燃料联产技术及商业化运行之先河。图 9-5 为瑞典的大型热电联产工厂，包括流化床锅炉，

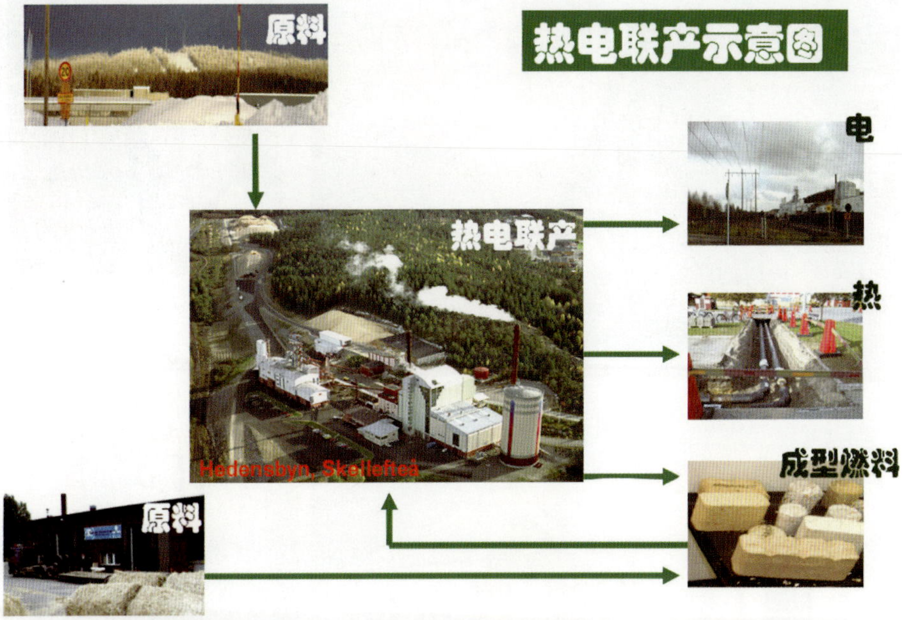

图9-5　瑞典的大型热电联产工厂

于 1996 年开始运行。从图 9-5 中可以看到，以劣质木材和采伐剩余物加工成的切片为燃料发电，以发电余热供热及加工颗粒燃料，年供热 57 兆瓦，发电 34 兆瓦，产颗粒燃料 13 万吨，能量转换效率高达 86%。现正在 Storuman 建设新一代的生物质热电联产工程，能量转换效率可以达到 97%[3]。

区域供热（District Heating）中的小区供热一般是 200 千瓦，中、小学供热是 95 千瓦，家庭供热发电是 60 千瓦（图 9-6）。意大利还开发了适合村镇使用的小型生物质发电（Village Power Plant）技术，使用成型燃料或秸秆木屑，锅炉中的介质是油，通过油加热有机硅产生蒸汽驱动内燃机发电。

为了寻求更多、更经济和环保的生物质原料，瑞典农业大学开发了垃圾（30%）与能源作物虉草（70%）混合成型和燃烧技术，解决了垃圾燃烧过程产生二噁英超标问题。瑞典农业大学培育的虉草（*Reed canary grass*）、德国巴伐利亚洲生物质技术与可再生原料研究中心培育的芒草（*Miscanthus*）、意大利比萨大学培育的二年速生杨树（*Poplar*）都是替代化石燃料的高产能源植物。

200千瓦（供小区）

95千瓦（供学校）

60千瓦（供家庭）

图9—6　瑞典区域供热的几种模式
图片来源：李十中。

9.4 两个案例

以下是摘自李十中“欧洲四国生物质能源考察日记”中关于成型燃料和热电联产方面的两个案例[4]。

案例 1：参观瑞典 Skellefea 市的生物颗粒燃料供热发电

2005 年 7 月 1 日，晨 6 时 15 分离开酒店，7 时到达斯德哥尔摩 Arlanda 机场，乘 SK1012 次航班于 9 时起飞，10 时 20 分抵达 Skellefea 市机场。Skellefea 市 Kraft 公司热电公司经理 Lars Atterhem 一行到机场迎接。

该机场有 1 台 300 千瓦锅炉负责机场的供热，全年约 1 吉瓦热量。以前使用油或电供热，2004 年改为 Pellets 燃料。年消耗 Pellets 生物燃料 150 吨，每吨价格 1 800 瑞典克朗，热利用率 40%，供料系统中的燃料数量探头与供应商 Kraft 公司连接，到时有专用卡车送 Pellets 生物燃料，每车可载 35 吨生物燃料，通过自动加料系统为锅炉补充燃料。

离开机场后，代表团参观了为 50 个单元供热的 50 千瓦锅炉供热系统，将原储油罐换为 Pellets 生物燃料储仓，仅留很小的油罐作为备用。在 Skellefea 市，Kraft 公司经营着 40 多个为 5 000 人口社区供热使用的 Pellets 生物燃料的 2 000 千瓦锅炉供热系统，每个系统投资 1 000 万～1 200 万克朗，40 多个系统仅有 5 或 6 个工作人员维持系统正常运行。

Skellefea 市的热、电、Pellets 生物燃料联产工厂以锯末、木屑为主要原料，并结合开发泥炭(Peat)与生物质混烧驱动锅炉发电、供热，同时利用余热干燥 Pellets 生物燃料的原料，还分别利用高压蒸汽和低压蒸汽以及生产 Pellets 生物燃料过程的热量发电，能量利用率 86%，传统供热系统的能源利用率仅为 45%。

案例 2：参观丹麦哥本哈根以麦秸为原料的颗粒燃料工厂

2005 年 7 月 3 日，于 Umea 机场乘飞机抵斯德哥尔摩机场，再转机飞赴哥本哈根，夜宿 Scandic Hotel。次日参观了以麦秸秆为原料的颗粒燃料加工厂。年消耗麦秸 11 万吨，产出颗粒燃料 11 万吨。工厂建有码头，颗粒燃料直接用船运走。成捆的麦秸经粉碎、分离杂物后进入成型设备制成颗粒，工厂有 3.5 吨/小时成型设备 12 台，总投资 1.8 亿丹麦克朗。丹麦年产谷物 600 万吨，以秸秆为原料年生产颗粒燃料 60 万吨。

下午参观 Energy2 的秸秆发电工厂。该厂年消耗秸秆 4 万吨，秸秆热值 14.5 吉焦/千克（1 吉焦 =10^9 焦），燃烧秸秆产生蒸汽发电，烟道气用于供热，燃烧效率 89%，产热 33.4 兆焦/秒，锅炉产气 12 千克/秒。全年工作 4 990 小时，每年开车 5 次，年产电 49 吉千瓦 · 时，产热 360 太焦。秸秆含 5% 左右的灰分，工厂付钱给农民将其拉回田里，用做土壤调节剂。

第四部分 非能源生物基产品

9.5 伟大而糟糕的发明：塑料

20 世纪是人类物质文明的盛世，当人们回顾和评选 20 世纪最伟大的发明中，塑料榜上有名。而在英国《卫报》评选的“20 世纪人类最糟糕的发明”中，塑料又出现榜上。同是塑料，竟是如此天壤之别。

塑料拥有太多的优良特性，可以模压、层压、注射、挤出、吹塑、浇铸成型和成膜；塑料质地轻、比强高、耐酸碱、耐腐蚀、耐磨、减震消音、绝缘性好、透光强、易着色；塑料的原料易得，可工业化生产，成本低廉；塑料可广泛用于工农业、建筑、包装、日常生活以及航空、航天、通讯工程、计算机、军事等各个领域；塑料几乎无处不在，须臾不可离它。能集如此之多优良性能于一身的材料，舍塑料岂有它乎？难怪被推举为 20 世纪最伟大的发明之一。

早在 1868 年，将天然纤维素硝化，以樟脑为增塑剂，制成了世界上第一个塑料品种，称为赛璐珞（Celluloid），揭开了人类使用塑料的历史。1909 年美国化学家贝克兰将酚醛树脂加热模压制得了第一个人工合成塑料，1920 年又一种人工合成塑料——氨基塑料（苯胺甲醛塑料）也诞生了，这两种塑料在推动当时电气工业和仪器制造工业上做出了重要贡献。塑料的大规模生产和广泛应用是在20世纪40年代，石油资源大量开发和石油化工技术突飞猛进，尤其是出现聚乙烯、聚丙烯、不饱和聚酯、环氧树脂等原料以后，才引发了一场聚合物化工业的革命，像山洪决堤般地将各式各样的塑料制品冲向了人们的眼前身边。

目前世界塑料年消费量为2亿吨，近年年均增长率在7.6%左右，远高于其他行业。美国近10年塑料销售额翻了一番，占全球消费量的1/4强。据Research and Markets公司发布的最新报告，聚乙烯和聚丙烯的包装薄膜已占全球塑料原料消费总量的1/4，欧洲和北美塑料薄膜消费量均占全球总量的30%左右。中国已是名副其实的世界塑料生产、消费和进口大国，近年的年均增长率在10%以上，表观消费量近4 500万吨，占世界总消费量的1/5强。

尽管塑料发展"如日中天"，但仍躲避不过"物极必反"这一劫。塑料何以有如此多优良特性，这和它的有机高分子复杂结构有关，问题也就出在这里，使它在自然状态下数百年也不能被生物降解。如果数量不多也就罢了，可是它太优秀了，充斥于市而价格低廉导致"白色污染"无孔不入。那些用后即扔的塑料袋在街上随风起舞，招摇于枝头和电线杆上；矿泉水瓶、饭盒等塑料垃圾撒布在铁路、公路两旁，漂浮于水面湖沼；即使漂流入海的塑料垃圾也会发生缠住螺旋桨、造成海鸟、海龟误食等事件。土壤也会上它的当，农田覆盖塑料地膜可以保墒增产，但其碎片在土壤表层越积越多，导致土壤肥力下降。土壤是人类的饭碗，如此"饮鸩止渴"，怎么得了！人们还发现，聚氯乙烯塑料中残存的氯乙烯单体，能引起人的前指骨溶化、颜面浮肿、皮肤硬化和肝癌等病症。餐盒、食物包装袋等塑料制品在温度60℃以上和有油脂情况下会释放致癌物质。

目前全球年产生0.8亿～1.0亿吨的塑料垃圾，掩埋不行，焚烧又产生大量氯化氢及毒性极强的二噁英(Dioxin)类物质，真是个"烫手的山芋"。1975年，美国首先提出禁止用聚氯乙烯塑料包装食品和饮料，各国政府陆续制订"禁塑"政策，公司店铺纷纷响应，因为地球实在是不堪塑料重负了。塑料从出生到暴发，从如日中天到群起而诛之，这正应了"物极必反"，"日中则移，月满则亏"以及"福兮祸所伏"的冥冥哲理。

塑料被评为20世纪人类伟大而糟糕的发明也在情理之中。爱因斯坦的质能转化定律是20世纪最伟大的发现之一，但也给人类带来了原子弹之灾；生物进化的最伟大杰作是出现了人类，但也正是人类给地球和生物界以摧残；化石能源造就了无比辉煌的工业文明，也带来全球气候变暖和环境污染……看来，伟大与糟糕相随的不只是塑料，因为事物都有它的两面性，科学和技术本身就是一柄双刃剑，更需要人类自身的理性与良知去驾驭。

9.6 替代“伟大”者更伟大

化石能源的替代方案各式各样，核能、水能、风能、太阳能、生物质能、氢能，等等，门路很多，而替代石油基塑料却如登华山，唯生物基路一条。以生物基塑料替代石油基塑料，既解决了“白色污染”问题，又解决了原料的可持续问题；既保存了塑料的“伟大”，又摒弃了“糟糕”。如果说 20 世纪是石油基塑料的世纪，21 世纪将是生物基塑料逐步替代石油基塑料的世纪。但是，生物基塑料的孕育、诞生和成长是一个很长很难的过程，对石油基塑料这个庞然大物的替代岂能轻而易举。表 9–1 列出了 2007 年中国塑料制品及产量状况。

表 9–1　2007 年中国塑料制品及产量状况

种 类	产量/(万吨/年)	所占比率/%	种 类	产量/(万吨/年)	所占比率/%
薄膜	605.1	18.3	板片型材	345.4	10.5
农用薄膜	96.1	2.9	管材	331.8	10.1
泡沫材料	138.1	4.2	人造革	105.0	3.2
包装箱	166.3	5.0	合成革	62.5	1.9
编织品	404.2	12.2	其他	676.8	20.5
日用制品	371.0	11.2	合计	3 302.3	100.0

注，资料来源，《中国轻工业年鉴2008》。

生物降解塑料是指以生物质为原料生产的，具有与石油基塑料类似性状和性价比，又可以通过微生物的活动而将它全部降解的塑料。

20 世纪七八十年代，人们多在塑料的“崩解”上做文章，以淀粉或碳酸钙与（石油基）聚烯烃材料共混，导入光和（或）热的降解催化剂，使聚烯烃组分经光热崩解和淀粉/碳酸钙组分被生物降解，使塑料整体崩解，也就是曾在美日等国风行一时的光热和生物双降解塑料。但是，这种可被降解和引起崩解的添加物只占 10% 左右，而被崩解的碎片或细粒中 90% 的成分仍然是不可降解的石油基塑料，根本解决不了白色污染问题，所以 20 世纪 90 年代初就被淘汰出局了。

以后，专家们开始把目光转移到以淀粉为原料发酵生产生物质塑料前体或直接生物合成生物质塑料上，具有代表性的是以淀粉为原料，经乳酸发酵产生乳酸，再聚合生成的聚乳酸（PLA）。生成 PLA 的能耗（5.12×10^7 焦/千克）比生产石油基塑料（如高压聚乙烯为 8.07×10^7 焦 /千克）还要低 30% 多。具有标志意义的是美国 Cargill 公司于 2001 年建成并投产的年产 14 万吨的聚乳酸生产装置。美国生物工程技术协会的副会长在新闻发布会上宣称："以玉米淀粉为原料的 PLA 生物材料在美国已经商业启动。我们刚刚开始看到它在制造业的所有部门中得到应用，这可能会彻底改造旧经济。用转基因作物和家畜改变了农业，现在它正在改造工业。"[5]

利用天然高分子改性制备可生物降解制品也是一种途径。美国 Warner Lambert 公司和意大利 Novanmont 公司最先开发出了热塑性淀粉；日本丰田公司用白薯淀粉基塑料制成了汽车配件，发表了"白薯拯救地球"的文章；日本富士通公司由玉米淀粉加工生成的生物降解塑料已用于电脑外壳；斯达其泰克公司和 KTM 公司大量生产了 PLA 的包装材料，等等。

天然高分子具有可再生、可降解、与环境友好和有良好的生物相容性等许多优点，缺点是成型加工性能、机械及热稳定性能还不如石油基塑料。目前发达国家能够实现产业化的可完全降解高分子材料主要有聚己内酯（PCL）、聚乳酸（PLA）、聚羟基丁酸酯（PHB）、聚羟基戊酸酯（PHV）以及二氧化碳与环氧化合物的共聚物（PPC）等。

这些可以完全降解的高分子材料一般成本较高，聚乳酸算是成本较低的一种。Cargill 公司 2006 年的 PLA 生物可再生塑料包装材料售价已从每磅 1 美元以上降低到 63 美分，但仍较石油基塑料价高五成，成长初期只有依靠技术改进和政策扶持了。生物基塑料与石油基塑料在市场上的性价比的较量将继续进行下去。

对淀粉进行彻底改性和塑化，还需要在理论上攻克合成高分子材料可生物降解特性的分子设计、分子剪裁和化学修饰，在技术上走淀粉的改性与合成高分子共聚共混的路线，以获得性能好、成本低、降解周期可控的可完全生物降解材料，这是目前较为先进的一种技术路线和产业发展方向。

9.7 中国的课题：生物降解地膜

生物降解地膜是一种满足特殊需要的特殊产品，其技术难度远大于一般生物降解塑料。

中国是个季风气候国家，干湿季分明，干旱是农业生产的一大威胁。20 世纪 80 年代开始推广覆盖塑料地膜技术，既保墒又可提高表土温度，一般可增产 30% 左右，深受农民欢迎，每年有约 1 000 万公顷农田覆盖地膜。可是在增产的同时，这些数百年不能降解的地膜碎片在土壤表层越积越多，以至农作物根系生长受阻，土壤物理性状变坏，肥力下降，不到 10 年，作物就开始减产。新疆生产建设兵团的一些棉田因多年覆膜，每亩土壤表层积塑料碎片近 30 千克，如超过 40 千克就会严重减产，兵团不得不下令各团场必须回收散落农田的塑料地膜。其实，最好的办法就是发明一种既有地膜功能又能及时降解的地膜，也就是生物降解地膜。

农用地膜比一般塑料薄膜的性能要求要高得多，要有良好的透光保温性且膜下不生凝结水；要有很高的强度和韧性以便于人工或机械操作；要能经受住暴晒雨淋，骤冷骤热；要降解得不能太快又不能太慢；要价格便宜，农民买得起。真是“又要马儿跑得好，又要马儿不吃草”。这个极高性价比、极高难度的技术攻关课题的主攻任务还得靠中国专家和企业了，因为主要是中国使用这种地膜，其他国家很少使用。

在中国，有的专家“知难而退”了，有的专家还在拼搏。目前较多的是采用聚乳酸与具有高强度和高韧性的脂肪族聚酯共聚共混的技术路线，即以天然高分子中的大量羟基、氨基等活性基团与脂肪族聚酯单体或预聚物进行反应，以改善天然高分子材料的强度与韧性。对此中国已有较大进展，但要走的路还很长。

中国已陆续推出热塑性淀粉生物降解塑料的研究成果及制品，在片材、发泡材料、薄膜、编织品以及餐饮具、包装用填充料等方面已经实现产业化。但因成本较高和缺少配套的扶持政策，目前尚难进入国内市场而主要用于出口日、韩和东南亚国家。近年来，日本、韩国政策允许使用淀粉和石油基塑料共混制作可部分降解的包装材料和膜材，淀粉含量在 50% 左右，这不失为一种性价比不错的过渡性产品。

生物基塑料对石油基塑料的替代之路已经走了二三十年，尽管还有许多技术问题需要解决和继续降低成本，但思路与技术路线已经比较清晰了，加大政策扶持力度和产业化进度已经具备条件了。过去考虑的主要是为了防治“白色污染”，现在还要考虑对石油的替代。现在每生产 1 吨石油基塑料要消耗 1.1 吨石油，全球要用 6%、中国要用 8% 的石油原料去生产塑料。也就是说，要以很大代价去生产“污染物”，再以很大代价去治理它。与其“扬汤止沸”，不如“釜底抽薪”，加快生物基塑料替代进程才是正道。

9.8 万年基业，生物基化工产品

在石油时代到来之前，乙烯、丁二烯、醋酸乙烯等聚合物本来都是以生物乙醇为原料加工生产的。随着石油的大规模开采和价格降低，生物乙醇等化工制品很快就被排挤出了市场。不想百年之后，生物基材料与化工产品又东山再起地替代石油基产品了。和生物基塑料一样，它也是“自古华山一条路”，没有物质性生产能力的其他可再生能源和新能源都不具备这种能力，所以才在标题上用了“万年基业”的字样。

乙醇本身就是一种基本有机化工产品，可衍生出乙烯、丁二烯、环氧乙烷、乙二醇、乙醇胺、乙醛、三聚乙醛、丁醛、β-羟基丁醛、醋酸、醋酐以及吡啶、甲基吡啶、烟酰胺、烟酸等多种下游化工产品。生物柴油也有其共生产品甘油、脂肪酸甲酯及其酯类衍生物，且生物柴油类型脂肪酸酯不仅可用于燃料，还可用以生产表面活性剂、工业溶剂、塑料和增塑剂、工业化学品、农用化学品、润滑剂、黏合剂等。甘油新用途中，1，3-丙二醇可以生产相当于美国杜邦公司 Sorona 的纤维新产品。以下介绍生物乙醇和生物柴油下游的几种主要有机化工产品。本节内容主要是根据我主编的《中国可再生能源发展战略研究丛书·生物质能源卷》[6] 中李十中教授执笔的相关内容改写的。

生物基乙烯　乙醇脱去一个水就可以生成乙烯，在石油未被广泛应用前，乙烯生产采用的都是这种工艺。乙烯是一种用途极广的基本有机原料，是衡量一个国家石化工业发展水平的重要标志之一。乙烯主要用来生产聚乙烯、氯乙烯、环氧乙烷/乙二醇、乙苯/苯乙烯、醋酸、醋酸乙烯、α–烯烃、乙醛等。乙烯的各种衍生物可进一步加工成合成塑料(聚乙烯、聚氯乙烯、聚苯乙烯)、合成纤维(涤纶)、合成橡胶(乙丙橡胶)等合成材料。2004年的世界乙烯消费量为10 366万吨，其中57.5%用于生产聚乙烯，14.1%用于生产环氧乙烷/乙二醇，13.2%用于生产聚氯乙烯。

乙烯主要通过对石脑油/凝析油和天然气的蒸气裂解法获得。一般采用流化床脱水工艺，可减少原料乙醇消耗和提高纯度(由95.0% 提高到99.3%)，利用分子筛类型催化技术以降低反应温度。近年来，中国乙烯产量以年均7.6%的速率增长，16家乙烯生产企业生产装置的年总生产能力约606万吨，已跃居世界第三位。随着国内乙烯产量的快速增长，进口量渐减到10万吨以下，但下游产品进口依存度仍达63%(2004)。乙烯最大的应用市场是生产聚乙烯，由于国内乙烯与乙烯下游产品一体化生产，16家乙烯生产企业所产乙烯均自用或定向为下游生产提供原料。

环氧乙烷和乙二醇 环氧乙烷(EO)主要用于生产乙二醇以及二甘醇、三甘醇、乙醇胺、乙二醇醚和乙氧基化合物等重要精细石油化工的中间体，广泛应用于洗染、电子、医药、农药、纺织、造纸、汽车、石油开采与炼制等众多领域。目前，世界上EO工业化生产装置几乎全部采用以银为催化剂的乙烯直接氧化法，发展趋势是开发高性能催化剂，以降低乙烯消耗。中国现有装备环氧乙烷/乙二醇联产装置的企业有11家，装置生产能力为114万吨/年，2004年的商品量约为33.2万吨。尽管近年产量有较大增长，但需求势头旺盛，主要是以乙二醇为代表的下游产品，2004年环氧乙烷下游成品进口量折环氧乙烷约为325万吨。

乙二醇的主要用途是用来生产聚酯(PET)，各种饮料、食品、药品、日用品的包装容器均以此为原料，需求极旺。2004年中国消费乙二醇431.61万吨，其中91%用于生产聚酯，其余用于汽车等发动机冷却系统的防冻剂及部分化工产品的原料。近年中国乙二醇进口呈大幅度上升之势，1999－2004年的进口年均增长率达到46.2%，自给率由近60%减至22%。预计纺织行业和包装等行业对聚酯和乙二醇的需求量将有大幅增长，2010年和2015年的聚酯需求量分别为

1 590 万吨和 1 900 万吨；相应对乙二醇的需求分别是 550 万吨和 660 万吨。

苯乙烯　苯乙烯(SM)也是一种重要有机化工原料，主要用于生产聚苯乙烯树脂(PS)、ABS 树脂、SAN 树脂、SBR/SBR 胶乳、离子交换树脂等，还可用于制药、染料、农药以及选矿等行业。目前，世界上苯乙烯的生产方法主要有乙苯脱氢法，或环氧丙烷－苯乙烯联产法。到 2004 年底，中国苯乙烯的生产厂家有 14 家，年总生产能力超过 120 万吨，约占世界苯乙烯总生产能力的 4.6%，消费量为 386.6 万吨。由于国内供应严重不足而进口激增，1999－2004 年进口量的年均增长率约为 23.0%，进口依存度在 75% 左右，预计 2010 年苯乙烯需求量将达到 560 万吨。

醋酸　醋酸主要用于生产醋酸乙烯单体、醋酐、对苯二甲酸(PTA)、聚乙烯醇、醋酸酯类、醋酸纤维素等，广泛用于化工、轻纺、医药、染料等行业。世界醋酸工业化生产主要有甲醇羰基合成法、乙醛氧化法等。近年来，由于 PTA 及醋酸下游产品的发展，醋酸需求量迅速增加。中国醋酸产量为 115.2 万吨，净进口 50.9 万吨(2004 年)。醋酸酯、双乙烯酮、醋酐、氯乙酸等均因下游产品开发力度加大，应用领域拓展而需求量迅速增长，醋酸衍生物 2010 年的需求量约为 1 322 万吨，相当于需醋酸量 311 万吨。

丙酸与乙醛　丙酸是世界上公认的最为经济实惠和安全有效的食用性防腐剂，可有效抑制霉菌和杆菌而对人、畜无害，广泛应用于谷物、饲料和食品的防腐保鲜。丙酸还是重要的精细化工原料，可制取丙酸酐、丙酰氯、α－氯丙酸等。丙酸的工业化合成路线较多，主要采用丙醛氧化法，因技术难度较大，国内主要依赖进口。乙醛主要用于生产乙酸、乙酸乙酯和乙酸酐，制备季戊四醇、丁醇等。乙醛可以通过乙炔水化法或乙烯氧化法制备。

糠醛与木糖醇　利用植物的半纤维素可以生产木糖、木糖醇、糠醛、四氢呋喃、聚四氢呋喃等。由于原料主要是玉米芯等农林废弃物，发达国家已不再生产，我国是主要出口国。半纤维素水解得到木糖，木糖加氢可生成功能食品木糖醇。现世界木糖醇年销售量约为 5 万吨，六成以上为中国出口。

木糖脱水可生成糠醛，利用糠醛的氧化反应、氢化反应、脱羰基反应、缩合反应等可以生产有机溶剂、塑料助剂、精细化工产品、医药中间体、黏合剂、高分子材料。其中以四氢呋喃为前体能聚合生成的聚四氢呋喃，是生产氨纶(即现在高级纤维面料“莱卡”)的原料。由于成本低于石油基原料，糠醛的需求量成倍增加,世界市场需求近百万吨,我国年产量约20万吨。糠醛还可以在V_2O_5催化剂作用下氧化生产顺酐,由顺酐又可以生产1,4–丁二醇、γ–丁内酯等产品。由于石油基类化工产品价格的上涨,生物基产品的市场竞争力越来越强,替代空间越来越大。

脂肪酸甲酯及其下游产品 生物柴油生产中还可以产生脂肪酸甲酯、甘油酯、多羟基酯、多糖酯等各类脂肪酸酯及其下游衍生产品,可作为环保型的工业溶剂、表面活剂、润滑剂和增塑剂等,以替代非环保型的石油基化工产品。环保型工业溶剂要求闪点和燃点高、毒性和挥发性有机物含量低、溶解能力强和易生物降解,以及与环境友好等,生物基脂肪酸甲酯即此类新型环保溶剂的代表。

寻求环保型表面活性剂对石油基表面活性剂的替代是当前发展的一种趋势。以生物基脂肪酸甲酯制备的表面活性剂易生物降解、对人体和环境安全、多功能、高效,是近年来表面活性剂的主要发展方向。脂肪酸甲酯既是环保型表面活性剂,又是生产环保型表面活性剂的主要原料和中间体,如经加氢反应可制得脂肪醇;氨解后制得普通酰胺;与烷醇胺(如乙醇胺)反应催化制得烷醇酰胺;与脂肪二胺或多聚胺经催化反应制得氨基酰胺以及β–酮酯、α–磺基脂肪酸甲酯、甘油酯、蔗糖酯等。

生物柴油类型脂肪酸酯还可以生产多种润滑剂,如环氧化的脂肪酸酯用作润滑促进剂;硫化的生物柴油类型脂肪酸酯和石蜡可以提高润滑剂的高压润滑性;生物柴油类型脂肪酸酯可以直接用作金属加工制备无缝容器过程的润滑剂,或用作高剪切速度的金属轧制过程的润滑剂等。脂肪酸酯还是一种重要的增塑剂化合物,可用作合成橡胶或天然橡胶制作的轮胎的增塑剂、黏性树脂的稳定剂、复制纸黏合剂的增塑剂等;还可用在医药和各种精细化学品、印刷油墨以及农业中的肥料、杀虫剂、除草剂的增效剂、谷物的干燥剂等。

参考文献

1. 李十中. 欧洲生物质能源技术与政策考察报告(内部),2005.
2. 庄会永. 中国农林生物质发电产业化实践(内部, PPT), 南宁, 2008.

3. Lars Atterhem. Bioenergy Combine, Nanning, February, 2009 (PPT).

4. 李十中. 欧洲四国生物质能源考察日记（内部），2005.6.

5. The Washington Post. 美国，2007-05-03.

6. 中国可再生能源发展战略研究项目组. 中国工程院重大咨询项目：中国可再生能源发展战略研究丛书·生物质能卷. 北京：中国电力出版社，2008.

David Tilman的高多样性、低投入草地生物质负碳试验发现，植物有机体的地下部分可占到全株的2/3，能很好地保障土壤的碳调节能力和肥力。

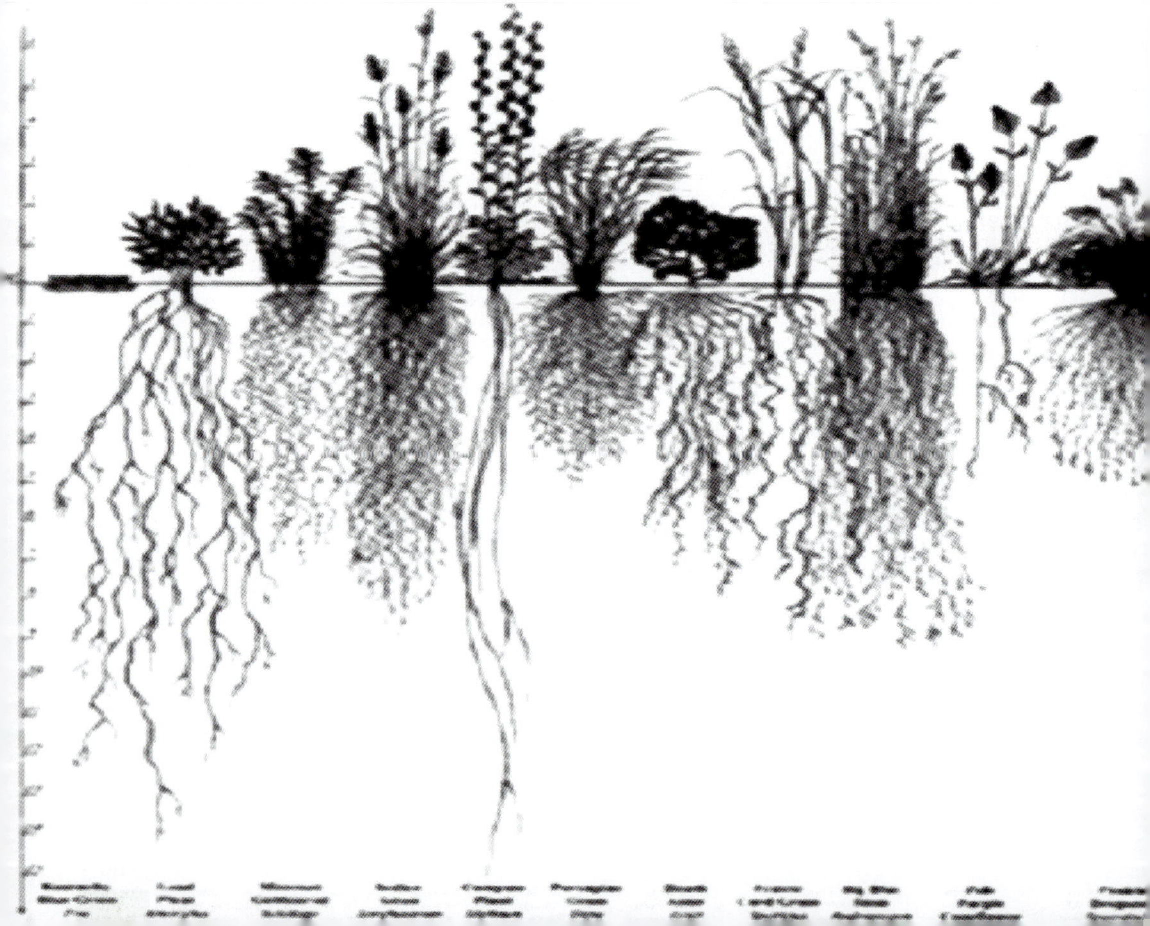

10　环境与生态影响的质疑与答疑

- 玉不琢不成器
- 是正值？还是负值？
- 是减排？还是增排？
- 多事的早春二月
- 亚马孙，你怎么了？
- 一篇值得认真对待的文章
- 生物燃料的减排新作
- 立足实践，师法质疑
- 走出争论的陷阱

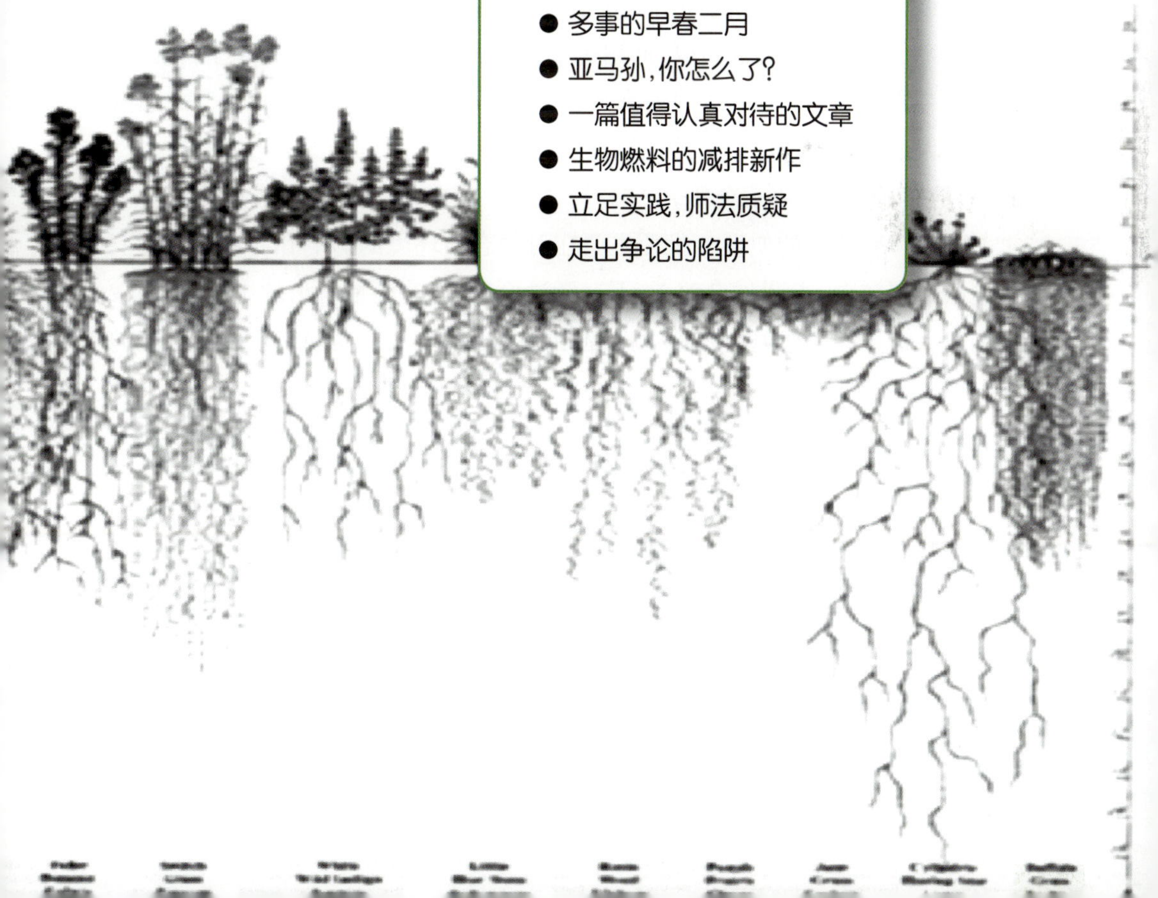

故天将降大任于是人也，必先苦其心志，劳其筋骨，饿其体肤，空乏其身。
——孟轲

在上章的“伟大而糟糕的发明”中说到石油基塑料的百般优点和并生共存的致命性问题，说到老子对事物的“两点论”和物极必反思想，本章与下章则将此“两点论”也用到生物质自己身上。生物质不仅与水能、风能、太阳能等同为可再生清洁能源，而它还有储能性，能源产品琳琅满目，还有非能物质性产品，可以促进农村经济，且资源丰富而价廉等等。为什么它能集这么多优点于一身呢？因为它是生物性的。打住！问题也就出在生物性上。正因为它是生物性的，所以它与粮食、土地和生态的关系太密切而敏感了，稍有不慎，就会“踩线”惹事，生出许多质疑与事端来。好在与石油基塑料不同，生物质的问题不是致命性的，只是技术性和可以避免的。

对生物质产业的质疑与批评主要在对生态与环境的影响和对影响粮食安全这两个问题上，本章讨论前者，下一章讨论后者。这两场争论的主目标、主战场和主要参与者都在美国，《科学》杂志和《时代》杂志为之提供了一座高级别的质疑答疑讲坛。

10.1 玉不琢不成器

教廷视哥白尼“日心说”为邪说与魔鬼，烧死了布鲁诺；机器在工业革命初期曾被视为异物而遭工人砸烂；孟德尔的“豌豆试验”在当时生物学界权威眼中不屑一顾；“相对论”在诺贝尔奖评选中两次未被通过，此类事在历史上屡见不鲜。一个象征未来的新事物的出现，往往首先面对的是非议，因为她“新”，过去和现在谁都没见过，在传统观念和传统人士眼中她就是“另类”和“异端”。对新事物自身而言，因为自己“新”，需要适应周围的环境，有“成长中的烦恼”。在作物栽培中，禾本科作物讲究蹲苗；棉花要多次整枝、打杈和去顶；果树年年入冬必须剪枝整形；多年生灌木必须平茬(每隔三四年就要将地上部分割掉)，一个新事物，一个人的成长都需要磨炼修为，百炼方能成钢。圣人对此有更高的思想境界，孟子在《告子·下》中有这样一段名言：

“舜发于畎亩之中，傅说举于版筑之间，胶鬲举于鱼盐之中，管夷吾举于士，孙叔敖举于海，百里奚举于市。故天将降大任于是人也，必先苦其心志，劳其筋骨，饿其体肤，空乏其身，行拂乱其所为，所以动心忍性，曾益其所不能。人恒过，然后能改。困于心，衡于虑，而后作。”

大意是说舜出身于农民，傅说出身于建筑工，胶鬲是鱼盐贩子，管夷蹲过监狱，孙叔敖来自海疆，百里奚乃市井小民，这些出身微贱而后成为承登帝位和出将入相的大人物均“必先苦其心志，劳其筋骨，饿其体肤，空乏其身”，在逆境中修心养性，增长才干，才能干出大事来。孟子还说，人常犯错，知错能改，长于思索，必有作为。孟老夫子的这段名言特别适合于生物质产业的当前境遇。

从农田的庄稼到耸立的树木，从满地的秸秆到林地的枝杈朽木和锯末，从厩舍的畜禽粪便到加工厂排出的恶臭废水废渣，从城市垃圾到污水，怎能与乌金般的煤炭、滚滚如龙的油气相比，实在像只自惭形秽的丑小鸭。它一出现在能源舞台上，那些能源专家和大亨们就会说：“让它为农民烧火做饭，养牛喂猪去吧。”当生物乙醇有了几千万吨的生产规模、几百万辆乙醇汽油汽车上路的时候，质疑就更多了。听听下面的一些质疑：

——“玉米乙醇生产的能量平衡是负值，它既不增加新的能量，又不经济，还在生产过程中导致环境退化”[1]；

——“玉米乙醇生产中需要消耗大量化石能源，能算清洁能源吗？可以持续吗？”[1]；

——“生物燃料会以改变土地用途的方式而增加温室气体排放”[6]，“生物燃料使气候变得更糟糕”[8]；

——"生物燃油使得8亿有车族与8亿饥民发生争斗"(L·布朗);

——"生物燃料是世界粮食危机的罪魁祸首"(英国《卫报》2008年7月3日文章);

——"现在发展生物燃料就是在犯反人类罪"(联合国粮农组织某高级官员,2008年4月);

……

好重的分量,好厉害的言语。对于一株新生幼苗,好像是一阵暴风骤雨或毒日当头,不死也要扒层皮。仅就玉米乙醇而言,能效"负值"冲击波和温室气体"增排"冲击波连连不断,好生的热闹。

21世纪是化石能源向可再生和清洁能源转换的世纪,转型时代中出现种种不同思想和观点是正常的,对社会发展进步是有好处的,应以平常心态处之。论点可以相异,但在科学、客观、实事求是和对社会负责的态度上应当是相同的,门户之见和意气用事是不对的。就生物质产业的自身修炼而言,则要坚持真理,修正不足,师法质疑,百炼成钢。

10.2 是正值?还是负值?

按能量守恒定律,宇宙及某个孤立系统的总能量是个常数,可以转化和转移,不可以创造和消灭。在任何一个物质产品的生产过程中,都需要投入一定的能量,即使编个箩筐,也要人去做"功",人是需要从食物中获取能量的。如果是能量产品,就要看它生产过程中需要投入多少能量和最后产出多少能量(即"能量投入产出比"或"能量效率")。如果能量效率是正值,就是有净能产出,净能产出越多越好;如果能量投入多、产出少,就得不偿失了。关于能效"负值冲击波"主要是冲着美国玉米乙醇来的。

美国康奈尔大学戴维·皮门特尔(D. Pimentel)教授在2003年的《自然资源研究》杂志上发表了一篇文章,题目是"乙醇燃料的能量平衡、经济及环境影响是负的"[1]。文中尖锐地提出:"考虑到所需要的全部能量投入,玉米乙醇生产的能量平衡是负值(−29%),它既不增加新的能量,又不经济,还在生产过程中导致环境退化”；“玉米乙醇生产中需要消耗大量化石能源，能算是清洁能源吗？可以持续吗？”[1] 皮氏文章提出的是一个可以把玉米乙醇“一棍子打死”的命题(图 10-1)。

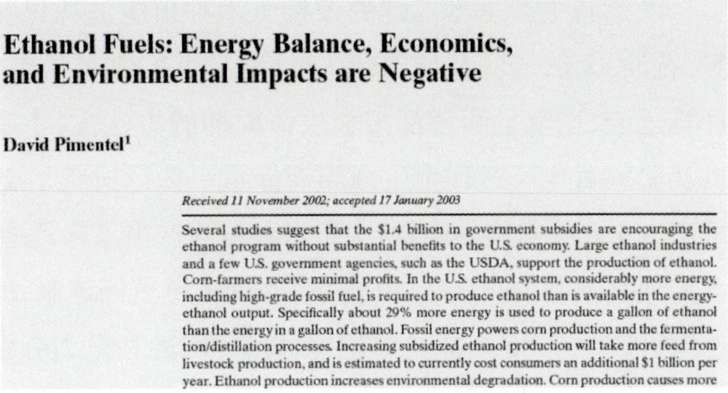

Ethanol Fuels: Energy Balance, Economics, and Environmental Impacts are Negative

David Pimentel[1]

Received 11 November 2002; accepted 17 January 2003

Several studies suggest that the $1.4 billion in government subsidies are encouraging the ethanol program without substantial benefits to the U.S. economy. Large ethanol industries and a few U.S. government agencies, such as the USDA, support the production of ethanol. Corn-farmers receive minimal profits. In the U.S. ethanol system, considerably more energy, including high-grade fossil fuel, is required to produce ethanol than is available in the energy-ethanol output. Specifically about 29% more energy is used to produce a gallon of ethanol than the energy in a gallon of ethanol. Fossil energy powers corn production and the fermentation/distillation processes. Increasing subsidized ethanol production will take more feed from livestock production, and is estimated to currently cost consumers an additional $1 billion per year. Ethanol production increases environmental degradation. Corn production causes more

图10-1　D. Pimentel教授文章题目及部分摘要[1]

玉米是一种农作物，需要施用化肥农药，需要犁地、中耕、灌溉、收割和运输，以及将玉米加工成乙醇的许多环节都需要消耗化石能源和相应排放温室气体。特别是美国农业机械化程度高(有“石油农业”之称)，消耗的化石能源会更多，皮氏文章明确提出其能量平衡为 −29%。

可是，美国能源部属下的阿尔贡(Argonne)国家实验室的环境科学家 Michael Wang 随之(2005 年)针锋相对地提出了他们的研究结果和相反观点[2](图 10-2 至图 10-4)。他首先检索了近 30 年间对此问题发表的专门研究报告和论文 20 余篇，发现其中 9 篇的结论是负值，9 篇中的 5 篇都是皮氏发表的，另外 4 篇都是早期发表的。其他文章的研究结果都是正值。

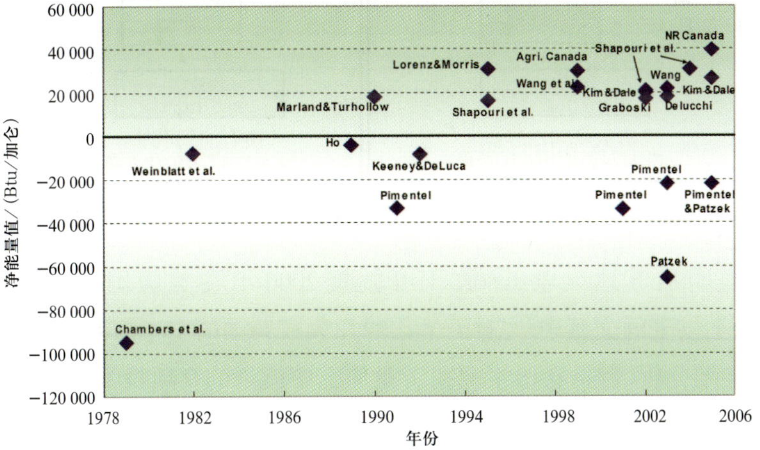

图10-2　关于玉米乙醇能效值的文献检索情况[2]

此处能量平衡定义为1加仑乙醇的Btu量减去生产1加仑乙醇所用化石能源的Btu。Btu为英热单位，1Btu=1055.06焦，图中英文字为作者名。

既然将生产玉米乙醇的前期玉米种植所消耗化石能源计算进去，则开采煤炭、石油、天然气以及加工精炼成商品汽油、煤炭和电力所消耗的化石能源也应计算进去，也就是两者都按全生命周期的方法，这才是客观和有可比性的。阿尔贡实验室对生产过程全生命周期能量平衡已进行了25年的对比研究，结果是：每产生1.055吉焦的能量，由玉米种植到产出玉米乙醇需要投入0.78吉焦，而由石油到汽油则要投入1.30吉焦。反过来说更好理解，即每投1个单位能量，玉米乙醇可产生1.36个能量单位，而煤炭、汽油和电力分别为0.98、0.81和0.45。也就是这3种化石能源产品的能效都是负值，唯玉米乙醇是正值，而纤维素乙醇甚至可以达到10.31个能量单位，大大的正值（图10-4）。美国阿尔贡国家实验室和美国能源部能源效率与可再生能源办公室(EERE)于2006年8月共同发表的一份专项研究报告中的主要数据和观点基本同于Michael Wang的观点。

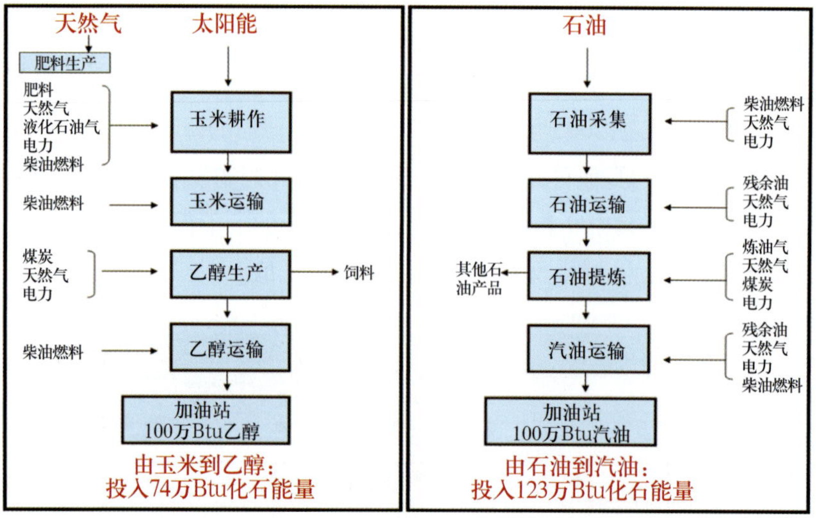

图10-3　由玉米到乙醇和由石油到汽油的全生命周期的能量平衡对比[2]

美国明尼苏达大学Jason Hill教授2006年在美国国家科学院刊物(PNAS)上发表的文章中[3]，对玉米乙醇和大豆柴油的全生命周期能量投入产出做了详细分析，包括农田生产和工业加工中能量的9项投入和5项产出。玉米乙醇和大豆柴油的能效分别是1.25和1.93；但在环境影响上前者的化肥和农药投入高于后者(图10-5)。作者认为在以食物为原料的生物燃料中，大豆柴油优于玉米乙醇，但二者表现都不是很好，而非食物原料在净能产出、环境和经

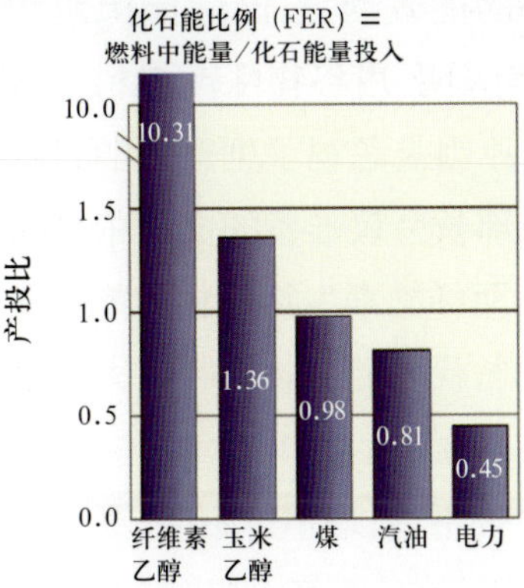

图10-4　几种能源的能量产投比[2]

济上则具有明显优势，而且可以利用边际性土地。我以为 Jason Hill 在他的玉米乙醇全生命周期分析中，遗漏了玉米秸秆及加工中的废渣废水两项重要产能，如果加上这两项，净能产出会比 1.25 高出不少。

图 10-5 的左半部分第 1、2 对柱形是玉米乙醇与大豆柴油全过程的产出和投入的对比，能量产出投入比分别是 1.25 和 1.93；第 3、4 对柱形是在不包括副产物情况下两者的能量产出投入比，分别是 1.25 和 3.67。右侧图例详细列出了各投入产出项目。

2008 年 4 月《Mexia 每日新闻》发表了密歇根大学化工教授 Bruce Dale 的文章，指出皮氏在计算玉米乙醇的需水量时将降水也算进去了，计算能耗时将玉米光合作用过程中的太阳能也算进去了，反之却未计算汽油生产中钻井、运

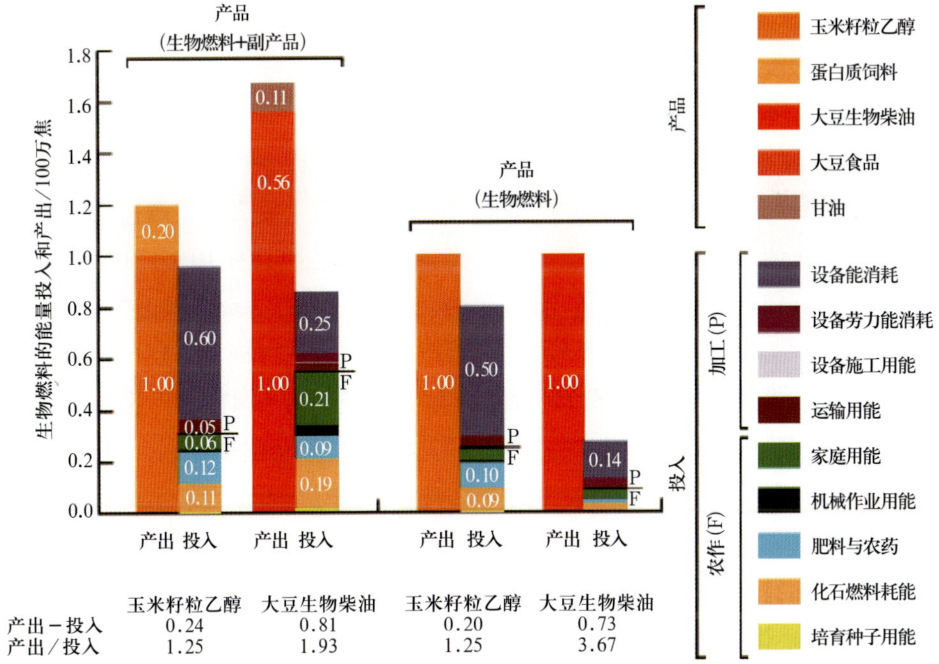

图10-5　玉米乙醇与大豆柴油的全生命周期的能量平衡[3]

输、炼油等过程所投入的化石能源数量，所以才得出了负值结论。

一些相关的国际组织也十分关注玉米乙醇的能效问题，国际能源组织（IEA）认为，从1991—2002年的十多年的研究结果表明，用谷物生产燃料乙醇产出的能量高于所投入的化石能源，“得到负值的原因是忽视了生产乙醇过程技术进步所产生的节能降耗效果。”为APEC能源部长会议准备的文件中也认为大多数研究为正值和碳排放低于化石运输燃料，而纤维素生物燃料的能量输出和碳减排效果数倍于以农作物为原料的生物燃料，代表着生物燃料巨大的长远机会和保障能源与环境的安全。

玉米乙醇能效的笔墨官司打了二三十年，事不说不透，理不辩不明，更多的研究结果和论点认同了美国玉米乙醇的正值能效，能效虽不高，但仍显著高于负值的化石能源。争论中也发现了一匹“黑马”，纤维素乙醇的突出能效给人以太深的印象和对未来的憧憬。

10.3 是减排？还是增排？

对美国玉米乙醇的第二道冲击波是温室气体的“增排冲击波”。

在很大程度上，能效与碳排放是一件事情的两个侧面，对玉米乙醇的二氧化碳排放之争是能效之争中反映出的另一个侧面。美国加州大学法雷尔（Alexander E. Farrell）教授在2006年《科学》杂志上发表的文章指出巴西甘蔗乙醇比汽油可减排90%的温室气体，而美国玉米乙醇只有10%～30%的减排效果[4]。David Tilman也是在2006年《科学》杂志上的文章中提出“玉米乙醇和大豆生物柴油都有碳的净产出，它们所释放的温室气体确实分别比它们所替代的汽油和柴油燃烧时所释放的温室气体分别低12%和41%。”[5]这两篇文章与阿尔贡实验室的研究结果相当接近，即玉米乙醇为净减排效果。

Timothy Searchinger等2008年2月在《科学》杂志上发表了一篇结论与此相反的文章，题目是“美国用农田生产生物燃料会以改变土地用途的方式增加温室气体排放”（图10-6）[6]，他是从改变土地用途导致碳变化的角度提出问题的。以下是该文文头摘要。

“先前许多研究都发现替代汽油的生物燃料将会减少温室气体的排放，因为生物燃料在原料的生长过程中聚集碳。但这些分析都未能考虑到在全球范围内的农民们响应高粮价而把森林和草原都转换成新的农田以及把粮田(或庄稼地)都改成种植生物燃料的过程中所造成的碳排放。通过利用全球范围内的农业模型估计，从改变土地用途造成的排放来看，我们发现基于粮食的乙醇，不会产生20%的减排量，反而在30年间会让温室气体的排放几乎翻倍增长，而且会持续增加温室气体排放长达167年之久。”

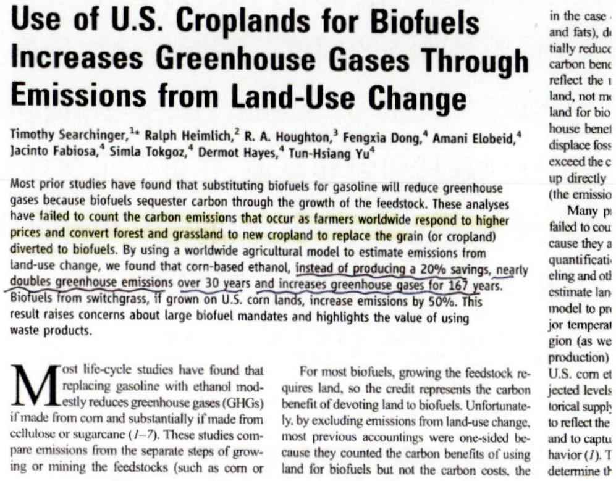
Use of U.S. Croplands for Biofuels Increases Greenhouse Gases Through Emissions from Land-Use Change

Timothy Searchinger,[1*] Ralph Heimlich,[2] R. A. Houghton,[3] Fengxia Dong,[4] Amani Elobeid,[4] Jacinto Fabiosa,[4] Simla Tokgoz,[4] Dermot Hayes,[4] Tun-Hsiang Yu[4]

Most prior studies have found that substituting biofuels for gasoline will reduce greenhouse gases because biofuels sequester carbon through the growth of the feedstock. These analyses have failed to count the carbon emissions that occur as farmers worldwide respond to higher prices and convert forest and grassland to new cropland to replace the grain (or cropland) diverted to biofuels. By using a worldwide agricultural model to estimate emissions from land-use change, we found that corn-based ethanol, instead of producing a 20% savings, nearly doubles greenhouse emissions over 30 years and increases greenhouse gases for 167 years. Biofuels from switchgrass, if grown on U.S. corn lands, increase emissions by 50%. This result raises concerns about large biofuel mandates and highlights the value of using waste products.

Most life-cycle studies have found that replacing gasoline with ethanol modestly reduces greenhouse gases (GHGs) if made from corn and substantially if made from cellulose or sugarcane (1–7). These studies compare emissions from the separate steps of growing or mining the feedstocks (such as corn or

For most biofuels, growing the feedstock requires land, so the credit represents the carbon benefit of devoting land to biofuels. Unfortunately, by excluding emissions from land-use change, most previous accountings were one-sided because they counted the carbon benefits of using land for biofuels but not the carbon costs, the

图10–6 T.Searchinger文章首页[6]

该文结论主要是采用GREET模型研究的结果，可是文章刚一发表，GREET模型的开发者Michael Wang 就两次致信《科学》杂志社，指出了该文中的8项错误。包括将直接改变土地用途计算温室气体排放量的该模型误用于间接改变土地用途而未经升级；DDGs替代玉米参数1∶1.2误为1∶1；玉米地改种柳枝稷生产纤维素乙醇也会增排温室气体的提法是错误的；将2015年美国计划年生产玉米乙醇4 500万吨误为9 000万吨，并进一步错误地推导出全世界需要增加1 080万公顷耕地种植玉米，包括巴西280万公顷，中国和印度230万公顷和美国220万公顷，如要毁掉亚马孙地区的一些热带雨林，以及中国、印度和美国的草原，这些都是基于错误数据得出的凭空想象和武断推测。

T.Searchinger的文章发表的同一个月里，David Morris也著文[7]提出反驳意见，指出该文“提供的数据都是以‘假设’情景(‘What If’scenarios)提出来的”，David Morris以大量包括土地直接变更和间接变更下的实证数据，得出了“至少在2007年，美国的乙醇制造包括土地用途的更换，确实降低了温室气体的排放”的结论。还指出T.Searchinger在使用GREET模型中的许多不当之处，如“未来的乙醇植物将从现在的GREET模型预测出来的温室气体减排比例增加 2～4 倍”。另外在谈到生物燃料对作物价格的影响时也指出：“生物燃料无疑不是唯一的因素”，不能将食物价格上涨都算在生物燃料头上。

基于“What If”scenarios，Searchinger 文章中的所谓改变土地用途主要是指砍伐森林和毁坏草地，并进一步演绎到全世界需要增加 1 080 万公顷耕地种植玉米，把巴西、中国、印度也都牵扯进去了，这使我想到“在一个错误的起点上，延伸越长，偏离就越大”的名言。

10.4 多事的早春二月

2008 年的春天有个多事的早春二月。

美国《科学》杂志 2 月发表了 T.Searchinger 等的文章和随之而至的两篇反驳作品。大西洋彼岸的英国《独立报》也遥相呼应地在 2 月里发表了署名 S · 康纳的题为“生物燃料使气候变得更糟糕”的报道，说的也是砍伐森林。辩论归辩论，而大西洋两岸的这两篇文章确是发挥了实际作用，使英国的有些绿色和平组织向英政府提出了诉求，要求拒绝履行欧盟规定的到 2010 年用生物燃料替代 5.75% 运输燃油的指令。继而在 4 月又有一篇颇具轰动效应的文章发表在美国的《时代》周刊上。

为什么 2008 年之春如此多事？这与爆发的全球粮食(价)危机不无关系。

美国大自然保护协会乔 · 法尔焦内在《科学》上发表过一篇文章，提出印度尼西亚如果改一块泥炭地为棕榈园，需要 432 年才能还清二氧化碳的欠债；亚马孙地区如果改热带雨林为大豆地则需要 319 年才能还清二氧化碳的欠账。通过实验测算的这些数据无疑是有参考价值的，但是 S · 康纳仅依此而推演出“生物燃料会使气候变得更糟糕”的结论。无独有偶，美国《时代》周刊 2008 年 4 月 7 日的封面文章(图 10-7)，题目是“清洁能源的神话”，副标题是“生物能源所做的一切，实际只是抬高国际粮价和使得全球温室气体状况变得更糟”[8]，说的也是砍伐热带雨林的事。这篇文章的作者是《华盛顿邮报》记者 Michael Grunwald，是以考察记事的体裁写作的，生动流畅，感染力很强，《时代》周刊还配有相呼应的其他短文，其影响力可想而知。

Michael Grunwald 的文章是这样开始的：

“驾驶塞斯纳飞机在距南亚马孙平原1英里的高空飞行，约翰·卡特(John Carter)俯瞰着世界上被破坏得最为严重的生态宝库。他目睹人类用推土机把热带雨林砍伐成牲畜农场和大豆种植园，大片丛林被大火吞噬，科学家正为亚马孙的“稀树草原化”争论不休。”

图10-7 《时代》周刊2008年4月7日封面，标题是“清洁能源的神话”

“亚马孙热带雨林是20世纪90年代生态保护的主要地区，被誉为是世界上无与伦比的生物多样性的储藏库。近年来，全球变暖吸引了众人的目光，亚马孙雨林黯然失色。亚马孙碳储存量居世界之最，正是这些碳被释放到大气中，使地球温度持续升高，加剧气候变暖……这片土地被侵蚀的速度正在因为一种意想不到的资源即生物燃料而加剧。对农作物燃料爆炸性的需求已将全球的农作物价格推向历史新高，供不应求的现状刺激了巴西农业的蓬勃发展，但也以一个令人吃惊的速度侵蚀着亚马孙热带雨林。”

T.Searchinger从改变土地用途来说明玉米乙醇的增排，文章专业性强，但非专业人士看得很吃力，而S·康纳和Michael Grunwald的文章通俗易懂，矛头所指都是因发展生物燃料而破坏了热带雨林，特别是巴西的亚马孙热带雨林。亚马孙，你怎么了？

10.5 亚马孙，你怎么了？

《时代》周刊的封面文章无疑是很有感染力的，只可惜作者缺乏当地农垦历史方面的知识。中国农业大学原生物质工程技术中心主任、著名农业生态学家程序教授曾于2007年考察过巴西大豆第一州马托格罗索(图10-8)。他对Michael Grunwald的文章做出了如下的批驳[9]：

——引自 Carlos C. Cerri et al, *Outlook on Agriculture*, 34(4):215-223,2005

图10–8 巴西及亚马孙雨林位置

北部灰色区黑色部分为朗多尼亚州；右下图是程序教授访问马托格罗索州的大豆农民协会；图片来源：程序。

“其手法首先是有意无意地将巴西亚马孙热带雨林与 Cerrado（热带富树草原）混为一谈，以支持他所谓“发展大豆生物柴油导致大量开垦亚马孙热带雨林，从而大量增加温室气体的排放以及破坏生物多样性”的结论。然而真实的情况并非如此。稍微懂点巴西农业史的人都知道：(1) 目前巴西中、北部的农业区是早年开垦 Cerrado 而非热带雨林而形成的，先是将热带富树草原变成放牧草地，随后部分草地垦为农田；(2) 热带富树草原位于热带雨林以南，与之接壤。因此，有少量农地与热带雨林相邻（如图 10–8 中左地图中的黑色斑块所示）并不奇怪。但不能说明是缘于大规模开垦热带雨林；(3) 即便是占全国大豆种植面积比例最大的马托格罗索州，大豆面积只占土地总面积的 6.5%。”

程序还指出，一些热带国家砍伐森林以出口木材换取外汇是由来已久的事，并非由生物能源作物引起。印度尼西亚、马来西亚历来就是食用棕榈油生产和出口大国，只是近年才因发展生物柴油而扩大了生产和产品用途，且已得到控制。

M. Grunwald 先生在这方面犯的另一个错误是，他认为：“为种植满足巴西车辆的甘蔗类生物燃料而被摧毁的森林还只是亚马孙地区的一小部分。”看看巴西能源司前司长 Antonio Jose Ferreira Simoes 在一篇专文中是怎么说的：

“2007-2008 年的甘蔗种植面积为 650 万公顷，82.5% 集中于非热带雨林的巴西东南部(圣保罗地区)。收成的一半制糖，一半生产乙醇。甘蔗种植面积虽大，但仅占巴西农田面积的 10%，根本无需开垦亚马孙雨林或占用种植粮食的农田。”再说，“亚马孙地区具有独特的丛林降雨模式，土壤肥力偏低，根本不适合作为种植甘蔗的农田，因为甘蔗需要干燥的环境来形成蔗糖。所以关于乙醇需求增长导致亚马孙雨林毁灭的断言是毫无根据的。”[10]

也就是说，甘蔗种植区根本不在亚马孙地区，亚马孙地区也种不了甘蔗。

那么，巴西亚马孙雨林是否就安然无恙了呢？不是的。它的大面积森林曾经遭到过乱砍滥伐，但与当前的发展大豆生物柴油计划没有直接关系，因为这项计划是 2006 年才开始实施的，且大豆种植区主要在热带富树草原而不是亚马孙雨林(程序，2009)。

下面引用一段令巴西人引以为骄傲的、世界第一项生物燃料专利持有者帕仁特(Expedito Jose de Sa Parente)教授接见记者时的谈话：

“亚马孙地区已经有上百种本地物种经证实可以生产生物柴油，它可以帮助当地人(离群索居的森林居民)进行社会融合……而且对曾经被乱砍滥伐、遭受巨大破坏的亚马孙地区，通过能源生产再造林的形式重新补充植被。”[11]

帕仁特的态度很清楚，亚马孙地区曾经被乱砍滥伐过，而现在发展生物柴油不是再次破坏而是对过去被破坏的雨林生态的修复重建。重视生态环境，减少温室气体排放的意识在全球空前地增强，巴西一直走在世界前列，相信巴西政府一定会更加关心和善待本国的亚马孙雨林。有些富国人士，常常好为人师地对他人他国指手画脚，却暴露了他们自己的一知半解和专断。

G.Charles Dismukes 曾一针见血地说：

“(2008 年初起) 对生物能源的种种非难，是非理性和带个人感情色彩的；是一些外行或“半瓶子醋”的学者在发难，而并不是严肃的科学家的意见。其后果是损伤了对有关生物能源的正确决策。”[12]

再看看马来西亚和印度尼西亚那边的热带雨林情况如何。

棕榈油是世界传统四大食用油种之一(还有大豆、油菜和葵花),全球产量超过3 500万吨(2006年),出口量2 630万吨(2005年),占世界油脂贸易量的50%以上(2007年)。马来西亚、印度尼西亚和尼日利亚三国产量占世界棕榈油总产量的88%,马来西亚棕榈树的种植面积约占全国耕地的1/3,90%用于出口。欧盟为满足对生物柴油的需求,使2005年由马来西亚进口的棕榈油增长了63%,刺激了棕榈油油价和生产国的生产积极性。2006—2007年间曾出现过毁热带雨林扩种棕榈园的事件,但通过国际和国内力量的协调很快就被控制和引上正常轨道。就这样的事实,被某些媒体和人士炒得沸沸扬扬,没完没了地大喊:"为发展生物能源而热带雨林被砍伐";"生物燃料使气候变得更糟。"他们以一时一事、以偏概全地混淆了视听。

10.6 一篇值得认真对待的文章

我愿意推荐一项在152块土地上进行了10年系统观测的严谨而有意义的原始性研究成果,就是David Tilman教授等在2006年《科学》杂志上发表的题为"源自高多样性、低投入草地生物质的负碳生物燃料"的文章[5],其文章摘要(图10-9)如下:

"从天然草地的低投入、高多样性(LIHD)混合物中得到的生物燃料,较之玉米乙醇或大豆柴油能获得更多有用的能源和减排温室气体,以及更少的农业污染。10年后的高多样性草地的生物能源产量较单一栽培土地产量增加238%。LIHD生物燃料是负碳排放的,因为纯生态系统的二氧化碳封存量[4.4兆克/(公

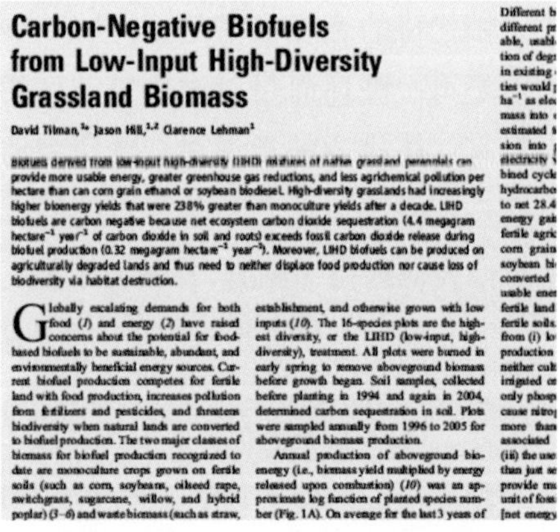

Carbon-Negative Biofuels from Low-Input High-Diversity Grassland Biomass

David Tilman,1* Jason Hill,1,2 Clarence Lehman1

Biofuels derived from low-input high-diversity (LIHD) mixtures of native grassland perennials can provide more usable energy, greater greenhouse gas reductions, and less agrichemical pollution per hectare than can corn grain ethanol or soybean biodiesel. High-diversity grasslands had increasingly higher bioenergy yields that were 238% greater than monoculture yields after a decade. LIHD biofuels are carbon negative because net ecosystem carbon dioxide sequestration (4.4 megagram hectare^{-1} year^{-1} of carbon dioxide in soil and roots) exceeds fossil carbon dioxide release during biofuel production (0.32 megagram hectare^{-1} year^{-1}). Moreover, LIHD biofuels can be produced on agriculturally degraded lands and thus need to neither displace food production nor cause loss of biodiversity via habitat destruction.

Globally escalating demands for both food (1) and energy (2) have raised concerns about the potential for food-based biofuels to be sustainable, abundant, and environmentally beneficial energy sources. Current biofuel production competes for fertile land with food production, increases pollution from fertilizers and pesticides, and threatens biodiversity when natural lands are converted to biofuel production. The two major classes of biomass for biofuel production recognized to date are monoculture crops grown on fertile soils (such as corn, soybeans, oilseed rape, switchgrass, sugarcane, willow, and hybrid poplar) (3–6) and waste biomass (such as straw,

establishment, and otherwise grown with low inputs (10). The 16-species plots are the highest diversity, or the LIHD (low-input, high-diversity), treatment. All plots were burned in early spring to remove aboveground biomass before growth began. Soil samples, collected before planting in 1994 and again in 2004, determined carbon sequestration in soil. Plots were sampled annually from 1996 to 2005 for aboveground biomass production.

Annual production of aboveground bioenergy (i.e., biomass yield multiplied by energy released upon combustion) (10) was an approximate log function of planted species number (Fig. 1A). On average for the last 3 years of

图10-9 David Tilman文章摘要

顷·年)]超过了生物燃料生产中化石燃料的二氧化碳排放量[0.32兆克/(公顷·年)]。此外,LIHD 生物燃料生产可以利用退化了的土地,既不影响食物生产,还可以保护生物多样性。”

这个试验是 1994–2005 年间在 152 块退化土地及弃耕沙地上进行的,地上部分的生物量每年测一次;为了解土壤中碳的吸存量,1994 年和 2004 年各采集土壤样本一次。试验结果是高多样性–低投入草地生物质模式的能量产出投入比是 5.44~8.09,比玉米乙醇和大豆柴油高出 2~5 倍;温室气体减排上平均每公顷 6~10 吨,而玉米乙醇和大豆柴油不到 1 吨。此外,此模式每年每公顷投入的氮、磷、钾肥分别是 0 千克、4 千克和 6 千克,而玉米乙醇分别是 148 千克、23 千克和 50 千克;玉米乙醇每公顷使用农药约 2 千克,草地植物用量很少。其良好的生态效益还在于植物有机体的地下部分占到了 2/3,能很好地保障土壤的碳调节能力和肥力(图 10–10 和图 10–11)。

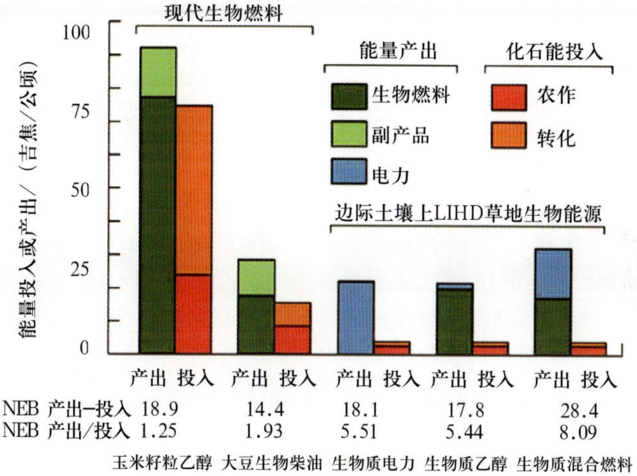

图10–10 第一代和第二代生物燃料的能量产出投入比

该文提出,LIHD 土地中获得的总生物能源产量是 68.1 吉焦/(公顷·年),而生物质生产、收割、运输所需要的化石能源的投入量约为 4.0 吉焦/(公顷·年)。玉米乙醇和大豆柴油所释放的温室气体确实比所替代的化石燃料分别低 12% 和 41%,但仍有碳的排放,而 LIHD 生物燃料则是负碳排放,是玉米乙醇和大豆柴油减排量的 6~16 倍(图 10–11 上右)。柳枝稷在肥沃土壤和施用化肥农药后的生物质产出非常高，但是在退化的土地的生物量(23.0±2.4)吉焦/(公顷·年)与其他单一栽培作物(22.7±2.7)吉焦/(公顷·年)差不多。根据美国农业部饲草实验室 Vogel 教授最近在美国科学院院刊 PNAS 上发表的论文，根据大面积、多点和十几年的长期定位实验，种植柳枝稷转化燃料乙醇的能量产投比为 6.4∶1。

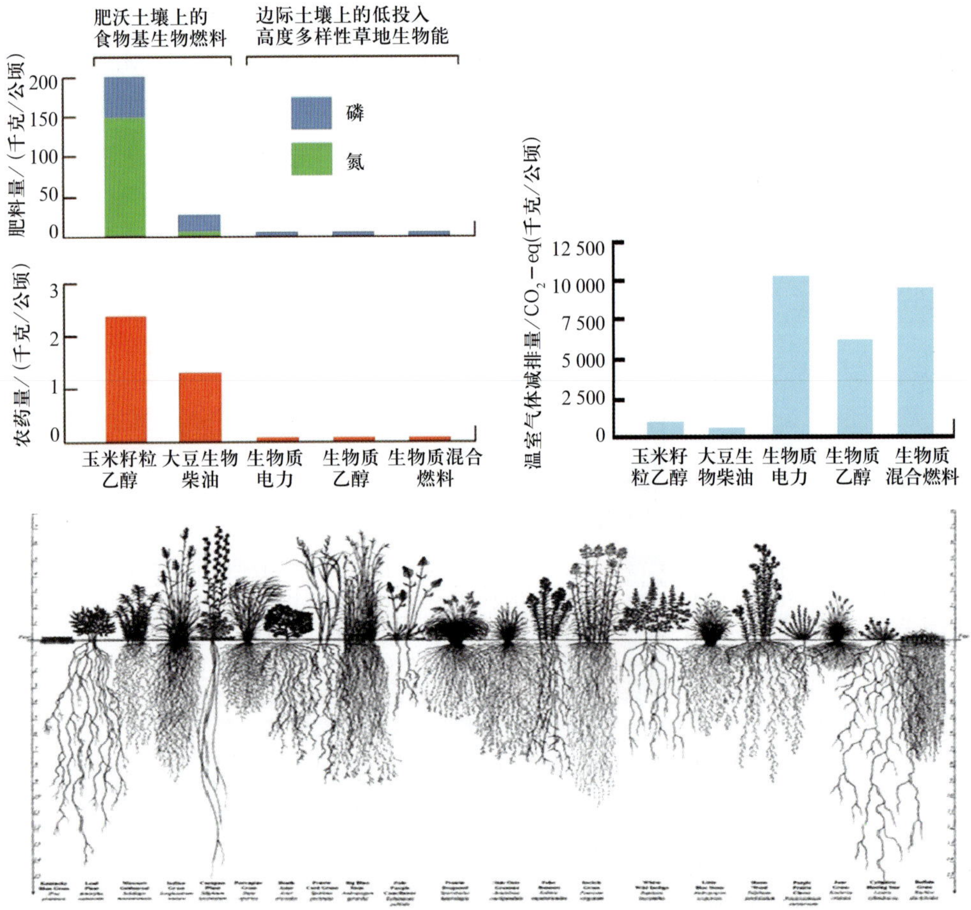

图10-11　食物基生物燃料与边际性土地上草地生物质燃料的比较

上左图是在使用化肥和农药上的对比；上右图是温室气体减排效果对比；下图是草地型21种植物的地上和地下部分的比较，地下部分占生物总量的2/3[13]。

生物燃料从原料到转化的情况是千差万别的，D.Tilman 以玉米乙醇、大豆柴油、高多样性草地植物以及柳枝稷为对象进行的比较研究，分别得出和对比了不同研究对象的能量效率和减排效果。玉米乙醇、大豆柴油、LIHD 生物质发电、LIHD 生物质乙醇、LIHD 生物质综合利用的能效分别是 1.25、1.93、5.51、5.44 和 8.09；减排均高于化石燃料，而高多样性草地则达到了负碳排放效果。燃料的能效越高越好，碳排放越少越好，如果是负碳排放，则是在碳平衡中发生了由放碳到吸碳、由"碳源"向"碳汇"的质的转变。

任何试验的设计和结果都会有不足之处，但此项研究结果的科学性和可信度应当是很高的。可贵之处还在于提出了一个新的重要关注方向，就是将视线从农田引向低质土地，从单一作物引向高多样性多年生草地。这是一篇严肃和值得认真对待的文章。

正如 Sivan Kartha 在"生物能源的环境影响"一文中提出的一个观点："生物能源对环境的净影响主要取决于它的生产方式。"文中举了许多实例后说："假如能正确设计，生物能源作物系统可以带来重大的环境和社会效益。选对生物质作物和生产方法能导致喜人的碳与能量平衡，以及温室气体排放的净减。"[14] David Tilman 教授的 LIHD 模式就是一个很好的实例。

10.7 生物燃料的减排新作

"全球可再生燃料联盟"(Global Renewable Fuel Alliance)委托加拿大咨询公司(S & T)对生物燃料的减排效果做了专项研究，2009 年 11 月提出了研究报告[15]。该报告使用的是加拿大自然资源部开发的 GHGenius 模型及美国 Argone 国家实验室开发的 GREET 模型，运算了基于不同原料的燃料乙醇和生物柴油在生产及使用过程中的全生命周期温室气体(GHG)排放，并与之替代的石油产品排放量对比以获得其碳排放效果，汽油和柴油的排放量以二氧化碳当量(度量温室效应的基本单位)计为 92 克 / 兆焦 (HHV，高热值)。燃料乙醇中以甘蔗乙醇的减排量最大，玉米及其他谷类乙醇减排量最小；生物柴油中以动物油脂及废弃油脂的减排量最大，棕榈油和油菜籽油的减排量最小，相关结果分列如表 10-1 所示。

全球及相关国家的生物燃料生产信息获取于 F.O.Lichts，根据各主要生产国的生产量及相关技术参数提出了相应的减排效果(表 10-2 和表 10-3)。就燃料乙醇而言，各主要生产国均为正值，美国和中国以玉米为主要原料，单位减排量以二氧化碳当量计最低(0.85 千克／升),以甘蔗为主要原料的巴西单位减排量以二氧化碳当量计最高(1.7 千克／升)。主要生产国 2009 年的温室气体减排总量是 8 757 万吨,其中巴西和美国的贡献占 87%。生物柴油的减排能力普遍高于燃料乙醇,2009 年主要生产国温室气体减排量欧盟占 59%,美国、巴西、阿根廷次之,世界总减排量为 3 587 万吨。

表 10-1 不同原料的燃料乙醇和生物柴油温室气体减排量[15] 克/兆焦

原料	GHG 排放量	GHG 减排量	采用方法
甘蔗乙醇	23	72	GHGenius
玉米乙醇	44(加拿大),56(美国)	48	GHGenius
甜菜乙醇	37*	58	EU RED（欧洲 JRC)
其他谷物	38*	57	EU RED（欧洲 JRC)
油菜生物柴油	41	51	EU RED（欧洲 JRC)
大豆生物柴油	30	62	GHGenius
动物脂肪生物柴油	10	82	GHGenius
棕榈油生物柴油	45	47	GHGenius
废弃油脂生物柴油	10	82	GHGenius

注：GHG量以二氧化碳当量计，下同；*为均值。

表 10-2 燃料乙醇温室气体减排量(2009)[15]

国家或地区	生产量/亿升	GHG 减排量/(千克／升)	GHG 减排总量/万吨
美国	397.00	0.85	3 374.5
巴西	249.00	1.7	4 233.0
欧盟	39.35	1.28	503.7
中国	20.50	0.85	174.3
加拿大	11.00	1.13	124.3
其他	9.36	1.7	159.1
泰国	4.50	1.7	76.5
哥伦比亚	3.15	1.7	53.6
澳大利亚	2.15	1.5	32.3
印度	1.50	1.7	25.5
总量	737.51		8 756.7

该研究报告的结论性表述是：

“当前每年的世界生物燃料产量已超过 1000 亿升,如果按其所含能量计算，相当于每天替代 115 万桶原油衍生的石油产品。”

“原油和其他燃料在生产和使用过程中，每年排放约 2.15 亿吨温室气体，生物燃料的减排量是 1.235 亿吨，相当于石油燃料排放量的 57%。”

表 10–3 生物柴油温室气体减排量(2009)[15]

国家或地区	生产量/亿升	GHG 减排量/(千克/升)	GHG 减排总量/万吨
欧盟	98.48	2.13	2 098.6
美国	16.82	2.40	403.0
巴西	13.86	2.38	330.2
阿根廷	12.50	2.39	298.8
泰国	6.14	1.7	104.3
马来西亚	2.84	1.7	48.3
哥伦比亚	2.05	1.7	34.8
中国	1.91	3	57.3
韩国	1.82	2.34	42.5
印度尼西亚	1.70	1.7	29.0
新加坡	1.24	1.7	21.1
菲律宾	1.08	1.7	18.4
加拿大	1.02	3	30.7
其他	2.93	1.7	69.8
世界	164.36		3 586.6

从 Chambers、Pimentel 以及 Timothy Searchinger 等提出玉米乙醇能效负值论，以及美国阿尔贡(Argonne)国家实验室的环境科学家 Michael Wang、Jason Hill、David Tilman 等的相反观点之间的争论达 30 年之久，“全球可再生燃料联盟”委托加拿大咨询公司(S&T)的上述专项研究近乎一个阶段性小结。人们对客观世界的认识是逐步接近真理的，争论是接近真理的推进器。

10.8 立足实践，师法质疑

从世界上的第一辆汽车和第一架飞机到现在的顶级汽车与飞机，是经历了100多年的一次次实践、一次次失败、一次次改进的结晶。生物质产业才是学步，最需要的是在实践中的摔打，实践是最好的学习，质疑者是最好的老师。发展之初，美国的玉米乙醇、巴西的甘蔗乙醇、欧洲的油菜柴油、丹麦的生物质发电、瑞典的沼气汽车等等都是在各自的土地上自然滋润成长的。为什么众多的目光和质疑投向了美国的玉米乙醇呢？因为它确有较多问题，需要“质疑者”的调教。

D.Pimentel教授向玉米乙醇掷出了第一支投枪，尽管辩论中更多的结果是否定了他的负值论，但也凸显了玉米乙醇在众多生物质能源中的能效最低且存在与人争粮、与农争地的问题。T.Searchinger教授提出因改变土地利用方式而玉米乙醇和大豆生物柴油不是减排而是增排温室气体，尽管文中存在诸多毛病和错误，更多的研究结果否定了他的增排观，但他提出了改变土地用途对能效和减排可能产生影响的重要命题。《时代》周刊和《独立报》等大众媒体上的文章和报道虽漏洞百出和偏激武断，但也提醒了人们对热带雨林的更多关注。就生物质产业自身而言，则需要坚持真理，修正不足，有“吾日三思”与“闻过则喜”的精神，这是“天将降大任”者应有的心态与境界。

那么，从诸多质疑中可以得到哪些有益认识呢？

(1)发展之初，美国以玉米为原料生产乙醇是顺理成章和合情合理的，但随着规模的扩大和各种矛盾的突现，需要有一个新的和更高的解决方案。美国正下大力攻克纤维素乙醇商业化难题，以及2008年年底发布的《能源自主和安全法案》已经对此做出了很好的回答，已经调整好了他们前进的方向，其九成原料将来自非食物基生物质[16]。

(2)从提高生物能源的能效和经济性、生态与环境效益，以及社会接受程度等方面的综合考虑，生物质产业走非粮/非食物基路线，走利用低质边际性土地为主的路线越来越多地被有关方面的认同。不与人争粮，少与农争地，应当成为生物质产业的一条“行规”。生物质原料植物的抗逆特质和原料的多样性是实现这条路线的保障。

(3)生物质产业的另一条“行规”应当是生态/环境原则，必须保持较高的能效与低碳水平，必须保持改变土地用途后的生态系统运行质量和可持续发展。生物质原料与产品的复杂多样，国情与区情的千差万别，其对环境的影响方向和程度主要取决于正确采用原料和生产经营方式。通过人们的精心设计，是完全可以使生物质产业达到越来越高的生态与环境境界的。

(4)世界目光过多地被吸引到玉米乙醇和热带雨林,而忽视了生物质原料与产品的多元化特点,容易“一叶障目”地误导社会。甜高粱、薯类、柳枝稷等多年生草本、高多样性草地以至含油藻类等能源植物;还有作物秸秆、林业剩余物、畜禽粪便、加工业有机废水废渣、城市有机垃圾等有机废弃物均极具潜力,需要政府和有关方面加大科技投入和加快商业化步伐,需要广大媒体给予更多的关注与呵护。

璞不琢不成玉,木不修不成材,子不教不成器,业不精不成正果。生物质产业是否能修成正果,应当有这样几条要求:

——较高的净能产出和温室气体减排效果;

——不与民争食(粮、油、糖),少与农争地;

——改变土地用途后的原料生产用地要能提高碳减排及水肥平衡水平;

——要有先进技术支撑和产品市场竞争力。

以上是近年生物质产业在自身实践中、在众多质疑和批评声中的表现与实践总结,人们从中可以感受到,生物质产业成熟多了,更加可爱了。

10.9 走出争论的陷阱

生物质能源对生态与环境影响的争论中存在着一些陷阱,陷阱能将人们的思想搞乱,误导舆论,危害社会。

第一个陷阱是“偷换概念”。最常见的是将玉米乙醇或大豆柴油与生物燃料混为一谈。如 Michael Grunwald 在《时代》周刊的文章中说的都是发展大豆柴油如何毁坏巴西雨林以及美国玉米乙醇影响粮价上涨,而在副标题上写的是:“生物能源所做的一切,实际只是抬高国际粮价和使得全球温室气体状况变得更糟。”可能这位记者没去欧洲看过生物质发电和热电联产的热效率可以达到 90% 以上,可能没去瑞典看过一些城市里满街跑着的“Biogas”汽车,可能没去德国农村和城镇看过他们的沼气发电,可能不知道丹麦和瑞典年人均消费 200 千克以上的“颗粒燃料”。是否去看过不重要,连这方面的报道也没看过吗? 其实,更有可能是根本不愿意去看这些,去想这些。玉米乙醇和生物柴油不等于整个生物能源,这是个非常一般的常识,怎能得出“生物能源所做的一切,实际只是抬高国际粮价和使得全球温室气体状况变得更糟"的结论呢？搞这种概念"掉包"游戏的结果必然是误导舆论，愚弄公众，危害社会。

第二个陷阱是混淆视听。一些热带地区的发展中国家砍伐森林、出口木材已有百年历史；棕榈油占国际油脂贸易量一半以上，马来西亚1/3的耕地是棕榈园，这是人所共知的事实。2006—2007年曾一度因发展生物柴油刺激了棕榈油价而发生过砍伐热带雨林扩种棕榈园的事件，但是很快就被控制了。事态是严重的，但总体上是滔滔江水中泛起的一个小漩涡，不讲滔滔江水而无限放大漩涡，大谈"生物能源使气候变得更加糟糕"，只能是将水搅浑而已。生物能源的原料和产品那么多样，非要砍伐森林吗？制止破坏森林是人类社会的共同心声和责任，任何原因都不应该乱砍滥伐，制止乱砍滥伐更是当地政府义不容辞的责任。不去追究和敦促政府严格制止砍伐森林而大发"生物能源使气候变得更加糟糕"的高论，就像没调好烤箱温度将肉烤焦了，却大叫"烤箱是不能烤肉的！"

第三个陷阱是断章取义、移花接木、夸大其词。美国学者D.Tilman和Fargione分别在《科学》上发表的文章中推算出如果开垦湿地种能源作物，大约需要400年才能以生物柴油的减排还清因垦殖所欠的"碳债"；如果开垦亚马孙热带雨林种大豆生产生物柴油，则需要320年等等。这是一组警示性科学数据，意在提醒人们的重视，而S·康纳和Michael Grunwald没有提供任何因生物燃料而毁坏了多少森林和欠了多少"碳债"的证据，却断章取义地利用这组数据，移花接木地得出了"生物燃料使气候变得更加糟糕"的结论。

可再生清洁能源对化石能源的替代是时代发展的大趋势。作为可再生清洁能源的一种，生物质能源发展之初有些不足，需要严格要求而不是一棍子打死，婴儿出生时因带有血污而将婴儿和血污一起抛掉吗？

质疑和答疑文章大体有两类。一类是专业人员撰写的原始性研究和部分间接数据支持的专业性文章，多发表于专业性刊物，读者多为专业人士，文章强调科学性和实证性，有争论也比较客观，容易判断。另一类则是在前类文章基础上，由非专业人士加以发挥演绎的非专业性文章，发表于受众面很广的一般性刊物。这类文章一般生动活泼，通俗易懂，如果再加以夸张和妙笔生花的手法，其社会影响力远大于前者。正面影响会很大，负面影响及对社会和政府行为的误导也会很大，问题常常就出在这里。

参考文献

1. David Pimentel. Ethanol Fuels: Energy Balance, Economics and Environmental Impacts are Negative. Natural Resources Research, 2003, 12 (2) .

2. Michael Wang. Updated Energy and Greenhouse Gas Emissions Results of Fuel Ethanol. The 15th International Symposium on Alcohol Fuels, San Diego,CA Sep.26—28.2005(PPT).

3. Jason Hill,Erik Nelson,David Tilman,Stephen Polasky. Environmental,economic,and energetic cost and benefits of biodiesel and ethanol biofuels,11206—11210, PNAS/July25. 2006,103：30.

4. Alexander E. Farrell. Ethanol Can Contribute to Energy and Environmental Goals. Science, 2006. 311:506-7.

5. David Tilman, Jason Hill, Clarence Lehman. Carbon—Negative Biofuels from Low—Input High—Diversity Grassland Biomass, Science, 2006, 314: 1598.

6. Timothy Searchinger, et al. Use of U.S.Croplands for Biofuels Increases Greenhouse Gases Through Emissions from Land—Use Change. Science, 2008, 319 (29) .

7. David Morris. Ethanol and Land Use Change. New Rules Project Policy Brief, February 2008.

8. Michael Grunwald, et al. The Clean Energy Myth. Time, 2008, 04－07.

9. 程序. 生物能源与近年来世界粮价上涨及其环境效应（内部，PPT）.

10. Antonio Jose Ferreira Simoes. 生物燃料：巴西所取得的经验及在巩固国际市场方面遇到的挑战. 生物燃料在巴西的发展. 巴西外交部驻华大使馆，2008.

11. Expedito José de Sá Parente. INTEVIEW: EXPEDITO PARENTE.

12. G Charles Dismukes,et al. Current Opinion in Biotechnology, 2008, 19：235—240.

13. Stephen Potasky. Bioeconomics of Biofuels: Grassland Restoration and Renewable Energy. University of Minnesota, Cedar Creek LTER ,2007 (PPT).

14. Sivan Kartha. Promises and Challenges Environmental Effects of Bioenergy. International Food Policy Research Institute, Focus 14, Brief of 12. December, 2006.

15. (S&T) 2 Consultants Inc. GHG Emission Reductions From World Biofuel Production and Use, Global Renewable Fuel Alliance, November 23,2009.

16. USDE & USDA. Biomass as Feedstock for a Bioenergy and Bioproducts Industry:The Technical Feasibility of a Billion—Ton Annual Supply, April, 2005.

“边际性土地”是指荒地和农田中的低质低产土地，如荒草地、盐碱地、海涂、沙地、瘠薄地、旱地与渍涝地、冷湿地等，一般农作物种不了，而能源植物的抗逆性强，可以“大展身手”。

11 粮食安全影响的质疑与答疑

- 南辕北辙的故事
- 汹涌的世界粮食危机
- 是粮食供不应求了吗?
- 玉米乙醇对粮价影响几何?
- 美国玉米出口减少了吗?
- 粮?非粮!食物?非食物!
- 奇怪,怎么忘了生物燃料?
- 还生物能源以清白
- 危机中的两位总统

真理就具备这样的力量，你愈是想要攻击它，你的攻击就愈加充实和证明了它。

——伽利略

生物能源对粮食安全影响方面的质疑远甚于对生态环境影响的质疑，因为粮食安全对人的影响更加直接和敏感。但是，粮食安全影响方面质疑的质量和科学性远不及上一章所述的对环境影响的质疑，很少严肃的科学性研究，没有在《科学》和《自然》这些顶尖科学杂志上见到这方面的文章，而想当然和夸张性宣传者居多。

一个有代表性的重量级质疑是美国的地球政策研究所主席Lester R.Brown于2006年发表的一篇“超市和加油站正在参与谷物竞争”的文章，矛头是冲着美国玉米乙醇的。2007年底开始和2008年上半年的世界粮食危机中，玉米乙醇成为千夫所指的“罪魁祸首”，生物质能源也被牵连其中。世界粮食危机是如何引发的？发展态势和受害者如何？危机的真实原因是什么？玉米乙醇和生物能源到底扮演了怎样的角色？危机期间我如饥似渴地收集、整理和分析可能得到的资料，于危机后期，2008年的6月在科技日报上发表了题为“粮食！石油！生物燃料？”的文章。本章就是在此文的基础上改写而成的。

正如伽利略所说的：“真理就具备这样的力量，你愈是想要攻击它，你的攻击就愈加充实和证明了它。”经过这一番的摔打，玉米乙醇的问题看得倒是更清楚了，生物能源变得更坚强了。

世界粮食危机期间，中国“这边风景独好”，生物质能源这里也是“西线无战事”。但是在中国，燃料乙醇是否对粮食安全造成影响问题的病根却很深，这得留在“中国篇”里去讨论了。

11.1 南辕北辙的故事

南辕北辙的典故出自《战国策》，说的是贤士季梁劝阻魏王伐赵时引用的一个比喻，指如果方向错了，结果会事与愿违，背道而驰。毛泽东在《湖南农民运动考察报告》中提出过“糟得很”和“好得很”的名言，即在同一个问题上可以出现两种截然相反的看法。世纪之交，在对待基因改良农作物的看法上发生过一场风波，叫 GMO 风波。当时美欧双方各执一端，两军对垒，互不相让，打得不可开交。近年来，在生物燃料的问题上，又出现了这种“糟得很”和“好得很”之争，以至闹到联合国 2008 年的罗马粮食峰会上，使公报难产。同一件事情，何至于南辕北辙至此？其中必有文章，且必为大事。

生物能源的好与糟之争仍出在美国玉米乙醇身上，都是它惹的“祸”。地球政策研究所的 L· 布朗出来说话了（图 11–1，左图），“由于石油价格失控而助长了世界性的生物燃料生产，影响到粮价上涨，饲料及肉蛋奶供应不足。灌满一个 25 加仑油桶的乙醇，需要用去的粮食可供一个人吃一年，世界上还有 20 亿穷人，他们中许多人是靠进口粮食维持生活的，生物燃料的发展将对他们造成威胁”[1]。（请注意！他将生物燃料与玉米乙醇说成一回事了。）L· 布朗的这段表述使我想起他当年的《谁来养活中国人？》，一样地尖锐，一样地令人动容。以他的世界威望，这种观点的影响力是可想而知的。在以后的一些媒体里，又将他的观点“上纲上线”为“汽车与人争粮”、“人道危机”、“反人类罪”，等等。美国明尼苏达大学的研究人员还进一步推论，原来预计到 2025 年全球饥民人数可降至 6.25 亿，由

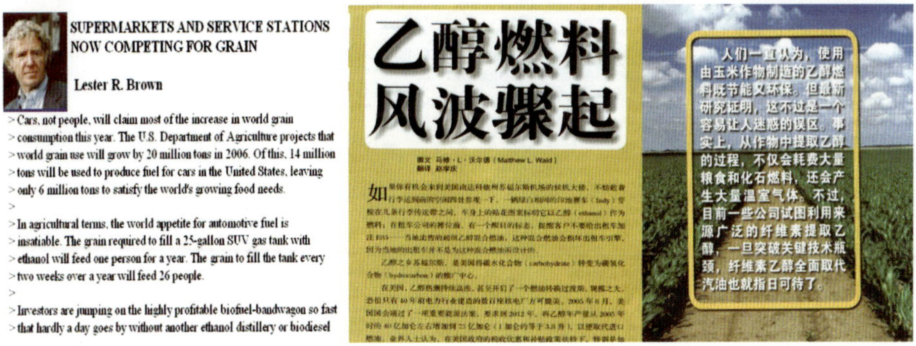
SUPERMARKETS AND SERVICE STATIONS NOW COMPETING FOR GRAIN

Lester R. Brown

> Cars, not people, will claim most of the increase in world grain
> consumption this year. The U.S. Department of Agriculture projects that
> world grain use will grow by 20 million tons in 2006. Of this, 14 million
> tons will be used to produce fuel for cars in the United States, leaving
> only 6 million tons to satisfy the world's growing food needs.
>
> In agricultural terms, the world appetite for automotive fuel is
> insatiable. The grain required to fill a 25-gallon SUV gas tank with
> ethanol will feed one person for a year. The grain to fill the tank every
> two weeks over a year will feed 26 people.
>
> Investors are jumping on the highly profitable biofuel-bandwagon so fast
> that hardly a day goes by without another ethanol distillery or biodiesel

图11–1 L·布朗对玉米乙醇的质疑（左图）和发表在《科学美国人》中文版上的沃尔德文章的译文首页（右图）

于生物燃油的影响，反倒会增到 12 亿，真是骇人听闻。

哪里有记者和时事评论家，哪里的风浪就会骤大起来。著名时事评论家马修 ·L· 沃尔德(Matthew L.Wald)发表了一篇标题为《乙醇燃料风波骤起》的文章(图 11−1，右图)，综述了对燃料乙醇的众多质疑及他本人的观点，相当全面，酣畅淋漓。该文已由赵学庆翻译并发表在 2007 年第 2 期《科学美国人》中文版上，值得参阅[2]。

如果将以上作为“南辕”的话，再看看“北辙”情况。美国政府在发展燃料乙醇上的态度坚定，义无反顾；措施果断，指标层层加码。以制订的 2012 年燃料乙醇生产指标为例，1999 年克林顿提出的是 1 635 万吨，2005 年的美国《国家能源政策法》提出的是 2 250 万吨，2008 年底通过的《能源自主与安全法》又提升到 3 960 万吨。连一贯政见不同、相互攻讦的美国共和党与民主党，在发展生物燃料上却惊人地一致，提出的石油替代指标也如出一辙。为何美国政府及国会与“南辕”者的意见如此相左？我们可以从下面两段摘引看出些端倪：

> “要求燃料制造商到 2012 年在汽油中必须加入 2250 万吨生物乙醇，它可以每年减少 20 亿桶原油的消耗和向外商支付的 640 亿美元购油款，还可以使美国家庭减少 430 亿美元的开支。”(2005 年美国《国家能源政策法》的乙醇训令)
>
> “美国要保持领先地位就必须有足够的能源。但是，美国在使用石油上，像吸毒一样地“上瘾”，而这些石油是从世界上不稳定地区进口的。最好的办法就是依靠美国人的才智和技术进步，打破对石油的这种过分依赖，改善我们的环境、摆脱石油经济，使我们对中东石油的依赖成为过去”。“我们的一个伟大目标是到 2025 年，替代 75% 的中东石油进口。”(布什 2006 年 1 月的国情咨文演说)

2004 年，美国就以生物乙醇替代了 3% 的化石运输燃料，据美国能源部 2005 年资料[3]，2030 年将达到替代 30% 的目标。

前面的第 5、第 6、第 7 三章已经讲了许多正方“北辙”的事，这里不用赘述。反方“南辕”者的那些人士贤达是从玉米乙醇会与人争粮的角度提出问题的，美国、巴西等则是从应对气候变化、能源转型的国家利益上考虑的。2008 年的世界粮食危机中，这个矛盾白热化了，也好。大浪可以淘沙，事情可以越辩越明。问题是生物燃料与人争粮的实情到底如何和能否得到解决。

11.2 汹涌的世界粮食危机

“南辕北辙”归“南辕北辙”，对玉米乙醇的质疑和压力不仅来自美国国内，国际上也越来越关注，美国的事往往就是国际上的事。美国是玉米的最大生产国和出口国，对玉米的国际市场影响很大，几千万吨玉米生产了乙醇能不让人担心吗？L·布朗的这个担心终于在2008年的世界粮食危机中爆发出来了。

2007年底，联合国粮食与农业组织(FAO)发布了“世界粮食库存降到近20年的最低水平，全球粮食供应趋紧”的新闻，引起了世界性恐慌。首先波及的是一些粮食出口国，为了自保，纷纷限制本国粮食出口。2007年2月13日印度政府宣布，全年禁止小麦出口；同年11月，阿根廷政府将大豆出口税从27.5%提高到35%，小麦出口税从20%提高到28%；俄罗斯的小麦出口税由10%提高到40%。2007年底，中国宣布取消小麦、稻谷、玉米等84种原粮及制品的出口退税；2008年初，又宣布对上述农产品征收为期1年5%～25%不等的出口关税，并实行出口配额许可证管理。3月26日柬埔寨和埃及分别公布了稻米的出口禁令；28日越南政府将当年稻米出口量减少22%，4－6月间不再签订稻米出口合同云云。一时间，大有“溪云初起日沉阁，山雨欲来风满楼”之势。

但是，点燃危机的导火索是2008年初开始的粮价骤涨。小麦由2007年底每吨200美元涨到2008年3月的482美元；2008年3月27日，泰国B级稻米出口报价由每吨580美元涨到760美元，一天涨了30%，4月17日竟突破1 000美元大关。玉米价格从2007年初到2008年3月的15个月里也由166美元涨到233美元，上涨了40%。

随之而来的是社会动乱。2008年2月5日莫桑比克首都马普托的大批群众涌上街头抗议粮价上涨，随即演变为暴力冲突。2月27日，喀麦隆首都和布基纳法索首都为反对食品等基本生活物资涨价也发生了大规模群众示威游行和骚乱。像多米诺骨牌一样，因粮价引起的社会动乱扩散到了科特迪瓦、塞内加尔、埃及，进而到亚洲和拉美的菲律宾、印度尼西亚、海地、秘鲁、墨西哥和孟加拉等30多个国家。海地80%以上的稻米消费量依靠进口,多数民众每天收入不到2美元,因粮价暴涨,4月3日莱凯市开始爆发暴力抗议,哄抢食品商店,4月12日总理雅克·爱德华·亚历克西被国会罢免后离开了参议院(图11−2)。

图11−2　海地总理被国会罢免

世界粮食危机终于爆发了!

危机也引来了一些奇谈怪论,有人说“印度人的粮食消费多了”,有人说“中国人吃肉多了”,等等。当然更多人说是因为美国用玉米生产了乙醇,如一位联合国粮农组织(FAO)官员说,在全球还有8亿多人挨饿的时候,用粮食生产乙醇是“反人类罪”;还有“生物燃料因素占到全球粮价上涨的75%,生物燃料是世界粮食危机的罪魁祸首”的报道(英国《卫报》2008年7月3日文章)。

粮食危机是怎么引发起来的?这个问题说不清楚,泼在生物质能源身上的一盆脏水永远都会发出异味。

11.3　是粮食供不应求了吗?[4]

顾名思义,粮食危机一定是因为粮食短缺和供不应求引起的,是这样吗?非也,请仔细看看图11−3中的曲线。

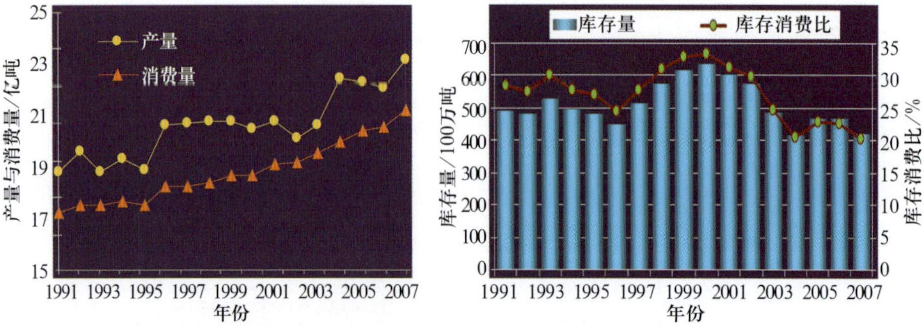

图11−3　世界谷物产量与消费量(左图)[5]及库存量与库存消费比(右图)(1991−2007)
资料来源:USDA Foreign Agricultural Service(左图)和FAO(右图)。

其中左图显示近十多年来世界谷物产量与消费量均是稳步增长而未有世界性突发减产迹象，且消费增长率比产量年均增长率还稍低一点。据联合国FAO发布的数字，2007年全球谷物总产量达21.01亿吨，比上年增产了4.6%，所以说因粮食供不应求而引起粮食危机是没有根据的。其中右图直接引自FAO第131次委员会上的“关于2006年粮食与农业状况报告”，右图显示进入21世纪后的谷物库存虽微有减势，但发展是平稳的，并在联合国粮农组织规定的粮食安全线（消费量与库存量之比为17%～18%）之上。

图11-4是根据FAO和美国农业部的资料整理的，反映了1995-2007年间世界稻米、小麦和玉米三大粮食作物的产量、消费量、库存量以及库存消耗比，可以作为图11-3的细化。从图中可以看到，三大粮作的产量和消费量均为增长趋势，稻米和玉米产量年均增长率均高于消费年均增长率，因澳大利亚和法国小麦减产而使世界小麦的年均增产率稍低于消费年均增长率。图中也可看到，三大粮食作物的确如FAO提出的“世界粮食库存降到近20年的最低水平”，但稻米、小麦没有超过安全线，玉米略低于安全线。看来，FAO未能全面反映现实和夸大了“全球粮食供应趋紧”，这可能是这次世界粮食危机的一根导火索。

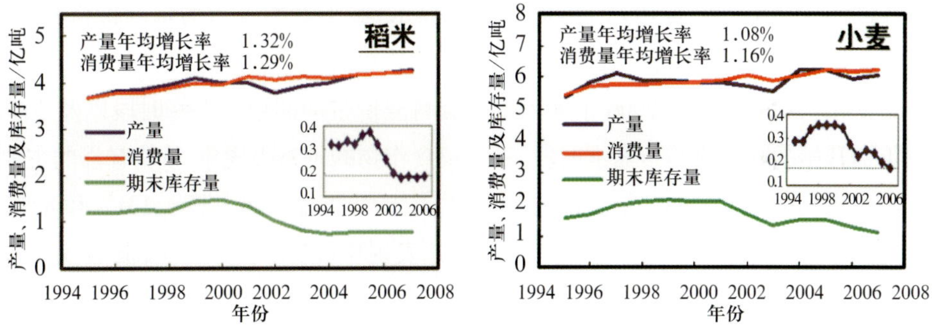

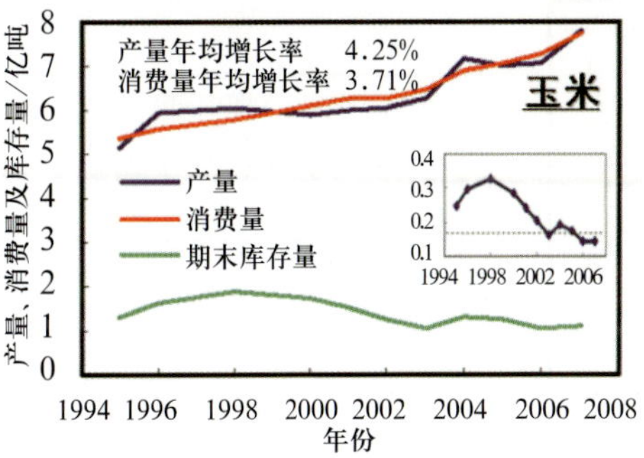

图11-4　世界稻米、小麦和玉米产量、消费量、库存量和库存消费比动态图（小图）[5]

库存消费比插图中的虚线为安全线18%的标示。

11.4 玉米乙醇对粮价影响几何?

质疑美国玉米乙醇的主攻点之一是它刺激了玉米价格的上涨,因为美国动用了数千万吨玉米去生产乙醇。现在我们希望搞清楚,玉米乙醇对粮价影响几何?

2003 年到 2006 年秋季,美国玉米价格一直维持在每蒲式耳(1 蒲式耳 = 25.40 千克)2.5 美元以下运行,此后很快涨到了 4 美元,这与玉米乙醇的大发展肯定有关,但也绝非唯一因素。国际知名分析机构 Informa 公司 2008 年的研究报告称,根据 20 年价格数据研究结果,玉米价格对美国消费者价格指数的影响甚微;首席执行官布鲁斯·希尔表示,这份研究报告推翻了乙醇行业发展是食品价格上涨的罪魁祸首的观念;行业分析师称,2007 年的前 9 个月,食品消费者价格指数涨了近 6%,主要是因为原材料价格创下了多年来的最高水平。美国农业部提供了这样一个资料,即美国消费者每采购 1 美元食品,农户只能拿到 19 美分,剩余的 81 美分是劳动力、燃料、运输、包装及其他非农成本。食品价格上涨的影响因素主要是非农成本增加,特别是 2007 年以来的创纪录的原油价格。

图 11-5 反映了 1995-2008 年间世界水稻、小麦和玉米的国际价格动态。按曲线表现可分为 4 个时段:20 世纪 90 年代粮价正常波动时段、1998-2004 年的低粮价时段、2004-2006 年末因生产资料涨价带动的粮价上涨时段以及 2008 年初开始的非正常粮价暴涨时段。三大粮食作物的价格表现中,价格暴涨的主要是小麦和稻米,自 2007 年 1 月至 2008 年 3 月间,二者分别上涨了 131% 和 82%,而玉米是 40%。三大粮食作物价格的动态表现中,以玉米为最佳,根本找不到

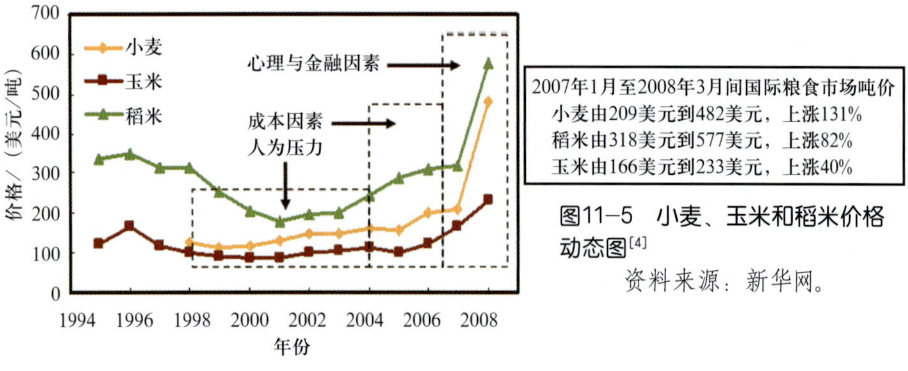

图11-5 小麦、玉米和稻米价格动态图[4]

资料来源:新华网。

"罪魁祸首"的罪证。相反,找到的是生物燃料"罪魁祸首论"者的想当然与偏见狂。

11.5 美国玉米出口减少了吗?

L·布朗在多次提到美国发展玉米乙醇是汽车与人争粮,尤其是世界上还有8亿缺粮穷人,等等。在概念上他没错,关心这个事态也是对的,只是至今尚无这样的事实。此次世界粮食危机中的动乱主要发生在非洲等经济不发达和缺粮国家,但并非无粮供应而是因为粮价暴涨穷人买不起。至于,美国是否因生产玉米乙醇而影响了对这些国家的玉米出口呢? 我们整理了2001–2007年间美国玉米的有关资料,以查明事实真相。

美国是世界玉米生产和出口大国,年产玉米约3亿吨,大体是60%加工为饲料,20%加工为化工产品,20%用于出口。2004年美国产乙醇1 000万吨,用掉玉米3 000多万吨,占玉米总产1/8;2007年生产乙醇2 000万吨,用掉玉米7 000万吨,约占总产1/5。但是从表11–1中可以看出:这几年玉米总产与单产明显增长,特别是总产由2.4亿吨上升至3亿吨左右,新增的0.6亿吨基本弥合了乙醇增长对玉米的消耗;玉米的出口未减反增,2007/2008年度玉米出口创7 680万吨的历史最高水平。在产量的年际波动和需求增长中,美国玉米库存一直维持高位,对消费市场起到了明显的调剂作用。此外,美国玉米播种面积平稳,不像所传因扩大玉米乙醇而大量挤占其他作物面积或是新垦农田。

表11–1 2001–2007年美国玉米播种面积、产量、出口及转化乙醇状况

年份	收获面积/万公顷	总产/万吨	单产/(吨/公顷)	出口/万吨	用于乙醇生产/万吨
2001	2 783	24 138	8.67	4 794	2 088
2002	2 806	22 777	8.12	4 769	2 226
2003	2 871	25 628	8.92	4 341	2 820
2004	2 979	29 991	10.06	4 874	3 373
2005	3 040	28 231	9.28	4 535	4 200
2006	2 859	26 750	9.36	5 608	5 775
2007	3 501	33 117	9.46	5 415	7 000

注:资料来源,FAO和美国农业部。

为什么动用如此大量玉米而仍保持平稳运行，一是因为美国玉米生产的总产量大，回旋余地很宽；二要归功于农民高涨的生产积极性，用提高单产化解了矛盾。美国发展玉米乙醇影响了国内市场供应而“人车争粮”了吗？影响了玉米出口而威胁“靠进口粮食维持生活的穷人”了吗？以上查证的结论是：“事出有因，查无实据。”

11.6　粮？非粮！食物？非食物！

也许L· 布朗先生会说，汽车与人争粮问题现在未成事实，但不等于以后不会成为事实。回答已经有了，不会的。

其实，玉米乙醇要消耗大量玉米，影响玉米市场价格，原料成本高，能效和减排效果不佳等等的问题，处在风口浪尖上的美国政府及其智囊对此是再清楚不过了。2004 年美国国家能源委员会就曾从资源丰富性、二氧化碳减排、与基础设施的相容性以及 2020 年与汽油的竞争性 4 个方面对比了氢能、玉米乙醇、纤维素乙醇和生物柴油，结论中已经显示了玉米乙醇的弱势和纤维素乙醇的优越性[6]。2005 年美国农业部和能源部联合向国会提交的，为实现 2030 年以生物燃料替代 30% 运输燃料而需由美国本土年供应 13.66 亿吨的生物质原料中，玉米只占 6.7%(0.87 亿吨)，九成以上是非食物性的二代生物质原料[3]。再者，2008 年通过的美国《能源安全与自主法案》中提出的 2022 年 1.08 亿吨生物燃料计划中，玉米乙醇自 2015 年达到 4 500 万吨后就不再增加，主要靠第二代生物燃料的快速增长[7]。从食物基生物燃料向非食物基生物燃料的战略转移是大势所趋，美国的步子是很清晰的。作为过渡性生物能源产品的玉米乙醇在美国的历史任务在逐渐完成中，“人车争粮”的担忧者大可释怀。

自从纤维素乙醇的优越性浮出水面以及利用 FT 技术和热裂解技术生产生物柴油以来，人们就将它们与谷物乙醇/生物油脂柴油区别开来，称之二代生物燃料。二代生物燃料原料易得，价廉，能效与减排效率高，市场竞争性强，这是一次通过技术革命推动从原料到产品的真正意义上的产业革命，从源头上解决“人车争粮”、“引起粮食涨价”、“能效和减排不力”等等的质疑。生物能源原料的取向和发展趋势不仅是“非粮”，而且是“非食物”(non-food)。

珍尼纺织机、戴姆勒的第一辆汽车、ENIAC 计算机，等等，现在看起来的确太简陋了，但是没有它们也就没有今天如此精美绝伦的纺织机、汽车和计算机。那么，我们有什么理由对发展初期的生物能源如此求全责备和“一棍子打死”呢？有什么理由用一成不变的眼光揪住玉米乙醇不放并嫁祸于生物能源呢？

11.7 奇怪，怎么忘了生物燃料？

“有枣没枣打三杆”，有事无事拿玉米乙醇说事。世界粮食危机一来，就想到玉米乙醇，奇怪！危机消退时怎就把玉米乙醇忘了？

2008 年 7 月以后，全球各类粮食价格大幅回落。8 月份 FOB 报价中的稻米吨价已由 1 000 美元回落到 550 美元（人民网—证券时报 2008 年 8 月 20 日）；按 10 月 31 日的 FOB 价格衡量，全球小麦、玉米、大豆和稻米价格分别从当年的最高点下跌了 53.3%、42.6%、42.6% 和 57.9%(www.cnfol.com 2008 年 11 月 18 日)。中国国家发展改革委员会副主任张晓强说，美国玉米今年 3 月在中国港口分销的吨价是 2 800 元，11 月 5 日已经降到 1 600 元；大豆吨价由 5 500 元降到了 3 800 元(2008 年 11 月 13 日)。

印度政府于 2008 年 9 月放宽了粮食出口限制，中国政府于同年 11 月 13 日取消了 2007 年 12 月 20 日发布的粮食出口临时关税，其他各粮食出口国也纷纷撤销粮食出口禁令。中国 2008/2009 年度玉米产量将达到创纪录的 1.56 亿吨，国内玉米供大于求约 522 万吨，饲料需求疲软，出口形势不佳，玉米加工产品价格下滑，玉米价格持续走低，谷贱伤农形势再现，从一个极端又开始走向另一个极端。

来也汹汹，去也匆匆，历时半年许的世界粮食危机就这样地消退了。国际粮价如此大起大落，阴晴盈缺变得也太快了，这本身就说明这场危机实质上就是个畸形产儿。人们总结危机消退原因时通常提到三条：粮食增产了，油价下降了，美元反弹和基金减仓了。粮食增产了，半年里粮食就突然增产了吗？纯粹是为了下台阶，因为本来就不是因为粮食减产闹的粮食危机。至于油价降了和投机资金走了倒是实情，这两位才是危机真正的罪魁祸首。奇怪的是，总结危机消退原因时，玉米乙醇被遗忘了，是这半年里减少玉米乙醇的生产了吗？没有！

因为它根本与此次粮食危机没有关系。事实无情，对那些在这场世界粮食危机中手持"生物燃料是罪魁祸首"长矛的勇士们，应当在风车前授予21世纪"堂吉诃德骑士勋章"。

那么，粮价危机的真实原因是什么？

有经济学家分析，因美元大幅贬值和次贷危机，大量过剩游资涌入粮食、石油、黄金、房地产市场进行金融投机，对此次粮食危机起了极坏的推波助澜作用。此外，社会恐慌心理(粮食出口国的出口禁令等)的贡献也很大，但也不要忘记FAO发布的"全球粮食供应趋紧"信息是这次粮食危机的"催生婆"。

深层次原因有二：一是如联合国新任食物权问题特别报告员奥·德许特上任之初提出的，粮食价格上涨危机源于过去20年的一系列错误政策，导致国际组织低估了投资农业的重要性，尤其是发展中国家将主要精力集中于工业而忽视农业；二是在于一个"穷"字上，粮食危机中受冲击最大的是那些粮食进口穷国中的低收入人群，商店有粮买不起，政府想平抑粮价有心无力。如果同时又是石油进口国，其境遇就更加悲惨了。联合国亚太经济社会观察2008年报告中指出，世界上最穷的50个国家中有38个是石油净进口国，其中25个国家的石油全部依赖进口。进口油价上涨已经压得他们喘不过气来，进口粮食价格再暴涨，怎么受得了！

这次世界粮食危机是多种原因造成的，而直接原因是国际投机性游资在粮食市场上的兴风作浪。是他们在靠进口粮食和进口石油为生的那些穷国家人的伤口上撒上了一大把盐，不想生物能源也有幸成为替罪羔羊和舆论中的一种口实。

11.8　还生物能源以清白

在以上的极力辩护中，我似乎成了美国玉米乙醇的卫道士，否！

我一开始涉及生物质产业领域的时候(2004年)就提出了发展生物质产业一定要不与民争粮，不与农争地；认定以玉米为原料生产玉米乙醇只能出现在美国，而且是在发展初期。因为用玉米大规模生产乙醇的问题太多了，争粮争地，成本高企，能效不高，减排不力等等。在能效与减排的评价上拿玉米乙醇说事也就罢了，在粮食安全影响上拿玉米乙醇说事也就罢了，可是不应该将一盆脏水都扣在生物能源头上，将生物能源与玉米乙醇等同或混同起来，这既不符合事实，又误导了舆论，将一个好端端的、本可造福社会的生物能源弄得灰头土脸的，难道不应当还它以清白吗？我不过是“路见不平，拔刀相助”，力求还事物以真相而已。

生物质是上帝送给人类的一份厚礼，它的原料丰富多样，作物秸秆、林业剩余物、牲畜粪便、加工厂的有机废水废渣、城市的有机垃圾和污水皆可以为之；它有固态、液态和气态等繁多能源产品，以及可生物降解塑料和千百种的生物化工原料与产品；它可以促进农村经济，为农民增加收入和提供工作岗位；它绿色、清洁和可以持续，人们怎能仅因初期的玉米乙醇存在些许不足而“一叶障目”和“因噎废食”地去全面否定生物能源呢？怎能因某个小学生有过一次考分不好的记录，就封杀掉整个学校呢？

这次世界粮食危机反证了生物能源“无罪”，也折射了改变那些靠进口粮食和石油的穷国困境的最好办法是帮助他们发展本国农业和经济，生物质能源正是改善他们粮食、能源、环境和农村经济状况的一种有力武器而不是“祸水”。

布朗先生在数落生物能源时算得很细，讲得动人，但却犯了“攻其一点不计其余”的毛病。就在他发表他的这篇文章(2006-7-15)的几个月前，小布什在国情咨文中就决心要让美国能源自主与安全，要结束依赖中东石油的历史，发誓要大力发展纤维素乙醇，那么布朗纠着玉米乙醇不放的那些推论和推算还有多大的意义吗。布朗口口声声谈“世界上有 20 亿最贫穷的人民”，为何不指责美国国内的高农业补贴政策和向穷国倾销粮食而不去帮他们发展以农业为主的本国经济？布朗先生的《生态经济》、《B 模式》和可持续发展观享誉世界，为何不提一下发展生物能源可以有助于 20 亿穷人，有助于用清洁能源替代化石能源，有助于实现“B 模式”，有助于世界的可持续发展呢？

11.9 危机中的两位总统

尽管有种种的质疑和反对，以生物燃料替代进口石油已经成为美国的国家战略和国家利益之所在。从克林顿的《开发和推进生物基产品和生物能》源总统令到布什在国情咨文演讲说的 “我们的一个伟大目标是到 2025 年，替代 75% 的中东石油进口”；从 2008 年年底美国国会通过的《能源自主与安全法案》到奥巴马的能源与应对气候变化战略都是一脉相承地将生物燃料推向石油替代的主力地位。当美国玉米乙醇在世界粮价危机中成为千夫所指的“罪魁祸首”的时候，布什在新闻发布会上直截了当地说：“问题的实质是我们的农民种植能源，并不再从不稳定地区或不友好的国家购买石油，这是我们的国家利益所在。”(2008 年 4 月 29 日)

同是生物乙醇，巴西的甘蔗乙醇却取得了举世公认的成功，替代了国内 50% 以上的汽油和减排了 2 580 万吨温室气体，已发展成为巴西的一个新的国家支柱产业。粮食危机中生物燃料受到的无理攻击激恼了巴西总统卢拉，在被问到由于粮价上涨，欧洲有人敦促欧盟放弃运输燃料中生物燃料要占到 10% 的目标时，他说：“别和我说生物燃料导致粮价上涨。我们要理智地看待生物燃料，不要情绪化，不要附和欧洲的观点。”

当得知某联合国高级官员发表“如今生产生物燃料是反人类罪”言论时，卢拉驳斥说：“有人试图将世界粮食危机归因于生物燃料，这是荒谬的歪曲。巴西的经验表明，生物燃料不仅没有威胁到粮食安全，而且可以在农村地区增加就业，为农民带来了更多收入。”“真正的反人类罪是将生物燃料抛到一边，将各国推向粮食和能源短缺的境地。”也是在 4 月里，卢拉会见荷兰总理时说：“生产乙醇是发展中国家，特别是非洲、拉美和亚洲经济发展的希望。对于今天的海地，如果我们到那里去投资建设生物燃料产业将会使海地人民和投资国双方受益。”卢拉还说：“巴西已为有关生物燃料的辩论做好了准备，我愿意为此周游全世界。”

如果注意的话，卢拉几乎在每次谈及生物能源时都是充满着对发展本国农业生产和农民增收所倾注的深情，这是一个出身贫苦农村总统情感的自然流露。2007 年 7 月召开的国际生物燃料会议上，卢拉在讲话中再次强调：“巴西十分注重通过发展生物燃料带动农业增长，使农民富裕起来，更好地解决粮食与贫困问题。”

他在驳斥生物燃料导致粮价危机时还说：“令人奇怪的是，许多人对生物燃料进行批评，但没有看到有人对石油价格从 30 美元上涨到 103 美元进行批评。”“为什么那些批评家没有一个提到高油价导致农业高成本的负面影响，没有人反对发达国家政府对本国农业的高补贴导致对发展中国家农业的打击？”卢拉的立场和态度是何等鲜明，讲得何等的好啊！

在粮食危机高潮的时刻,联合国粮农组织 FAO 负责人 J.Tschirley 也指出:“FAO 要求各国在出台扶持生物燃料的政策和投资前,需要注意到可能产生的对粮食安全和环境的影响,但也不能忽视生物燃料对发展中国家农村发展和改善经济的作用而延误这个产业的发展。”联合国亚太经济社会观察 2008 报告(3 月 28 日)中也提出,生物燃料产业的发展势不可挡,它非常有利于增加农民收入、提供创造就业机会和抑制石油价格。这些国际组织在世界粮食危机高潮中能如此仗义执言,令人钦佩。

当今世界,事物间是有着普遍联系的,是个复杂的系统,生物燃料自不例外。L· 布朗的“发展生物燃料会威胁到靠进口粮食维持生活的穷人”和“是 8 亿有车族与 8 亿饥民发生了斗争”的论点只看到了玉米乙醇与食物之间“相克”的一面,用最简单的直线将二者连在一起。而卢拉则看到了生物燃料与发展农业和农民致富之间“相生”的一面,即利用本国资源,振兴农村及国家经济,增加农民收入和就业岗位,反映了事物本质的一面。L· 布朗想的是不要搞生物能源,保证美国玉米的出口和对穷国饥民的“救济”,卢拉想的是让穷国饥民拿起生物能源武器,发展本国农业,摆脱对富国粮食的依赖。卢拉是对的。

参考文献

1. Lester R. Brown. Supermarkets and Service Stations Now Competing for Grain. EnvironmenT News Service, 2006—07—15. http://www.earthpolicy.org/Books/PB2/Contents.htm.

2. Matthew L. Wald. 乙醇燃料 风波骤起. 科学美国人(中文版), 2007. 2.

3. U.S. Department of Energy & U.S. Department of Agriculture. Biomass as Feedstock for a Bioenergy and Bioproducts Industry: The Technical Feasibility of a Billion—Ton Annual Supply. April, 2005.

4. 石元春. 粮食!石油!生物燃料?科技日报, 2008—06—08.

5. USDA. Foreign Agricultural Service.

6. Ending the Energy Stalemante. The Commerssion on Energy Policy of USA. Dec, 2004.

7. CRS Report for Congress. The Energy Independence and Security Act of 2007. Summary of Major Provisions. December 21, 2007.

ABOUT CHINA

中国篇

中国化石能源资源贫乏、结构失衡、需求剧增、缺口扩大，石油进口依存度过半，天然气也近30%，“无油”“停气”频频。

12　中国能源之困境与转型

- 中国能源形势十分严峻
- 中国的“富煤情结”
- 中国煤炭的三种战略定位
- 中国油气立足国外
- 能源转型是世界大趋势
- 中国的清洁能源资源很丰富
- 中国的能源转型意识很淡薄
- 非不能也，是不为也

故以汤止沸，沸乃不止，
诚知其本，则去火而已矣。
——《淮南子·精神训》

越依赖越离不开，依赖越深陷得越深，事皆如此，能源亦然。原始社会钻木取火，农业社会柴薪灶炉而已，工业社会则煤电油气、消费剧增、依赖日深。是人类打开了化石能源的潘多拉魔盒，一两百年就将积累了4亿多年的煤炭、石油和天然气一股脑地释放殆尽。化石能源给人类社会带来了动力与繁荣，也深深伤害了人类自身的生存环境，嗟乎！其双刃剑之锋利。

利润驱动下的一些先行工业化国家，至今仍着魔般地对化石能源资源巧取豪夺，肆意挥霍，恶化环境而不能自拔。中国、印度等新兴经济体的经济发展也难以摆脱对化石能源的依赖陷阱。2009年岁末的哥本哈根世界气候变化大会上，各利益集团在二氧化碳减排上为维护自身利益而吵得不可开交，但有一点大家是清楚的，即在化石能源资源殆尽前，赶紧准备清洁能源替代，完成人类历史上的一次能源转型壮举。发达国家也好，新兴经济体国家也好，这是走出化石能源依赖陷阱的唯一之路。像巴西那样，瑞典那样，美国那样，早走早主动，越晚越被动。

中国化石能源资源贫乏，需求剧增，二氧化碳排放量跃居世界之首，能源问题正严重困扰着中国。中国如何缓解能源困境？是投靠国外资源？是用煤制油？是靠电动汽车？……“病急乱投医”的法子会很多，但治本的方法只有一个，就是高举能源转型大旗，赶紧发展清洁能源。“故以汤止沸，沸乃不止；诚知其本，则去火而已矣。”（《淮南子·精神训》）。

本章阐述的是中国能源之困境与转型，下一章是缓解中国“三农”问题之良药——能源农业，第14章论证生物质产业在中国是个“绕不过去的槛”。这是一组文章，论述生物质产业在解决中国能源与“三农”两大根本问题中的重要意义。

12.1 中国能源形势十分严峻*

化石能源资源贫乏、结构失衡、需求剧增、缺口扩大、依赖进口、能效不高、减排困难，这是当前中国能源的基本状况，形势相当严峻。

中国化石能源的剩余可采储量是882亿吨标煤(2005年)[1]，若按2005年的19亿吨标煤开采量计，只够开采46年。改革开放之初的1980年能源消费总量为6亿吨标煤，2000年为13亿吨标煤，年均增长5.8%，而2000—2007年的年均增长达13.6%。需求剧增对资源压力越来越大，剩余可采量越来越少和可开采时间越来越短，作为一个崛起中的大国，这点能源家底实在令人揪心！

在能源资源结构上[1]，882亿吨标煤的剩余可采储量中，煤炭、石油和天然气分别占92.6%(817亿吨)、4%(35亿吨)和3.4%(30亿吨)，如此煤炭独大的结构格局也很不利。资源结构的失衡导致消费结构失衡，2007年的一次能源消费中，化石能源为24.62亿吨标煤，占能源消耗总量的91.8%(煤炭为68.8%)，而非化石能源的水电、核电和非水可再生能源只分别占到6.44%、0.79%和0.97%(图12—1)。消费激增和以煤为主的消费结构是中国在二氧化碳排放量上能快速赶超美国而跃居世界首位的主要原因。预计，2020年中国二氧化碳排放量将近80亿吨，占全球排放总量的1/4。化石能源资源贫乏和需求激增还导致石油和天然气的大量进口，石油进口依存度达到53.6%(2009年)。此外，中国能源的综合能效比发达国家低了10个百分点。

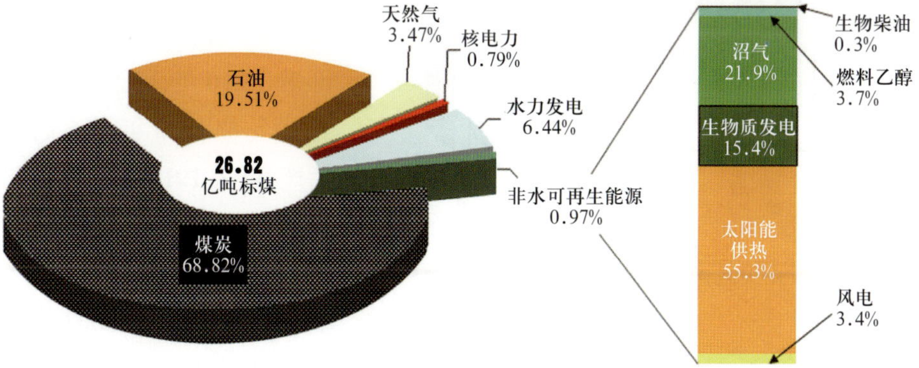

图12—1 2007年中国能源消耗结构[2]
可再生能源为2005年资料。

* 本章1～4节的相近内容曾发表于《中国工程科学》2009年11期。

中国能源之困境，犹如一个底子薄、开销大、浪费多、捉襟见肘、坐吃山空的大家庭；犹如一个先天不足、后天失调、体虚气弱而劳动强度又大的多病之身。中国能源形势之严峻不仅是“少”，更是能源观与战略滞后于时代，这正是本章所要阐述的。

12.2 中国的“富煤情结”

如果说中国缺油少气，谅无异议；如果说中国缺煤，想必反对者就多了，因为中国一向以富煤自居。

中国是富煤？还是少煤？先看看“剩余可采储量”。按姚强在《洁净煤技术》[3]一书提供的资料，中国煤炭的剩余可采量是 1 145 亿吨标煤(注：2005 年的内部资料为 817 亿吨标煤)，占中国化石能源资源总量的 93%，是世界煤炭总量的 10%，排位第三，从这个角度看，中国可称富煤。但人均占有量只有 89 万吨标煤，是美国的 1/10，俄罗斯的 1/12，澳大利亚的 1/47，世界平均的 1/3，这就谈不上富煤了。更重要的是看煤炭的“储产比”(某年的剩余可采储量与生产量之比)就更加令人不安了(图 12–2)。

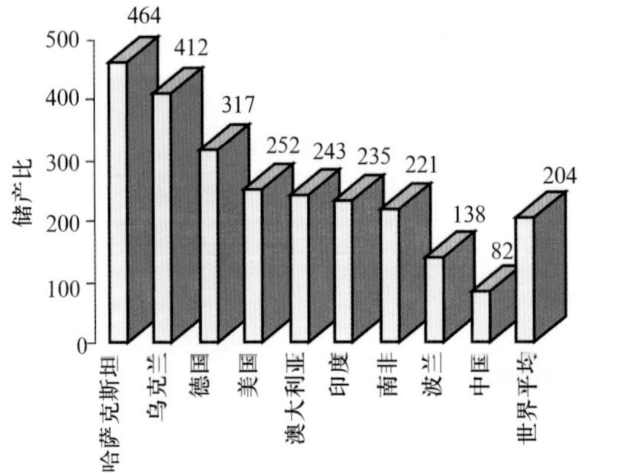

图12–2 世界部分国家煤炭的储产比（2002年）[3]

以剩余可采储量 817 亿吨标煤为基数，按 1950 年的 3 000 万吨原煤年产量，可采 3 816 年，可说是“万世无忧”；按 1980 年的 6 亿吨年产，可采 191 年，也算来日方长；按 2000 年的 13 亿吨年产，只够维持 88 年，日子不好过了；如按 2007 年的 25.3 亿吨年产，只够用 45 年，还坐得住吗？多么可怕的“与时俱进”！而美国、澳大利亚和印度的煤炭储产比都在 250 年上下，德国在 300 年以上。20 世纪中叶，中国也和他们的现在一样，是当之无愧的“富煤”国家，但现在已是“家道中落,风光不再”了。中国人必须面对这个现实,切莫沉溺于过去的“富时家境”,赶快丢掉“富煤情结”,学会过“穷煤”的日子。

遗憾的是,我们至今在用煤上仍是有恃无恐,大手大脚。一遇缺电,就想到挖煤,1980 年的原煤产量 6 亿吨,2005 年 22 亿吨,2007 年 25.26 亿吨,占世界煤炭产量的 40% 以上,是名副其实的世界第一挖煤大国。一说缺油,有人就想不惜巨资,高成本、高污染、高耗水、低能效地搞“煤制油”;就想搞能效极低(以 6 换 1)、污染极高、毒性很大、腐蚀力强、储运困难、20 世纪八九十年代美欧等国就已经试验失败而被终止了的煤基甲醇,这种“竭泽而煤”的现象难道不是“富煤情结”在作祟吗?

最近媒体上有篇《煤老大的新风采》的文章中说:“人类 25 年后就要和石油说再见了,煤炭资源至少可满足 150 年的需求。煤炭储量丰富,价格低廉,分布广泛,与风能、太阳能等‘年纪轻’、成本高的可再生能源相比,煤炭经济竞争力明显占优。”“要给石油找个看得见摸得着的‘继任’,煤炭是最佳选择。”这样的论点多么滑稽,好像是在给煤老板做广告,且不说将煤炭储产比 45(2007 年)说成 150 的资料严重失实和“以大欺小”、“以老欺新”的不端,就说这不顾大量浪费国家资源和财力,增排温室气体上也够缺乏社会责任心的。

在化石能源里,我国煤炭资源相对较多,在较长时间的能源消费结构中仍会以煤为主,这是事实,但不等于就可以无节制地竭泽而渔。2000 年产原煤 13 亿吨,2007 年 25 亿吨(图 12–3),7 年翻一番,如此“穷追猛打”,恐怕等不到 2050 年,中国可开采的煤炭就所剩无几了,除非“天上掉下个‘煤妹妹’”。布什说美国使用石油像“吸毒”一样“上瘾”,中国的“煤瘾”比美国的“油瘾”大得多。一些专家、企业和老百姓有“富煤情结”尚不足惧,怕的是政府决策部门也染上这种“煤瘾”,这会误国害民的。

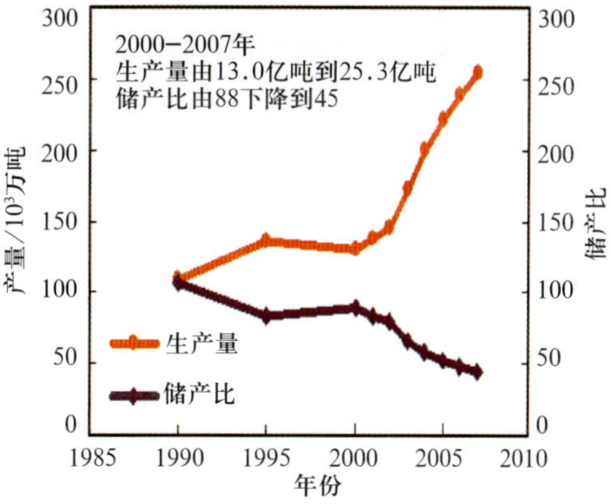

图12–3 中国煤炭生产量与储产比状况[2, 3]

12.3 中国煤炭的三种战略定位

煤炭在中国能源中的地位如此特殊，其战略定位就显得十分重要。大体有三种不同的定位见解。

“煤现在是，将来(直到2050年或更晚)仍然是我国能源的主力，虽然煤在总能源中所占的比例会逐渐下降(从75%下降到60%)，但总量仍会不断增加”；“煤用于发电的比例会越来越大，从目前的50%增加到70%以上”；“若每年将煤炭产量的1/8用于车用液体燃料的生产，从总的供应角度不会带来很大的不平衡。”[4](2007年1月25日《科技日报》)倪维斗院士上文中的第一句话说的是实情，第二句和第三句就给人以资源上有恃无恐和使用上“穷追猛打”的印象了。此见解可概括为“以煤为主，敞开使用，比例下降，总量增加”的煤战略定位。

国际能源组织IEA1995年公布二氧化碳排放量世界排名中中国上升到第二位后何祚庥院士就指出：“中国以燃煤为主的能源政策还能维持多久？”“如果我们坚持以燃煤为主的政策，其可接受的时间跨度将不超过20年。”[5]毛宗强教授也提出：“我国目前煤炭独大的能源结构，是否要变？是主动变，还是等到将来被迫变？”[6]

第二种定位是中国科学院在《我国能源可持续发展体系战略研究报告》(2007)[7]中提出的，“沿着减小煤炭份额，大幅度增加可再生能源和核能份额的方向，进行能源结构调整已经刻不容缓。”“虽然由于各种因素的复杂性，对2050年我国能源需求尚难明确预测，但已十分明显，2050年我国能源结构将发生重大变化，突出表现在煤炭份额的大幅度下降。虽然我国煤炭需求不断增长，当前国内增大产量的积极性很高，但从环境污染、温室气体排放和资源的合理可持续利用角度，都是不允许的。”报告提出2050年中国煤炭在一次能源消费总量中的份额应控制在40%左右的目标。该报告态度鲜明，言铮意切，充满危机感与紧迫感，但又很理性。此见解可概括为“减少份额，控制使用，积极替代”的煤战略定位。

我赞同第二种见解，但觉得“份额控制”的弹性大，以及“2050年”的时段宽，约束力有限，故在此基础上提出了第三种见解，“产量控制，强制替代”的煤战略定位。“产量控制”是指达到一定煤产量后即不再增加，“强制替代”是指增长部分由非化石能源替代，二者都是刚性约束。如美国在《能源自主与安全法案》中提出2022年1.08亿吨液体生物燃料的目标及逐年产量指标时，其中受控性的食物基生物燃料（常规生物燃料）产量增长到2015年的4 500万吨后即不再增加，而倡导性的非食物基生物燃料（先进生物燃料）则从无到有和后来居上地由2009年的180万吨增加到2022年的6 300万吨，二者都是刚性的。一面是严格限制产量，一面是加速替代进程，没有弹性与余地，要不了花招，这种办法特别适合中国国情。中国原煤年产已处高位，如果达30亿吨后即不再增加，缺口必须由清洁能源强制替代，并以法律形式确定下来，这是一种“置于死地而后生”的战略定位。

12.4　中国油气立足国外

这里给中国石油算三笔账：储量账、需求账和进口账。

2005年中国的石油剩余可采储量是35亿吨标煤，储产比14，即在不考虑新增资源和进出口条件下可供开采14年，而江泽民2008年指出石油储产比已下降到11.3[8]。由于需求剧增，1994—2007年的14年里，石油年消费量由1.50亿吨增加到3.66亿吨（图12—4），年均增长10.3%，成为世界第三大石油消费国。3年前报道中国北方发现储量10亿吨的大油田喜讯，可是全部开采出来也只能多用

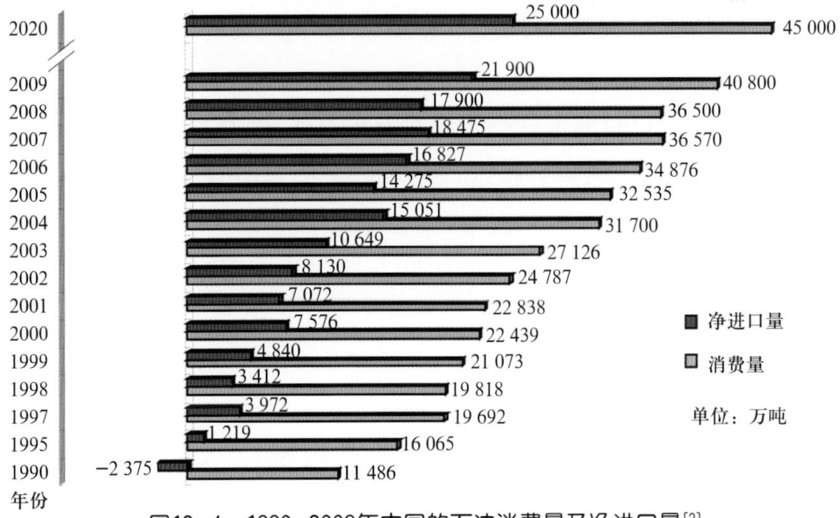

图12—4　1990—2009年中国的石油消费量及净进口量[2]

两三年。又闻可能是25亿吨,即可多用五六年,杯水车薪耳。不要忘记,石油资源极贫是中国的基本国情。

1994年中国开始成为石油净进口国时的石油进口量是290万吨,2003年的进口依存度就达到39%;2009年中国生产石油1.885亿吨,进口1.996亿吨,进口依存度达到了51.4%(按净进口原油及成品油2.19亿吨,表观消费量为4.08亿吨计,进口依存度则已达53.6%)。近6年的进口依存度增加了12个百分点,如无重大措施,2020年将接近70%。为保障这种高进口依存度,这些年动用大量外汇储备在中东、俄罗斯、中亚、非洲、拉美等投入了万亿计资金及外交/政治资源。今日中国之外交,油气外交为大,油气立足国外的轮廓越来越清晰了,与20世纪70年代和80年代的美国很像。

今非昔比,时代不同了。在开发世界石油资源上中国比西方国家晚了近一个世纪,中国进入的是争夺世界石油资源"最后一杯羹"的激烈战场而不是伊甸乐园,面对的是风云突变的国际舞台和不稳定的石油资源国,这无疑是一场高代价和高风险的游戏。除美英等老牌国际石油巨鳄外,印度也不甘示弱,石油部长2010年初率团访问苏丹、尼日利亚、安哥拉及乌干达,同盛产石油的安哥拉及尼日利亚签署了一系列能源协定,也是瞄上了石油的"最后一杯羹"。国际能源组织IEA发表的2007年年度报告提醒说,如果中国和印度的能源需求不受控制地增长,2030年将增长1倍,石油进口将超过美国和日本的现进口量。过分依赖中东石油的"海湾石油瘾"将带来经济与政治风险,短期风险是增加国内通胀率,长期风险是这个地区如有冲突与战争,中国和印度将首当其冲地受到油价和供应中断的打击。

中国70%的进口石油来自不稳定的中东地区,每天上百艘中国运油船要通过美舰游弋、海盗猖獗、危机四伏的马六甲海峡。美国国防部的《2007年中国军力报告》里有一幅"中国至关重要的海上通道"附图,说明中写道:"中国严重依赖关键性的海上通道来保证其能源进口,约80%的中国原油进口都要经过马六甲海峡。"(原文是"Figure 1. China's Critical Sea Lanes. China is heavily dependent upon critical sea lanes for its energy imports. Some 80% of China's crude oil imports transit the Straits of Malacca.")难怪美国军方曾扬言中国的石油咽喉掌握在他们手上(图12-5和图12-6)。

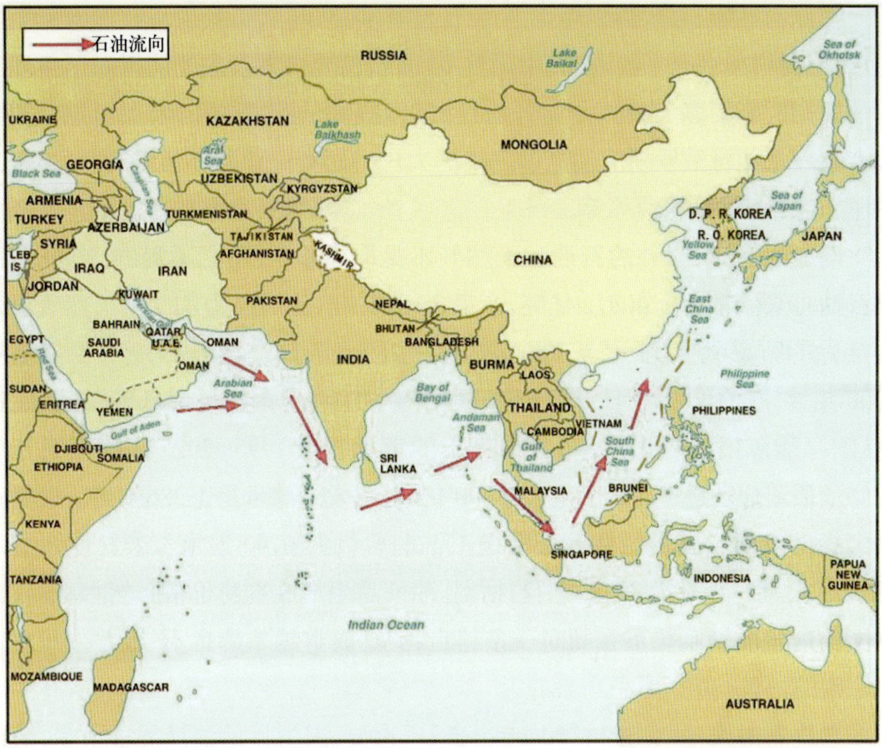

图12–5 中国至关重要的海上石油通道（美国国防部的《2007年中国军力报告》附图）
blog.sina.com.cn/s/blog_54dfc00d01000dmw.html，2007—11—30。

图12–6 中国海军护航舰队图片
图片来源：中国军网。

当然，有些西方媒体以至 EIA 会言过其实，有吓阻和减少与发达国家竞争之意，但对中国也是个提醒。就中国自身而言，需要多大投入才能保障这条海上石油通道？需要多大投入才能开通经由巴基斯坦进入新疆的陆上通道？需要多大投入才能将俄罗斯的油气引到中国大庆？还有中亚的输油气管道、横跨太平洋的南美石油运输线等等。

问题还在于，国外的石油和天然气不是取之不尽、用之不竭的。2000 年世界石油可采储量为 1 408.2 亿吨，产量 34.2 亿吨，储产比为 41.2；天然气可采储量为 149.42 太米^3(1 太 = 10^{12})，产量 1.76 太米^3，储产比为 84.9。[9] 也就是按 2000 年计，石油可以用 41 年，天然气可以用 85 年。美国能源信息署(EIA)发布的《国际能源展望 2005》[10] 报告中提出的世界石油 1995—2025 年的探明及增长储量估测分别是 1 750 亿吨和 1 000 亿吨，未发现储量是 1 286 亿吨；世界天然气探明及增长储量的估测分别是 171 太米^{3}和 66.46 太米^3，未发现储量是 121.79 太米^3 [10]。随着资源的渐趋枯竭，油气的生产成本与价格必然水涨船高，中国的这艘油气巨轮正在驶向一条越走越窄、成本越来越高、不用太久即将走到尽头的一条航道。

这里不是说油气“进口”和“走出去”不重要，因为目前油气需求太多，缺口太大，非此别无他途；这里也不是说动用外汇储备趁油价低落时增加油气战略储备不重要，因为这个机会难得，而是说它绝非一买一卖的简单关系，是需要国家付出大量资金、政治、外交、军事资源和代价的，隐性成本远大于表观价格；而是说中国的能源自主与安全程度将因此而越来越低；而是说除了进口油气以外，能否让清洁能源替代的这条腿也快些粗壮起来，好两条腿走路。油气资源总是会逐渐枯竭的，可再生能源替代才是一条越走越开阔、越走越自主安全、越走越清洁和能源永续的阳关大道。美国正在这样走，欧洲正在这样走，巴西正在这样走，中国上路了吗？

中国是个崛起中的大国，凡事都可能在国际上引起或大或小的影响。中国的粮食安全方针是自给率 95%，国际市场仅作调剂，非常自主、安全与主动。在 2008 年的世界粮价危机中不就是从容不迫、游刃有余吗？而国民经济的“粮食”——石油，则一半以上依靠国外，能够自主与安全吗！在此涉及国家自主与安全大计的粮食与能源两大问题上，何以有如此天上地下的双重标准？

12.5 能源转型是世界大趋势

看看美欧等先行工业化国家的能源道路是怎么走过来的，这对中国很有借鉴意义。（本书第5、6、7章有过这方面介绍，本节摘其要而概述之，略有重复）

由于地球油气资源分布过于集中和国家间工业化程度差距太大而形成资源国与消费国的两极分化和矛盾日深的格局。先行工业化国家以其强大经济、技术和军事优势，强力占有和掠夺资源国的石油资源，其起始标志是1908年英国在伊朗获得石油开采权和成立英国–波斯石油公司。而矛盾深化的标志则是1960年成立石油输出国组织OPEC和与继而成立的“国际能源机构”（IEA）之间的对阵，直到以后的两次美伊（伊拉克）战争和目前的美伊（伊朗）对抗，整整经历了一个世纪。

“无可奈何花落去”。“两伊”之于美国，俄乌“斗气”之于欧洲，都使他们深感“能源依赖国外”的切肤之痛。油气依赖国外的经济、政治，以至军事成本越来越高，压力越来越大，以及面临油气资源渐趋枯竭和应对全球气候变暖的大形势，使美欧等不得不在国家战略高度上力求摆脱油气依赖国外的困境，探寻多种替代途径，加快增加可再生能源在能源消费总量中的份额。发达国家能源转型的转折点是1973年爆发的世界石油危机（详见第1章）。

美国1975年启动玉米乙醇；20世纪80年代在旧金山附近安装了当时世界最大的风电装置；90年代初在南加州建了9个10兆～80兆瓦的太阳热能发电厂。这个“车轮上的国家”的能源转型重点当然会放在生物燃料对石油的替代上。克林顿1999年的《开发和推进生物基产品和生物能源》总统令，布什2005年的《美国能源法案》和“要求到2012年，燃料制造商必须在汽油中加入2 250万吨生物乙醇”的乙醇训令、2006年国情咨文演讲中提出“美国使用石油像吸毒一样上瘾”以及2007年通过的以生物燃料为主要内容的《能源自主与安全法案》[11]，一级一级地将生物燃料对化石燃料的替代推上快车道。“生物质已经开始对美国的能源做出贡献，2003年提供了2.9 quads（约合1亿吨标煤，作者注）能量，占美国能源消费总量的3%以上，超过水电而成为可再生能源的最大来源。”（图12–7）[12]

奥巴马上任不久就对农业部长下达总统令，指令农业部要“大力加快在生物燃料产业的投资和生产，并利用这个产业为美国加快发展农村经济提供唯一

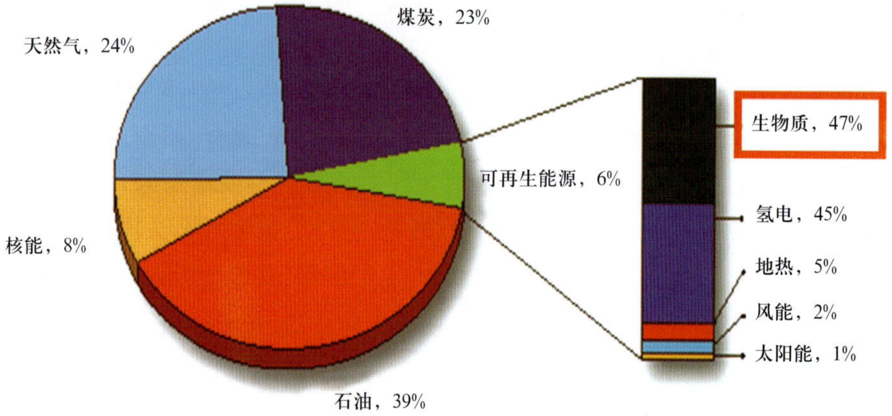

图12–7　2003年美国能源消费结构图[12]

的机会”，提出“向清洁能源经济转型”的国家战略和通过了《清洁能源和安全法案》，以及在2010年的国情咨文讲演中说：“掌握洁净、可再生能源动力的国家将处于21世纪的领先地位。”

能源部长朱棣文上任不久，取消了对氢燃料电池研究的资助和提出“要大力发展生物燃料和低碳生物能源。”能源部2009财年的能源效率与再生能源研发专项拨款中，生物质能的拨款是太阳能和风能的5.8倍。他在清华大学演讲（2009年7月）中介绍清洁能源新技术中专门介绍了能源作物芒草（*Miscanthus*）（图12–8），讲道：“在旱作条件下单位面积的乙醇产出是玉米的15倍，5 000万英亩（1英亩约合4 047米^2）能源作物即可产出相当于目前1/2美国汽油消费量的生物燃料”[13]。

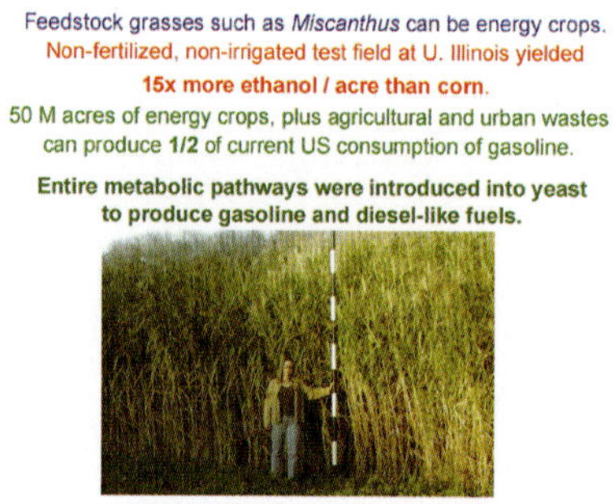

图12–8　朱棣文2009年7月在清华大学讲演（左图）及所用的一张PPT[13]（右图）

2009年底，美国能源信息署(EIA)发布的《能源展望2010》[14]描绘了2035年前美国能源转型的轮廓，其总的态势是单位GDP的能耗和二氧化碳排放以及人均能源消费将持续减少，以及在能源消费温和增长中逐步由化石能源向可再生能源转型。在运输燃料领域，“到2035年，液体燃料需求的增长部分可以由生物燃料满足；燃料乙醇消费量将占到石油消费量的17%，以及生物燃料可使进口原油依赖下降到45%。”在汽车领域，“以生物燃料和汽油为动力的灵活燃料汽车(FFVs)将占到40.9%，轻度油电混合动力车占26.37%，纯油电混合动力车占18.27%，电动汽车占5.35%。”(请注意，主要是FFVs，电动汽车只占5.35%，作者注)在电力领域，2035年的非水电可再生能源发电量将占美国发电增量中的41%。其中生物质发电占49.3%，风电占37%，光伏发电占4.2%。风电经2005—2015年的快速增长后将处于平稳，而生物质发电仍持续快速增长(图12—9)。

从上所述，我们可以看到这个能源消费量占世界消费总量1/5的美国在能源转型上的决心、路径以及本世纪前1/3时间里的动向。

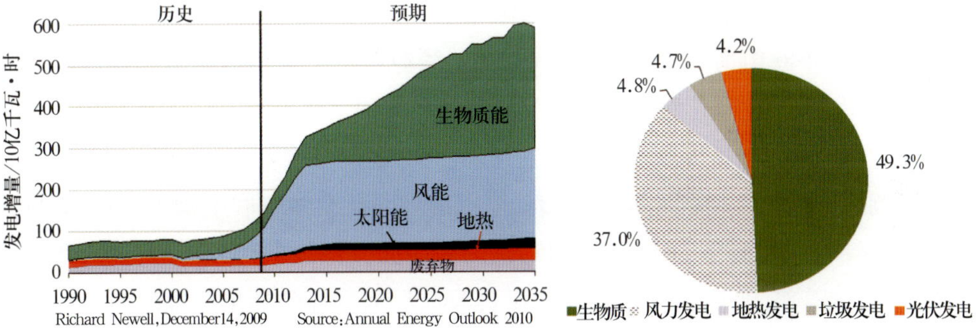

图12—9　美国2008年至2035年非水可再生能源的发展预测（左图）及2035年的构成（右图）[14]

当奥巴马提出美国向清洁能源经济转型时，他的邻居巴西和大西洋彼岸的瑞典已是初具规模了。2008年11月召开的“国际生物燃料大会”上，巴西全国公民协会主席Dilma Rossef女士在开幕辞中讲道：“巴西的经济是建立在可再生能源基础上的，目前全国以生物乙醇替代了50%的汽油，生物柴油替代了3%的化石柴油，这一比例正在快速提高。2003年启动了的灵活燃料汽车(FFVs)市场，现已有700多万辆，汽车销售中90%以上是FFVs汽车。”巴西国内有1.2万架小型及农用飞机使用乙醇燃料。

巴西已建成十大甘蔗乙醇生产基地，2009年产甘蔗乙醇1 980万吨，生产成本相当于石油桶价50美元。全国已建成了从蔗田到车轮的完善的储存配送设施和销售系统，还为乙醇出口修建了全长1 150千米的输送管道。2005年出口乙醇200万吨，占全球乙醇交易量的53%，并向印度、委内瑞拉等十多个国家出口酒精生产成套设备及承包建设工程。甘蔗乙醇已成为带动巴西农业、糖、乙醇、电力、机械制造、化工、汽车、交通、市政建设等13种行业的国家第一支柱产业，产值超过信息产业[15]。

瑞典能源消费结构中，石油份额由1970年的77%下降到2003年的32%；生物质能的工业用途512亿千瓦·时，是石油(224亿千瓦·时)和煤炭(166亿千瓦·时)的1～3倍。生物质供热发电1 030亿千瓦·时，占全国能源消费总量的16.5%，占供热能源消费总量的68.5%。2007年有沼气驱动车1.5万辆，加气站布网遍布全国，预计2040年前后，全国天然气将全部由沼气替代[15]。在2006年"世界生物质能源大会"上，瑞典总理佩尔松宣布："生物能源已能满足目前瑞典25%的能源需求，2020年瑞典将成为世界上第一个不依赖石油的国家。"

2007年欧盟通过立法制订了2020年能源消费总额中的可再生能源必须占到20%，其中生物燃料要占交通部门汽油和柴油消费量的10%的目标[16]；日本提出在2050年世界原油生产达到顶峰前，开发出不依赖石油的技术，并按产业分别制订了"摆脱石油"的时间表，提出由 "石化日本"向"生物质日本"的战略转变；印度制订了2011年全国运输燃料中必须添加10%乙醇的法令，违者将被起诉等等。美国、巴西、欧洲和瑞典等已经为世界勾勒出一幅能源转型的图画。

如果说化石能源向清洁能源转型是世界大趋势，能源转型中的大趋势则是以生物质能源为主导的。

12.6 中国的清洁能源资源很丰富

中国能源转型的基础在于清洁能源的资源支撑能力。中国工程院2008年公布的中国可再生能源发展战略研究报告为之提供了系统资料。

中国水电的经济可开发量为4.02亿千瓦，其中小水电1.28亿千瓦，占全国水电装机容量的33%和发电能力的31%[17]。中国水电资源丰富，虽开发程度已达32%，但仍有较大潜力。中国陆地风能(离地面10米高度)的技术可开发量为2.97亿千瓦，可开发面积为20万千米^2；离岸20千米海域范围内技术可开发量为1.8亿千瓦，可开发面积为3.7万千米^2[18]。中国仅2%的国土(陆地)面积具有开发风能的条件，可开发面积和资源量不算大。按2007年的产出，可利用的生物质原料资源量为9.32亿吨标煤，预测2030年为11.71亿吨标煤[19]。中国太阳能资源丰富，但目前尚无资源量的具体数据[20]。中国核电装机容量900万千瓦，只占世界核电装机容量的5%，开发余地较大，但“中国天然铀资源供应不足，已探明量只能支持25座功率100万千瓦的标准核电站。”[21]

按联合国惯例，大水电和核电属传统能源，可再生能源只包括小水电、风能、太阳能和生物质能等，也叫“非水可再生能源”。为了便于资源量的比对，现将各种清洁能源的不同能量单位统一换算为标煤并列入了表12–1。中国清洁能源的可经济开发总量(不含太阳能)是21.48亿吨标煤，其中大水电和核能(核能按已查明资源)分别为3.98亿吨和0.58亿吨，合占清洁能源总资源量的21.2%。(非水)可再生能源占清洁能源资源总量的78.8%，其中小水电、风能和生物质能的资源量分别为1.86亿、3.34亿和11.71亿吨，生物质能源的资源量是小水电的6.3倍和风能的3.5倍(表12–1和图12–10)。

表12–1　中国的清洁能源及资源状况[17~21]

清洁能源	能态	主产品	资源主分布区	可经济开发资源量			所占比率/%
				装机容量/万千瓦	发电能力/(亿千瓦·时)	折标煤/万吨	
风能	动能	电	三北、青藏高原	47 700	10 017	33 390	15.5
太阳能	热能	热与电	青藏高原、西北	–	–	–	–
生物质能	化学能	多种能及非能产品	东部地区及南方	–	–	117 100	54.5
小水电	势能	电	西部	12 800	5 586	18 620	8.7
大水电	势能	电	西部	27 380	11 948	39 827	18.5
核能	原子能	电	合理布局	2 500	1 750	5 833	2.7
累计	–	–	–	–	–	214 770	100.0

注：风能和核能的装机容量分别乘以2 100小时和7 000小时换算为年发电能力，水电按原资料；3千瓦·时相当于1千克标煤。

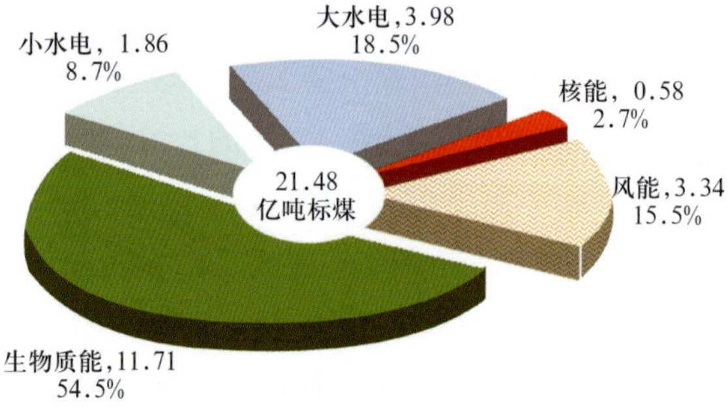

图12–10　中国清洁能源资源构成（不含太阳能）
数据为折标煤量，单位为亿吨。

在区域分布上，水能资源集中于西部，西南地区占到70％；陆地风能资源集中于三北地区和青藏高原，内蒙古自治区占到全国总量的50％；太阳能资源的丰富区也在青藏高原和西北地区[20]，与风能资源区叠置。中国的水能、风能和太阳能资源集中于西部与北方，而生物质资源广布和集中于经济发达的东部与南方。可再生能源是一母所生的兄弟，其区域布局如“诸王封地”，各据一方，互补而相辅(图12–11)。

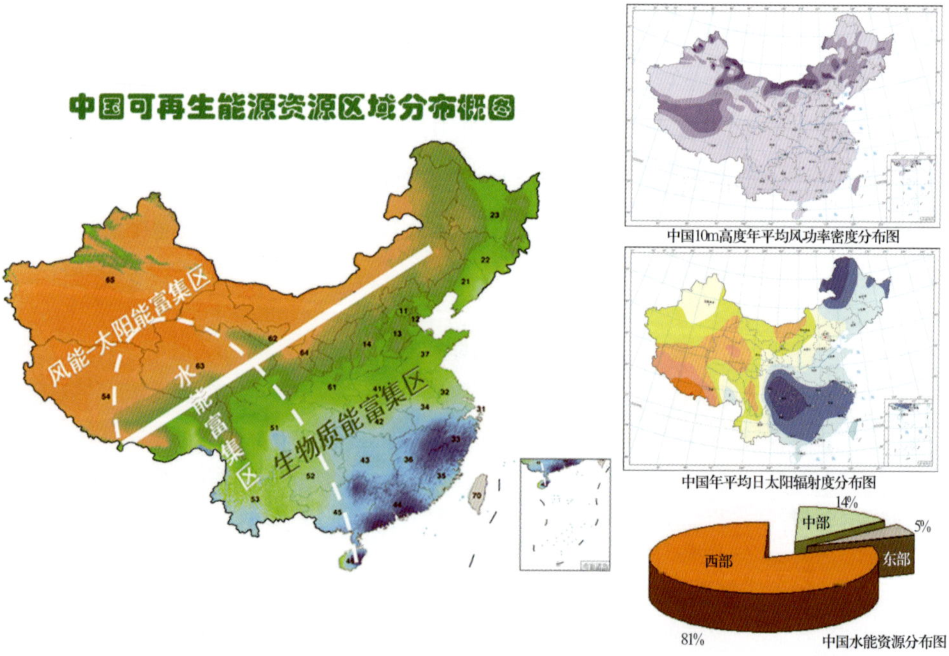

图12–11　中国可再生能源资源主要区域分布概图
右上图为10米高度年平均风功率密度分布图（引自国家气象局），色阶由深到浅分别为极丰富区、丰富区、较丰富区、一般区和贫乏区；右中图为年平均日太阳辐射度分布图[21]，橙色色阶由深到浅分别为＞260、260～240、240～220和220～200，黄色分别为200～180和180～160，蓝色分别为160～140、140～120和＜120，单位为瓦/米^2；右下图为中国水能资源分布状况图[18]。

年产出20.5亿吨标煤的清洁能源，相当于2007年全国能源消费总量的82%。如果加上前景看好的太阳能供热和光伏发电，其潜力是足以担当中国能源转型之大任的。

也许有人会问，电力不也是清洁能源吗？是的，电力在使用中是清洁的，但它是用一次能源转化而成的二次能源。如发电用的一次能源是化石能源，且需约两个能量单位的煤才能转化一个能量单位的电，故电力仍是高资源消耗和高温室气体排放的非清洁能源；只有当发电用的一次能源是清洁能源，电力才是真正意义上的清洁能源。氢能也是二次能源，因技术尚不成熟而成本和碳排放比电能更高。新能源汽车在中国炒得很热，无论是以电或以氢为动力，在当前和以后相当长时间里，在以煤炭发电为主的中国，都是一种高化石能源资源消耗和高温室气体排放的、使用过程清洁而生产过程很不清洁的“新能源”。媒体以至某些领导和科技工作者，对新能源汽车的报道中要注意客观和实事求是，不要误导公众，否则就有“掩耳盗铃”和为汽车制造商炒作之嫌了。

12.7 中国的能源转型意识很淡薄

中国化石能源资源极贫，需求激增，消费结构严重失衡，石油进口依存度高以及温室气体排放量跃居世界之首，理应加快对化石能源的替代与能源转型，其实不然。中国当前热衷于将国家财力和行政资源集中投放于对国外化石能源的购买与开发上，对国内清洁能源资源开发的投入极为有限，转型意识十分淡薄，这是中国经济和社会发展中的一个重大隐患，埋在身边的一枚仍在不断注入火药的定时炸弹。为什么说中国的能源转型意识十分淡薄？以下一一道来。

其一，发展目标不高而“含水量”高。2007年8月发布的《可再生能源中长期发展规划》(表12-2和表12-3)提出了“力争到2010 年使可再生能源消费量达到能源消费总量的10%，2020年达到15%”[22]。15%不算很低，但“含水量”太高。如按大水电属传统能源的联合国惯例，2006年的大水电已经占到能源消费总量的7%，15%的目标就只剩下8%了。经能量单位统一换算为标煤后，2020年的可再生能源的产能目标是6亿吨标煤，去掉大水电后只剩下3亿吨标煤(表12-2)，只占能源消费总量的7.5%。而欧盟是20%，美国和巴西更高，所以中国可再生能源发展目标的起点是很低的。

表 12-2　中国可再生能源中长期发展规划 [22]　　100 万吨*/年

可再生能源	实况	规划目标		2020 年所占比率/%	
	2005 年	2010 年	2020 年	含大水电	不含大水电
大水电	88.40	160.00	300.00	50.11	–
小水电	43.33	93.33	100.00	16.70	33.48
风电	0.88	3.50	21.00	3.51	7.03
太阳能	9.65	18.20	37.20	6.21	12.46
地热	2	4	12	2.00	4.02
生物质能	10.74	27.21	128.45	21.46	43.01
不含大水电总计	66.60	146.24	298.65	–	100
含大水电总计	155.00	306.24	598.65	100	–

注：装机容量折算发电量方法如下：水电按年发电4 000小时，风电按2 100小时，太阳能发电按2 000小时，生物质发电按6 000小时计；标煤折算：3千瓦·时折标煤1千克，太阳能供热按每年每米^{2}折标煤120千克；*折标煤量。

表 12-3　中国可再生能源中长期发展规划中生物质能源部分 [22]　　100 万吨*/年

生物质能	实况	规划目标		2020 年所占比率/%
	2005 年	2010 年	2020 年	
生物质发电	4.00	11.00	60.00	46.71
沼气	5.71	13.57	31.42	24.46
成型燃料	–	0.5	25	19.46
燃料乙醇	0.96	1.88	9.42	7.33
生物柴油	0.07	0.26	2.62	2.04
生物质能合计	10.74	27.21	128.45	100

注：沼气每米^{3}折标煤0.714千克；成型燃料每吨折标煤0.5吨；燃料乙醇按汽油热值的64%计算，每吨乙醇折标煤0.942吨；生物柴油按普通柴油热值的90%计算，每吨生物柴油折标煤1.311吨；其他参考表12–2；*折标煤量。

其二，不进反退。中国在哥本哈根世界气候变化会议上做出了“到 2020 年单位国内生产总值二氧化碳排放比 2005 年下降 40%～45%”的承诺，本以为可以在可再生能源上有个大的进步，可是在为落实此承诺而于 2009 年 12 月召开的“全国能源工作会议”上却提出了“实现到 2020 年非化石能源占一次能源消费比重达到15%左右”的新目标，其注解是：“要实现上述目标，到2020年中国水电装机容量要达到3亿千瓦以上，核电投运装机容量达到6 000万~7 000万千瓦以上，风电、太阳能及其他可再生能源利用量达到1.5亿吨标煤以上。”将这个注解与《可再生能源中长期发展规划》一比，原来不是进步了，而是退步了。也就是用“非化石能源”概念，在原可再生能源指标中掺入了核能后仍然是15%。请注意，在这段新目标的表述中，生物质能源的字样没有了，被排挤进了“其他可再生能源”。

我们算了一笔账。即使按核电7 000万千瓦装机容量和年发电8 000小时(一般为7 000小时[21])计，可折算为产能1.9亿吨标煤；水电3亿千瓦装机容量和年发电3 500小时，可折算为3.5亿吨标煤，再加上1.5亿吨标煤的可再生能源，共计约7亿吨标煤。看似比《可再生能源中长期发展规划》的6亿吨标煤多了1亿吨，但是加进了1.9亿吨标煤的核电，实际是含大水电的可再生能源减了1亿吨标煤；(非水)可再生能源更由3亿吨标煤被压缩到1.5亿吨标煤。不想，竟是用“非化石能源”这个“新词”去大幅度地减少了可再生能源指标。

其三，能源消费总量的玄机。《可再生能源中长期发展规划》中，含大水电的可再生能源2020年占能源消费量的15%和6亿吨标煤产能是按2020年能源消费量为40亿吨标煤计算的。实际上2008年的全国实际能源消费量已经是28.5亿吨标煤了，那么，在未来12年，中国能源消费量只增长11.5亿吨标煤，即年均增长3.3%，这可能吗？2000–2008年的能源消费年均增长是13%，后12年是3.3%，如此大的降幅能做得到吗？

2009年国家能源局又提出了一个2020年能源消费量为44亿吨的数据[23]。而何祚庥院士按GDP年均增长8%~9%和能源消费总量44亿吨标煤计算出的能源消费弹性系数为0.39。他说：“我们不知道历史上有哪个大国在走上工业化，尤其是在走上重型工业化进程时，会出现如此低的能耗？”[24]何文按弹性系数0.5和1.0分别计算的2020年能源消费量各为46.6亿~49.4亿吨标煤和73.3亿~81.8亿吨标煤。何文的态度很明确，一个国家工业化前期和中期的能源消费弹性系数一般大于1.0，后期才可能小于1。那么，2020年的44亿吨标煤和年均增长3.3%的能源消费量就可能是一种自欺欺人的数字了。

我想要说的15%玄机现在可以破解了。到2020年，7亿吨标煤的“非化石能源”确是占44亿吨能源消费总量的15%，如果能源消费总量是60亿吨标煤，那么7亿吨标煤就只占11.7%,1.5亿吨标煤非水可再生能源仅占2.5%了,这里面有一个多么大的"埋伏"啊!

其四,执行中之怪现象。《可再生能源中长期发展规划》中2020年的生物质能、风能和太阳能发展目标经统一折算为标煤后分别是1.29亿吨标煤、0.21亿吨标煤和0.37亿吨标煤,分别占43%、7%和13%,显然生物质能源是大头。可是一起步就反其道而行之。《可再生能源中长期发展规划》刚发布不久,国家能源局局长就发表了以"打造风电三峡"为标题的署名文章[25]。国家能源局局长文章的"能量"之大是可想而知的,风电在全国陡然升温,装机容量由2006年的260万千瓦飙升到2008年的1 217万千瓦,于是随手将刚发布的规划中2010年的500万千瓦指标调升到2 000万千瓦,三年翻了两番(1年前的500万千瓦指标是怎么制订出来的?),将2020年的3 000万千瓦调高到1亿千瓦。

风电是在条件完全不具备的情况下被人为"猛炒"起来的,不到一年时间,就造成1/3、约500万千瓦的风电机组被闲置,数百亿资金被沉淀,被国务院列入了"产能过剩"名单,风电"泡沫"破裂了。同时被热炒起来的太阳能发电"泡沫"也破了,如《经济参考报》的一篇署名文章的标题为:"中国光伏泡沫破灭,千亿元投资半数打水漂"(2009年8月24日)。在人为制造风电和太阳能发电泡沫的同时,"十一五"期间的非粮乙醇几乎全被"封杀"了,新增200万吨的指标只能完成20万吨;100万吨的成型燃料指标只能完成30万吨。这不是明明在和2007年刚出台的《可再生能源中长期发展规划》对着干吗?

先是玩可再生能源概念,在15%的目标中掺进了一半"水分";后又玩非化石能源概念,将3亿吨标煤可再生能源减为1.5亿吨,还编造了一个能源消费总量的玄机。才两年多时间,中国的可再生能源天空竟然如此"绚丽多彩",变化无常。作曲家在保持主旋律风格的基础上可以采取多种手法,在速度、力度、节奏、音色等方面自由发挥,称之"变奏曲",如贝多芬《f小调钢琴奏鸣曲》的第二乐章,舒伯特《A大调钢琴五重奏》的第四乐章,还有大家非常喜爱的巴赫的波兰舞曲。中国在可再生能源上也谱写了一部"15%变奏曲",可惜是一曲在化石能源的主旋律中,不断弱化可再生能源和唱衰生物质能源的变奏。

"机关算尽太聪明,反误了卿卿性命"。在可再生能源如此重要的领域,某些官员竟如此地视《可再生能源中长期发展规划》如儿戏。自欺欺人是不会有好结果的,到头来吃亏的是国家。

2010 年是“十一五”计划的最后一年,2011 年 3 月份的“两会”上,会有人民代表和政协委员就此提出问责吗? 不知道。

12.8 非不能也,是不为也

在发展可再生能源对化石能源的替代上,许多国家是鼓声隆隆,中国是步步后撤。是原料资源不足吗? 不是! 是技术不成熟吗? 不是! 是没有资金吗? 不是(有万亿计资金投向了国外化石能源)! 是需求不旺吗 ? 不是! 是市场前景不好吗? 不是! 是风险大吗? 不是! ……

在发展可再生能源对化石能源的替代上,以生物质能源担纲是世界主流,在中国却被打入冷宫。是因为原料资源不足吗? 它占包括大水电和核电在内的中国清洁能源资源量的一半,是水能的 2 倍和风能的 3.5 倍! 是因为能源产品不好吗? 它的能源产品多样,固态、液态、气态俱全! 是因为技术不成熟吗? 在可再生能源中它的技术最成熟! 是因为社会效益不好吗? 在清洁能源中它是唯一能促进农村经济发展和农民增收的! 是因为生态效益不够突出吗? 它是清洁能源中唯一具有碳汇和减排双重功能,并使环境污染物无害化、资源化和循环利用的! 是因为……

问题的答案只有一个,非不能也,是不为也。

按《可再生能源中长期发展规划》和 2009 年“全国能源工作会议”的如上部署,中国 2020 年的化石能源仍会占到能源消费总量的 90%,石油对外依存度将大大超过 60%,天然气和煤炭的进口量持续增加,国家的能源自主与安全程度越来越低,越来越脆弱了。这是中国立足化石能源,立足国外,忽视可再生能源的能源战略的必然结果。

中石化原副总裁曹湘洪院士指出:“一旦石油资源大国和生产大国的石油生产出现问题,世界石油供应不可避免会出现严重危机。紧张的世界石油供求形势需要我们加快发展生物能源产业。”“积极发展生物燃料是减少对石油的过度依赖和减排二氧化碳的重要战略举措。”[26] 中国石化石油勘探开发研究院的前院长关德范著文[27]指出，中国能源发展战略思路要有一个根本的转变，由化石能源转到以可再生能源为主的轨道上来，“这是唯一的选择，没有其他出路。道理很简单，即我国进入经济转型期的首要任务是改变农村的经济结构和提高农民的生活水平。”“能源战略思路的转变中，首先要针对9亿多农民这样一个大目标，思考可再生能源的发展方向。”我十分钦佩这两位石油专家能摒弃门户之见，站在国家利益的高度上思考中国的能源战略，如果那些能够影响国家能源决策的主管官员和“智囊”们也能有这般境界该多好。

L·布朗在他的《B模式》一书中说：“以矿物燃料为基础、以汽车为中心、充斥着一次性物品的西方经济模式，在工业国家已不再行得通，在中国、印度等发展中国家也不会行得通”；“保持21世纪初的全球文明，取决于向以可再生能源为动力、实现交通运输多样化的可循环经济的转变”[28]。L·布朗又一次点名中国了，这次可真点在了“软肋”之上。中国正在他说的“不会行得通”的道路上快跑。

20世纪70年代发生第一次石油危机时，沙特阿拉伯的石油部长亚马尼(Sheikh Yamani)有过一句名言：“要记住，石器时代的消失并不是因为用光了石头。”诚然，石器时代的结束不是用光了石头而是因为有了铜器和铁器；农业社会的结束不是因为农作物没有了收成而是因为有了工业革命，都是一种“进步替代”和“主动替代”。同样，化石能源时代的结束也不必非要将它用完，而是主动寻求进步替代之路。中国总不能等到将国内外石油天然气资源耗尽之时才大力发展可再生能源吧！

“要未雨绸缪，勿临渴掘井”；“人无远虑，必有近忧”；“君子防患于未然”，这样的善言警语很多，中国历来就有这种优良传统。何以在能源这个国之命脉的大是大非上竟疏漏如斯。中国必须重新评估当今的能源战略，尽快高举起能源自主、安全和转型的大旗，否则必将贻害国家，造孽人民。

参考文献

1. 内部资料.
2. 国家统计局，国家发改委.中国能源统计年鉴2008.北京：中国统计出版社，

2005, 2009.

3. 姚强.洁净煤技术.北京：化学工业出版社，2005.

4. 倪维斗.我国的能源现状与战略对策.科技日报，2007-1-25.

5. 何祚庥.中国以燃煤为主的能源政策还能维持多久？中国科学院院士建议，1998（14）.

6. 毛宗强.没有气体能源的战略是不完整的能源战略.科技日报，2007-3-5.

7. 中国科学院.我国能源可持续发展体系战略研究报告，2007.

8. 江泽民.对中国能源问题的思考.上海交通大学学报(自然科学版)，2008，42（3）.

9. 张抗等.中国石油天然气发展战略.北京：地质出版社，石油工业出版社，中国石化出版社，2002.

10. 美国能源信息署.国际能源展望.IEO2005（中译本）.北京:科学出版社，2006.

11. CRS Report for Congress. The Energy Independence and Security Act of 2007. Summary of Major Provisions. December 21, 2007.

12. USDE & USDA.Biomass as Feedstock for a Bioenergy and Bioproducts Industry:The Technical Feasibility of a Billion—Ton Annual Supply.April, 2005.

13. Steven Chu.Meeting the energy and climate challengy:A Tale of Two Countries(PPT), Tsinghua University, 15,July,2009.

14. U.S.Energy Information Agency（EIA）. Energy Outlook 2010, 2009.12.

15. 本书第5和第7章.

16. Commission of the European Communities.Renewable Energy Road Map, Renewable energiesin the 21st century: building a more sustainable future, Brussels,10.1.2007.

17. 中国工程院重大咨询项目：中国可再生能源发展战略研究丛书·水能卷.北京：中国电力出版社，2008.

18. 中国工程院重大咨询项目：中国可再生能源发展战略研究丛书·风能卷.北京：中国电力出版社，2008.

19. 中国工程院重大咨询项目：中国可再生能源发展战略研究丛书·生物质能卷.北京：中国电力出版社，2008.

20. 中国工程院重大咨询项目：中国可再生能源发展战略研究丛书·太阳能卷.北京：中国电力出版社，2008.

21. 何祚庥.解决中国未来的能源问题，是以核能为主，还是以可再生能源为主？.中国科学院院士建议，2006（15）.

22. 可再生能源中长期发展规划，2007.9.

23. 解振华.中国挑战控制排放极限.人民日报，权威论坛，2010-1-6.

24. 何祚庥.中国会不会走向“半个”工业化.科学时报，2010-2-24.

25. 张国宝.打造“风电三峡”. 人民日报，2008-2-4.

26. 曹湘洪.积极发展生物燃料，减少对石油的过度依赖（PPT），2010.4.

27. 关德范.用科学发展观思考中国能源发展战略.中外能源，2009，14（7）.

28. 莱斯特·R·布朗.林自新等译.B模式.北京：东方出版社，2003.

根据国土资源部资料，中国未被利用土地中可利用及可农用的面积分别是 8 874 万公顷和 734 万公顷，是一笔多么宝贵的财富。下图为盐碱地，全国有 900 多万公顷，可种甜高粱等能源作物。

13 解困“三农”的一剂良药

——能源农业

- 一笔历史欠账
- 诊断“三农”沉疴
- “农民进城”的药方不灵
- “十补九不足”，病情起色不大
- “农亦有道”
- 根本出路：农工贸联合体
- 日本的“农村工业化”
- “叶公好农”
- 一剂良药——能源农业
- “我有一个梦想”

凡战者，以正合，以奇胜。

——《孙子兵法》

新中国是在中国共产党领导下、依靠农民打下的江山，工业化是农民提供的原始资本，可是工业化刚起步就用工农“二元论”和城乡“二元论”边缘化了中国的农业、农村和农民。“二元论”既违背经济规律，又导致社会财富分配的严重不公、工农矛盾和城乡矛盾加剧，成为影响中国经济健康发展和社会稳定的一种潜在危机。中共中央十分重视“三农”问题，将它作为全党工作的“重中之重”，采取了种种措施，取得了一定成效，但是并未遏制住工农差距和城乡差距的继续扩大。问题的症结在于“二元论”依在，措施治标而不治本，输血而不造血，授之以鱼而未授之以渔。

21世纪的能源换代将生物质产业推到了现代社会的中心舞台，推到了能源与农业领域发展的前沿。生物质产业植根于农业，又将引领农业提升到一个新的境界和发展时期。鱼无水而不生，水无鱼而不活，生物质产业与农业的这种鱼水关系将演绎一部能源换代世纪的精彩剧目。“三农”母亲将以乳汁哺育生物质产业成长壮大，生物质产业如“奇兵天将”般地救母突围，走向灿烂明天。

本章在系统阐述中国“三农”的困境、病因、出路之后，将为“三农”开出一剂“造血强身”的良药——能源农业。全章结束于“我有一个梦想”。

13.1 一笔历史欠账

一个国家搞工业化和城市化是要花大笔钱的，因为机器和高楼不会从天上掉下来。早期工业化国家的原始资本积累主要来自对殖民地的掠夺和海盗行为，靠的是“外源”。新中国成立之初，西方国家的经济封锁犹如铁桶一般，工业化的原始资本积累只能靠自己。当时国家一穷二白，“第一桶金”从哪里来？只有靠“三农”——农业、农村和农民！中国工业化和城市化中，“三农”不仅供应了粮食和农产品，还通过工农产品价格剪刀差、国家财政资源分配等方式将自身的剩余劳动价值源源不断地输送给了国家工业化和城市化建设。一说是1952−1978年间输送了6 078亿元，其中“剪刀差”形式5 100亿元，余为税收[1,2]；一说是30万亿元（中央党校某专家，2008）。算法和数字可以不同，但“第一桶金”绝对是“三农”提供的，而且数额巨大。

“三农”曾经历了大跃进、人民公社、三年困难和“文化大革命”的种种磨难，又将其农业剩余劳动价值贡献给了国家工业化和城市化建设，已经是精疲力竭，积贫积弱了。改革开放之初，1979年的《中共中央关于加快农业发展若干问题的决定》中就指出：“1978年全国平均每人占有的粮食大体上还只相当于1957年，全国农业人口平均每人全年的收入只有70多元，有近1/4的生产队社员收入在50元以下，平均每个生产大队的集体积累不到1万元，有的地方甚至不能维持简单再生产。”[3]这就是改革开放之初 “三农”的惨状，是新中国成立30年以后的惨状。

当年中国革命靠的是农村包围城市，八路军和解放军是穿着军装的农民，全国解放前夕毛泽东告诫过全党：“决不可以丢掉农村，仅顾城市”[4]；“中国的主要人口是农民，革命靠了农民的援助才取得了胜利，国家工业化也要靠农民的援助才能成功。”[5]遗憾的正是在他老人家之手推出了城乡“二元化”和工农“二元化”。“既不许农民进城（户籍制度），又不许农民搞工业、搞商业、搞建筑业、搞服务业，让农民祖祖辈辈‘面朝黄土背朝天’地成为‘世袭农民’。”[2]农民享受不到起码的国民待遇，“农转非”比登天还要难，当时占中国人口80%的农民被边缘化了。20世纪90年代，一位湖北基层干部写信给总理说：“中国农民真苦，中国农村真穷，在中国搞农业真险。”

中国的改革开放是从“三农”开始的。当时用了三剂力挽狂澜的“猛药”，即改人民公社为家庭联产承包制，改以粮为纲为多种经营，以及发展乡镇企业。中央雷厉风行地推行了25条重大措施和连续下达5个“一号文件”，指令必须“在最近两三年内采取一系列措施，加快农业发展，减轻农民负担，增加农民收入。”[6]

濒临破产的农村经济被激活了，1978−1990年的12年间[7,8]，全国粮食总产平均每年增长1 230万吨，是前30年(660万吨)的2倍和后8年(750万吨)的1.6倍(图13-1)；棉花、油料、甘蔗、水果和肉类总产的年均增长量分别是前30年的3、10、5、6和7倍；农村家庭人均收入由1978年的134元增加到1990年的630元。乡镇企业也由152万个和286万从业人员增加到1 873万个和9 265万人(图13-2)，农业年总产值由514亿元增加到9 780亿元，12年增长18倍。“三农”的奇迹出现了，这是中国农业历史上一次真正意义的“大跃进”和“黄金时期”，是继土地改革后农民的第二次翻身。

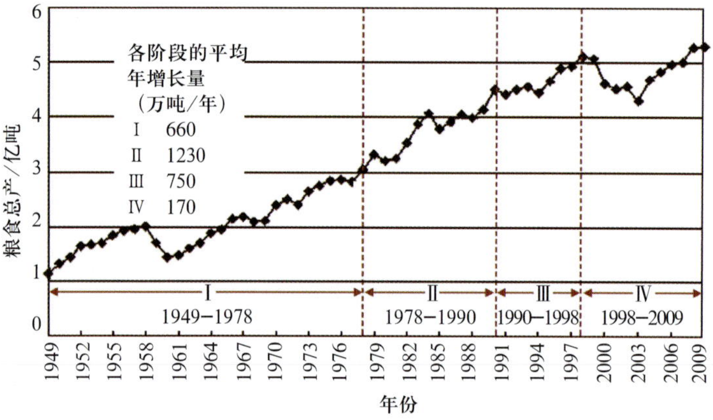

图13-1 全国粮食总产的50年变迁[7]

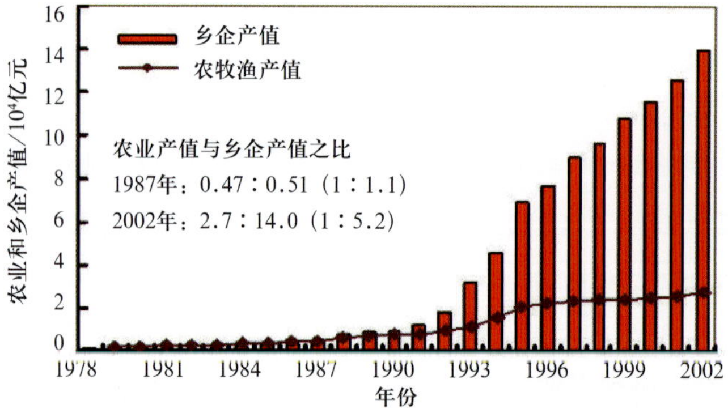

图13-2 改革开放后乡镇企业的“异军突起”[2]

如果按照这个势头发展下去，“三农”将与国家经济的全面发展比肩齐翼，共享改革开放盛世，也算得到了为国家工业化提供原始积累的一点慰藉与回报。遗憾的是，随着改革开放重点移向工业与城市，这个势头消退了。城乡居民人均收入差距越拉越大，农民生产积极性受挫，农业增长乏力，工农矛盾和城乡矛盾日益突出，“三农”问题凸显出来了。

13.2 诊断“三农”沉疴

所谓“三农”问题，其表观症状是城乡居民收入差距越拉越大和农业增长乏力。

进入 20 世纪 90 年代，中国 GDP 以两位数快速增长，而农民收入年增长却由 1987 年前的 10% 以上滑到 5% 上下徘徊，不到国家 GDP 增长的一半。与城镇居民年人均收入之比由改革开放之初的 1∶2 扩大到 2007 年的 1∶3.3，一个是 4 140 元，一个是 13 786 元(图 13–3)。城镇居民的 13 786 元是指可支配收入，不含公费医疗、养老保险以及各种补贴及公共服务等社会福利，这些都是农民享受不到的，城乡居民人均收入的实际差距是 6～8 倍。多么严重的失衡与不公，而一些西方国家的城乡居民人均收入则是相当接近的(表 13–1)。

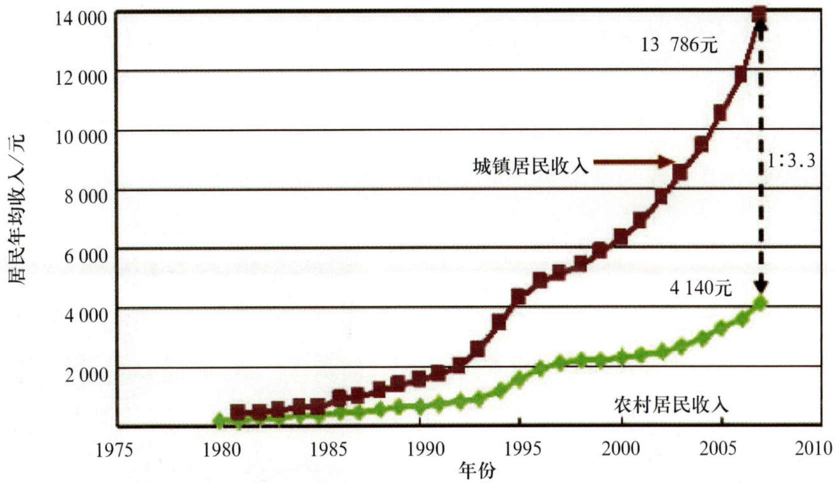

图13–3 全国城乡居民年均收入增长状况[8]

表 13–1 部分国家农与非农劳动者的收入状况

国家	国民平均绝对收入/美元	非农/农业劳动者收入比		
		1985 年	1990 年	1995 年
丹麦	26 390	1.50	1.59	–
荷兰	20 850	1.16	1.12	1.11
加拿大	20 290	0.76	0.77	–
英国	18 150	1.15	1.14	1.16
美国	35 216	–	–	1.18
以色列	13 720	1.69	1.66	1.85

注：资料来源，程序，2006。

再说农业增长乏力。改革开放之初的 20 世纪 80 年代，全国粮食总产平均年增长 1 230 万吨，1990—1998 年间降到 330 万吨，1998—2008 年的 10 年间为零增长或恢复性增长。一个年富力强的人如果整天浑身乏力，一定是有病了。

下面是对中国农业生产三

要素的诊断。

先说土地要素。1996–2006年间平均每年占用耕地66.67多万公顷，耕地面积由1.30亿公顷减到1.23亿公顷，这个趋势还在继续；2020年的农业用水规划，维持在4 000亿米^{3}以内没有增加，所以“土地要素”情况很不好。

再说资本要素，2007年的农村人均生产性支出只有1 433元，能维持简单再生产就不错。农民这个投资主体无力扩大再生产，农业对外来资金没有吸引力，国家投入又是杯水车薪，没有钱，搞现代农业岂非画饼充饥。

劳动力要素状况更不堪言（图13–4）。尽管1978–2006年的28年间农业劳动力累计转移出去了1.8亿，但农业劳动力仍保持在3亿以上，农村人口由8亿增加到9.5亿，这是因为农村的高出生率给填补上去了。由于种地收入太低，青壮劳力进城务工，农业劳动大军主要靠妇女和老人组成的“3860部队”支撑，农业劳动力的整体质量下降了。劳动力的过剩和质的下降问题至今看不到有缓解迹象。图13–5为金融风暴波及下农民工失业返乡状况。

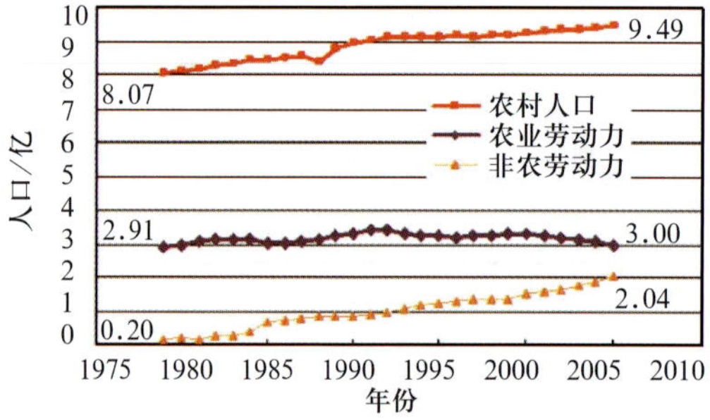

图13–4　改革开放30年间农村人口动态状况[8]

图13–5　世界金融风暴波及下大批农民工失业返乡

中国“三农”的体量很大，土地、资本和劳动力生产三要素的滞惰性又强，有近2亿农民工在城乡间流动，如无重大举措和极强刺激，农业现状很难有实质性好转。中国有句民言：“重病要用猛药”，“猛药”何在？

13.3　“农民进城”的药方不灵[9,10]

20世纪90年代，中国有些权威经济学家为解困“三农”开过一个方子，叫

"农民进城"。认为"三农"问题的解决在于将一部分农民转移到城市里去,进城农民可以多挣钱,留在农村的农民可以多得一份"劳动果实"。"农民进城论"还催生了"加快城市化进程论"。十多年过去了,治疗效果如何?

工业化进程中,农业劳动力向非农转移是个必然过程。经济学家刘易斯(William Arthur Lewis)的著名二元经济结构理论指出,根据农业剩余劳动力及边际产出价值状况,农业剩余劳动力向工业和城市的就业转移分无限供给和有限供给两个阶段。费景汉–拉尼斯模型(Ranis–Fei model)又提出农业剩余劳动力就业转移的三阶段论。他们的理论都是从西方工业化国家人口少、农民不多的大背景下概括出来的,这个药方在早期工业化国家确是相当灵验。

工业化中期的1900年,美、英、法、德、日的总人口分别是7 630万、4 219万、3 896万、5 637万和4 481万,其中农业人口不过两三千万,一半农民进城也不过一两千万。早中期工业化的传统工业多劳动密集型,对劳动力需求旺盛,可以取得工与农和城与乡之间劳动力转移上的基本平衡。刘易斯理论和费景汉–拉尼斯模型正是以此劳动力供需转移中能够取得平衡为前提的,所以到工业化后期是求大于供,需要靠工业边际劳动价值高于农业才能吸引到农村劳动力的转移,形成劳动力的供方市场局面。

中国的情况根本不是那么回事!

20世纪80年代中国进入快速工业化时期的农村人口占全国人口的80%,劳动力大量过剩和高出生率,远远超过工业与城市的吸纳能力。改革开放后30年的工农、城乡人口流动的实践(图13–4)已经说明了中国是一个工业与城市难以吸纳的巨大农业劳动力供应市场,是严重的供大于求的局面。1/3的农民进城就会让全国城市人口翻番,需要提供多少就业岗位和城市公共服务资源?现在就有许多城市居民和大学生找不到工作岗位。再看农村这一边,即使3亿农民进了城,还有五六亿留在农村,原来一个馒头三个人吃改成两个人吃,能吃饱致富吗?其劳动生产率和收入的增加能与城市相比吗?再说,工业化和城市化是社会经济发展的结果,是个渐进的发展过程,不是农村剩余劳动力可以"来者照收"的"魔盒"。何况21世纪的中国已进入工业化中期,技术和资本密集型产业快速发展,劳动密集型产业规模在缩小,吸纳农村剩余劳动力的能力也在降低。中国和西方先行工业化国家在工农和城乡劳动力转移的基本背景与条件上是完全不同的,这是数量决定质量的一个典型例证。

工业化进程中农村劳动力向城市和工业转移是正常的和进步的，但是靠农民进城来解决中国的“三农”问题无异于“缘木求鱼”。这剂药方没有减轻“三农”多少病情，副作用还不小，请看陆大道院士在2007年的一份研究报告中提出的一些触目惊心的事实。

“近十年来我国城镇化脱离了循序渐进的原则，超出了正常发展轨道。特别是大规模占地、毁地的现象令人触目惊心！城市人均占地很快达到110～130米^{2}的欧美发达国家的高水平。”“2000年全国已有5 000万农民失去土地，2001–2004年间，全国又净减2 694万亩耕地。按劳动力人均耕地4亩计，相当于增加了670万农业剩余劳动力。如此下去，到2020年还将有6 000万农民失业和失去土地。由于土地价格低廉，补偿不到位，农民的利益受到严重侵害，甚至成为“种田无地，就业无岗，低保无份的‘三无农民’”[11]。

近年由农民手中流出的土地约670万公顷(1亿亩)，每转出一亩地，农民得到两三万元，当地政府和企业可以得到几十万元或几百万元，通过这个渠道，又有数百亿元资金悄悄地从农村流向了城市和工业，多么隐蔽与残酷！农民从城市化中未曾受益，反受其害。这才催生了十七届三中全会提出的“土地流转”制度。

13.4 “十补九不足”，病情起色不大

传统农业是以土地和光、热、水、气等自然要素为主要生产资料，依靠植物光合能力进行植物和动物生产的，自然风险大，经济效益低。而农业又是个“安天下、稳民心的战略产业”[12]，世界各国都是实行高额补贴政策，特别是那些发达国家。欧盟对农产品有40多亿欧元的出口补贴，各国支持400多亿欧元，美国80多亿美元，日本是60多亿美元，中国是零。中国有棉农约5 000万人，所有补贴加在一起是5.5亿元，平均一人10元，美国棉农只有2.5万人，一年补贴30亿美元，人均12万美元。日、欧、美三家一年补贴大米130亿美元，美国种水稻不多，也补13亿美元，是生产成本的70%以上。总的加起来，发达国家对

农产品的补贴，人均一年约3 000美元，而中国有7.4亿农民，人均全年收入还不到400美元。

近些年，中央和国务院加大了对农业的扶持力度，陆续出台了一系列支农惠农政策，但是“十补九不足”。

虽然免除农业税虽是中国古今的一桩美事，但更多的是具有象征性意义。国家税务总局副局长在著文中是如此说的：

“当前，社会上存在着农业税免征后的农民将处于无税状态的片面认识……仅农民从事农业生产所负担的不能抵扣的增值税进项税款和缴纳的车辆购置税，以及农民在日常消费中负担的增值税、营业税、储蓄存款的利息税，2003年大体为4788亿元，约占农民总收入的14.3%”（2003年国家支农款1125亿元，是农民税收的23.5%，只占国家财政总支出的4.6%，作者注）。

文中接着说：

“与城镇居民相比，农民所承担的税收负担相对其所能享受的公共产品和服务而言也是不对等的，单单取消农业税（年约400亿元，作者注），并不能使我国长期以来形成的以牺牲农民利益换取城镇工业化发展的格局得到根本的转变，距离工业反哺农业、城市支持农村的战略目标还有很大的差距。”[13]

再说说“种粮补贴”。下面是湖南华容县黄山村曾启凡老汉的一个案例，是研究中国“三农”问题半个多世纪的石山老人提供的。

曾老汉一家6口，老两口承包10亩稻田，儿子带着儿媳和孙儿到广州打工。2007年收早晚稻谷1.8万斤，亩收益748元，粮补54元，成本668元，实际收入134元，全年净收入1 340元，人均447元，如果没有儿子在外务工收入的补贴就很难维持生活。2007年与2006年比，早晚稻价格虽分别涨了5.9%和2.4%，但化肥、农药、地膜、机耕、机收的费用分别增加了28.6%、27.3%、60%、33%和50%，亩净收入比2006年下降了12.5%。如果计入曾启凡夫妇的劳动成本，他家的收入是负值。[14]

图13-6 中国农民（罗中立油画）

工业品的农业生产资料及农民生活资料价格按市场经济上涨，而粮食、肉类等农产品价格按计划经济受到控制，稍有上扬就被政府有效“平抑”，以牺牲农民利益维护城镇居民利益和一时的社会稳定。据国家发展和改革委员会价格司2006年公布的数据，稻谷、小麦和玉米的每50千克平均出售价，自1994−1995年调升到75.11元后，10年不升反降，曾一度跌至50元上下，2005年为67.35元。工业品生产资料上涨与人为压低农产品价格使农产品生产成本不断提高，农民辛辛苦苦地种一亩稻子，不计劳动成本也只能挣一二百元，不如进城打几天工，还能立即拿到现金，他们能有种粮积极性吗？1982年，农作物（主要是粮食作物）复种指数是147%，双季早稻面积曾达1 051万公顷；2006年减至599万公顷，复种指数降为121%。近年农民“抛荒”或只种不管已不是个别现象。

尽管如此，为了保障粮食和其他农产品对工业和城市的供应，农民不得不在政府“计划”下种植收入极低和补贴不足的粮食，在全国1.53亿公顷的农作物播种面积中粮播面积占到了69%(2007年)，非粮农产品的收入比粮食也好不了许多。现实是以全国80%的农村人口去分不到20%的“蛋糕”，政策不平，分配不公，社会岂能稳定和谐。国际农业经济界批评一些发展中国家奉行“亲城市政策”(pro-urban policy)，中国在这方面走得是相当远的。

近年中共中央一再提出要城乡统筹和多予少取，要城市反哺农村和工业反哺农业，要发展现代农业和建设社会主义新农村等等，以至2008年的十七届三中全会进一步提出“当前推进农村改革中城乡二元结构造成的深层次矛盾突出”，要“把着力构建新型工农、城乡关系作为加快推进现代化的重大战略”[14]，可见“地冻三尺非一日之寒”。

“亡羊补牢，尚未为晚”，问题还要从理论和认识上找到产生问题之根源，找到“补牢”的有效对策而不是流于形式和表面。下节说说“农亦有道”。

13.5 “农亦有道”

先行工业化国家的工业化和市场化是一产、二产、三产三者系统推进和协同进化的，基本不存在额外的“三农”问题。中国长期以来推行的“工农二元化”和“城乡二元化”则是把“三农”从整个经济和社会进化系统中分离了出去，扭曲了工业化和市场化进程中农业的正常和协调发展，这是中国“三农”问题产生的经济与社会根源。

“盗亦有道”，农岂无道？那么，农业自身的发展规律是什么？

工农差别本是在工业化前期，由于二者在生产力水平和生产经营方式上的巨大反差而产生的。19 世纪末，马克思就指出：“在农业中，手工劳动相对地说还占优势，而使工业的发展快于农业则是资产阶级生产方式所固有的。不过这是历史的差别，是会消失的。”[15] 马克思还指出：“把工业同农业结合起来，促使城乡之间的差别逐步消灭”[16]，“城乡关系的面貌一改变，整个社会的面貌也跟着改变。”[17] 恩格斯也说过：“乡村农业人口的分散和大城市人口的集中只是工农业发展水平还不够高的表现”，“要把工业同农业结合起来，促使城乡之间的差别逐步消灭。”[18] 马克思和恩格斯一再强调工农差别和城乡差别是历史原因形成的一种暂时现象，必须通过工农结合和发展生产力而使之逐渐消失，中国的城乡二元论和工农二元论恰恰是违背了马克思和恩格斯的这个理论，反其道而行之。

西方经济学家一直在探讨工业化过程中农业的发展规律。19 世纪末德国经济学家李斯特提出农业由传统小生产向产业化和商业化发展的“三阶段论”；20 世纪 30 年代前苏联卡西亚诺夫提出农业发展要向产前和产后方向延伸的“纵向一体化论”；1955 年美国经济学家约翰·戴维斯提出将农业生产资料的生产与供应、生产经营、农产品加工储运销售视为一个统一经济复合体的“农业企业(agribusiness)”或“农业综合体”理论。这些理论对工业化国家近一个世纪来的农业发展产生了重要影响。

科技革命和工业革命已经发展了一二百年，在工业化大潮的洗礼下，农业自身也发生着深刻的科技革命和产业革命，科技和生产力水平已经是今非昔比，与工业间的差距已经逐渐消失。19 世纪末和 20 世纪初开始了以良种、化肥、农药、拖拉机、电力、设施种植与养殖等为代表的近代农业科技革命和装备革命，跟上了传统工业的发展。尤其是20世纪后期开始的，以生物科技、信息技术为代表的新的农业科技革命，以当代最先进的遗传改良工程、3S技术（遥感、地理信息系统、全球定位）、计算机数字模拟技术、智能化技术、网络技术和装备等正在不断武装农业，比起某些传统工业，农业要先进和前沿得多。为了适应大生产和市场化经营，美国的规模化家庭农场、欧洲的农户加经营组织等使农业日益组织化、专业化、市场化和企业化。在科技和生产力水平、生产经营方式上，工业与农业早期存在的界线逐渐趋于模糊；经济收入水平、物质文化生活、社会福利保障等方面的城乡差别也在逐渐消失，工农间只是劳动对象和生产方式上的不同，城乡间只是生产生活环境上的差异而已。这不是想象，而是发达国家今天的现实。今天中国之农业落后不等于当代农业和农村之落后。

在中国，主要的不在于缺少这些先进技术，而是要砸开工农二元论和城乡二元论的枷锁，搬掉“三农”头上的这两座大山，让被颠倒的历史重新颠倒过来。

下节里我们可以看到“农亦有道”的三个案例和根本出路在于农工贸联合体。

13.6 根本出路：农工贸联合体

发达国家中不乏在农业现代化中取得成功经验者，以下以美国、荷兰和以色列三个案例示之。

19世纪末和20世纪初，是美国由传统农业向现代农业的转型期，主要表现在农业的良种化、机械化、专业化和商业化，加上大规模的西进农业开发运动，使农业生产力和产量大增，以至后来长期受到农产品过剩的困扰。当时农产品的出口占到美国出口总额的70%左右，是农业的现代化支持了美国的工业化。鸟瞰一下美国的农业现代化。

美国人口2.86亿，有耕地1.73亿公顷，农业人口520万，家庭农场17万个，人均耕地面积0.6公顷，场均耕地185公顷，全国谷物总产3.5亿吨，农业人口年人均产粮67吨，可以供养150多人[19]。20世纪30年代经济“大萧条”中农产品严重滞销，国会立法促销，在农业主产区分别建了4个“农业应用研究中心”，专门从事产后研究——农产品多用途开发，仅玉米的加工产品就有近千种之多。在戴维斯“农业综合体”理论影响下，20 世纪 60 年代，美国政府陆续颁布了“地区再开发法”、“消除贫困法”、“就业机会法”等，将非都市制造业向农村扩散，实行“从田间到餐桌”一体化的“农工综合企业”化，农业产前和产后的储运、加工、销售，以及服务等在农村迅速发展，新增就业岗位 250 万个，农民收入大幅度提高，农村逐渐享受到城市居民同样的物质和文化生活。美国农业人口占总人口的 2%，但在“农业综合体”的就业人口占全国就业人口的 17% 左右。家庭农场多是“亦农亦工”，年均收入约 6 万美元，其中非农收入约占一半。1994 年美国国会又通过了“农业部改组法案”，以乡村经济和社区的发展，确保美国农村居民获得更为广泛的经济机会，在农业部新设了商务和合作社局、农村住房局、农村公用事业局以及农村社区发展办公室。近年美国大力发展生物燃料乙醇中，受益最大的是美国农民和农村经济，近 200 家燃料乙醇加工厂的绝大部分都设在乡村和由家庭农场联办，政策十分优惠。工与农、城与乡的界线在美国已经很模糊了，不像中国有那么一条“楚河汉界”。

美国是个资源丰富和综合实力雄厚型的农业现代化案例。下面介绍一个人多地少，资源短缺型的荷兰农业现代化案例。

地处北欧的荷兰的陆地面积只有 4.15 万千米^2，1/4 土地低于海平面，人口 1 630 万，耕地 90.7 万公顷，人均耕地 0.056 公顷，农业人口 50 万[19]。人多地少的荷兰在农业上却是个有着多项世界第一记录的国家。土地生产率 1991 年就达到每公顷 2 468 美元，世界第一；劳动生产率人均 4 339 美元，稍逊于美国；每平方米农地出口额 1.5 美元，1994—1999 年间农产品净出口额 180 亿美元，高于美国的 151 亿美元；2005 年农业及食品出口额 789 亿美元，净出口额世界第一。还有围海造地世界第一、玻璃温室面积世界第一等。荷兰的农产品加工业年产值高达 170 多亿荷兰盾，对荷兰国内生产总值的贡献仅次于排在首位的化学工业，占全国工业总产值的 30%，是农业总产值的 1.2 倍。荷兰农业是 20 世纪的一个世界奇迹，它的奥秘在于集约高效、农工贸一体和产业化经营。荷兰农学家 Jaap Post 提出：“只有将农业综合体内各种活动的总和考虑进去，才能构成一幅农业的完整图画。”

再介绍一个人多地少、农业生产条件极差的以色列农业现代化案例。

以色列国土面积 2.1 万千米^2，人口 715 万，农业人口 14.7 万，耕地 43.8 万公顷，人均 0.061 公顷[19]。全国一半以上的面积年降水不足 180 毫米，60%为干旱地区，50%农田需要灌溉。以色列人多地少，土地贫瘠，资源匮乏，农业生产条件十分恶劣，但每个农业就业人口可以养活90人，产值4.1万美元。1999年农业产值32.8亿美元，出口额12.28亿美元，劳均出口创汇1.5万美元。有集体农场和农业合作社两种农业生产经营组织，从生产、加工、包装、销售一体化经营，可以直接与国内外市场联结。他们的玉米单产是中国的3倍，番茄每公顷最高年产500吨，有滴灌、大棚和良种三项世界领先技术。

根据以上三个案例和中国的对比中可以看出，美国农业就业人口人均33公顷耕地，荷兰和以色列的劳均耕地面积分别是3.6公顷和5.2公顷，而中国是0.25公顷。美国的劳均耕地分别为荷兰、以色列和中国的9倍、6倍和132倍，美国是典型的资源型和集约型农业，荷兰和以色列是非资源型集约农业，而中国是非资源和非集约型农业。此外，在劳动生产率和劳均收入上，美、荷、以三国均为高位，而中国与同为非资源型农业国的荷兰和以色列相比，仅分别是他们的1/40和1/25(2007年中国农业劳均收入为827美元)。如果说美国农民的地比中国农民多，为什么同为非资源型的荷兰和以色列，他们的劳动生产率和劳均收入会比中国高出几十倍呢？农业经营体制与模式不同而已。

美、荷、以三国的国情差别很大，但是农业现代化路子是基本相同的，即约翰·戴维斯提出的“农业综合体”模式，也就是将初级农产品生产的链条一直延长到加工、终端商品、服务以至贸易和出口，形成一个完整的生物性生产与服务体系。一般情况下，越接近终端商品与服务，附加值和经济效益越高，农民(农业生产者)有了参与机会，当然其劳动生产率和劳均收入就上去了。中国则不然，在工农和城乡“二元论”主导和影响下，农民和农业只能参与附加值和经济效益最低的初级农产品生产，附加值和经济效益高的都给了食品与轻工业部门，农民没份儿！这种体制与模式下，8亿中国农民能致富吗？中国农业能现代化吗？在农业现代化过程中，如果说美国、加拿大等可以凭借其资源和机械化的优势，非资源型的中国只能走荷兰和以色列的“agribusiness”道路，别无他途。

根据戴维斯提出“agribusiness”原义及多国的实践，宜译为“农业综合体”，但又觉学术味重，如译为“农工贸联合体”，则概念更清晰直白，适合于中国，故此用了后者。

13.7 日本的“农村工业化”

农业要走“农工商联合体”之路，农村则要走工业化之路。本节说说中国近邻日本的农村工业化之路[20]。

素以“脱亚入欧”为目标的日本，汲取西欧诸国经验，工业化初期就重视走农村工业化之路。20世纪30年代，政府发起农村“经济更生运动”，制定了“彻底普及适合于农山渔村经济组织的农村工业所应采取的方案”，推进农村工业的发展。在日本工业化开始“起飞”的1961年，制定了以缩小工农和城乡差别为目标的《农业基本法》，通过立法、规划、布局、引导和投资等多方面措施，将工厂建在农村，改造传统农村企业。1971年又颁布了《农村地区工业导入促进法》，限制工业在太平洋沿岸和大都市集中，促进工业与农业的有机结合，实施农工商一体化。1972年出台了“工业重新配置促进法”，将占全国工业产值73%的太平洋沿岸地带企业的一半，搬迁到2 371个农村市、町、村(占总数的90%)，政府提供拆迁、搬运资助和优惠转移贷款。特别重视对北海道、东北、四国等边远落后农业地区工业化的推进。

随着农村工业化一系列措施的推进，中小企业和中小城镇在农村如雨后春笋般地发展起来，农村富余劳力在农村企业就地就业，兼业农户占了农户的大多数。即使在工业化高速发展期间，进城务工劳力的农户数也只占总农户数的7%左右。农民兼业收入大增，提前实现了政府在工业化高速发展之初制定的“确保从事农业者和从事其他产业者在生活水平上的平衡”的目标。工农间、城乡间和地区间向着均衡和协调方向发展，即便在边远农区也不存在与大城区周边农区之间的明显差异。

日本在推进农村工业化上可称是有胆有识，下过一番大力气的。当年中国在土地改革和家庭联产责任制上也是有胆有识和下过一番大力气的，只可惜在国家大规模进入工业化时期却忘记了农村工业化的协调发展。

13.8 “叶公好农”

是不是中国就未曾想到过“农工商联合体”和农村工业化呢？不是的。“叶公好龙”是中国家喻户晓的一个古老寓言，本节说的是当代中国的“叶公好农”。

我惊异地发现，尽管“文化大革命”期间中国闭关锁国，但1978年十一届三中全会提出的中国农业发展道路竟与当时先行工业化国家盛行的“农工商联合体”不谋而合，真乃“英雄所见略同”，乃事物发展规律使然也。十一届三中全会以后，中共中央连续5年，每年发出的第一个文件都是指导农业改革的，人们亲切地称之“一号文件”。以下摘录了1983年、1984年和1986年的“一号文件”中有关中国农业发展道路的几段阐述：

“我国农村只有走农林牧副渔全面发展，农工商综合经营的道路，才能保障农业生态的良性循环和提高经济效益；才能满足工业发展和城乡人民的需要；才能使农村的剩余劳动力离土不离乡，建立多部门的经济结构；也才能使农民生活富裕起来，改变农村面貌，建设星罗棋布的小型经济文化中心，逐步缩小工农差别和城乡差别。”

“随着农村分工分业的发展，将有越来越多的人脱离耕地经营，从事林牧业等生产，并将有较大部分转入小工业和小集镇服务业，这是一个必然的历史进步。”

“粮食是低盈利产品，农民要靠多种经营来补充收入，因此粮食生产与多种经营必须统筹兼顾，密切结合，相互促进。”“以往单打一抓粮食生产，并没有达到更快增产粮食的目的，反而造成农村经济停滞的局面。近几年开展了多种经营，包括发展经济作物，发展林牧渔业，发展农村工业、建筑业、运输业、服务业等，结果，粮食增产速度大大加快，农村经济全面繁荣。”“在我国条件下，农业和农村工业必须协调发展。不发展农村工业，多余劳动力无出路，也无法以工补农。”

30年前的十一届三中全会文件和当时的5个“一号文件”说得多好啊！精辟地提出了“农林牧副渔全面发展，农工商综合经营的道路”；提出了“在我国条件下，农业和农村工业必须协调发展，剩余劳动力就近转移”，以及“建设星罗棋布的小型经济文化中心，逐步缩小工农差别和城乡差别”，文件指出了一条多么正确、完整、清晰和催人奋进的阳关大道啊！还特别提醒道：“单打一抓粮食生产，并没有达到更快增产粮食的目的，反而造成农村经济停滞的局面。”30年前的这些思想，现在不仅不过时，还具有非常现实的指导意义。

1996年的中共中央文件也曾提出过“发展贸工农一体化经营，把农户与国内外市场连接起来，实现农产品生产、加工、销售的紧密结合，是我国农业在家庭联产承包经营基础上扩大规模，向商品化、专业化和现代化转变的重要途径”，只可惜没有认真推行，“三农”问题却越来越突显。尽管中共中央十分重视和关心“三农”问题，也采取了种种“支农”、“惠农”措施，但多治标而不治本。

为什么同是“农工商联合体”模式，在非资源型的荷兰和以色列能够表演得如此有声有色，而在中国却暗淡无光？为什么中国能在切身经验与教训中自行总结出“农工商联合体”模式，却又“叶公好龙”似地丢在了一旁？同是那个韩信，在项羽那里当“旗牌官”，在刘邦那里“登台拜帅”，也正是这个韩信将项羽逼死在了乌江。同是那个“农工商联合体”模式，中国与荷兰、以色列却是天壤之别，真用与犹豫不决而已。

为什么中国会像“叶公”一样，不敢用自产的“农工商联合体”模式？因为中“工农二元论”和“城乡二元论”的毒太深，总想画地为牢，让“三农”像一台机器一样老老实实地为 13 亿人(或为城里人)种粮食，为工业化提供原料。实则是“竭泽而渔”而不是“放水养鱼”，其结果适得其反，社会的不公正必然会潜埋下社会的不稳定。

上面讲了“农亦有道”，讲了现代农业的美国、荷兰、以色列三个案例及日本的“农村工业化”，讲了中国的“贸工农一体”和“叶公好农”。为什么中国的“三农”痼疾总是难除，农业现代化举步维艰，问题到底在哪里？中国的农业经济学家为什么不多出些主意？难道中国就只剩下个农村政策研究室了吗？

13.9 一剂良药——能源农业

认同了农业的根本出路是“农工商联合体”模式，不等于就能实现目标。毛泽东说过：“我们不但要提出任务，而且要解决完成任务的方法问题。我们的任务是过河，但没有桥或没有船就不能过。不解决桥和船的问题，过河就是一句空话。不解决方法问题，任务也只能是瞎说一顿。”[21] 实现“农工商联合体”的“桥”与“船”在哪里？有两个，一个是农产品加工，一个是能源农业。如果说农产品加工是一个需要修葺加固的传统“老桥”，那么能源农业则是 21 世纪才崭露头角的新“航母”，它的原料是非传统和可再生的，产品是低碳和绿色的，技术是现代的，市场是无限的。

再引一次1999年美国发布的《发展和推进生物基产品和生物能源》的总统令：

“目前生物基产品和生物能源技术有可能使可再生农林业资源转换成能满足人类需求的电能、燃料、化学物质、药物及其他物质的主要来源。这些领域的技术进步能在美国乡村给农民、林业者、牧场主和商人带来大量新的、鼓舞人心的商业和雇佣机会，为农林业废弃物建立新的市场，给未被充分利用的土地带来经济机会，以及减少我国对进口石油的依赖和温室气体的排放，改善空气和水的质量。”[22]

2005年我曾以“农业的三个战场”为题在郑州的一次讲演中说道：

“21世纪是能源换代的世纪，现代生物质产业正应势而异军突起，给农业带来了一个极佳的历史机遇。它在农业体系中以农林废弃物和利用边际性土地种植的高抗逆性能源植物为原料，生产生物能源与生物基产品，其原料与产品都是新的和非传统的，可称之“能源农业”，是农业的“第三战场”。这是农业产业结构的一次革命，是提升农业生产力和农民收入水平的一个功率强大的引擎。”[9]

在全球金融危机开始波及中国实体经济时，我写过一份“为农民提供岗位和增加收入的紧急建议书”[23]，其中进一步阐述了：

“有机废弃物和边际性土地一旦被开发盘活，就能实现其巨大的经济和生态价值。这是一笔全新的投入，资源是新的，产品是新的，市场是无限的，产业是绿色和可持续的，这是真正意义上的新经济增长点。资本不流通是“死钱”，“资源”不利用是“废物”，“三农”多么渴望启动这个新的经济增长点。”

下面举例看看这个“引擎”的功率和“新经济增长点”的潜力有多大。(资源部分详见本书第15和第16章)

——中国每年有约4亿吨农作物秸秆和1.08亿吨林业三剩物(2007年)

可用于能源。它们以直燃发电、成型燃料供热、热电联产等方式,可年产能2.8亿吨标煤(相当于7个神东煤田)和减排6.7亿吨二氧化碳。农民每卖1吨秸秆或林业剩余物就能获二三百元现金,合计可年新增收入约1 400亿元和获得250万~300万个收集和储运工作岗位。

——中国有4 000万公顷边际性土地可供种植非粮乙醇的原料作物甜高粱、薯类、菊芋等,具有年产1亿吨以上燃料乙醇和替代6 000万吨石油的潜力,农民可新增收入约1 500亿元和获得100万~150万个工作岗位。

——中国的畜禽粪便、工业有机废水、城市污水及有机垃圾等沼气原料具有生产830亿米^{3}沼气或700亿米^{3}天然气的资源潜力。其中全国年产出畜禽粪便约20亿吨(湿重),如作为生产沼气的原料,每吨售10~20元,农民可获200亿~400亿元,如转化成沼气的产值则约1 200亿元。

——可以提高农村环境和能源消费质量,促进"社会主义新农村"建设。

以上仅以部分农林废弃物和边际性土地资源每年转化的固体、液体和气体三项生物燃料就可以替代4.3亿吨标煤的化石能源和减排10亿吨二氧化碳,农民新增4 000亿元现金收入和获得约500万个工作岗位,此"引擎"的功率不可谓不大。能源农业是在为国家和农民挖掘"金矿",栽种"摇钱树",而且是绿色的、可以持续的。

能源农业的社会效益更是功莫大焉。生物质原料相对分散,转化加工工厂以中小型为主,如20兆瓦左右的电厂、5万吨左右的成型燃料加工厂、10万吨左右的乙醇厂,日产2万米^{3}的生物燃气等等。按其原料资源量,全国可以有数万个,每县可以有十个八个的生物质能源加工厂如雨后春笋般地出现于中国农村大地。像打一场"人民战争"般地将中国农村向工业化和小城镇化推进,千千万万个服务性行业及其工作岗位也会随之而兴盛起来,工农差距和城乡差距将逐渐缩小,社会将更加和谐稳定。如果中国的能源农业走出国门,与生物质原料资源丰富的东南亚和非洲合作开发当地能源农业,肯定比开发当地的石油天然气资源更受欢迎。

现代农业的产业结构应当包括初级农产品生产的"基础农业"(即传统与狭义的农业)、以初级农产品为原料的"加工农业"和以非传统原料生产非传统农产品的"能源农业"。在此现代农业产业结构中,"基础农业"是基础,三者必须协调发展。

孙子兵法云:“凡战者,以正合,以奇胜”,也就是一个作战指挥员,在将主要兵力部署于主战场的同时,要部署一支“奇兵”奇袭,“奇兵”往往使战场形势变被动为主动,成为取得战争胜利的关键。解困“三农”不能像现在这样,只会盯住8亿农民从事初级农产品生产,而要派出“能源农业”这支“奇兵”,以奇制胜,带动全局。

13.10 “我有一个梦想”

中国“三农”的未来将会是个什么样子?先听听二十多年前费孝通老先生是怎么说的。

> “在人口这样众多的国家,多种多样的企业不应当都集中在少数都市里,而应当尽可能地分散到广大的农村里去,我称之为‘工业下乡’。简单地讲,中国农村经济的关键就是要工农相辅。不能只靠农业,只靠农业是活不了的。而工农相辅是我讨论‘工业下乡’的基础。”“所以我提出,要多搞人口的蓄水池即小城镇,只有小城镇才能够成为人口的蓄水池。蓄水池里面的人也要有职业,要不然蓄不住的,所以必须发展其他产业。它为实现工农结合和消除工农差距的社会开辟了道路。”[24]

张忠法在1990年发表的文章中提供了一份资料,即在改革开放之初的1978—1988年间,农业劳动力以年均2.26%地向非农转移,是前26年的1.41倍,其中八成多转移到乡镇企业了,16%进了城。该文写道:

> “今后就业转移的基本路向:需要在农村就地消化与向中小城市转移的前提下,通过乡村工业与城市大工业的合理对接,使农业收入与工业收入均衡,经过务工收入与务农收入均衡,农村工业与城市工业收入均衡两个阶段之后,才能完成二元结构的转换,使我国传统农业最终纳入现代经济运行之中。”[1]

2006年,台湾许倬云先生以台湾糖业公司为例,提出“不是将农民送进城市的工业，而是将工业送到农村”[25]。还有上节提到的日本农村工业化，他们的共同点都是“工业下乡”和“工农相辅”。一个有13亿人口和8亿农民的农业大国，工业化进程中不可能将数亿农民向大城市和大工业转移，只可能走“工业下乡”和“工农相辅”的道路去消化和平衡随着农业劳动生产率提高导致的源源不断扩大的农村富余劳动力大军。具体言之，就是在初级农产品生产的基础上，大力发展“能源农业”和“加工农业”，以及相应发展起来的中小城镇和第三产业。这可能是实现中共中央十七届三中全会提出的“破除城乡二元结构”和“构建新型工农、城乡关系”战略的一种基本模式和道路。

我对中国“三农”的未来有个梦想：

在辽阔的华夏农村大地上，星罗棋布地散落着现代化的农村居民点和农工商文相结合的中小城镇。一个个基于动植物生产的农工商联合体在这里千姿百态，茁壮成长；科技、金融、生产、生活、文化服务业林林总总，欣欣向荣；生物技术、机械、电脑、网络、卫星遥感、全球定位像过去的铁锹和犁杖一样普及。农民不必背井离乡地在大城市和乡村间流浪，而是驾着生物燃料驱动的汽车来往于现代化居民点与清净的中小城镇之间。他们生产生活上使用的是生物质能、太阳能和风能转化的热与电；他们享受的是大自然恩赐的土地的气息、流水的婉约、清新的空气、还有花香与鸟语；他们既能享受到大城市的物质与文化生活而又远离城市的喧嚣与紧张。这将是出现在中国大地上的21世纪“桃花源”。

马丁·路德·金有句名言：“我有一个梦想，我的4个小孩有朝一日将生活在那样一个国度，那就是，他们接受（别人）审视的依据，不再是他们的肤色，而是他们人格的内涵。”（图13–7）那一年，奥巴马才两岁，现在已经当上了美国总统。

图13–7 马丁·路德·金在讲演

我也有一个梦想：在中国这样一个有着辉煌文明的伟大国度里，有朝一日，“三农”不再生活在“二元化”的阴影之下，不再被边缘化，不再被视为贫困与落后的化身，我们看到的是勃勃生机的“三农”，看到的是他们对国家越来越大的贡献，看到的是令城里人无比羡慕的21世纪桃花源式的生产与生活。

我想用著名唐代诗人白居易的诗句结束本章。白居易28岁中进士，35岁任翰林院学士，为皇帝起草诏书，后任太子少傅，官居从一品。当他在长安城外看到农民割麦时写下了感人肺腑的《观刈麦》诗句：

今我何功德，曾不事农桑。
吏禄三百石，岁晏有余粮。
念此私自愧，尽日不能忘。

这是农业文明时代中国知识分子和士大夫的高尚情怀。今日中国之农民更是建立新中国的功臣，中国工业化和城市化建设第一桶金的奉献者，难道我们不应当更多一份感恩之心吗？难道我们忍心在中国工业化和经济快速发展时将8亿农民边缘为一个庞大的弱势群体吗？难道我们不应当更多一份愧疚感与责任心来解困“三农”吗？难道我们对“三农”不应有一份感恩的心吗？难道我们对可以造福“三农”的能源农业无动于衷吗？看到白居易的《观刈麦》诗句，当代中国的人民公仆难道不应当更多一份自省与行动吗？

参考文献

1. 张忠法.关于劳动力转移的理论与实践的研究//祖国补.农业发展与生产力政策研究.北京：农业经济技术文集编辑部，1990年.
2. 何康.中国的乡镇企业.北京：中国农业出版社，2004.
3. 中共中央十一届三中全会的《关于推进农村改革发展若干重大问题的决定》.
4. 毛泽东.毛泽东选集.北京：人民出版社，1964.
5. 毛泽东.毛泽东选集.第5卷第1版.北京：人民出版社，1977.
6. 中共中央十一届三中全会后的五个“一号文件”.
7. 中国农业年鉴.中华人民共和国农业部.
8. 中国农业发展报告.中华人民共和国农业部.
9. 石元春.农业的三个战场.求是，2006(10).
10. 石元春.解困“三农”，路在何方？科技导报，2007(18).

11．陆大道，等．关于遏制冒进式城镇化和空间失控的建议．中国科学院院士建议，2007（3）．

12．中共中央十七届三中全会的《关于推进农村改革发展若干重大问题的决定》，2008．

13．许善达．农业税免征后农民的税收负担仍须进一步减轻．农民日报，2007-01-08．

14．石山．解决三农问题新探索．（内部资料），2008．

15．马克思．剩余价值论//马克思恩格斯全集．第26卷．第2册．北京：人民出版社，1973．

16．马克思，恩格斯．共产党宣言//马克思恩格斯文集．第2集．北京：人民出版社，2009．

17．马克思．哲学的贫困//马克思恩格斯文集．第1集．北京：人民出版社，2009．

18．马克思．马克思恩格斯全集．第4卷．北京：人民出版社，1958．

19．王晓方．世界农业科技发展概览．北京：中国农业科技出版社，2005．

20．周维宏．日本农村工业化史研究．北京：人民教育出版社，1992．

21．毛泽东．党委会的工作方法．毛泽东选集第1卷．2版．北京：人民出版社，1991．

22．The White House，Offiice of the Press Secretary，Executive Order of Developing and Promoting Biobased Products and Bioenergy，Augest 12,1999．

23．石元春．给“三农”一个新的经济增长点．科学时报．A2版，2009-01-19．

24．费孝通．我对中国农民生活的认识过程（1999年在北京大学的讲演稿）．中国农业大学学报：社会科学版，2007，24（66）．

25．许倬云．改善“三农”问题的一些看法．南方周末，2006-04-06．

这是毛乌素沙地宁夏灵武白芨滩林场三年生的柠条—花棒沙生灌木群落，成为一方沙地的绿色“守护神”，这里年降水量只有250毫米左右。

14　一道绕不过去的槛

- 生物质能源之独特性
- 亲农的“特异”功能
- 煤基与生物基之争
- 粮食安全“冤案”
- 冷热两重天
- 一道绕不过去的槛
- 为何中国不待见生物质能源?
- 世有伯乐然后有千里马

世有伯乐，然后有千里马。千里马常有，而伯乐不常有。

——(唐)韩愈

为何本章用了一个论争性题目，因为在中国能源决策的主管官员与“智囊”人士中，确有一些重化石能源轻清洁能源、亲风能、太阳能而疏生物质能者，他们在能源决策中总想绕开生物质能源走。本章就是明白无误地告诉这些先生，生物质能源在中国是绕不过去的一道槛！

凡新生事物出现，人们对之都有个认知过程，生物质能源当不例外。在学界，因“术有专攻”而认识有异；在企业界，因利益不同而各有所图。但是政府决策者则当以国家利益为重，择善而从之。尽管美国学界对生物质能源议论纷纭，但政府决策者旗帜鲜明，果断坚定，义无反顾地推进生物质能源。在政府主导型的中国却不然，时而高歌猛进(“十五”)，时而贬入冷宫(“十一五”)，忽热忽冷，生物质能源在中国怎么啦！

当然，就生物质能源而言，这也并非坏事。“剑之锷，砥之而光；人之名，砥之而扬。砥乎砥乎，为吾之师乎！”(唐·舒元舆)用现在的话说就是，逆境是老师，可以催人奋进、成熟与坚强。本章从生物质能源之独特性开篇，讲到它在中国的种种遭遇和为什么是一道绕不过去的槛，以及中国为什么不待见生物质能源，最后以叹当局“少伯乐而不识千里马”结篇。

14.1 生物质能源之独特性

差异是自然界的普遍现象。太阳系有恒星与行星；地球有寒、温、热三带；矿藏有金、银、铜、铁、锡；植物有高等、低等和乔、灌、草，如此等等，用通俗的话说就是“十个手指头不会一般齐”。来自太阳辐射的能量进入地球后，因球体不同部位接受的能量不等和不同地面物质的热反应千差万别，导致大气流动而蓄动能于风；导致水在地面与大气间蒸散与降水而蓄势能于江河；通过植物光合作用而蓄化学能于生物质；通过人工设施而聚太阳之热能或转化为电能（图 14–1）。风能、水能、生物质能、太阳能等是太阳辐射能赋存于不同载体所表现出不同能态，“龙生九子，九子不同”。

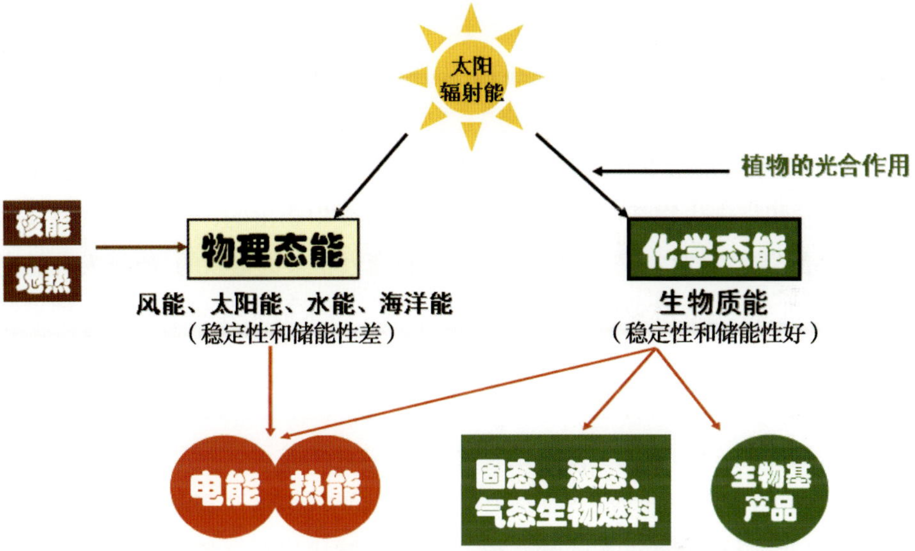

图14–1　可再生能源及核能和地热能的产生和产品示意图

在产品上，水能、风能、太阳能、潮汐能、地热，以及核能、氢能和未来的核聚变、氦–3 等都是物理态能量，只能转化为电能与热能产品，且风能和太阳能的稳定性与储能性很差。生物质能则别具一格，是太阳辐射经植物光合加工转化后形成的、以植物为载体的化学态能量。千万别小看了这点差异，正是因此而使之既有能量又有物质载体；既稳定又能储能；既有固、液、气三态能源产品，又有非能的生物基产品。唯有它才可以全面替代石油、煤炭、天然气的各种能源产品及其千百种衍生的非能化工产品，其他所有清洁能源都做不到。如果说风能、太阳能、水能、地热、核能、氢能等这些“拳手”只会打直拳，而生物质能则长于“组合拳”，直拳、勾拳、摆拳、刺拳、振拳等十八般武艺皆精。

在自然属性上，生物质能源不同于其他清洁能源，这个道理看似简单，但也存在认识误区。人们往往注意到生物质能源的能源功能，忽略了生物质能源与其他清洁能源的实质性差异与优势，着实地委曲它了。重要的是，正当国家“用能”之际，不要误失了一个重要“能才”。

14.2 亲农的“特异”功能

除以上自然属性外，生物质能源在社会属性上的“亲农”特异功能也与其他清洁能源大相径庭。生物质能源的生物性决定了它与“三农”的亲密“血缘”关系，使它能同时挑起清洁能源与服务“三农”的两副担子。

生物质原料来自农林业，能源产品加工过程“三农”也可参与和受益。正如美国《开发和推进生物基产品和生物能源》总统令中指出的：“这些领域的技术进步能在美国乡村给农民、林业者、牧场主和商人带来大量新的、鼓舞人心的商业和雇佣机会；为农林业废弃物建立新的市场；给未被充分利用的土地带来经济机会。”[1]

美国 200 多家液体生物燃料加工厂的绝大多数分散于农村和由农民自办，美国发展生物燃料的最大受益者是农民。巴西总统卢拉说：“巴西十分注重通过发展生物燃料带动农业增长，使农民富裕起来，更好地解决粮食与贫困问题。”德国前农业部长 Renate Kuenast 说：“提供可替代化石燃料的最快最廉价的办法就是生物燃料，并能提高农民和乡村的收入。”联合国亚太经济社会观察 2008 报告提出：“生物燃料产业的发展势不可挡，它非常有利于增加农民收入、提供就业机会。”

中国“三农”问题的焦点是增加农民收入，靠附加值极低的粮食和初级农产品生产是不可能扭转城乡居民收入差距扩大趋势的，必须为农民寻求一条覆盖面大、增幅高和可以持续的财路，生物质产业就是一种最佳选择。如前章所述，农民通过出售秸秆和林业剩余物每年可新增收入 1 400 亿元，以畜禽粪便等有机废弃物为原料生产产业沼气可新增收入 1 200 亿元；种植薯类、甜高粱生产非粮乙醇可新增收入 1 500 亿元；还可以增加数百万个劳动岗位。实践说明，哪里有个生物质能源加工厂，哪里的农民就能立竿见影地得到大笔现金收入。这难道不是对农民增收的大覆盖和高增幅吗？中国农民种 1 公顷粮食的净收入只有三五千元，种粮积极性不高；如果秸秆也能新增收入三五千元，这必将大大刺激农民的种粮积极性。

以上只是生物质能源的表观作用，而在深层次上，则是为农业开拓出一条全新的“能源农业”领域，将农业生产链条延伸到一个附加值高和市场无限广阔的新兴的清洁能源和生物基产品产业，引发农业产业结构的一次重大调整与革命，推动农村的工业化、城镇化，富余劳动力就近转移，以及缩小工农差别和城乡差别。此外，使作物秸秆、畜禽粪便、林业剩余物、加工业和城市有机废弃物、低质边际性土地等这些人们不屑一顾和污染环境的“宵小之辈”无害化和资源化，进入物质、能量和经济的循环系统，可以登堂入室地成为当今时代紧俏的“清洁能源”和减排温室气体的一支主要力量，这也是对地球资源的节约和环境的保护。

这些年来，中央十分关心增加农民收入，惠农政策陆续出台，但“输血”多，“造血”少；“以工哺农”、“城乡统筹”等战略思想多而操作性的“抓手”少，能源农业正是提供了这样一个得力的“抓手”。生物质能源的这种“特异”功能是无法在其他可再生能源中找到想象空间的。

在自然属性和社会属性上，生物质能源都是卓尔不群，因而成为当今各国化石能源替代中的主力，美欧和巴西诸国对之疼爱有加，而在中国则是另一番景象。先是遇到煤老板的阻击，继而遭遇粮食安全“冤案”，即使在全球应对气候变暖和大力发展清洁能源的形势下，能源主管部门也总想绕开生物质能源而去制造风能和太阳能的“泡沫”。

世界可再生能源的领军者生物质能源，正遭遇中国之怪现象。

14.3 煤基与生物基之争

在中国石油进口日增的形势下，几位专家于 2005 年向中央提出了制订国家石油替代战略的建议，这是一项十分重要的前瞻性建议，但也引起了一场持续的煤基与生物基之争。

发改委组建了一个石油替代专题的研究组，经过一年多的研究，于 2006 年夏天提出了以煤基甲醇和二甲醚作为石油的主要替代能源的结论。在征求意见会上,我明确表示反对意见,提出了煤基甲醇的6条"致命伤": 一是能效太低,生产1吨甲醇需消耗1.3~1.5吨原料煤和2吨燃料煤,而热值是汽油的46%,即相当于用4~6份煤能量去换1份甲醇能量; 二是不清洁,生产1吨煤基甲醇要排放8.25吨二氧化碳,数倍于精炼汽油; 三是腐蚀机械,发动机运行数万千米就会出现故障; 四是有毒性; 五是设备投资大。最大的问题还在于煤炭也是不可再生的化石能源。全国化工技术研究会副主任唐宏青的资料也指出,国内生产1吨煤基甲醇需耗1.6吨标煤,耗能1.67~2吨标煤和耗水22~30吨,即甲醇生产过程的能量投入产出比是4.2∶1(按热值)。这是一笔典型的"拆东墙补西墙"的赔血本买卖。

20世纪80年代美国就曾做过甲醇车用燃料试验。据报道1996年加州有1.3万辆汽车和500辆公交车使用甲醇燃料,建了80多个加油站。由于使用过程中的腐蚀以及储存和毒性等问题,甲醇加油站全部关闭了。洛杉矶和西雅图也因机械损伤、维修频繁等原因,宣布甲醇车用示范项目失败而被撤销。20世纪80年代,瑞典在斯德哥尔摩市曾对9种燃料车进行了十多年的替代化石燃料试验,最后选择了沼气和乙醇两种生物燃料。目前世界上没有一个国家以甲醇作为运输燃料。外国遇到的这些技术难题,中国并未解决,还要花如此之大的环境与经济代价去走这个"冤枉路",有必要吗? 其中必有隐情。

还有就是"煤制油"。2007年底,神华集团在内蒙古的年产320万吨规模的煤直接液化项目投产了,这是个典型的低能效(3~5吨煤换1吨油)、高水耗(吨油品耗水约10吨)、高排放(二氧化碳排放是原油精炼工艺的7~10倍)和高投入项目。问题还在于,中国煤炭产地主要在缺水的北方,仅此项目即需年耗水1 000万吨,相当于要减少5 333公顷(8万亩)灌溉农田。其他在宁夏、陕北和新疆的项目点,都会与农业争水,都可能引发我国西部地区的生态灾难。事也凑巧,同年5月,美国参议院能源与自然资源委员会因影响全球变暖为由,以20∶3票否决了关于到2022年用煤生产220亿加仑柴油的议案,并于该年年底通过了2022年发展360亿加仑生物燃料的《能源自主与安全法案》。同是煤基液化燃料,两国政府,两种态度。

《中国科学院院士建议》2008年第18期登载了佟振合院士等《关于发展我国可再生能源体系的思考》一文[2],提出了"从能源安全出发,建议我国的车用燃料以二甲醚/甲醇替代进口石油的主选品种"的建议。紧接着在该刊第20期上就发表了我写的商榷文章[3],反对以煤基甲醇作为替代进口石油的主选品种。石油替代的煤基与生物基之争延伸到了中国学界。

表面上看，石油替代是以煤基甲醇为主还是以生物燃料为主之争，实质上是牺牲环境和竭泽而渔地消耗中国宝贵的煤炭资源还是开发清洁和可再生的生物基燃料之争，是煤老板利益与农民利益之争，因为煤老板开发此项目的利润太丰厚了。

14.4 粮食安全“冤案”

2006年秋季，玉米涨价和吉林省因发展玉米加工业而外运原粮玉米减少，于是一纸报告到了国务院，说燃料乙醇“影响国家粮食安全”，好大的一顶帽子。

事实真相如何？2006年吉林省玉米总产1 800万吨，加工650万吨，用于加工燃料乙醇的90万吨，占玉米加工量的14%，玉米总产的5%，表14－1列出了吉林主要玉米加工企业及产品和加工能力。在全国，2005年玉米总产1.4亿吨，用于燃料乙醇生产的210万吨，占全国玉米总产的1.5%，根本没有燃料乙醇影响国家粮食安全的任何证据，“状子”过于夸大和捕风捉影了。相反，2005年国家出口了400万吨玉米，是燃料乙醇用玉米的1倍，为什么不写个“出口玉米影响粮食安全”的“状子”？2007年春，国家发改委下发了停批玉米乙醇项目。为防患未然无可非议，文件提出的“非粮”方针也是及时和英明的。但是从此，在生物能源头上就蒙上了久久挥之不去的“影响粮食安全”的阴影。

2008年上半年的世界粮食危机中，美国的玉米乙醇为千夫所指，中国却“这边风景独好”。一则是仓廪充实，二则是人们开始认识到生物能源不会影响粮食安全。粮食安全风波算是过去了，但是也落下不轻的“后遗症”。“十一五”燃料乙醇的发展目标由新增400万吨下调到200万吨，结果只完成了20万吨。这5年，美国、巴西和欧洲的燃料乙醇产量成倍增长，中国却在原地踏步。

影响中国粮食安全的因素很多，主要的是农民种粮收入太低，种粮积极性缺失，加之耕地面积净减和质量下降，燃料乙醇倒成了个倒霉的“替罪羊”。

表 14-1 吉林省主要玉米加工企业、产品及加工能力 万吨

企业名称	主要产品	年加工玉米能力
长春大成	玉米淀粉、赖氨酸、淀粉糊	120
公主岭	黄龙玉米、淀粉糖	65
松原赛利事达	玉米淀粉、玉米糖	30
吉林燃料乙醇	燃料乙醇	90
吉林德惠正大饲料	饲料	40
四平新天龙酒业	食用酒精	30
吉安生化乾安酒精	食用酒精	60
吉林梅河阜康酒精	食用酒精	30
吉林天河实业	食用酒精	10

注：资料来源，渤海期货商务网，2006.3。

14.5 冷热两重天

为应对世界金融危机，中国2008年提出了一个4万亿元的投资计划，先出台了10项“产业振兴计划”，后又增加两项，包括新能源。4万亿元的大蛋糕，哪个行业和企业不想多切下一块？一场投资争夺战在所难免。

2009年初开始酝酿《新能源产业振兴规划》，这本是件好事，却也能弄出不少花样来。作为国家能源局理当以国家利益为重，总揽全局和客观地提出振兴新能源方案，可是《征求意见稿》却撇开发布不久的国家《可再生能源中长期发展规划》，不顾条件是否具备就将“产业振兴”重点引向了风能和太阳能，主要局领导人大谈“风电三峡”、“新能源汽车”等等。从春天到夏天，中国媒体上充斥着风能、太阳能和电动汽车，视商机为生命的企业当然会不顾一切地“扑了上去”，“高烧”持续不退。此时的生物质能源被冷落一旁，“门可罗雀车马稀”，连新华社记者采访我时也开门见山地问：“目前风能和太阳能这么热，生物质能却很少被关注，您有什么看法？”我的回答是：“这很不正常！”

2009年10月在北京举行中国战略与管理研究会与美国布鲁金斯学会联合筹备的“中美清洁能源务实合作战略论坛”(图14－2)。筹备之初，政府能源主管部门只提风能、太阳能、新能源汽车和煤的清洁利用4项，美方实力最强的生物质能源却被排斥在外。连会议组织的中方也觉得不对头，经一番调研后才给

图14-2 2009年10月在北京召开中美清洁能源论坛

了“生物质能源”一席之地。

真是，天不从人愿，不到一年，风能和太阳能泡沫就开始破裂了。其实，早在2009年1月，英国《自然》杂志曾就中国风电发表过专文[4]，文中指出：“2007年5月全球风能委员会与中国风能协会曾联合发布过一份备忘录，提出一些对中国风电业的改进意见。不到两年，备忘录中提出的那些担忧都被证实了。”“中国只有对电网进行了重大改造，才能适应可再生能源的发展。”能源主管官员哪里听得进这些意见，一意蛮干，“大跃进”般地搞“风电三峡”，结果能上网的不到一半，电网系统也苦不堪言。为了上网电的稳定，最好在发电厂附近再建个火电厂，这还有什么清洁和替代的意义？

再说太阳能。全国20多个省纷纷抢上多晶硅生产线，规模达到了全球需求量的两倍。2009年10月的《经济参考报》发表了一篇题为《中国光伏泡沫已破灭，千亿元投资半数打“水漂”》的文章。《科技日报》也发表了题为《新能源产能过剩让人揪心》的署名文章，文中提醒说：“我国硅提纯、风机设备关键零部件的技术仍然靠进口，而这些技术已被美国、德国、日本等国家的少数企业垄断。”2009年9月，国务院公布的产能过剩和重复建设名单中风电和多晶硅榜上有名。

“真的假不了，假的真不了”，事情发展得太快了，不到一年，错误导向下的风能和太阳能“泡沫”就破裂了。错不在风能和太阳能，而是在条件尚不具备时人为硬上马，“欲速则不达”。

还有件有趣的事。奥巴马在就职演说中有这样一句话：“We will harness the sun and the winds and the soil to fuel our cars and run our factories”（“我们将致力于利用太阳、风和土壤去驱动我们的车辆和运转我们的工厂”）。其中“soil”显然是指依靠土壤生产生物燃料，而一些中译本却误译为“地热”(geothermal)，并以讹传讹地在媒体上传散开来。如2009年1月《科技日报》登载的一篇题为《绿色经济再造美国：奥巴马能源大战略解构》的大块文章[5]中，也多次出现“美国开发太阳能、风能和地热”，好像美国不搞生物燃料了。看看本书第6章的内容，就会感到这是一种多么可笑的误译误传，只有在中国才会有市场。中国有句俗话，人逢倒霉“喝凉水也塞牙”，2009年是生物能源在中国走“霉运”的一年。

这个计划于2009年内出台的《新能源产业振兴规划》由于以上的种种原因和意见分歧而未能面世。这一年里，世界和中国的能源形势有了很大变化，2009年末出现了一个好的兆头，就是温家宝总理在哥本哈根全球气候变化大会上的讲演中说：“鼓励支持农村、边远地区和条件适宜地区大力发展生物质能、太阳能、地热、风能等新型可再生能源。”将生物质能排在首位的这种表述已经许久不见了，说明温度有些转暖；但是在以后发出的有关新兴能源产业的种种信息中，冷落生物质能的态势并没有改变。

14.6 一道绕不过去的槛

中国在化石能源替代问题上，一会儿煤变油，一会儿甲醇/二甲醚，一会儿风能/太阳能，一会儿新能源汽车，总想绕开生物质能源走。这里可以明白无误地告诉这些先生们：生物质能源在中国是道绕不过去的槛。

第一道是“资源槛”。中国清洁能源的可利用资源量（不含太阳能）是年产出21.5亿吨标煤，其中水能占27.2%，风能占15.5%，而生物质能占54.5%。中国要发展清洁能源，能绕过这占到半壁河山的资源量吗？

第二道是“最佳槛”。全球车用燃料需求增长最快，美欧和巴西的成功经验已经证明生物燃料是替代化石燃料的最佳以至唯一途径，这是大趋势。中国石油资源极贫，一半以上靠进口，难道能舍生物燃料而有他途吗？难道真想靠煤基甲醇和煤电汽车，以化石能源去替代化石能源吗？

第三道是“三农槛”。生物质能源的原料资源在“三农”，原料生产在“三农”，可以促进农民增收、农村工业化、城镇化和富余劳动力就近转移。“三农”问题是全党工作重中之重，要实现“城乡统筹，以工补农”等的中央精神，能源主管官员和“智囊”能无视8亿农民的存在和“三农”问题到几时，能总是绕开生物质能源走吗？

第四道是“环境槛”。据2009年发布的全国污染普查报告，包括畜禽粪便、焚烧农作物秸秆、过量施用化肥等的农业面源污染，已上升为中国的主要污染源，占全国 COD、总磷和总氮排放量的比重已分别达到 57%、60% 和 48%。这些环境问题能不解决吗？舍生物质能源还有其他更好办法吗？

第五道是“农村用能槛”。随着农业现代化和农民生活水平的提高，农村将成为中国未来能源需求增长最快和市场最大的一极。弥补农村能源需求缺口，煤炭、石油和天然气供应得起吗？舍生物质能源还有其他更好办法吗？

第六道是“生物基产品槛”。煤化工和石油化工有上千种能源与非能源的物质产品，但水能、风能、太阳能、核能、氢能等能生产出这些塑料和化工原料等物质性产品吗？不能！舍生物质产业还有其他更好办法吗？

以上 6 道槛，哪一道中国能绕得过去？

14.7　为何中国不待见生物质能源？

我在 2008 年的一篇文章[6]中写道：“生物燃料是个天资聪慧的孩子，在其他国家受宠，在中国却少有疼爱。”中国为什么如此不待见生物质能源？我一直为此困惑。

是怕影响粮食安全吗？这事已经清楚了，过去了，不该再无理纠缠了。是因为生物燃料的成本和国家补贴太高吗？一个新兴产业初始期的政策性扶持是正常和必需的，何况今日生物能源之政府补贴已远低于太阳能和风能。是技术和设备不够成熟吗？生物质能源的技术成熟度高，设备可以全部国产，而风能和太阳能的关键技术和材料都在国外。是原料资源不充足吗？中国生物质能的原料资源数倍于风能和太阳能。实在找不出其他技术性原因，只有从社会和经济原因中去找。

当今中国推进工业化和市场经济的过程中，有两类人对制订政策起关键作用，一是政府主管业务的高官，二是大型央企国企的高管，他们之间在权与利上有着千丝万缕联系，他们中的一些人是“亲工业”、“亲城市”的实权派和既得利益者。一些央企国企既占据国家廉价资源（煤炭、石油、天然气等），又拥有参与制订政策和垄断市场的优势，岂能不无往而不“赚钱”。在巨额利润驱动下，哪管那 6 份煤换 1 份油和大量排放温室气体，哪管那在严重缺水的荒漠地区与农业和生态争水，哪管那国家能源自主与安全而耗资万亿计地使石油和天然气立足于国外。如果说石油替代的煤基与生物基之争的实质是煤老板利益与农民利益之争，而风能(太阳能)与生物质能之政策倾向严重失衡的实质则是政府业务主管部门是倾向于制造业老板利益还是倾向于农民利益。

至于在中国本土建设自主安全和永不枯竭的“生物质油田”，一些高官与高管不感兴趣，远不如“机器一响，黄金万两，政绩飘扬”来得快捷方便；至于发展生物质能源可以缓解“三农”困境和改善8亿农民生存状况，那是党中央的事，与他们何干。他们也会一时垂青，但浅尝辄止，远不像煤矿死人事故连连仍前仆后继那样执著。令人生厌的是，他们还要找出种种不能发展生物质能源的理由，什么资源稀缺啦！原料分散不好收集啦！影响粮食安全啦！经济性不好啦！技术不成熟啦！得不偿失啦！看法不一致啦！等等。他们用这些本可以解决或已经解决了的(请参见本书第17~21章)一些技术性问题混淆视听，否定生物质能源，以图维护自身利益和耳目清净。在谈到本不存在的“粮食安全”时他们“忧国忧民”，侃侃而谈；谈到生物质能量密度低时他们振振有词，谈到生物质能源可以增加农民收入时他们说政府用别的办法给农民钱就是了。所有的好处他们都占了，所有的问题和后患都由国家和老百姓去“买单”。如果往好处想，是因为他们对生物质产业认识上有偏颇。

常言道，一个错误需要三个错误掩饰，“十一五”在发展风能和太阳能上的政策偏差是否在“十二五”还要用三个偏差去掩饰，以证明“我没错，冷落生物质能也没错”？

科学与真理在权与利面前为何如此苍白与无助？

“荣枯咫尺异，惆怅难再述”，“三农”啊，生物质能源！

14.8 世有伯乐然后有千里马

文起八代之衰的韩愈在他的《杂说集》中有一篇《马说》，其全文如下：

世有伯乐，然后有千里马。千里马常有，而伯乐不常有。故虽有名马，只辱于奴隶人之手，骈死于槽枥之间，不以千里称也。

马之千里者，一食或尽粟一石。食马者，不知其能千里而食也。是马也，虽有千里之能，食不饱，力不足，才美不外见，且欲与常马等不可得，安求其能千里也！

策之不以其道，食之不能尽其材，鸣之而不能通其意。执策而临之曰："天下无马"。呜呼！其真无马邪？其真不知马也！[7]

文中说，千里马一顿能吃一石粟饲，养马人因不识而喂之不能饱，埋没了日行千里之才。驾驭者也不得其法，不了解千里马嘶鸣的意思，还站在千里马跟前说："天下哪有千里马！"所以韩愈才发出了"世有伯乐然后有千里马。千里马常有，而伯乐不常有"的感慨。泱泱中华，生物质能源何时得遇伯乐？呜呼哀哉！

参考文献

1. The White House, Offiice of the Press Secretary.Executive Order of Developing and Promoting Biobased Products and Bioenergy, Augest 12,1999.

2. 佟振合等.关于发展我国可再生能源体系的思考.中国科学院院士建议，2008（18）.

3. 石元春.煤基与生物基之争——与佟振合院士等商榷.中国科学院院士建议，2008（20）.

4. Editorial.China's wind—power potential.Nature, 457,357 (22 January 2009).

5. 武建东.绿色经济再造美国：奥巴马能源大战略解构.科学时报，2009—01—20.

6. 石元春.粮食！石油！生物燃料？科技日报，2008—06—08.

7. 夏之全. 古文观止. 吉林摄影出版社，2003.

中国有丰富的林业生物质资源。有宜林荒山荒坡和灌木林1亿公顷，“十二五”天然林抚育面积1.2亿公顷，可产生9亿吨林业剩余物。

15 中国生物质原料资源(I)

第一部分 农林有机废弃物资源

- 作物秸秆
- 畜禽粪便
- 林业剩余物
- 工业及城市有机废弃物
- 有机废弃物原料资源总汇

第二部分 边际性土地资源

- 可用而未用的土地中有多少宜垦地?
- 可用而未用的土地中有多少宜林地?
- 现林地中有多少能源林地?
- 现农田中有多少可用于种植能源作物?
- 边际性土地资源总汇

天下万物生于有，有生于无。

——老子

土地是一切生产和存在的源泉。

——卡尔·马克思

原料是产业发展之本，生物质产业更是重在原料。一则原料主要依靠本土，再则产品随原料而定，原料因地域而异。摸清本土原料资源和分布，是发展生物质产业之基础。

生物质产业是个新兴产业，对原料资源很少专门研究，本书第 4 章介绍了荷兰 Edward Smeets 等对全球生物质原料资源的预测[1]，第 6 章介绍了美国能源部和农业部对本土年供应 10 亿吨生物质原料的技术可行性研究。中国生物质原料资源是本书作者 2006 年参加中国工程院可再生能源重大咨询项目和主持其中生物质能源专项中的部分研究结果[2]。生物质原料资源分农林有机废弃物、边际性土地和能源植物三个部分，最后予以汇总，分写于第 15 章和第 16 章。

研究中虽尽力收集整理了已有资料，但资料出处、年代、统计方法不尽相同，完整性也不够。此结果只是初步的，但从中也能看出中国生物质原料资源的基本面貌。

第一部分 农林有机废弃物资源

循环是自然界物质运动的一种基本形式，中国几千年的传统农业就是在人为参与下的一种生命物质循环系统。人在种植作物、饲喂牲畜、供养人类自身的同时，几乎将作物秸秆、人畜粪便、燃尽的草木灰、残羹剩饭等所有的剩余物（生命物质）都直接或间接地回归于土壤，进入循环，连人死后也要“入土为安”。传统农业是一种封闭的物质能量运行系统，除了太阳辐射传递的能量外，一点外来的物质与能量也没有。

现代农业有了化肥、农药、拖拉机、电力、地膜等这些外源性物质和能量，农作物产量增加了，也会产生更多的秸秆、畜禽粪便、有机废水废渣等“废弃物”和“污染物”。生物质产业则是以此作为二次性资源，以现代技术使之进入新一轮的循环中去，这是一种化腐朽为神奇的技术表演。中国有多少“腐朽”可用？它又能表演出何等的“神奇”来？

15.1 作物秸秆

这里要解决两个问题，即全国每年产出多少秸秆和秸秆的去处如何。

作物秸秆资源量的估算可以做到相当准确，因为谷物籽粒、棉花纤维、薯类根茎的经济产出与秸秆间有一定比例关系，农业上叫“谷草比”。既然国家每年对各种作物的产量都有详细统计，当然可以推算出各类秸秆的数量和总量。提出秸秆产出量的有两组资料，一是作者参加中国工程院关于可再生能源咨询项目中提出的（2008 年）[2]，一是农业部 2010 年提出的最新资料。

前者提出的资源资料列入了表 15-1。2007 年全国九大作物的秸秆总量是

7.04 亿吨，排在前 4 位的是玉米、小麦、稻谷和油料，分别为 3.05 亿、1.49 亿、1.16 亿和 0.51 亿吨。以各类秸秆的热值可以分别折算成标煤，玉米、小麦、稻谷和油料秸秆分别相当于 1.61 亿、0.75 亿、0.50 亿和 0.27 亿吨标煤，其他是 0.42 亿吨标煤，秸秆的产能总量是 3.55 亿吨标煤，其中玉米秸秆占产能总量的 45.5%。作物秸秆的集中产区与主要粮食产区是一致的，按省区的前十名排序是河南、山东、黑龙江、河北、吉林、江苏、四川、湖南、湖北和内蒙古，多在我国东部产粮区。

表 15-1　2007 年九大作物的秸秆产量及产热量

农作物名称	作物产量/万吨	谷草比	秸秆量		折标煤系数	折标煤量	
			万吨	%		万吨	%
稻谷	18 603	1：0.623	11 590	16.5	0.429	4 972	14.0
小麦	10 930	1：1.366	14 930	21.2	0.5	7 465	21.0
玉米	15 230	1：2.0	30 460	43.3	0.529	16 113	45.5
杂粮	869	1：1	869	1.2	0.50	435	1.2
豆类	1 720	1：1.5	2 580	3.7	0.543	1 401	3.9
薯类	2 808	1：0.5	1 404	2.0	0.486	682	1.9
油料	2 569	1：2.0	5 137	7.3	0.529	2 718	7.6
棉花	762	1：3.0	2 287	3.2	0.543	1 242	3.5
甘蔗	11 295	1：0.1	1 130	1.6	0.441	498	1.4
合计	–	–	70 387	100.0	–	35 526	100.0

注：作物产量引自《中国农业年鉴，2008》；甘蔗秸秆仅为叶部；折标煤系数取自文献[2]。

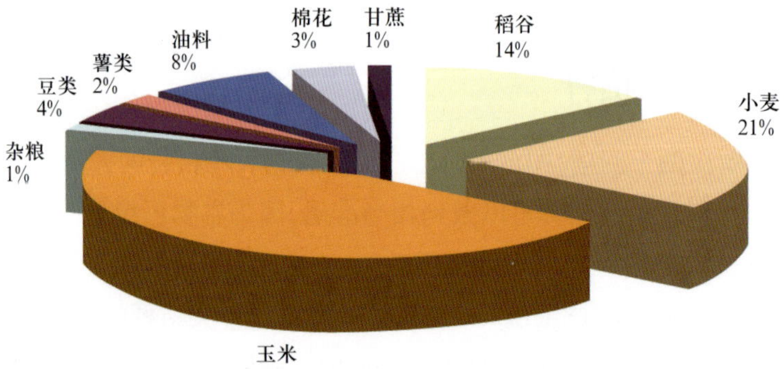

图15-1　2007年中国九大农作物秸秆产能百分比[1]

作物秸秆的去向主要有还田、饲料、工业原料、薪柴和露地焚烧5项。根据各专项研究资料的报道，造肥还田占秸秆总量的15%；露地焚烧1.1亿吨[3]；中国农村生活用能中秸秆占48.33%[4]；秸秆饲用主要是农区养牛，年饲用秸秆约1.17亿吨[2]；工业用途主要是造纸，在2007年7 350万吨产纸中用纸浆5 935万吨，其中非木浆(稻麦秸秆和蔗渣)1 302万吨，约消耗当年秸秆总量的2%[1]。以上是各单项研究的结果，中国农业部与美国能源部项目专家组于20世纪90年代曾对中国生物质资源可获得性做过综合调研，评价报告的预测是：到2010年，中国粮食产量为5.6亿吨，秸秆总量7.2亿吨，除2 800万吨用于造纸，1.13亿吨用于饲料，1.089亿吨还田，4.701亿吨可用于能源，分别占3.9%、15.7%、15.1%和65.3%。

经对以上诸项成果的分析与综合，我提出的秸秆五项去向的参考值是：造肥还田15%、饲料20%、工业原料4%、薪柴45%、露地焚烧16%(图15-2)。依此参数，2007年中国九大作物的7.04亿吨秸秆的去处中约有61%可用于能源，即在不改变秸秆现用途的前提下，每年约有4.3亿吨秸秆可作为生物质原料。

第二份资料是2010年农业部公布的中国作物秸秆专项调查报告。报告提出2009年全国农作物秸秆产出量为8.2亿吨，其中玉米、水稻和小麦秸秆合占总量的75%。可收集秸秆量为6.87亿吨，其中可用于能源的3.44亿吨，占50%。秸秆的去向是饲料和还田分别占30.7%和14.8%，燃料和露地焚烧等分别占18.7%和31.3%，造纸和食用菌基料各占2%。

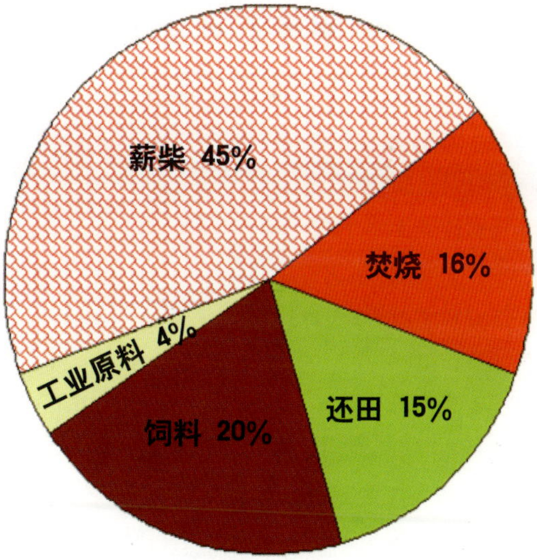

图15-2 中国作物秸秆的5项去处

对比这两份资料的主要出入是第二份资料中的饲料用途比第一份资料高10%而薪柴和露地焚烧少10%。

15.2 畜禽粪便

畜禽粪便原料资源的资料整理步骤是：主要来源–饲养周期–头排粪量–年出栏量–粪便资源量–可收集资源量–折标煤量。

可收集的粪便资源主要来自牛、猪和鸡，依以上整理步骤所得结果列入表15–2。2007年的畜禽粪便实物量为12.47亿吨，可收集量为8.84亿吨，其中牛、猪、鸡粪便分别为4.64亿、3.39亿和0.80亿吨。牛、猪、鸡粪便的能值分别为每千克13 799千焦、12 545千焦和18 817千焦，折算的年产能分别是3 934万、2 909万和4 139万吨(均为折标煤)，合计为1.098 3亿吨标煤。畜禽粪便资源量最丰富的8个省区排序是河南、山东、河北、四川、湖南、云南、吉林及湖北，合计折标煤5 815万吨，占全国畜禽粪便产能总量的52.9%，详见表15–3。

畜禽粪便的收集和利用方式对原料资源的可收集程度关系很大。如猪多为家庭圈养，国家每年有数十亿元补贴农户修建户用沼气池，极为分散的猪粪尿也可被用上，无效资源几乎可以忽略不计。户用沼气有“一池三改”(改猪圈、改厕所、改厨房，修一个沼气池)、“四合一”(厕所–猪圈–沼气–温室大棚)、“猪、沼、果”等多种模式。到2008年底，全国农户沼气池数达2 857万个；畜禽养

表15–2 牛、猪、鸡排粪量及可开发资源量(2007年)

项　目	牛	猪	肉鸡	蛋鸡
体重/千克	500	50	1.5	1.5
饲养(出栏)周期/天	365	150	60	365
一昼夜排粪量/(千克/头)	20	4	0.1	0.1
一年排粪量/(吨/头)	7.3	0.6	0.006	0.036 5
年饲养数量/(万头、万只)	10 595*	56 508	726 438	248 046*
粪便资源量/(万吨/年)	77 343	33 905	4 359	9 054
粪便收集系数	0.60	1.00	0.60	0.60
粪便可收集量/万吨	46 406	33 905	2 615	5 432
a. 干物质含量/%	18	20	80	80
b. 标煤折算系数**	0.471	0.429	0.643	0.643
c. 折合后的标准量(标煤)/万吨	3 934.2	2 909.0	1 345.3	2 794.2
折合后的标准量合计(标煤)/万吨	10 982.7			

*为存栏量；**折算系数根据《中国能源统计年鉴》中的各种能源折标准煤参考系数。

表 15-3　2007 年全国及排名前 8 位省份的畜禽粪便资源量（折标煤）　万吨

地区	牛粪*	猪粪	商品鸡粪	蛋鸡粪	合计
全国	3 934.2	2 909.0	1 363.6	2 794.2	10 982.7
河南	382.8	231.1	85.6	422.5	1 121.9
山东	211.9	188.1	298.5	363.2	1 061.8
河北	176.4	152.6	57.3	606.1	992.4
四川	365.8	309.4	59.9	108.7	843.8
湖南	151.4	248.0	52.3	49.8	501.5
云南	269.5	130.6	12.9	29.4	442.4
吉林	200.3	60.3	66.7	100.3	427.6
湖北	116.5	161.2	22.8	122.7	423.3

注：数据根据《中国畜牧业年鉴2008》推算；*根据《中国统计年鉴，2008》推算。

殖场配套的大型（消化器容积＞1 000 米^3）沼气池数 2 761 处（农业部能源环保技术中心资料，2009）。

目前畜禽规模化养殖的比重不大，但从发展趋势看，以广东、山东、河南和河北 4 省的大中型畜禽养殖场粪便污水可获得量最多，分别为 115.85 万、113.38 万、103.73 万和 70.06 万吨（均为折标煤），合计占全国总量的 40% 左右。大中型养殖场主要集中在大中城市与农村结合地带，近 70% 集中于东部沿海地区和北京、天津、上海和广东等大城市周边，中部地区的大中型养殖场占全国的 23% 左右，西部地区只占 7%。畜禽规模化养殖场是发展产业沼气的重要基地。

15.3　林业剩余物

可作为生物质原料资源的林业剩余物包括森林采伐剩余物、木材加工剩余物及育林剪枝剩余物，统称林业“三剩物”。

根据国务院批转国家林业局关于“十五”期间和“十一五”期间年采伐限额审核意见以及全国第五次森林资源清查结果和第六次森林资源清查结果的对

比，全国人工林年采伐限额增加 7 087.2 万米^3，天然林年采伐限额减少 4 581.9 万米^3；商品材年采伐限额增加 4 179.5 万米^3，非商品材年采伐限额减少 1 674.2 万米^3。按“十五”及“十一五”期间年采伐限额，木材采伐和加工剩余物资源量为 7 464 万～8 056 万吨，折算标煤分别为 4 255 万～4 592 万吨(表 15–4)。

表 15–4 “十五”及“十一五”期间年木材采伐限额及木材采伐、加工剩余物资源量估算

项目	采伐量/万米^3	出材量/万米^3	采伐出材率/%	加工出材率/%	采伐剩余物/万米^3	加工剩余物/万米^3	剩余物合计		折合标煤/万吨
							万米^3	万吨	
“十五”期间									
商品材	11 590	6 944	59.9	40	4 647	2 777	7 424	3 712	2 116
非商品材	10 720	5 360	50.0	40	5 360	2 144	7 504	3 752	2 139
总计	22 310	12 304	–	–	10 007	4 921	14 928	7 464	4 255
“十一五”期间									
商品材	15 770	9 983	63.3	40	5 787	3 993	9 780	4 890	2 787
非商品材	9 046	4 523	50.0	40	4 523	1 809	6 332	3 166	1 805
总计	24 816	14 506	–	–	10 310	5 802	16 112	8 056	4 592

注：1.取木材的平均体积密度为0.5克/厘米^3。

2.林木伐区剩余物估算方式为：出材量其余的部分为采伐林余物。商品材出材率根据国务院批转的国家林业局关于各地区年采伐限额审核意见确定。非商品材主要包括农民自用材及烧材。此处非商品材出材率取值为50%，可能会使剩余物部分估计值偏小。

3.此处原木加工成木材产品剩余物比率取40%。但是，在计划内与计划外的木材生产中产生的大量剩余物与加工剩余物有相当一部分通过综合利用成为非单板型人造板用材，主要形成纤维板、刨花板等工业生产原料，此处全部作为剩余物处理，会使剩余物部分估计值偏大。

4.木材的低位热值取16 748千焦/千克（4 000千卡/千克），则木材与标煤的换算系数取0.57。

林业剩余物的第二部分来源是薪炭林、用材林、防护林、灌木林、疏林等林地育林剪枝及四旁树剪枝获得的薪材。可按不同地区和不同林地类型的取柴系数和产柴率等参数(表 15–5)[5]，从各省林地类型和面积中测算出全国薪柴资源量。经测算，全国薪柴年产出量为 5 239.3 万吨，扣除其中薪炭林的薪柴可采量则为 4 812.6 万吨。排在前 10 位的省份依次为云南、四川、西藏、广西、江西、湖南、广东、内蒙古、福建和黑龙江。处在前 4 位的西南三省和西藏合占全国薪柴总产出量的 39%[6]。

表 15-5 不同地区和不同林地类型的取柴系数和产柴率 [5] 千克/千米^2

林种	南方地区		平原地区		北方地区	
	取柴系数	产柴率	取柴系数	产柴率	取柴系数	产柴率
薪炭林	1.0	7 500	1.0	7 500	1.0	3 750
用材林	0.5	750	0.7	750	0.2	600
防护林	0.2	375	0.5	375	0.2	375
灌木林	0.5	750	0.7	750	0.3	750
疏林	0.5	1 200	0.7	1 200	0.3	1 200
四旁树	1.0	2 千克/株	1.0	2 千克/株	1.0	2 千克/株

综上所述，林业剩余物中的森林采伐及木材加工剩余物的实物量为 7 760 万吨，折标煤 4 423 万吨(按“十五”加“十一五”期间的平均值)；薪柴的实物量为 4 813 万吨，折标煤 2 743 万吨，二者合计实物量为 12 573 万吨，折标煤 7 166 万吨。此数值低于袁振宏资料及《新能源》杂志上“我国新能源产业初具规模”一文中的数据(“薪材年合理采伐量约 1.58 亿吨”，折 9 006 万吨标煤)。国家林业局提出的最新资料(2008 年)[7] 显著高于以上数据，即“采伐造林剩余物 1.1 亿吨，木材加工剩余物 3 000 万吨，废旧木材 6 000 万吨，‘三剩物’总量约 2 亿吨”。东北林业大学马岩教授 2009 年提供的林业三剩余物研究资料中林间剩余物高达 4.89 亿吨，而林业加工剩余物和城市回收废弃木材分别 0.15 亿吨和 0.30 亿吨 [8]。本书采用的是作者综合整理的结果，资源量是以上所列资料中最低的，实物量为 12 573 万吨，折标煤 7 166 万吨。

15.4 工业及城市有机废弃物

水的污染源除来自工业的汞、镉、铬等重金属和来自农业的富营养物外，最为普遍和对环境影响最大的是来自食品/农产品加工业的有机废水废渣和城市污水的有机物污染。这些废弃有机物在厌氧条件下被微生物分解时需要耗费大量空气中的氧，故常用化学耗氧量，即 COD 值表示污染程度。正是这些有机质污染源又是可以经无害化和资源化处理后成为优质的能量原料资源和植物的营养源。

轻工业中的谷类磨品、植物油加工、制糖、屠宰、水产加工、菜果加工、食品加工、淀粉、酒精、食用酒、造纸等都有大量有机废水废渣排放。这11种产业的2007年工业产值为2.97万亿元(表15-6),占同年轻工业产值的39%。由于各行业有机废弃物类别不同,排放物的收集方法不同和估测难度较大,故本章暂用刘英提出的中国农产品加工产生的有机废弃物可生产沼气500亿米^3,相当于3 500万吨标煤能量的资料[9]。

表15-6 高有机污染物排放行业的产值(2007)

亿元

行业	产值	行业	产值
谷类磨品	2 632	食品加工	6 071
植物油加工	3 220	淀粉	1 054
制糖	562	食用酒	2 612
屠宰	3 618	酒精	374
水产加工	1 995	造纸	6 326
菜果加工	1 239		
总产值	29 703		

注:资料来源,《中国轻工业年鉴 2008》。

工业有机废弃物排放集中,易于收集,可与环保治理相结合,利用率高,技术比较成熟,如果技术、设备、资金和政策到位,是一项重要的生物质能源的原料来源。

第二部分是城市有机垃圾。据2008年的中国统计年鉴,2007年全国垃圾清运量1.52亿吨,无害化垃圾处理率62%,其中卫生填埋、焚烧处理和堆肥分别占82%、15%和3%。粪便清运量0.25亿吨(折267万吨标煤),处理率36%。城市生活垃圾中,有机物占25%~30%,主要是厨余垃圾,其中废弃油脂约250万吨。目前中国城市垃圾的能源利用率还很低。

城市垃圾及其处理的情况比较复杂,垃圾发电尚在摸索中,其中厨余废弃油脂的收集和转化生物柴油的技术在国外已经成熟,特别在日本。粪便清理情况相对单纯,处理率较高,可作为沼气生产原料,剩余物可制作有机肥。按《中国统计年鉴2008》,全国生活垃圾清运量1.52亿吨,折标煤2 599万吨,排在前10位的省市为广东、黑龙江、山东、江苏、浙江、辽宁、河南、上海、河北及湖北,约占全国总量的59%(表15-7)。

根据程序教授提供的资料(详见本书第21章),我国工业和城市污水每年排放总量557亿吨(2007年),所含COD总量接近2 000万吨,沼气理论年产量110亿米^3。城市垃圾填埋量为1.2亿吨(2000年,干重);可年产填埋气(LFG,甲烷含量为55%)约90亿米^3,折合甲烷含量97%的天然气约50亿米^3。预测到2020年城市垃圾年填埋量将达4亿吨,如全部利用,年产燃气(替代天然气)潜力为160亿米^3。

表 15-7　全国及排前 10 位省份的城市生活垃圾资源情况　万吨

地区	生活垃圾清运量	热值取 5 000 千焦/千克时折合的标煤量	热值取 6 300 千焦/千克时折合的标煤量
全国	15 214.5	2 599.0	3 274.7
广东	1 833.8	313.3	394.7
黑龙江	963.2	164.5	207.3
山东	945.0	161.4	203.4
江苏	898.4	153.5	193.4
浙江	772.0	131.9	166.2
辽宁	771.4	131.8	166.0
河南	737.5	126.0	158.7
上海	690.7	118.0	148.7
河北	686.5	117.3	147.8
湖北	673.2	115.0	144.9

注：生活垃圾清运量资料来源于《中国统计年鉴2008》。

15.5　有机废弃物原料资源总汇

以上对作物秸秆、畜禽粪便、林业剩余物和工业与城市有机废弃物等分项提出了资料整理的思路方法及结果，本节将其汇总入表 15-8。

表 15-8　中国主要有机废弃物的年产生量、可用量及折合的标煤量(按 2007 年数据)

废弃物种类	年产生量/亿吨		可用率/%	年可用量		
	实物量	折标煤		实物量/亿吨	折标煤/亿吨	占总量的百分比/%
作物秸秆	7.04	3.55	60	4.22	2.13	55.6
畜禽粪便	8.84*	1.10	70	6.19	0.77	20.1
林业采伐及加工剩余物	0.78	0.44	90	0.70	0.40	10.4
育林剩余物	0.48	0.27	80	0.38	0.22	5.7
工业有机废弃物	–	0.35	80	–	0.28	7.3
城市有机垃圾	1.52	0.26	10	0.16	0.03	0.9
累计	18.66	5.97	–	11.65	3.83	100.0

*为年可收集量。

经汇总后的中国有机废弃物原料资源的基本状况(按 2007 年)是：

其一，中国有机废弃物的年实物产出量是 18.66 亿吨，折标煤 5.97 亿吨；

可用实物量是11.65亿吨，折标煤3.83亿吨，相当于2007年全国一次能源消费总量的1/7。有机废弃物中75.7%源自农业，16.1%来自林业，工业加工和城市的产出占8.2%。按年产能的多少排序是：作物秸秆－畜禽粪便－采伐及加工剩余物－工业有机废弃物－育林剩余物－城市有机垃圾。此6类有机废弃物虽然量上差异很大，但各有特点，每一项都可以单独开发，并行不悖。

其二，这些有机废弃物看似分散，却又相对集中。秸秆集中于粮区，畜禽粪便集中于养殖，林业剩余物集中于林地，工业有机废弃物集中于农林产品加工工厂，有机生活垃圾集中于城市，即使是农户饲养三五头猪的粪便和残羹烂草也能成为户用沼气的生产原料。所以，这种大分散小集中正适合于中小型开发模式，适合于中国国情，有利于推进农村工业化和中小城镇的发展。这应当是优点，不是缺点。

第二部分 边际性土地资源

对中国发展生物质能源的怀疑论者有两个“死结”，或者叫两个“攻击点”，一个是“影响粮食安全”，这个结已经逐渐被解开；另一个是“土地资源稀缺”，这个结还没有解开。在中国，耕地紧缺和后备土地资源不足的印象太深入人心了，还能有土地支撑发展生物质产业吗？这对谁都是个大问号。反对发展生物质能源或对生物质产业不屑一顾者正是在点击这个“死穴”。问题的症结在哪里？如果把眼睛盯着“农田”，那么确是“稀缺”，如果用一种新的“土地观”，将眼光投放到“边际性土地”上，却是另有一番风景。

“边际性土地”原本是个经济学概念，是指那些生产收入只能抵消生产成本，连地租也交不起的土地。在此将内涵改为土地利用中的低质土地，即农田中的非粮低质低产土地和尚未被利用土地中条件较好的土地。它的科学支撑点是生物质原料植物的顽强抗逆性，在荒草地、盐碱地、滩涂、沙地、瘠薄地、旱地与渍涝地、冷湿地等，一般农作物“无能为力”的低质土地上，能源植物却可以“大展拳脚”。这就可以在低质土地上追求高产高收入，打破“交不起地租”的魔咒。

用这种新的“边际性土地观”来重新审视我国的土地资源，就能像发现“新大陆”般地去探寻边际性土地。它在哪里？一是在尚未利用的土地和可以种植能源植物的土地中去找，二是在非粮低质低产农田中去找。所幸的是，国土资源部和国家林业局可以提供相当翔实的资料。以下分两条线路“清查”，一条路线是在可用而未用的土地中清查有多少宜垦地和宜林地，属待开发型；另一条路线是现有林地和农田中清查有多少可作能源用途，属现有型。以下分述之。

15.6　可用而未用的土地中有多少宜垦地？

据国土资源部报告，“截至 1996 年 10 月 31 日，中国未被利用的土地为 24 509 万公顷，其中可利用而尚未利用的面积占 24.6%，其余为难利用的土地”[10]。这段叙述提供了一条线索，即将“可利用而尚未利用”的土地与“难利用”土地分开。2002 年国土资源部的土地利用变更调查报告又具体给出了“可利用而尚未利用”土地的面积是 8 874 万公顷；2003 年的另一个专项调查报告进一步提出 8 874 万公顷的可利用后备土地中，自然条件相对较好的宜农后备土地面积为 734.4 万公顷[11]。至此，将我国未被利用土地中区分出了难利用的 15 635 万公顷；可利用及其中可农用的面积分别是 8 874 万公顷和 734.4 万公顷。

在 8 874 万公顷的可利用而尚未利用的土地中，主要包括荒草地、盐碱地、滩涂、沼泽地、裸土地和其他未利用地 6 种类型，该报告对它们的描述是：

> 荒草地是指：树木郁闭度 <10%，表层为土质，生长杂草的土地；
> 盐碱地是指：土地表层盐碱聚集，只生长天然耐盐植物的土地；
> 滩涂是指：沿海大潮高潮位与低潮位之间的潮浸地带，河流湖泊常水位与洪水位之间的滩地；
> 沼泽地是指：经常积水或渍水，一般生长湿生植物的土地；
> 裸土地是指：表层为土质，基本无植被覆盖的土地；
> 其他未利用土地是指：高寒荒漠、苔原等土地。

6 类可利用而尚未利用的土地中，主要是荒草地和盐碱地，分别占 52% 和

11%。区域分布上，蒙新区占 54%，黄土高原区占 12%；面积在 100 万～300 万公顷的省区依次为湖北、河南、甘肃和四川[11]。中国海岸线长，有可供开垦的滩涂 107 万公顷，主要分布在水热条件优越的沿渤海和黄海一线。

国土资源部提出的耕地后备资源的定义是“在当前技术条件下，能够通过开发、复垦措施改变成为耕地的未利用地和毁损废弃地”，其具体指标是：

自然坡度	<25°
土层厚度	>50 厘米
土壤质地	石砾含量 <15%
地下水埋深	>1 米
沙丘起伏程度	沙土包高度 < 2 米、密度 >40%
温度条件	温度和积温条件能满足作物生长要求
水分条件	旱作：年降水量 >400 毫米
	灌溉：水源保证程度好

在尚未利用的 734 万公顷宜农土地中，可垦土地 701.7 万公顷，可复垦土地 32.7 万公顷。可垦土地中排在前三位的是“荒草地”、“其他未利用土地”和“盐碱地”(图 15–3)，可垦的荒草地资源主要分布在西北的新疆、甘肃、宁夏和青海 4 省区。江西省的 20.4 万公顷缓坡丘陵荒草地，黑龙江省的 16.0 万公顷

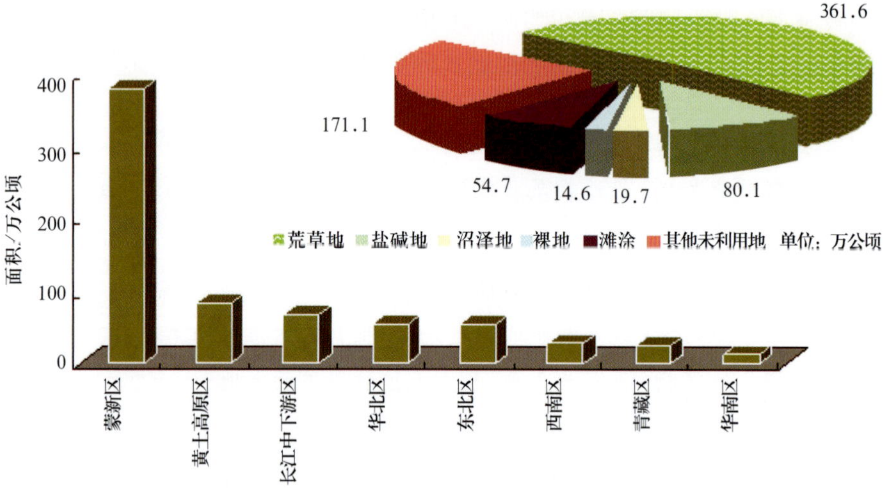

图15–3 中国可垦土地的类型、面积（右上图）及各大区分布（左下图）[10]

黑土地，以及具有优越水热和生物资源条件的云南省的11.2万公顷以及四川省的8.5万公顷荒草地都具有较高开发价值。可垦的盐碱地资源主要分布在西北干旱地区的新疆、甘肃、内蒙古、青海、宁夏5省区，合计面积48.3万公顷。此外，松嫩平原西部、渤海湾、辽东湾和杭州湾等沿岸的滨海盐碱土，以及沿海滩涂等都可以生长甜高粱、大米草等耐盐碱的能源植物。图15–4为几类边际性土地示例。

"可复垦地"主要包括废弃压占地、塌陷地和自然灾害毁坏地。其中以采矿、冶炼、燃烧发电等固体废弃物压占的土地面积最大(16.6万公顷)，占可复垦地总量的50.7%。可复垦土地以山东和甘肃面积最大，分别是6.1万公顷和5.9万公顷。可复垦土地虽然面积仅占耕地后备资源的4.5%，但工程成本相对较低，具有较高开发价值。

2009年农业部针对可用于发展液体燃料的宜能荒地资源进行了一次以县级为单位的专项调查。将宜能荒地分为直接可用的Ⅰ等地、改造后可用的Ⅱ等地、需有工程措施保障才可用的Ⅲ等地三种，总面积2 680万公顷，可用的净面积为1 608万公顷(按垦殖指数60%计)。宜能荒地比较集中，可列为重点开发

图15–4　边际性土地中的沙荒地（左上图）、旱薄地（右上图）、"闯田"（左下图）和盐碱地（右下图）

对象的地区有 8 片，其中面积在 50 万公顷以上的排序是蒙东–东三省西部地区、蒙中地区、大别山及其周边地区、西南岩溶地区及武陵山区[12]。这是针对液体生物燃料，以县级为单位进行的最新的一项专项调查，估计能够覆盖上述国土资源部的“耕地后备资源”，本书采用了后者，即可以能源用的荒地资源面积为 2 680 万公顷。国土资源部资料较早，很系统和有参考价值，故以上也作了较详细介绍。

15.7 可用而未用的土地中有多少宜林地？

“可利用而尚未利用”的 8 874 万公顷土地中宜林地比宜农地面积大得多。根据国家林业局的报告，宜林地是指坡度在 25° 以下的“荒山荒坡”和沙荒地，面积为 5 704 万公顷[13]，含 251 万公顷的采伐迹地和 60 万公顷的火烧迹地。区域分布上，西南区、蒙新区和黄土高原区，分别占 24%、23%和 18%，合计占到 65%。

国土资源部土地资源调查报告对“荒草地”中的“宜林地”的区域分布描述是：“宜林地主要分布在西南和华北两大地区，占总面积的 57%。其中云南、四川、西藏、贵州、内蒙古、河北都是宜林地较多的省区。西北的新疆、甘肃，华东的福建，中南的湖南、河南，东北的黑龙江等地的山区和丘陵区也有较大面积宜林地分布。”[10] 宜林后备土地多为土质丘陵和中低山地，面积大，分布广，开发潜力大，特别是在水热条件良好的西南、华北和黄土高原(图 15–5)。

在宜林后备土地中，将“宜林沙荒地”单独作为一个类型提出，是因为它不仅可以发展旱生灌木林，还可以与防风治沙的生态治理工程相结合。王涛在他的《中国沙漠与沙漠化》一书中[14] 对此类沙地的定义是“指地表被沙丘或沙覆盖，通常以固定或半固定沙丘为主，气候半干旱或半湿润，多风少水和植被较少的地区”。该书提出的科尔沁沙地、毛乌素沙地、浑善达克沙地和呼伦贝尔沙地 4 大沙地的面积分别是 423 万、321 万、214 万和 72 万公顷，合计是 1 030 万公顷。

国家林业局 1994–1998 年“全国森林资源调查报告”中提出的宜林沙荒地面积为 700.3 万公顷，与以上王涛提出的 1 030 万公顷相近。沙地的行政区域

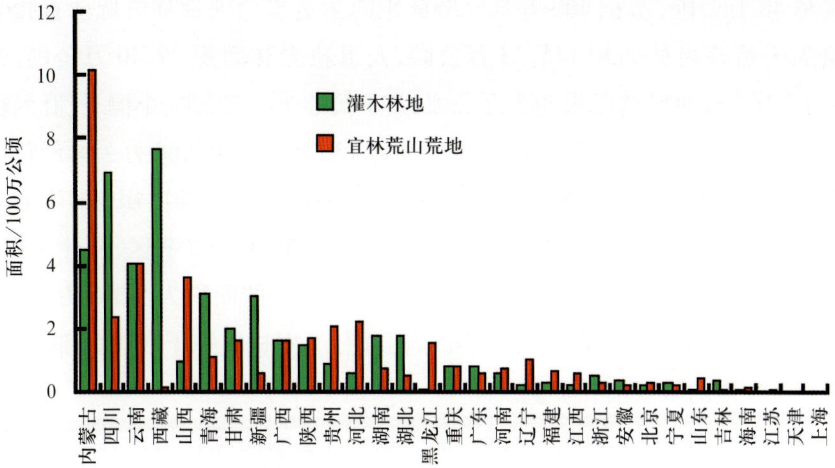

图15-5 部分省（区、市）的宜林荒山荒地及灌木林地面积
资料来源：全国第六次森林资源调查。

分布上，内蒙古的分布面积为377.4万公顷，甘肃为119.6万公顷，陕西为75.2万公顷，宁夏为44.9万公顷，四者合计617万公顷，占到宜林沙荒地面积的88%。

四大沙地为年降水量在200～400毫米的半干旱和半湿润的典型草原和荒漠草原地带，是中国生态最脆弱，生态受损最严重，贫困县最集中，也是我国东部地区沙尘暴的重要源地。由于年降水量少，无人工补水条件下乔木很难正常生长，而灌木耗水量小，耐干旱、耐高寒、耐盐碱，复壮更新和自然恢复能力强，能防风固沙，保持水土，涵养水源，是干旱半干旱地区的生态"保护神"。

15.8 现林地中有多少能源林地?

现林地中的能源林地主要是指薪炭林、木本油料林和灌木林。但是，与传统的薪炭概念不同，它是以现代技术和生产方式生产高能效的现代商品能源产品而非一般的薪柴与烧炭。

根据国家林业局《2005：中国森林资源报告》[15]，现有薪炭林面积303万公顷，蓄积量5 627万米^3，其中天然薪炭林255万公顷，蓄积5 227万米^3；人工薪炭林48万公顷，蓄积400万米^3。2009年的第七次全国森林资源清查报告里提出的天然薪炭林面积145.33万公顷，人工薪炭林面积29.40万公顷，合计175万公顷[16]。油料林面积343万公顷，其中黄连木、文冠果、小桐子(麻风树)、油桐、光皮树等树种成片分布的面积合计为135万公顷，约60万公顷经过改造后即可作为油料能源林。灌木林的面积最大，2005年报告的面积是4 530万公顷，主要分布在西藏、四川、内蒙古、云南、青海、新疆、甘肃7省区，合计3 132万公顷，占到69%。第七次全国森林资源清查报告提出的面积为5 365万公顷[16]，本书采用的是最新的调查结果，5 365万公顷。灌木林集中于我国西部，是促进西部经济发展的重要潜在资源。

根据国家林业局2009年资料，至2020年，全国能源林培育总规模可发展到1 300万公顷，木质能源林890万公顷，其中新造450万公顷，改造440万公顷；油料能源林410万公顷，其中新造350万公顷，改造60万公顷。每年可提供5 400万吨干物质，相当于3 000万吨标煤和年产出670万吨生物柴油。国家林业局副局长祝列克曾在2006年11月的“林业生物质能源论坛”上对能源林业资源有如下的表述，令人鼓舞：

> “根据调查统计测算：‘十一五’期间，全国每年可收集的林业剩余物约有2亿多吨。除部分用于现有林产工业外大部分可以用来开发林业生物质能源。在现有的薪炭林(300多万公顷)和灌木林地(4500多万公顷)中，每年可采集木质燃料资源2亿吨左右。据我们组织的专家调查测算：现有可收集利用的木质能源资源量有3亿多吨，折合标煤2亿多吨。我国现有木本油料树种总面积超过600万公顷，果实产量在400万吨以上。除少量开发食用和工业用途外，大都处于荒废状态，如能加以集约化利用，能转化可观的生物燃料油。
>
> 特别是，我国尚有宜林荒山荒地5400多万公顷，可利用部分荒山荒地发展高效专用能源林。此外，如果考虑盐碱地、沙地、矿山油田复垦地等近1亿公顷边际性土地适宜发展特定的能源林，则我国发展林业生物质能源前景十分广阔。”

15.9 现农田中有多少可用于种植能源作物？

农田除主要用于生产食物外，还生产棉麻用于纺织，淀粉和酒精用于工业，而专用于生产能源产品则是一项全新的功能。现农田中有多少可用于种植能源作物？我们为此设置的约束条件是只能利用非粮低质农田，通过改变现作物用途和调整作物种植结构以增加作物产量和农民收入。

国土资源部较早资料的记载是："截至1996年10月，中国13 004万公顷耕地中有低产田5 024万公顷，占耕地面积的41%。"（2000年）[10]；2009年发布的资料中又将全国耕地分为15等，排在末三等的非粮农田面积为2 091万公顷。

导致这些土地低产的原因，一是自然条件差，如沙地、黏土地、盐碱地、瘠薄地、旱地、渍涝地等；二是因为产量低而不稳，农民不愿意投肥投工，管理粗放。对付低产田的办法一是改良它，如治沙改碱等；一是通过改变种植结构去适应它，关键是提高其经济产出和农民种植与改良的积极性。当前种植的薯类、高粱、菊芋等，管理粗放，产量低，经济价值低，农民积极性低。如果将这些作物改为能源用途，增大需求可以拉动价格上升，带来农民投工投肥积极性，产量提高，收入增加，土壤肥力改善，形成一个良性循环，可以将千百年来的"低产"死棋走活。

薯类和甜高粱等作物的现用途主要是酿酒、淀粉和饲料。增加能源用途肯定会与酿酒和淀粉争夺原料，这只会刺激价格上扬和提高农民的种植积极性。是否会影响饲料的供应？薯类和甜高粱加工乙醇只是用了其中的淀粉和糖类，而糖化后的蛋白质和脂肪，还有大量的纤维素和半纤维素、矿物质等剩余物仍可为高品位的优质饲料。在能源产品拉动下的薯类和甜高粱、菊芋总产的大幅度提高，无疑使饲料的供应不是少了而是多了。利用非粮低等地发展能源作物有百利而无一害。

那么，有多少低等地能用来种植能源用作物呢？这要决定于能源作物与现作物的比较效益及国家的政策导向。本章采用的参数是13～15等地的面积，即2 000万公顷。

15.10 边际性土地资源总汇

通过以上的一番清理，从“可利用而尚未利用”的 8 874 万公顷土地中清查出了宜林地 5 704 万公顷和宜农地 2 787 万公顷；又从现有的林地中清查出了 5 883 万公顷能源林地以及 2 000 万公顷非粮低产农田。4 类地合计面积 16 374 万公顷，比现耕地面积（13 004 万公顷，2007 年底）还多 4 200 万公顷（图 15–6 和表 15–9）。这是一笔多么巨大的土地财富。

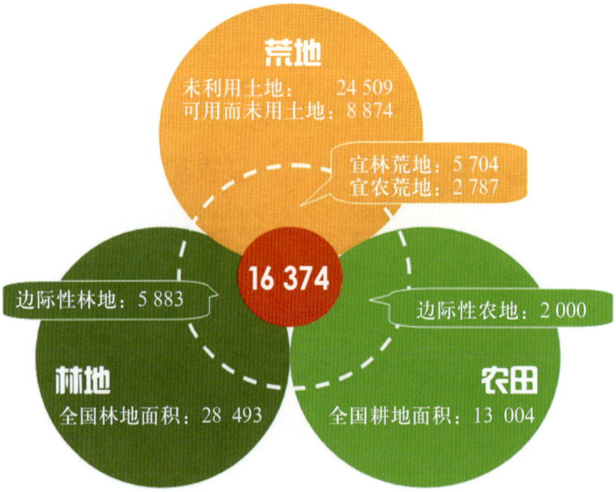

图15–6 可供生物质原料生产的边际性荒地、林地和农地资源（单位：万公顷）

清理出的土地中，待开发型边际性土地与现有型边际性土地两分天下，分别占 51.9% 和 48.1%，而宜农的边际性土地与宜林的边际性土地则三七开，分别占 29.2% 和 70.8%。区域分布上北部和西部多，东部和南部少。这种边际性土地资源格局对中国生物质产业和产品发展的战略重点和区域布局将产生重要影响。

表 15–9 中国可供生物质原料生产的边际性土地资源

类 型	面积/万公顷	所占比例/%	亚类型	面积/万公顷	所占比例/%
A.待开发型边际性土地					
宜农后备地	2 787	17.0	宜垦地	2 680	16.4
			滩涂地	107	0.6
宜林后备地	5 704	34.9	荒山荒坡	5 004	30.6
			沙荒地	700	4.3
B.现有型边际性土地					
边际性农地	2 000	12.2	—	2 000	12.2
边际性林地	5 883	35.9	薪炭林	175	1.0
			油料林	343	2.1
			灌木林	5 365	32.8

耕地紧缺和后备资源严重不足给中国人的印象太深了，这是从用于农田，特别是种粮而言。如果就抗逆性极强的农林能源植物而言，情况就大不一样了。以发展能源植物为目标的“边际性土地”概念帮助我们整理和发现了这座约1.6亿公顷的土地“富矿”。观念可以改变人们对客观世界的视角和思维方式，现在摆在我们面前的现实是：中国拥有丰富的能源用边际性土地资源！

参考文献

1. Edward Smeets, Andre Faaij, Iris Lewandowski, A quickscan of global bio-energy potentials to 2050, Report NWS-E-2004-109, isbn 90-393-3909-0.

2. 中国工程院重大咨询项目：中国可再生能源发展战略研究丛书·生物质能卷.北京：中国电力出版社，2008.

3. 王海波.中国农作物秸秆资源区域分布与开发策略，2006（内部稿）.

4. 寇建平，赵立欣，郝先荣，等.我国2007年农村可再生能源发展现状与趋势.可再生能源，2008.26（3）.

5. 袁振宏，等.生物质能利用原理与技术.北京：化学工业出版社，2005.

6. 国家林业局.全国森林资源统计（1999—2003），2005.

7. 国家林业局.中国林业生物质能源发展战略报告，2008.5.

8. 马岩.我国生物质能源资源量估算（PPT），2009.

9. 刘英.沼气发展的现状、潜力与建议.香山会议报告，2005.

10. 李元.中国土地资源.北京：中国大地出版社，2000.

11. 温明炬，唐程杰.中国耕地后备资源.北京：中国大地出版社，2005.

12. 寇建平，毕于运，赵立欣.中国宜能荒地资源调查与评价. 可再生能源，2008,26（6）.

13. 雷加富. 中国森林资源.北京：中国林业出版社，2005.

14. 王涛.中国沙漠与沙漠化.石家庄：河北科学技术出版社，2003.

15. 国家林业局.2005：中国森林资源报告，2006.

16. 国家林业局.中国森林资源报告——第七次全国森林资源清查，2009.12.

中国林区有丰富的林间剩余物、加工剩余物、城市废弃木材、能源林等生物质原料资源。

16 中国生物质原料资源（Ⅱ）

第三部分 中国生物质原料植物

- 糖作三杰（甘蔗、甜高粱、菊芋）
- 淀粉之王（甘薯、木薯）
- 油脂家族
- 纤维素类原料植物

第四部分 中国生物质原料资源总汇与述评

- 土地与植物资源的整合
- 生物质原料资源现况总汇
- 增长潜力预测：2030 年
- 原料资源与能源产品的整合
- 中国生物质原料资源综合述评

第三部分 中国生物质原料植物

关于生物质原料植物，国内外用得比较多和大家熟悉的是“能源植物”。但是它涵盖得不完全，因为不仅有生物能源，还有生物基产品，所以称之“生物质原料植物”更为确切和科学，或简称“原料植物”，一般需具备以下一些特性：

- 有较强的抗逆性，能适应条件较差的边际性土地；
- 有较高的生物量产出和较好的原料加工品质；
- 有较广的地域适应性；
- 有较高的可获得性和可持续供应性；
- 有经济上的可行性；
- 与传统农产品在市场供应方面有较强协调性，不争粮、油和糖。

原料植物具有多样性和很强的地域性，在不同生态区和地域，有不同的优势原料植物。生物质产业发展初期，美国的玉米乙醇、巴西的甘蔗乙醇、欧洲的油菜籽生物柴油都是就地取材的具有优势的食物基原料植物。第二代生物能源的原料植物则看重非食物基的纤维素类植物，如美国的柳枝稷和芒草，欧洲的灌木柳，以及多年生和多样性的草灌植被、木本油料植物等。第三代原料植物则瞄上了微藻类低等植物。以下分别介绍糖、淀粉、油脂及纤维素 4 大类的主要生物质原料植物。

16.1 糖作三杰（甘蔗、甜高粱、菊芋）

糖类原料植物是一种可以直接提供单糖和双糖的原料植物，与淀粉类多糖相比，加工过程中可省去淀粉水解工序。糖主要储存于糖类植物的茎秆，俗称

“甜秆”，如甘蔗和甜高粱，也有储存于地下部分的，如甜菜和菊芋。

甘蔗　甘蔗是光合转化效率很高的一种能源植物，其主要成分是蔗糖、葡萄糖和果糖，是生产乙醇的理想底物。2007 年中国植蔗面积 158.6 万公顷，总产 11 295 万吨，单产 71 吨/公顷。农业部甘蔗重点实验室和广东中能酒精有限公司中试结果是 13.0 吨鲜蔗生产 1 吨乙醇，相当于每公顷可产出乙醇 5 吨。在国家“863”和“948”计划支持下，育成了一批单产 105～120 吨/公顷的糖能兼用新品种并已通过国家或省区审(鉴)定。美国育成了每公顷生物量 271 吨的能源甘蔗新品种 IA3132。

甘蔗主要分布在广西、云南、广东、海南和福建等南方 9 省区。广西、云南和雷州半岛(湛江)植蔗面积居前三位，产量占全国总产的 85%。目前甘蔗仍以糖用为主，不可能大规模用于能源，但可在国际国内糖价起伏时发挥调节作用。广西甘蔗产量占全国总产的 60% 以上，近 17 年糖价大起大落于每吨 1 652 元和 4 314 元之间。2007/2008 年榨季甘蔗产量由 2005/2006 年榨季的 4 353 万吨增加到 7 688 万吨，吨价降到 3 000 元以下，对蔗农和制糖企业打击很大，“糖醇联产”可以起到调节作用。

中国尚有 70 万～80 万公顷的宜蔗土地，按现有生产水平，可年产 5 000 万吨甘蔗，在不影响现有制糖规模的前提下，具有近 400 万吨燃料乙醇的生产能力。制糖过程中产生的废糖蜜也可作为乙醇的生产原料。

甜高粱　甜高粱是一种糖类生物质原料，属高光效碳四(C4)植物，是粒用高粱的一个变种，具有生长快，产量高，抗逆性强的特点。因耐旱、耐涝、耐瘠薄、耐盐碱而有“骆驼作物”之称，从黑龙江到海南岛，从东海之滨到塔里木盆地都可以生长，特别适合于在北方的盐碱地和沙地等低质土地上种植。甜高粱茎秆高 4～5 米，每公顷产鲜茎 45～70 吨，汁液丰富，含糖量 17%～21%，可与甘蔗媲美。甜高粱用种少，产量高，农田管理较简单，生产成本明显低于北方玉米和南方甘蔗。在南方，甜高粱的需水量只是甘蔗的 1/3，生育期 4～6 个月，可一年两茬，海南岛可一年三茬。

中国引种甜高粱已有 20 多年历史，现已有自主知识产权的优良品种“M−31E”和“泰斯”、“醇甜系列 1～5 号”杂交种等。据王孟杰资料(表 16−1)，“醇甜系列 1～5 号”甜高粱的茎秆产量一般在 60～80 吨/公顷，锤度(指 20℃时用 Brix 比重锤度计测得的 100 克纯蔗糖溶液中的蔗糖质量(克))一般在 18

表 16-1 甜高粱种植试验 [1]

地 点	土壤层含盐量/%	茎秆鲜重/(吨/公顷)	锤度	籽粒干重/(千克/公顷)
呼和浩特	–	75	–	6.0
黑龙江	–	90	–	6.0
新疆	–	105	–	3.8
苏北	0.35	75	18	4.5~5.3
河北黄骅	0.32	87	17	3.2
山东鲁北三试验点	0.57	81	18	4.5
	0.47	95	18	4.5
	0.30	116	18	4.5

左右,每公顷另产籽粒3.5～5.5吨。每公顷甜高粱可转化乙醇4~6吨,在土壤耕层含盐量为0.10%～0.60%的轻度和中度盐渍化土壤上,仍可取得较好的产量。印度有每公顷甜高粱产乙醇5 700~6 500升,比甘蔗(4 000~4 500升)高30%的报道[1];美国早期也报道了每公顷甜高粱产6 106升乙醇的实验结果(Knowles, Don, 1984)。

菊芋 菊芋学名*Helianthus tuberosus* Linn,又称菊薯、洋姜、鬼子姜等,为菊科向日葵属的多年生宿根草本植物,富含多聚果糖(菊糖),干物质糖含量超过甘蔗30%,甜度比蔗糖高1倍。菊芋具有很强的抗逆性,耐干旱,抗风沙,抗病虫害,能在盐碱地、沙地、滨海滩涂等低质土地上生长,能在 −40～−30℃的冻土层内安全越冬。菊芋种植管理简单,生产成本低,地上部分收获后,以残留土中的块茎能快速自行繁殖,不需重新播种。菊芋的生态功能显著,根据资料,在20°左右的黄土坡地上,可减少径流量88.4%和冲刷量的97.4%。1999年在内蒙古沙地曾试种160公顷,2001年在科尔沁沙地试种26余公顷,以及在滨海滩涂种植菊芋均取得了成功(图16–1)。

菊芋在黑龙江西部沙地每公顷产块茎30～45吨,在渤海湾滩涂荒地可达75～150吨(其中地上部分40～60吨,地下块茎部分45～90吨),菊粉糖产量为9～18吨。2003年在山东莱州湾的33公顷滩涂示范区,在海水灌溉条件下,每公顷块茎湿重60吨或干重15吨,沙地块茎也可达到相近的产量。

中国的1 000多万公顷沙地和200多万公顷沿海滩涂都是规模化发展能源菊芋的良好基地。利用菊粉酶解转化为低聚果糖、果糖,进而转化成高附加值的甘露醇、琥珀酸等。已开发成功的有云南天元公司,以及在珠海、南宁、江门、张家港等地的公司,生产能力在年产2万吨以上。目前能源菊芋开发尚处起步阶段,发展潜力可观。黑龙江省于2005年开始在西部盐碱、沙化、退化的"三化草原”建立了土地治理与生物质能源相结合的菊芋基地，已建成种源基地66.7公顷。

图16-1　滨海盐土上的甜高粱（左图）和沙地上的菊芋（右图）

16.2　淀粉之王（甘薯、木薯）

被子植物的种子含胚、胚乳和种皮三个部分，其中胚乳占分量最大，储存着淀粉和脂肪等营养物质，以供胚萌发之用。淀粉是由几百或几千个单糖脱水缩合形成的一种多糖，人们吃的大米白面等就是这些淀粉多糖。与禾本科谷类作物不同，薯类是将淀粉储存在地下的块根内，准备结实之用。可是，不等到结实，人们就将饱满肥硕的薯块刨出来自己享用了。由于块根是营养器官，比种子生长发育的时间长，积存的淀粉多得多，所以薯类堪称农作物里的淀粉之王。以淀粉为原料发酵造酒的历史久远，“神农耕而作陶，陶以盛酒。”相传炎帝教植五谷，制陶酿酒的原料主要是薯类和高粱。

甘薯　甘薯也称红薯、白薯、番薯、山芋、红芋，原产地中南美洲，约16世纪传入中国。甘薯是一种高产、稳产、耐瘠薄、适应性很广的块根作物，是世界第七大农作物。中国是世界上最大的甘薯生产国，每年种植总面积近 1 000 万公顷，占世界甘薯种植面积一半以上，年总产 1.5 亿吨，占世界总产 3/4 以上。鲜薯平均单产 20～25 吨/公顷，含淀粉 20% 左右，薯干含淀粉可达 64%～68%。

表 16–2　2007 年主要省区甘薯播种面积及产量[2]

省区	面积/万公顷	单产/(吨/公顷)	总产/万吨	省区	面积/万公顷	单产/(吨/公顷)	总产/万吨
河北	25	22	550	江西	15	22	330
江苏	16	30	480	湖北	18	21	378
安徽	40	25	1 000	湖南	25	21	525
山东	45	28	1 260	广东	30	24	720
河南	55	23	1 265	广西	25	18	450
浙江	11	28	308	重庆	50	20	1 000
福建	22	25	550	四川	90	20	1 800

甘薯可生长于旱作薄地，单产淀粉高于玉米五成以上。甘薯是块根作物，其膨大不受发育阶段限制，营养生长期长，以淀粉为主的经济产量系数可高达 70%～85%，高于玉米等谷类作物。且因根系发达，入土较深，富含水分，对水分有很强的自动调节功能，故耐旱力强，有“铁杆庄稼”之称。薯类主要用作饲料、加工淀粉或酿酒。四川安岳选育的燃料乙醇专用品种每公顷产鲜薯 5.56 吨，淀粉含量 24.4%，每公顷产淀粉 1.35 吨，在省内外推广 1 万多公顷 (2004 年)。成都阿可尔生物能源公司在遂宁建设了年产 3 万～5 万吨的甘薯乙醇生产线。图 16–2 右图为河北的甘薯地。

木薯　木薯是世界三大薯类作物之一，属大戟科大戟属 (*Manihot esculanta* Crantz)，光合机制介于 C3 与 C4 类型植物之间，主要生长在年均气温 20℃以上的南亚热带和热带。木薯的光合效率高，抗逆性和适应性强，耐瘠薄，是南方丘陵低山区缺少灌溉条件下的一种很有潜力的旱作能源植物。全国木薯种植面积约 50 万公顷，主要分布在华南地区中部和南部。适宜种植区域的面积约 22 万千米^2，通过育种可将北界推至年均气温 16～18℃的中亚热带区域，种植面积可扩大到 300 万公顷。图 16–2 左图是广西的木薯地照片。

木薯增产潜力很大。当前每公顷产鲜薯约 15 吨，以现品种和先进栽培技术的推广，木薯产量可达 45～75 吨/公顷，高者可达 90 吨以上。当前大面积鲜薯的淀粉含量约 28%，经品种改良可提高到 30% 乃至 32%，淀粉含量每提高一个百分点，单位面积太阳能合成效率可提高 6%～7%。一般情况下，约 7 吨鲜薯产 1 吨乙醇，每公顷可产乙醇 4～6 吨，高者达 10 吨以上。

以每公顷产鲜薯 30 吨和每吨收购价 400 元计，农民每公顷可获毛收入 1.2 万元，扣除约 3 500 元的成本，净收入 8 500 元；而甘蔗的田间管理成本较高，每公顷净收入约 3 000 元。南方地区素有以木薯制淀粉和食用酒精（勾兑白酒）的传统，木薯秸秆还是加工颗粒燃料的好原料。

图16-2　广西的木薯地（左图）和河北的甘薯地（右图）
图片来源：程序（左图）；刘庆昌（右图）。

16.3　油脂家族

禾本科的谷类作物种子的胚乳里以淀粉为主，而十字花科、豆科的油菜、大豆、花生等的胚乳则含有近 40% 的脂肪，储存的能量比糖类高得多。

油料作物　油菜籽油的短链脂肪酸含量高，化学组成与普通柴油十分接近，19 世纪后期即用于内燃机和早期的汽车燃料，德国的生物柴油标准就是以低芥酸菜油为原料的生物柴油制订的。近年欧洲大力发展以油菜籽油为原料的生物柴油，从 2001 年的 93 万吨发展到 2007 年的 571 万吨。美国盛产大豆，多以大豆油作为生物柴油的原料。2001—2007 年，菜籽油国际市场价格由每吨 400 美元涨到 1 400 美元；大豆油由每吨 300 美元涨到 1 200 美元，生物柴油的发展无疑起到了价格刺激作用。

2007/2008 年度中国食用油消费量达到 2 388 万吨，占世界消费总量的

1/5。中国油料作物中油菜、大豆和花生三分天下，2007 年油菜播种面积 564 万公顷，总产 1 057 万吨；大豆播种面积 875 万公顷，总产 1 273 万吨。油菜适种范围广，生长期短，能养地，易倒茬，规模化和机械化程度高，菜籽饼粕、秸秆和籽壳都是优质饲料和深加工原料。2007/2008 年度国产植物油约 727 万吨，只占消费量的 1/3，其他依赖进口。国产植物油中菜籽油约 374 万吨，占 50% 以上，以食用为主[3,4]。在中国，增加油料作物产量主要用于提高食用油的自给率而不可能用于能源，且菜籽油及大豆油的油价与生物柴油价格倒挂。此外，中国棉花产量 750 万吨，副产棉籽油约 200 万吨，棉籽油虽很少食用，但作为生物柴油的原料，价格仍然偏高。

木本油料植物　中国已查明木本油料植物 151 科 697 属 1 554 种，其中 154 个种的种子含油量在 40% 以上，具有开发价值的有 30 多种，面积 342.9 万公顷[5]。除油茶、油桐、核桃等少量油料树种资源已被利用外，目前可用于能源开发的树种有漆树科的黄连木、无患子科的文冠果，大戟科的小桐子、山茱萸科的光皮树，以及油桐、乌桕等(详见表 16–3)。据统计，此 6 树种的现成片林面积约 135 万公顷，其中 60 万公顷可经过改造培育成木本油料林，每公顷油料林出油约 1.5 吨。开发木本油料的主要制约因素是分散和不易收集，规模化开发需要较长时间才能形成生产能力，但形成生产力后的原料成本比较低廉。

表 16–3　我国主要木本油料树种[5]

树种	主要分布地区	含油率/%	种子产量/(千克/公顷)	现有面积/万公顷	利用初始/年	利用年限/年
小桐子	西南诸省、海南、福建	30～60	3 000～7 500	2.10	3～5	30～50
黄连木	河北、河南、山西、陕西，两广、西南诸省	35～40	1 500～9 000	8.70	4～8	50～80
文冠果	宁夏、甘肃、内蒙古、陕西、东北诸省	30～40	3 000～9 000	0.50	4～6	30～80
光皮树	长江流域至西南各地的石灰岩区	30～36	4 500～10 500	0.45	3～6	40～50
乌桕	长江及珠江流域、浙江、湖北、四川	35～50	2 250～7 500	4.80	3～8	20～50
油桐	陕甘、云贵川、两广、江浙等 15 个省	40～50	3 000～12 000	118.80	3～5	20～50
合计				135.35		

注：现有面积为各地统计上报数据，资料来源于国家林业局。

大戟科的小桐子(*Jatropho curcas* L.)是目前发展最快的一种木本油料植物,灌木或小乔木,也称芙蓉树或麻风树,原产于南美,树高3~5米,扦插法繁殖,成活率高,生长速度快,当年即可结果,5年进入盛果期,采摘期可达40年。小桐子抗干旱力强,可在丘陵山区种植,有防止水土流失,改善生态环境的功能。每公顷小桐子年产籽粒5~8吨,可得生物柴油1.5~2吨。种仁含油50%~55%,其中油酸41.6%、亚油酸33.8%、棕榈酸13.3%、硬脂酸8.8%,还有亚麻酸等[6]。由于小桐子油含SO_2低、16烷值高、低温启动性能好、润滑功能强、安全性高,可炼制成高品位的生物柴油。

1995年在洛克菲勒基金会和德国政府支持下,小桐子作为新能源植物在巴西、尼泊尔、津巴布韦、印度开始种植。中国云南、贵州、四川、广西等地有半野生和栽培的小桐子树。目前,四川已种1.73万公顷,产籽17万吨,产油6万吨;截至2008年7月,云南省已累计完成小桐子造林6.5万公顷,资源总面积8.3万公顷,在4个县建有良种繁育基地146公顷。云南有适宜种植小桐子的干热、干暖河谷区宜林荒山荒地67多万公顷[7],被国家发改委列为生物质工程高技术产业化示范工程的云南小桐子生物能源原料高效生产基地,已有26.7公顷种苗繁育基地、2万公顷原料种植基地,已动工建设年产10万吨的生物柴油加工厂。2008年6月,国家发改委批准了中石油在南充、中海油在海南各建年产6万吨、中石化在贵州建5万吨的以小桐子为原料的生物柴油产业化示范项目。小桐子是目前在世界范围推广种植最多的一种木本油料植物。参见图16–3。

漆树科的黄连木(*Pistacia Chinensis* Bunge)耐干旱、瘠薄,对土地要求不严格,深根性、萌芽力强、生长较慢,种仁含油量为56.7%,遍布于华北、华中、华南23个省区,多零星分布在海拔700米以下的山地和丘陵,也有大面积纯林或混交林。比较集中分布的有:冀、豫、陕、太行山、秦岭南坡,豫、湘、鄂西部山地及山东中部泰山以及华中与华东低山丘陵。其中以河北省(3.3万公顷)、河南省(2万公顷)、安徽省(4万公顷)、陕西省(2万公顷)资源数量最多。

石栗是一种阔叶常绿乔木,多分布于广西山地。石栗树的土壤适应性强,抗干旱洪涝和病虫灾害,有利于保持水土和改善生态环境。种仁含油率高达64%,人工种植每公顷产22.5~30吨,可产出生物柴油7.5吨左右,主要技术指标可达欧盟油菜生物柴油标准,特别是能达到−10℃柴油的指标。种子繁殖6年

图16-3　生长在丘陵山区的小桐子（左图）和中国主要木本油料植物分布（右图）
图片来源：王涛，2005。

图16-4　规模化藻类养殖场
图片来源：闵恩泽PPT。

挂果，无性快速繁殖试验已获成功，3～4 年结果。

微藻　微藻是一种单细胞自养型低等植物，如丛粒藻、葡萄藻等，种类繁多。微藻对环境适应性很强，广泛分布于温带至热带淡水的池塘、湖泊及临时性水域，在半咸水环境中也能大量繁殖。微藻的太阳能转化效率约 3.5%，比一般植物高，每公顷年产量可达 50～80 吨。葡萄藻直接产生的碳氢化合物可达到其干重的 75%，化学成分接近柴油。图 16-4 为一藻类养殖场图片。

1978 年，美国能源部国家可再生能源实验室从美国西部和夏威夷采集分离到 3 000 多株微藻，筛选出 300 余株高油脂含量藻种，多为绿藻和硅藻。通过工程菌技术改良后的含油量可高达 40%～60%。在面积为 1 000 米^2 的中试藻池中经一年的试验，平均每平方米产藻 50 克，2008 年开始进行工业化示范。据美国加州 Sapphire 新能源公司报道(2008 年),利用海藻、阳光、二氧化碳和不能饮用的水,成功制造出的“环保原油”,成本与现时轻质原油(桶价 130 美元)接近,可在现有石油提炼厂进行提炼(来源于 : SupeSite/X-Space 社区门户,2008.5.30)。与高等植物相比,单细胞藻类的遗传工程改良要简单得多,养殖过程中还可大量吸存二氧化碳。

中国科学院所属相关单位在微藻藻种选育及资源库建设等方面做了大量工作,取得显著进展。中国海洋大学、清华大学、中石化、中海油等已开始了此项研究。中国有约 350 万公顷可供开垦的海岸滩涂和大量内陆水域,发展微藻潜力很大。

16.4 纤维素类原料植物

植物体全身是宝,而组成成分中含量最多的是纤维素(含半纤维素,下同),可占到一半以上。纤维素近期主要用于固体燃料,一旦技术取得突破,也可用以生产液体燃料。除作物秸秆、林业剩余物可以提供纤维素原料外,自然界有大量的纤维素类植物,草本的、灌木的和乔木的。

草本能源植物 利用边际性土地种植多年生和多样性的草本植被是获取纤维素原料的重要来源。各国各地各有其优势草本能源植物,如柳枝稷(*switchgrass*)、芒草(*miscanthus*)、蒿柳(*salix viminalis*)等。柳枝稷是一种在美洲大陆上随处可见的野生植物,主要用于水土保持或喂牛。它的适应性强,耐贫瘠土地,产量高,草梗粗壮,高及 3 米,生长期 20 年。因多年生而有利于土壤碳积累,管理简单,成本低,公顷年产出干草 30 吨以上,高者可达 45 吨,产乙醇 10 吨。美国政府将它作为一种新的能源作物进行开发研究,目前柳枝稷乙醇成本约为每加仑 2.7 美元,经基因改良的可将乙醇生产成本降低至每加仑 1 美元左右。中国引进柳枝稷多年,但仍在试种中。

芒草在美国伊利若依州试种的效果比柳枝稷还好,在无灌溉和施肥的试验地里种植的芒草的平均每公顷干物质产出约 32 吨,产能 17.5 吨标煤,而柳枝稷的干物质产出约 12 吨,产能 6.7 吨标煤。芒草的产出大约是柳枝稷的 2.6 倍(图 16-5)。

图16-5 美国伊利诺伊州的芒草/柳枝稷（左图）和德国的芒草（右图）
图片来源：Frank G.Dohleman（左图）；程序，2006（右图）。

灌木能源植物 灌木耐干旱贫瘠，能截雨蓄水、固定土壤、减少水土流失、防风固沙，以及用于饲料和肥料等的多种功效，是我国西北地区的生态“守护神”，同时也是一种能质较好的能源植物，每千克干重的发热量在16 736千焦以上，接近原煤。我国西北地区主要成年灌木能源植物每公顷的地上部分产量在8～20吨，年产热量相当于6～14吨标煤，相关指标可参见表16–4。

营造灌木林3～5年后，即可成林和发挥生态效益。平茬复壮是灌木林培育的重要特点，即成年灌木必须每三四年砍除地上部枝条以促进生长，平茬下来的枝条是良好的能材。如能形成规模和产业，将大有利于生态保护、能源生产和农民增收。本书第19章将有详细介绍。

中国灌木林面积5 365万公顷，主要分布在北方省区。近年每年营造灌木林60万公顷以上，草地、农田和道路两边适合以防护林形式发展灌木能源林，现已形成一批独具规模和特色的柠条、沙柳、沙棘、杜鹃等灌木林基地。根据2003年的调查，灌木林总面积超过3.3万公顷的县有163个，集中连片2万公顷以上灌木林有73片。初步推算，我国西部地区可以种植灌木约6 000万公顷以上，连同已有的灌木林地3 642万公顷，灌木林总面积可发展到1亿公顷。在西部地区现有的和计划发展的1亿公顷灌木林中，以60%作为能源林和每公顷年产生物量3吨计，可年产生物量1.8亿吨，相当于1.2亿吨标煤。

表 16-4　我国主要灌木能源植物及产能指标 [8]

树 种	产量/(吨/公顷)	热值/(千焦/千克)	生产力(1)/[兆焦/(公顷·年)]	生产力*(2)/[吨/(公顷·年)]
柠条锦鸡儿	8.0(4 年生)	19 722(5 年生枝干)	3 945	1.35
小叶锦鸡儿	7.935(4 年生)	19 781(4 年生枝干) 20 200(5 年生枝干)	39 241	1.34
山杏	10.696(4 年生)	19 727(2 年生枝) 19 907(2 年生枝)	53 231	1.82
沙枣	13.3(3 年生) 21.33(4 年生)	20 601	110 174	3.76
沙棘	4.7~4.99(3 年生) 5.21~7.61(4 年生) 10.53~10.74(5 年生)	20 441	43 478	1.48
多枝柽柳	7.5(栽植 3 年平茬) 10~15(2 年生萌生林) 15~20(3 年生萌生林) 20 以上(4 年生萌生林)	17 623	102 802	3.51
东疆沙拐枣	22.5~30.0(5 年生)	16 760	87 990	3.00
桤木	22(4 年生,地上部分) 25(5 年生,地上部分) 13.53(3 年生,全部)	17 598~18 017	87 990~99 094	3.00~3.38
黑荆树	80~100(2 年生)	19 274~22 207	770 960~888 280	26.31~30.32

注：生产力（2）栏是由左侧生产力（1）栏换算而得；*折合为标煤量。

乔木能源植物　为了满足民间薪柴需求和减轻对天然林樵采压力，自 20 世纪 60 年代专门营造了薪炭林，中国是世界薪炭林面积最大的国家。种植薪炭林要求树种生长快、适应性和抗逆性强，热能高，同时兼有良好的生态功能。树种有阔叶树矮林型，如栎树、栲树、石栎、刺槐等；有速生乔木型，如柳树、桉树、铁刀木、马尾松、麻栎等。木本能源林树种要适合本地区的自然特点，如浙江省通过多点试验，筛选出胡枝子、桉树、马尾松、麻栎、枫香等 10 个优良薪炭林树种；又从 22 个结构类型中筛选出胡枝子、桉树等 9 个纯林和马尾松、胡枝子乔灌复层林等 6 个优良混交组合类型。据国家林业局资料 [9]，中国现有薪炭林面积 175 万公顷。薪炭林主要用于能源，取柴系数高，南方达到 7.5 吨/公顷，北方也可达 3.8 吨/公顷。

第四部分 中国生物质原料资源总汇与述评

以上三个部分分别就农林有机废弃物、边际性土地及能源植物的生物质原料资源作了资料的收集、分析与整理，分别提出了原料资源的构成与数量。第四部分是将在边际性土地与能源植物资源整合后进行总汇，并进行 2030 年增量的预测和原料与产品的整合，最后对中国生物质原料资源汇总并做出综合评述。

16.5 土地与植物资源的整合

有机废弃物可以直接作为原料进行产品转化，但是原料植物只能与某类土地相结合才能显示其资源潜力，如甜高粱需与可供种植的盐碱地和非粮低产农田面积相结合，能源林要与宜林荒地面积相结合才知道它的资源潜力。此外，不同原料植物适于转化不同产品，故需对原料植物与能源产品作二次整合。

以下分别列出了中国主要原料植物的分布及产出(表 16–5)，以及不同原料植物与相应土地类型的组合(宜农边际性土地–甜高粱/薯类组合；宜林荒山荒坡–能源林组合；宜林沙荒地–能源灌木林组合；薪炭林地/灌木林地/油料林地–薪炭林/灌木林/油料林组合)的资源潜力(表 16–6)。整合后的资源潜力是在 16 374 万公顷边际性土地上，种植相应能源植物的年产能潜力为 54 974 万吨标煤，其中农业边际性土地产能 22 140 万吨标煤，占 40.3%；林业边际性土地产能 32 834 万吨标煤，占 59.7%。

表 16–5　中国主要能源植物的分布及单位产出概表

原料植物	主要分布区	原料产出/[吨/(公顷·年)]	主产品产出/[吨/(公顷·年)]	产能*/[吨/(公顷·年)]
甜高粱	北方及全国	60～80(茎秆) 3～5(籽粒)	4～6(乙醇)	4～6
甘薯	全国	15～20(一般)	2～3(乙醇)	2～3
木薯	西南、华南	20～30(一般) 45～75(高产)	4～6(乙醇) 10(乙醇)	4～6 10
甘蔗	西南、华南	60～70	4～6(乙醇)	4～6
木本油料	全国	4.0(籽粒)	1.5(油脂)	1.8
能源林	全国	6.5	6.5(成型燃料)	3.3
灌木林	西北及全国	4.0	4.0(成型燃料)	2.6

注：按燃料乙醇的低位发热量以29 734千焦/千克计，1吨乙醇的发热量接近于1吨标煤；*折标煤量。

表 16–6　中国边际性土地及相应原料植物资源及产能概表

边际性土地类型	面积/万公顷	适种的原料植物及面积比例	单位产能*/[吨/(公顷·年)]	产能潜力* 万吨/年	产能潜力* %	主产品
1. 宜农后备地 2. 现边际农地	2 787 2 000	甜高粱 35% 甘薯 15%(北) 木薯 35%(南) 甘蔗 15%(南)	甘薯：2～3 其他：4～6	22 140	40.3	燃料乙醇(不含生物柴油)
3. 宜林后备地						
荒山荒坡	5 004	能源林 60%	3.3	9 908	18.0	成型燃料
		油料林 20%	1.8	1 801	3.3	生物柴油
		能源作物 20%	3～5	4 003	7.3	燃料乙醇
沙地	700	旱生灌木	2.6	1 820	3.3	成型燃料
4. 现边际性林地						
薪炭林	175	薪炭林	4.2	735	1.3	成型燃料
油料林	343	油料林	1.8	617	1.1	生物柴油
灌木林	5 365	灌木林	2.6	13 950	25.4	成型燃料
合　计	16 374			54 974	100.0	

注：适种原料植物中的比例分配是估计数；单位产出参数引自表16–5；产能潜力取中间值；*折标煤量。

16.6 生物质原料资源现况总汇

将边际性土地与原料植物整合的资源加上有机废弃物资源即可得中国生物质资源的全貌。从表 16–7 中可以看到，按 2007 年资料生物质资源的年产能为 9.32 亿吨标煤，其中有机废弃物年产能 3.83 亿吨标煤，边际性土地年产能 5.49 亿吨标煤，分别占 41.2% 和 58.8%。排在前 5 位的产能潜力大户依次是：宜农后备地（2.21 亿吨标煤，占 23.7%）、作物秸秆（2.13 亿吨标煤，占 22.9%）、宜林后备地（1.75 亿吨标煤，占 18.7%）、现灌木林（1.40 亿吨标煤，占 15.0%）和畜禽粪便（0.77 亿吨标煤，占 8.3%），5 项合占产能潜力总量的 88.6%。9.32 亿吨产能中，其中 54.9% 来自农业，41.8% 来自林业；有机废弃物产能的 75.7% 来自农业，边际性土地产能中 60% 来自林地。

表 16–7　中国生物质原料资源总汇（按 2007 年产出量）

有机废弃物种类	实物量/亿吨	折标煤/亿吨	占资源总量/%
1. 作物秸秆	4.22	2.13	22.9
2. 畜禽粪便	6.19	0.77	8.3
3. 林业剩余物	0.70	0.40	4.3
4. 采集育林薪柴	0.38	0.22	2.4
5. 工业废弃物	–	0.28	3.0
6. 城市有机垃圾	0.16	0.03	0.3
合　计	11.65	3.83	41.2
边际性土地类型	**面积/万公顷**	**折标煤/亿吨**	**占资源总量/%**
1. 宜农后备地	2 787	2.21	23.7
2. 现边际农地	2 000		
3. 宜林后备地	5 704	1.75	18.7
4. 现薪炭林	175	0.07	0.8
5. 现油料林	343	0.06	0.6
6. 现灌木林	5 365	1.40	15.0
合　计	16 374	5.49	58.8

16.7 增长潜力预测：2030 年

随着农林业的发展，生物质原料的产出也会有相应增加。美国的《年供应为10 亿吨的技术可行性研究报告》及 Edward Smeets 对全球生物质原料资源的预测中，对资源增长潜力的技术因素参数设置很高。在中国生物质原料资源增长潜力的估测中，我们没有采用美国和 Edward Smeets 用的"情景设计法"，用的是"增长预测反推法"，即用国家权威部门对中国农林业发展的需求和产量预测指标(2030 年)反推相关生物质原料的增长。需求和产量预测本身就是技术等综合要素影响的结果，这种方法更切合中国实际。以下仅对作物秸秆、畜禽粪便和能源作物产量三项的增长量作了预测，其他诸项预测难度较大。

作物秸秆产出的增长主要决定于作物产量的增加，2000 年中国国家发展改革委员会主编出版的《21 世纪初中国农业发展战略》书中提出了 2030 年对稻谷、小麦、玉米及其他谷物，以及粮食总产需求的预测[10]。按"谷草比"换算出的谷类秸秆年产出量为 7.99 亿吨，较 2007 年增长 38%；折标煤 4.27 亿吨，增长率 47.5%，新增产能 1.37 亿吨标煤(表 16–8)。

表 16–8 作为生物质原料资源的作物秸秆的 2007 年和 2030 年的年产出量

谷物		产量/万吨	谷草比	秸秆量/万吨	折标煤系数	折标煤/万吨	标煤增长率/%
稻谷	2007 年	18 603	1 : 0.623	11 590	0.429	4 972	58.3
	2030 年	20 273		12 630		7 869	
小麦	2007 年	10 930	1 : 1.366	14 930	0.5	7 465	50.6
	2030 年	16 460		22 484		11 242	
玉米	2007 年	15 230	1 : 2.0	30 460	0.529	16 113	38.5
	2030 年	21 096		42 192		22 320	
其他谷物	2007 年	869	1 : 1	869	0.50	435	201.6
	2030 年	2 624		2 624		1 312	
谷类合计	2007 年	45 632		57 849		28 985	47.5
	2030 年	60 453		79 930		42 743	

注：2007年谷物产量引自《中国农业年鉴2008》；2030年谷物产量预测引自吕飞杰，2000[11]。

关于畜禽粪便产出的增量可从猪肉、牛羊肉和禽肉2030年需求预测中估算。猪肉、牛羊肉和禽肉2030年需求预测分别为6 655万、2 026万和2 198万吨，较2007年分别增长55.2%、103.4%和51.8%[12]。经推算，畜禽粪便的可用实物量也将由2007年的8.84亿吨增长到2030年的14.01亿吨；产能由0.77亿吨标煤增加到1.22亿吨标煤，新增产能0.45亿吨标煤。

此外，甜高粱茎秆和薯类的现产量分别为每公顷60吨和15吨。通过良种利用、增施肥料和加强田间管理，将现产量水平提高50%是完全可以做到的。即能源作物的年产能可由1.13亿吨标煤增加到1.70亿吨标煤。

根据以上对秸秆、畜禽粪便和能源作物三个单项的2030年增长预测，分别新增产能1.37亿吨标煤、0.45亿吨标煤和0.57亿吨标煤，共计新增产能2.39亿吨标煤。即由2007年的年产能潜力9.32亿吨标煤提高到11.71亿吨标煤。图16-6是现资源潜力和预测资源潜力的汇总。

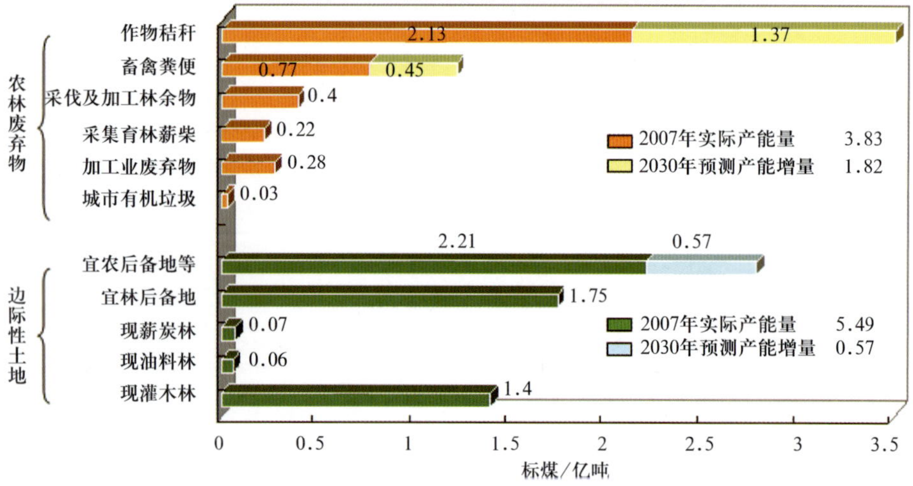

图16-6　中国生物质原料资源的2007年现状与2030年增量

16.8　原料资源与能源产品的整合

不同生物质原料适合加工不同产品。糖类和淀粉类原料宜于生产乙醇类液体燃料及其衍生化工产品；油脂类原料宜于生产生物柴油及其衍生化工产品；畜禽粪便、加工业和城市排放的有机废水废渣宜于生产沼气系列产品；作物秸秆、林木剩余物等木质纤维素类原料宜于生产成型燃料和直(混)燃发电，在技术突破后也可以生产液体燃料等多种产品。因此将作物秸秆做个一分为二的简单技术处理，即一半用于液体燃料，一半用于固体燃料。

经原料与产品间的搭配与组合，11.71 亿吨标煤中的 39.2%，即具 4.59 亿吨标煤产能的生物质原料宜用于生产液体燃料以替代石油；47.7%，即具 5.59 亿吨标煤产能的生物质原料宜用于生产固体燃料以替代燃煤；13.1%，即具 1.53 亿吨标煤产能的生物质原料宜用于生产气体燃料以替代天然气。其中稍作处理的是将作物秸秆的一半用于转化纤维素乙醇，一半用于固体燃料，估计 2040 年前后才能实现。整合的详情见图 16–7。

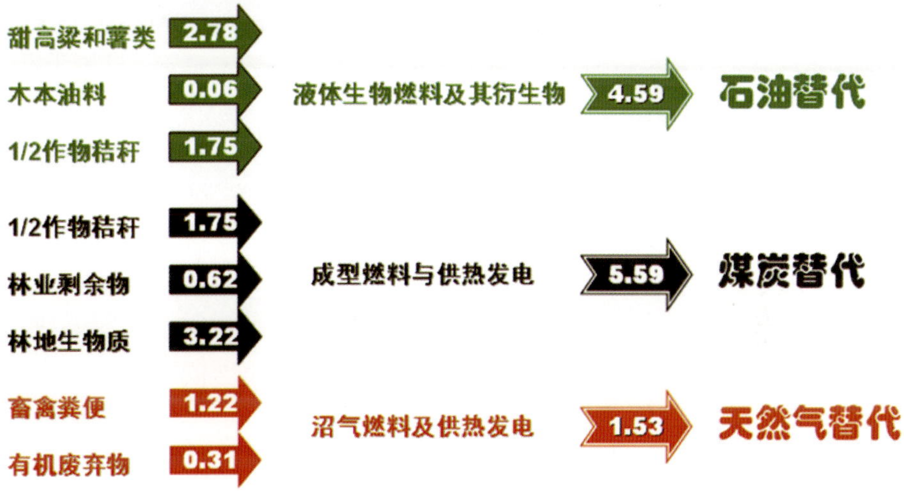

图16–7 中国生物质原料资源与相应产品整合后对化石能源的替代能力
数据为折标煤量，单位为亿吨/年。

16.9 中国生物质原料资源综合述评

根据以上对相关资料的分析与整理，对中国生物质原料资源可以得到以下一些认识：

其一，中国生物质原料资源十分丰富，现年产能潜力9.32亿吨标煤和预测2030可增至11.71亿吨标煤，相当于2007年全国能源消费总量的44%，这是一座可持续的绿色能源富矿，国家的宝贵资源和财富。

其二，按产能计，中国生物质原料的48.3%来自农林废弃物(5.65亿吨标煤)，51.7%来自边际性土地上的能源植物(6.06亿吨标煤)，二者两分天下；或66.7%来自农业，33.3%来自林业，农业占2/3，林业占1/3。

其三，农林废弃物是资源的再利用，边际性土地是土地资源利用的延伸，二者都是新开发的资源，产品是新开发的产品，不存在与传统产业争夺原料与市场，反之可以提供当今最需要的清洁能源、减排温室气体和促进农村经济发展。

其四，根据不同生物质原料适合加工不同产品的原则，中国生物质原料可替代4.59亿吨标煤的石油，5.59亿吨标煤的煤炭和1.53亿吨标煤的天然气，可年减排二氧化碳约20亿吨，这是一项巨大贡献。

其五，中国幅员辽阔，自然条件复杂，生物质原料种类繁多和分散，宜形成以地域和原料为基础和导向的、原料多元化和产品多元化的发展战略；采取液体、固体和气体燃料并举，生物燃料与生物基产品并举的方针，在全国形成以中小型加工厂为主，分布式的生物质产业布局和网络。

参考文献

1. 王孟杰.能源作物甜高粱良种培育及其茎秆制取乙醇技术.中国工程院2006中国生物质能源发展战略论坛，2006.11.

2. 中国农业部.中国农业年鉴2008.北京：中国农业出版社，2009.

3. 傅廷栋，沈金雄.中国油菜生产与生物柴油发展现状.中国工程院2006中国生物质能源发展战略论坛，2006.11.

4. 王汉中.我国食用油供给安全形势分析与对策建议（PPT），西宁，2008.8.

5. 国家林业局林木生物质能源办公室.林木生物质能源工作简报，2008（5）.

6. 姚小华.木本油料能源林的现状和发展潜力.中国工程院2006中国生物质能源发展战略论坛，2006.11.

7. 邓志军，程红淼.云南植物研究，2005，27（6）：605—612.

8. 尹伟伦，翟明普.开发西部能源灌木资源，实现生态能源双赢战略.中国科学人，2007.04.

9. 国家林业局.中国森林资源报告——第七次全国森林资源清查，2009.12.

10. 刘江.农产品供求总量平衡研究//刘江.21世纪初中国农业发展战略.北京：中国农业出版社，2000：41–60.

11. 吕飞杰.农产品中长期发展展望：预测模型与政策分析//刘江.21世纪初中国农业发展战略，北京：中国农业出版社，2000：555–577.

12. 贾幼陵.畜牧业发展及牧区经济问题研究//刘江.21世纪初中国农业发展战略，北京：中国农业出版社，2000：645–678.

中国黄淮海平原等主要粮食产区每年有1亿吨以上的秸秆被露地焚烧，严重污染环境，如用于发电可相当于2座三峡电站的发电量。

17 “秸秆矿藏”与10个神东煤田

- 一份迟到的惊喜
- 一个经营理念的成功
- 十步之内，必有芳草
- 一场秸秆会战已经打响
- 概念就是生产力
- 秸秆产业的内涵与战略
- 秸秆能源产业的选项与技术储备
- 当前不宜否定秸秆直燃发电
- 让小颗粒与小锅炉对接
- 让小绿电替代小火电

天生我材必有用，
千金散尽还复来。
——李白

在第16章的中国生物质原料资源总汇中提出了5个产能大户，作物秸秆排在第二位，现年产能潜力是2.13亿吨标煤，占生物质原料资源总量的23%；2030年达3.5亿吨标煤，占资源总量的30%。当今中国煤矿中最大的要算神东煤矿，年产原煤约5 000万吨，相当于3 500万吨标煤，只是秸秆年产能的1/10。

煤炭是排放温室气体的首犯，秸秆则是清洁能源，还是可以再生的。如果说神东煤矿能开采50年，“秸秆矿”可以永续开采下去，而且“越采越多”，正如李白诗云：“天生我材必有用，千金散尽还复来。”本章讲的正是这“秸秆矿藏”的故事，重点说的是秸秆资源和成型燃料。

17.1 一份迟到的惊喜

我开始涉足生物质能源，就对瑞典成型燃料发生了兴趣。他们将树木枯枝、劣质材、作物秸秆、树皮、锯末等废弃或剩余的有机固形物收集粉碎后，压缩成大小不一的颗粒或块状。将物理状态稍作改变，即成致密干净、便于运输和商品化，热效率可以提高两三倍的清洁燃料佳品。成型燃料是个专业用语，如果成型为颗粒，叫颗粒燃料(pellets)，如果成型为大些的块状，叫“压块”(briquettes)。在瑞典、德国、意大利等许多欧洲国家用得非常普遍，可用于家庭壁炉，或集中为小区供热发电，像中国城市里的煤饼和煤球一样，市场上随处可以买到，但比煤球要干净和方便得多，包装也颇精美。成型燃料加工技术和设备成熟，投资少，见效快，可以中小型化，农民的参与程度高，特别适合中国国情。

当时我了解到北京有个公司研制了这种颗粒燃料和农村户用的灶具，在2005年年初北京的一个科技成果展会的中央首长专场上，我和另一位院士为此成果“站台”介绍，引来了不少首长。当时河南农业大学以小麦秸秆和玉米秸秆为原料经热加工压块，直接替代锅炉燃煤，吉林等地也有成型机械生产和成型燃料加工的工厂，这是最早的几家。

农业部规划设计研究院2007年在京郊大兴县建了一个年消耗1.2万吨秸秆和产出1万吨颗粒燃料的产业化示范基地，自行设计了固体燃料成型机。至2009年4月，累计生产成型燃料1万余吨，示范基地有150个应用示范农户，也将颗粒燃料销售给附近蔬菜大棚用于供热。该院还参照欧盟标准提出了中国生物质成型燃料的标准体系[1]。

成型燃料在中国尽管有所进展，但是很难很慢。据悉，全国目前投入使用的生物质压缩成型设备近千台，但年产颗粒燃料不及30万吨[2]。成型设备产量低，能耗高，易损件更换频繁，配套生产线少，小公司势单力薄，大公司不愿涉足，扶持政策不到位，故一直停留于研制与示范阶段。是技术和设备问题、政策环境问题，还是什么其他问题？2009年春天，国家林业局的一位处长带来一位来自吉林的成型燃料公司董事长，经他的一番介绍，解开了我这个谜团，也给我带来一份迟到的惊喜。

17.2 一个经营理念的成功

吉林辉南宏日新能源公司董事长洪浩，早先在吉林西部从事盐碱地生物改良产业，2006年关注长白山林区弃置的枝丫材。散落的枝丫材是林区山火的重要隐患，又是一笔可用之材，洪浩毅然闯进了这个领域。但是，原料如何收集和储运；国内没有成型机和专用锅炉设备，国外又贵得离谱；国外成型燃料用料单一，中国原料种类复杂；产品没有标准可循等。面临的问题很多，但最大的问题在于打开市场。市场定位在哪里？宏日公司饱尝了开创中披荆斩棘的艰难与酸楚。

经过两年多的苦苦摸索，宏日公司终于有了自行研制的成型机与专用锅炉，更重要的是找到市场的定位与营销策略。他们在调研中发现，绿色与环保是一种崇高的社会理念，但消费者更看重产品是否好用和便宜。面对千家万户推销成型燃料很难，如果改城镇供热单位的用煤为颗粒燃料则比较集中、上规模和容易操作，这就可以由供热单位用转化后的热产品去面对千家万户了。长春市供暖季近半年，这可是个大市场。

但是，燃煤锅炉供热几十年，大家已经习惯了。锅炉有定型产品，燃煤有稳定供应渠道，如果换烧成型燃料和改造锅炉，谁也不愿意去惹这个麻烦。宏日公司大胆设想，干脆来个全程服务，从制作颗粒燃料到烧锅炉供热全包下来，终端产品不是颗粒燃料，而是“热能”。2008/2009 年度供暖季到来前终于联系到 8 万多米^2 供热服务的几个客户，最大的是长春市的四星级吉隆坡大酒店，供热面积 4.2 万米^2。2009 年 7 月 3 日我等一行的考察就是从这家酒店地下室的供热锅炉房开始的。

图 17−1 的左上图是吉隆坡大酒店，左下图是地下室的供热设备，其左右为两台 2 吨的生物质燃料锅炉，中间是自动控制台，上面贴有“宏日新能源”标志的是成型燃料储料柜。辉南宏日公司与酒店签订的供热合同是室内温度达到 20℃，实际上达到了 21～22℃。吉隆坡酒店以往是燃油供暖，一个供暖季要花费 500 万元，成型燃料供暖只用了 270 万元，而且温室气体和烟尘排放远低于燃油

图17−1　宏日公司颗粒燃料的生产及供热现场（2009年）

锅炉，长春市环保部门对此十分赏识。2009/2010 年度供暖季宏日公司又接了一个更大的项目——长春市新技术开发区的天合富奥汽车安全系统（长春）公司的颗粒燃料供暖改造系统。

次日我等一行驱车到离长春约 200 千米的辉南县，考察了正在运转的颗粒燃料成型机，出料口还在源源不断吐出温手的颗粒燃料（图 17–1 的右图），也考察了殷实的料场和明亮的库房。公司 2009/2010 年度的冬季供热市场增加到了 18 万米 ^{2}，比上年翻了一番还多。他们的这个营销理念和策略取得了成功，正以吉林为重点，向全国成型燃料供热市场开拓。2010/2011 年度的冬季供热面积将增加到 80 万米 ^{2}，一年翻两番。

该厂的颗粒燃料直径 6～8 毫米，长度是直径的 1～5 倍，密度为 1.1～1.4 吨/米 ^{3}，热值是 1 799.1 万～1 882.8 万焦/千克。表 17–1 提供了颗粒燃料与其他 5 种化石燃料及电力的热值及供热价格比较，大体是颗粒燃料与煤炭、管道天然气的价格持平，低于燃油和远低于电力。燃煤、燃油、燃气和成型燃料 4 类锅炉的烟尘排放浓度分别为 80、80、50 和 34.7 毫克/米 ^{3}；SO_2 排放浓度分别为 900、900、100 和 41.3 毫克/米 ^{3}，其中成型燃料都是最低最环保的。

表 17–1　成型燃料与 5 种化石燃料及电力的热值及供热价格比较 [2]

品种	燃烧（净含）热值	价格		每产生 1 吉焦热值所需燃料费用比
管道天然气	35 962 千焦/米 ^{3}	1.95 元/米 ^{3}	54.16 元/吉焦	1.02
燃料油 180CST	48 088 千焦/千克	3 000 元/吨	62.31 元/吉焦	1.16
燃料油 M100	41 816 千焦/千克	3 300 元/吨	78.82 元/吉焦	1.48
柴油 0#	50 179 千焦/千克	5 780 元/吨	115.04 元/吉焦	2.17
煤	24 253 千焦/千克	1 350 元/吨	55.59 元/吉焦	1.05
商业用电	360 千焦/(千瓦·时)	0.6 元/(千瓦·时)	166.64 元/吉焦	3.14
木质颗粒	18 817 千焦/千克	1 000 元/吨	53.08 元/吉焦	1

注：资料来源，宏日公司，2009。

17.3　十步之内，必有芳草

在中国农业大学生物质工程技术中心与瑞典农业科学大学的合作项目

“广西木薯秸秆以发电、制热/冷、兼产颗粒燃料之联产企业可行性研究”的结题会上，我深有感触地引用了《隋书》中的名句“十步之内，必有芳草”。

作物秸秆做薪柴和养牛是人所共知的，唯木薯秸秆既不好烧火，牛也不吃，被推弃田间路旁，特别没用（图 17–2）。程序教授产生了用它加工成型燃料的想法，并与世界成型燃料的发源地、人均占有 300 千克以上颗粒燃料的瑞典的农业大学合作申请到《欧盟–中国能源与环境合作计划》项目。两年的研究，得出了令人惊喜的结果[3]。

研究表明，由于木薯秸秆磷(P)、钾(K)、钙(Ca)含量高而硅(Si)含量低，其燃料特性与其他生物质原料不同。其灰分含量比玉米秸秆低而灰分稳定性极好，熔点很高，大大降低了结焦结渣风险。氮、钾含量较高和多灰的问题可以通过改进燃烧装置克服。

图17–2　木薯秸秆不好烧，牛也不吃，被弃于田边路旁

瑞典专家还惊喜地发现，试验用木薯秸秆原料的三种处理（含水量 10%、12% 和 14%）压制成型的颗粒燃料均可达到欧盟标准中的优质等级，能耗比瑞典木质类原料还降低了 10%～15%。木薯秸秆成型燃料可用于中小型锅炉燃烧，以发电的经济效益最好，特别是生物发电与固体颗粒燃料的联产（CPP）。一个年消耗 20 万吨干木薯秸秆的 CPP 工厂，每年可生产 16 万吨固体成型燃料，发电 1 000 万千瓦・时，余热还可用于当地的淀粉/酒精工业。所生产的固体成型燃料的产能相当于 10 万吨标煤。

据项目组调查，广西有 40 万公顷木薯种植面积，每年产出 360 万吨木薯秸秆，可产能 200 万吨标煤和减排 500 万吨二氧化碳，产值 10 亿元。此项研究成果对煤炭、石油和天然气资源极贫的广西无疑是“雪中送炭”之举。小颗粒也能办大事情，在结题会上我也有感而发地引用了刘备临终时对刘禅说的一句话：“勿以善小而不为。”

项目研究中的经济方面成果有：100 兆瓦发电和颗粒联产工厂的总投资是 3.8 亿元人民币，税前边际收益率 46.21%，5～6 年可收回固定资产投资。无疑，这是个很好的产业化项目，现尚“待字闺中”，相信上门“提亲”的一定不会少。

17.4 一场秸秆会战已经打响

2004 年初夏，我代表国家中长期科技发展规划农业战略研究组向温家宝总理汇报研究成果，在说到农作物秸秆可以能源利用时，总理激动地说：“露地焚烧秸秆问题说了 10 年，到现在也解决不了！”时间又过去了 6 年，还是没解决。地方领导确是想尽了种种办法，如书记挂帅、成立“禁烧办公室”、下“禁烧令”、派“禁烧督察队”等等，但收效甚微。此疾何以如此冥顽难治？

黄淮海平原是我国的重要粮食产区，改革开放后粮食单产和总产增长很快，种植制度又由过去的两年三熟改为小麦玉米一年两熟。故而一面是秸秆量大增，一面是换季倒茬时的抢收抢种更加紧张。农谚云：“春争日，夏争时”，必须及时从地里运出上茬庄稼的秸秆，抢种下茬庄稼，就是农民所谓的“三夏大忙”（夏收、夏种、夏管）。在机械化程度不高和劳力不足的情况下，及时腾地成了大问题。此外，农民的生活水平提高了，越来越疏于用秸秆烧火和堆肥，干脆一把火烧掉最省事，这就是为何焚烧秸秆能广为流行和痼疾难除的原因（图 17–3 和图 17–4）。

泉城“狼烟”呛了近三十航班
受农民烧秸秆等因素影响济南空气重度污染 政府紧急下发通知严查
合肥市：禁烧秸秆难在哪儿
涿州为奥运全面禁烧秸秆
「禁烧」巡逻队二十四小时交替巡逻
农民日报
农业部紧急通知禁止焚烧秸秆
疏堵结合 以疏为主 做好秸秆综合利用工作
五省烧麦秸 呛坏北京

图17–3 2008年5月有关禁烧秸秆的报道

靠“禁”和“堵”是不行的，必须在源头上解决问题。2008 年 7 月，国务院办公厅下发了《关于加快推进农作物秸秆综合利用的意见》文件，显然是意在“釜底抽薪”地解决露地焚烧秸秆问题，否则怎么会想到要综合利用秸秆。文件提出的目标是“秸秆资源得到综合利用，解决由于秸秆废弃物和违规焚烧带来的资源浪费和环境污染问题。力争到2015年，基本建立秸秆收集体系，形成布局合理、多元利用的秸秆综合利用产业化格局，秸秆利用率超过80%”。接着，2009年国家发改委和农业部发出了“关于编制秸秆综合利用规划指导意见的通知”，财政部和国家税务总局颁布了《秸秆能源化利用补助资金管理暂行办法》等等。

图17-4　2008年麦收期间的“火烧连营”夜景及卫星影像，其中红点均为露地焚烧火场
图片来源：程序。

为贯彻落实国务院文件精神，国家有关部委和学会于2008年6月在北京举办了“2008年秸秆综合利用高层研讨会”；2009年11月在合肥召开了“全国农作物秸秆综合利用现场经验交流会”（图17-5）；11月底接着在合肥举办了“2009第二届中国国际秸秆综合利用高峰研讨会暨秸秆产业新产品新技术展示推介会”等等。一次全国性的秸秆综合利用及消弭露地焚烧的会战打响了。

战役是组织起来了，但怎么个打法？参会中我感到问题并没有很好地解决。

17.5 概念就是生产力

2009年合肥的“全国农作物秸秆综合利用现场经验交流会”上，我提出了“秸秆产业”的概念[4]。

图17–5 全国农作物秸秆综合利用现场经验交流会会场（2009年，合肥）

几千年来，农作物秸秆只是人们取走经济产物（如粮食、纤维、油脂、糖料）后的一堆剩余物，或还田，或养牛，或造纸，或薪之于灶炕，或焚之于田间，都是顺手拈来，随机使用而已。现在大力提倡综合利用虽好，但只是这种思维方式的强化与延伸。我提出“秸秆产业”概念意在用逆向思维将它设定为一种重要资源，用现代技术去开发它，用先进的工业思维去经营它，形成一种新型产业，其结果是会完全不一样的。

首先，秸秆是重要资源而不是剩余物。在本质上，秸秆和煤炭石油是一样的，都是能量和物质的载体，一个是碳水化合物，一个是碳氢化合物；一个是糖，一个是烃。秸秆的能量密度虽低，但它清洁和可以再生。其次，秸秆是一笔巨量资源，每年的产能相当于10个神东煤田，而且越来越多和可以永续地开采下去。其三，有产业化开发的现代技术和大量成功的实践，特别是能源用途中的生物质发电技术、热电联产技术、成型燃料技术以及正在科技攻关的纤维素乙醇技术等。其四，可以较快和大量地消化秸秆，缓解秸秆露地焚烧问题，减排二氧化碳和立竿见影地增加农民收入。

将秸秆比喻为可再生的绿色“巨矿”资源不是名至实归吗？

事物总是随它所处条件的改变而改变的。煤炭和石油深埋地下数亿年而无人问津，是因为有了近代科技和工业革命，有了采煤机械和燃煤锅炉才让它重见天日，光芒四射的。过去只能“赏月”，现在有了航天技术就能“登月”，才会有一些国家想到登月“淘宝”，垂涎那里丰富的氦－3资源。秸秆过去的产出量少，还田、饲用和烧火而已；现在量大，又有了时代需要和现代转化技术的支撑，当然要另眼相看，不可同日而语了。

我提出“秸秆产业”概念是考虑到：要将秸秆作为一种可再生的绿色矿产资源开发而不是“零敲碎打”地综合利用；要产业化和工业化开发而不是小农式地利用；要用工业化思维和按企业化经营而不是“土法上马，因陋就简”地凑合事儿。我们总在讲“以工补农”、“农业现代化”和“建设新农村”等等，秸秆产业不正是一个很好的“抓手”和平台，为“三农”提供一个新兴产业和新的经济增长点吗？

概念就是生产力，一种推动科技和社会发展的强大力量，请看看下面几个案例。

正当工业如日中天的时候，英国经济学家费希尔注意的不是高耸的工厂、壮观的矿山、轰鸣的机械，而是邮局、车站、学校、银行、饭馆、商店那些平凡得不能再平凡的社会细胞。在他1935年出版的《安全与进步的冲突》书中第一次提出了“第三产业”概念。现在第三产业如东升旭日，成为一个国家经济现代化的重要标尺。当时费希尔不是提醒大家在发展工业的同时，也要注意发展邮局、车站、学校、银行、饭馆和商店，而是站在理论的高度上提出了“第三产业”的概念。

20世纪60年代，美国经济学家波尔丁受到宇宙飞船的启发，即在太空中孤立无援的宇宙飞船，只有靠对自身的能量和物质的最大程度地节约使用、循环使用以及最少废物排放才能延长存在时间。为此，要求对物质和能量做到减量化(reduce)、再利用(reuse)和再循环(recycle)，或被理解为资源利用率最大化、垃圾产出率最小化、废物回收率最高化、污染形成率最低化。波尔丁及其追随者不只是提醒航天专家要注意资源节约和最少废物排放，而是站在理论的高度上提升为“循环经济”的概念。

L·布朗在观察和研究了现代经济发展与支持经济发展的生态系统之间的

大量冲突现象后提出了“经济必须归属于生态”的“生态经济”概念。连他自己也说：“似乎许多人，包括为政治和商业领导人做顾问的经济学家都会感到太激进。”[5] 在发现人类社会在发展经济的同时严重伤害了生态和自身生存环境的时候，布朗不只是提醒人们在发展经济时要注意保护生态，而是站在理论的高度上提出了“生态经济”的概念。

理论是认识的抽象和升华。但是一个先进的概念，只有当它被领导人和社会公众认同和转化为行动之后才能得到力量的体现，这种由物质到精神和由精神到物质的转化往往是个漫长的过程。秸秆产业的概念也好，生物质产业的概念也好，都逃脱不了这个冥冥中的规律，一个新的概念需要时间对它的滋养与检验。

17.6 秸秆产业的内涵与战略

秸秆产业的内涵与发展战略是什么？这要从本书第 15 章提出的当前 7 亿吨秸秆的五大去处分析入手。

先说秸秆还田。有人以为秸秆还田越多越好，这是一种误解。就理论而言，土壤里的有机质与无机质的转化是处在一种动态平衡状态下的，如寒冷东北草地的黑土里积累的有机质就多，而林茂草密的炎热的南方红壤里少。在农田里，因为精耕细作，特别是施用化肥而使作物高产，获得超乎常量的有机质，所以移出部分秸秆等有机质无损于土壤肥力。国际水稻研究所(IRRI)最近发布了一份稻田土壤肥力的 15 年定位观察结果是，保持土壤肥力不是靠稻草还田而是靠充足的施肥[6]。中国几千年来的秸秆大部分用于薪柴和饲料不是也维持地力了吗？就中国目前农田土壤状况，增加有机质还田是必要的，但不是越多越好，七八成的秸秆移出农田不会影响土壤肥力，当然化肥是不能少的。

再说秸秆饲用。秸秆饲用主要是农区养牛，因为猪、鸡等其他非反刍牲畜是不吃秸秆的。按 2007 年全国牛存栏 10 595 万头，农区占 86.7% 和一头牛一年消耗 1.3 吨秸秆计，约年消耗秸秆 1.1 亿吨。秸秆饲用的发展决定于养牛业的发展，养牛业的发展受市场需求等诸多因素制约，是个缓慢的渐进过程，不可能突增对冗余秸秆的消耗以除露地焚烧之顽疾。至于工业用途，主要是麦秸造纸(因环保而小造纸厂大量停产)、棉秸加工压缩板及食用菌基料,三者所占秸秆份额很有限。

表 17–2 列出了关于农作物秸秆 5 个去处(还田、饲用、工业原料、薪柴、废弃与露地焚烧)的 4 份资料。相关数据比较接近,其中农村薪柴与废弃和露地焚烧两项约占秸秆产出总量的 50%~60%,实物量为 4.0 亿~4.5 亿吨。

表 17–2 关于农作物秸秆去处的资料汇集

出处	总量/亿吨	年份	各种去处占总量比率/%					可作能源用途/%
			还田	饲料	工业原料	薪柴	废弃与露地焚烧	
农业部[7]	8.2	2009	15	31	4	19	31	50
石油规划院[8]	7.21	2004	15	20.1	2.2	47.1	15.6	62.7
王峰[9]	–	–	15	24	2.3	40	18.7	58.7
石元春[10]	7.04*	2007	15	20	4	45	16	61

*指稻谷、小麦、玉米、杂粮、豆类、薯类、油料、棉花、甘蔗9大作物的秸秆。

从秸秆的现用途中可以得出,秸秆产业的内涵是在现代技术支撑下的秸秆能源,以及还田、饲料、工业加工的新型产业。其中还田、饲料及工业加工属传统用途,合占四成资源;而占资源六成的现代能源产业,是当今中国急需发展的一种新兴和新型的朝阳产业,是可以促进农村经济发展和农民增收的惠农产业。秸秆产业的发展战略是“以能为主,多元利用”,但当前的战略重点是消除露地焚烧顽症。在秸秆发电的功能定位中,“首先是为了解决老百姓田间直接焚烧秸秆和随意丢弃”,这是江苏国信泗阳生物质发电公司的一种提法[8]。

全国 75% 的秸秆来自玉米、小麦和水稻三大粮食作物,粮食主产区即秸秆主产区,露地焚烧的严重发生区,也是加工转化的聚集区和主要消费市场。所以,秸秆产业与粮食生产将相辅相成,比翼齐飞,秸秆产业是中国发展粮食生产的一个重要助推器。

17.7 秸秆能源产业的选项与技术储备

秸秆能源产业的加工技术与产品很多,有些已经相当成熟,有些尚处中试示范和待产业化阶段；有些尚在科技攻关中。

生物质发电、热电联产和成型燃料技术在瑞典丹麦等欧洲国家已经十分成熟和商业化程度很高，中国的国能生物质发电集团、毛乌素生物发电公司、辉南宏日新能源公司等也有出色表现，正处于产业趋于成熟和扩展期。而秸秆热裂解气化/液化则处于中试示范和待产业化阶段。

中国近二三十年在农村推广秸秆燃气站，因燃气热值低(4 187 千焦左右)、焦油类杂质堵塞，以及存在安全隐患和运行费用较高等问题，故一直停留在小型示范阶段。这种小型气化发电适用于中国缺电的偏远农村，比建电网要节约和实用得多。黑龙江农垦二龙山农场利用本场 20 万吨秸秆建设 30 座秸秆气化供气供电站，为全农场 28 个生产企业及 8 500 户居民年供电 1.6 亿千瓦·时，供气 4 亿米^3。

为解决山东济南市周边的秸秆露地焚烧问题，山东大学研究提出了包括秸秆收集、成型燃料压制、生物质热解气化炉及燃气净化发电等的系统技术。其原料适应范围广泛的下吸式固定床连续生物质气化反应炉的气化效率可达到 78%，燃气质量好和产气稳定。生物质燃气净化系统的焦油净化效果在 10 毫克/米^3 以下，优于当前国内的 50 毫克/米^3 的标准[11]。

秸秆就地加工转化以减少运输成本和耗能是一个重要追求目标。阮榕生教授与南昌大学合作研究开发的连续微波高温催化裂解技术[12]，可产生 20%～30% 气体、50%～60% 液体和 15%～20% 固体产物。气体主要是氢气、一氧化碳和甲烷，可燃性好；液体为生物质原油，可加工为生物燃料和其他化学制品；固体可用作有机肥料。每吨秸秆可得到 500～550 千克生物质原油及 100～150 千克有机肥。所产气体全部作为本系统耗能，该设备小型和可车载移动，又因就地利用秸秆和无需过度粉碎和长途运输，故系统能效高，生物质原油和有机肥的经济效益也很可观。现已有数台样机作运行试验(图 17–6)。

关于秸秆沼气问题。直接以干枯秸秆生产沼气，需经揉搓与化学处理和采用“两次发酵法”，目前尚处试验示范阶段。程序教授提出玉米收获前(蜡熟期)秸秆中含水溶性糖 13%，收后降到 2%，而木质素却增加近 1 倍，纤维素也有显著增加，皆不利于沼气发酵。目前已有专门培育的玉米果穗成熟时茎秆仍然青绿的玉米品种，收果穗的同时可以收青绿茎秆做青贮，为生产沼气提供原料，可以做到粮能两不误(图 17–7)。

图17-6　车载连续微波高温催化裂解装置
图片来源：阮榕生，南昌大学。

图17-7　收玉米果穗的同时收青绿茎秆做青贮，为生产沼气提供原料

纤维素乙醇和费托生物柴油等二代生物燃料技术的攻克将会使秸秆利用上升到一个新的和更高的水平，在其他章节已有叙述。秸秆作为一种量大面广的生物质基料，加工转化的途径和产品很多，随着技术进步，其开发潜力将日益凸显。

17.8 当前不宜否定秸秆直燃发电

秸秆直燃发电技术成熟，在中国是产业化推进较快的一种生物质能源。截至2008年底，国家发改委已审批170余项生物质发电项目，总装机容量460万千瓦；已投产50项，装机容量110万千瓦。当前对秸秆发电的质疑[13~16]主要是认为将秸秆“一烧了之”太可惜，担心影响还田与维持地力，对此以上已有过解释。质疑者还认为秸秆收集、储存、运输难度较大，而国能生物发电集团等在实践中已经有了较好的解决办法。质疑之三是争夺资源和稳定供应问题，这主要靠做好规划布局和严格审批，是政府分内的事。倪维斗院士于2010年5月在《科学时报》上提出了秸秆直燃发电得不偿失的观点[17]，随即我也发表了商榷文章[18]，文中提出当前中国不宜否定秸秆直燃发电的如下4条理由。

其一，当前我国的秸秆形势，不是稀缺而是冗余，特别是每年有亿万吨被露地焚烧；不是多用途争夺秸秆资源，而是在寻求医治屡禁不止的露地焚烧顽疾之道。秸秆发电正是当前能大量和快速转化秸秆，消弭露地焚烧的最佳和唯一途径。目前秸秆发电仅年用数百万吨，不到露地焚烧量的1/10，当前需要的是加大秸秆发电对缓解露地焚烧的力度，又岂能“自断其臂”。

其二，秸秆发电厂的原料成本占一半以上，国家给企业的发电补贴实际上是替政府转移支付给了农民。众所周知，农民种粮收入甚微，种粮积极性不高，如果卖粮款只能抵消种植成本的话，每吨秸秆能卖200元就是一笔不小的额外现金收入，比政府的粮补高许多，既增加农民收入又能提高农民种粮积极性。此利农保粮又能提供绿色电力之功乃任何其他化石与非化石能源所不能为，岂可否定于它。

其三，1吨秸秆的热值相当于0.5吨标煤，1吨标煤可发3 000千瓦·时的电。每年1亿吨被露地焚烧的秸秆的热值可转化为1 500亿千瓦·时电力，是三峡年发电量的一倍。中国以火电为主，电力缺口如此之大，我们有什么理由不重视对这笔巨大绿色电力资源的转化与开发呢？

其四，秸秆发电与热电联产的热效率可达97%，但是在物质循环利用上损失了氮、磷、有机质等对植物和土壤有用的物质，不如沼气，更不如纤维素乙醇。但是这些技术还不成熟，纤维素乙醇更非十年八年能成气候，当前唯秸秆发电能担缓解露地焚烧之重任。再说，我国有如此大量的秸秆，未来也会是多能互补，是“百花满园”而不会纤维素乙醇“一枝独秀”。秸秆直燃发电虽非最佳，但却是当前最现实和有用的，我们有什么理由去否定它呢？

至于倪维斗院士提出的秸秆收集中的高耗能问题，除他用的参数有误外，国能生物质发电公司等已基本解决。相比之下，火力发电厂的煤的运距和能耗要高很多，人员伤亡和安全问题更是众所周知的。

当然，对秸秆发电存在的问题应该引起重视。一是经济效益差，多数企业处于亏损或维持状态，一方面是企业要进一步提高技术水平和降低成本，另一方面是政府要加大扶持力度，增加企业盈利空间。二是以装机容量 30 兆瓦以下的小型电厂为主，以主要秸秆产区为主，做好规划布局，严格审批，防止对秸秆资源的争夺和不合理抬价。三是向热电联产、综合利用方向发展，进一步提高物质和能量转化效率。四是要注意保护农民利益，带动农村工业和服务业发展，将社会效益放在重要位置。最后，也是最重要的一条，政府主管部门的决策、态度与扶持是关键。

17.9 让小颗粒与小锅炉对接

在能源与减排问题上，中国有两个难题与盲点。一个是上面谈到的每年有亿万吨冗余秸秆被露地焚烧和造成大气污染；一个是有数十万个分散的中小燃煤锅炉因难以清洁燃烧而肆无忌惮地排放温室气体。如果将部分秸秆压制成颗粒燃料去替代中小锅炉的燃煤，以小对小，以分散对分散，以清洁燃料替代化石燃料，“一石二鸟”，岂不妙哉！

以秸秆为原料生产成型燃料的技术和设备不存在问题，它是固态的，密度大，干净，方便储运，可以形成商品流和交易市场。如果年数亿吨秸秆和林业剩余物，与年消费数亿吨煤炭的数十万个中小锅炉对接，让商品成型燃料在二者间流通起来，这可不是个小市场和 CDM 的小交易了。“两小”对接可以撞击出一个新的产业，新的经济增长点来。图 17−8 是我在合肥会议讲演中用的一张幻灯片。

根据洪浩资料[2]，2008 年全球固体生物质燃料销售量 1.8 亿吨，市场规模 500 亿欧元，其中供热市场占 58%(2006 年)，预测 2010 年后的年均增速将超

图17–8　用颗粒燃料使冗余秸秆与燃煤中小锅炉对接
图片来源：庄会永（左图）；中国宣城网（右图）。

过25%。我国供热也是能源终端消费市场中增长最快的一种，10年来年均增速10%以上。供热市场中非集中供热的中小锅炉多为燃煤，总数在50万台以上，能源消耗量约6亿吨标煤。由于规模小，无法配备高效脱硫和除尘装置，二氧化硫排放量占到全国总量的一半以上。

中国城市供热面积约65亿米^2(2006年)，其中20亿米^{2}为非集中供热。在城市集中供热中也有一些用户，如酒店、医院、学校等往往因达不到室温要求而不得不自用燃煤、燃油、燃气或电力供热，成本昂贵，这正是成型燃料可以进入的广阔市场。此外，城市周边和农村乡镇供热规模在20万米^{2}以下的供热市场也很大。

“全国农作物秸秆综合利用现场经验交流会”期间，我曾向国家发改委提出了成型燃料与中小锅炉对接的一份专项建议书。希望通过建议书推动“小颗粒”，由“小颗粒”去衔接冗余秸秆和大量的中小锅炉，让小颗粒去成就一番大事业，结果是“泥牛入海”。

17.10　让小绿电替代小火电

化石能源中煤炭的温室气体排放量最大，小火电更是排放二氧化碳的首犯。小电厂的单位煤耗比大电厂高许多，因为小、多、散，以及技术装备差、资金不足和难以清洁燃烧，当然在当前二氧化碳减排中首当其冲。2004 年 5 月，国家发改委下文叫停了小型燃煤发电机组，小火电不断被关停。2010 年 5 月，国家能源局召开了全国电力行业淘汰落后产能工作会议，将已超过 1 000 万千瓦的小火电关停计划分解落实到 140 多家电厂的近 400 台机组限时完成。“十一五”期间全国累计关停小火电机组超过 7 000 万千瓦，由大机组替代可节约 8 100 万吨原煤和减排 1.64 亿吨二氧化碳。这叫“以大换小”，是否也可以部分地实施“以秆换煤”或“以绿换黑”的方案？小火电厂的厂址和部分设备还可改造利用。

以山东省为例。山东是中国第一火电大省，2004 年火力发电 1 682 亿千瓦·时，有 370 多座电厂运行，其中 5 万千瓦以上的电厂只有 31 个。到 2003 年底，3 000 万千瓦的装机容量中，小电厂占 700 万千瓦以上，全省的 130 多个县市，平均每个县市都有两三家小电厂[19]。山东是农业大省，2007 年产小麦 1 996 万吨，玉米 1 817 万吨，二者共产秸秆 6 360 万吨，相当于 3 180 万吨标煤，或 954 亿千瓦·时电力，是 2007 年山东全省火力发电量(2 691 亿千瓦·时)的 35.5%，替代小火电绰绰有余。可以建 300 多个秸秆电厂，是小火电厂发电量的 1 倍以上。山东省 130 多个县市和每个县市的两三个小火电厂与农业、农村和农民没有直接关系，如果是生物质小电厂，则将全面推进山东农村的工业化和现代化建设，造福于“三农”。

本章在介绍秸秆直燃发电后，又提出了“让小颗粒与小锅炉对接”和“小绿电替代小火电”的设想，如果技术成熟、秸秆裂解气化、液化和生产沼气等也能发挥“小”的优势。生物质直燃发电厂是小型的，用小颗粒对接的是小锅炉，用小绿电替代的是小火电，在硕大无比的煤炭及石油化工面前，他们都是“无名小辈”。但正是这些“小字辈”们代表着能源发展的方向，最能适应生物质原料分散的特点，最能给中国的农民、农村和农业带来真正的实惠。

著名经济学家 E·F· 舒马赫写过一本书，书名就是《小的是美的》(Small is Beautiful)；马克·配恩(Mark J.Penn)在他的新作《小趋势》中说：“如果你更深入地观察，你看到的世界将充满各种不为人知的、很难发现的力量，实际上，带来明天大变化的正是这些小趋势的力量。”[20]

参考文献

1. 农业部规划设计研究院在秸秆固体成型燃料领域所做工作的汇报，2009年4月（内部资料）.

2. 洪浩.生物质成型燃料产业发展现状与展望，2009（PPT，内部资料）.

3. 中国农业大学生物质工程技术中心.广西木薯秸秆以发电、制热/冷、兼产颗粒燃料之联产企业可行性研究报告摘要（内部资料）.

4. 石元春.秸秆能业.全国农作物秸秆综合利用现场经验交流会会议材料，合肥，2009.11.

5. 莱斯特·R·布朗.生态经济.北京：东方出版社，2002.

6. Roland Buresh.Implications of straw removal on soil fertility and sustainability.Expert Consultation on Biofuels，IRRI，27—29，Augest，2007（PPT）.

7. 寇建平，赵立欣，郝先荣，等.我国2007年农村可再生能源发展现状与趋势.可再生能源，2008.26（3）.

8. 朱成章.秸秆是能源资源吗.大众用电，2009.1.

9. 王峰.秸秆热电厂的发展前景.控制工程，2008，15.

10. 石元春. 本书第15章.

11. 景元琢. 济南机场周边（围）秸秆焚烧污染防治综合治理技术研究报告（PPT），山东大学，2010.

12. 阮榕生. 分散式微波裂解生物废弃物转化生物能源与材料的技术装备及产业化（PPT），南昌大学，2010.9.

13. 顾怀本.对秸秆发电的一点思考.科技信息——电力与能源，2009（23）.

14. 张忠潮，王曼，孟蕊.秸秆发电的问题与对策. 生态经济（学术版），2008（2）.

15. 傅友红，樊峰鸣，傅玉清.我国秸秆发电的影响因素及对策.沈阳工程学院学报（自然科学版），2007，3（3）.

16. 许昌明.秸秆发电需慎行.安徽科技，农村与社会发展园地，2009（5）.

17. 李晓明.一座生物质电厂的账本.科学时报，低碳能源版，2010—05—24.

18. 石元春.当前不宜否定秸秆直燃发电.科学时报，低碳能源版，2010—06—07.

19. 程骏.秸秆发电有望成为我国一种新能源.中国水利，2004年10月.

20. 马克·佩恩，E.金尼·扎莱纳. 小趋势. 北京：中央编译出版社，2008.

农作物秸秆的收集和储运是个难题，国能生物发电集团公司已经较好地解决了全程机械化问题。

18 “一把火”烧出一片绿色电厂

- 来自丹麦的“童话”
- 古老的方式，全新的技术
- “老婆孩子热炕头”
- 新农村建设的得力“抓手”
- 瓶颈：秸秆的及时收集与储运
- 前景：热电联产与综合利用
- 硕果累累，春华秋实
- “第一个吃螃蟹”的人

一个山东沂蒙山区农民的儿子陪同他的丹麦朋友由北京驱车济南。当进入山东境内时，路前方浓烟滚滚，不知发生了什么事，他不得不停下车来。向路旁农民打听才知道是前面在烧秸秆。他把车向前开近了一段，想看个究竟，原来麦地里真是“火烧连营”般的一片火海，呛人的浓烟和热浪逼得难以靠近。

这位年长的丹麦朋友说他要下车去看看。他先是站在田埂上，后蹲在那里，许久没有离开。沂蒙山区农民的儿子也走了过去，蹲在丹麦朋友身边问：“你是不舒服吗？”丹麦朋友眼圈红了，惋惜地搓着双手说：“蒋先生，这么宝贵的麦秸怎么能白白烧掉呢？在丹麦就是用这些农作物秸秆发电的。”这位农民儿子十分惭愧，是啊！中国农民还很穷，为什么不把这笔财富用来发电呢？他暗暗地下决心，我一定要为家乡和中国农民做成这件好事。

三年过去了，麦田的“一把火”烧出了一批生物质发电厂，诞生了备受农民欢迎的一个变废为宝的朝阳产业。这位沂蒙山区农民的儿子就是现在国能生物发电集团公司的董事长兼总裁蒋大龙。*

18.1 来自丹麦的“童话”

世界生物质直燃发电技术诞生于童话王国丹麦，流行于欧洲许多国家。20 世纪 70 年代的世界石油危机，使以石油为唯一能源来源的丹麦不得不推行起能源多样化政策。丹麦 BWE 公司率先研发了秸秆等生物质燃烧发电技术，1988 年在丹麦诞生了世界上第一座秸秆生物质发电厂。1974 年以来丹麦 GDP 稳步增长，但化石能源消费量没有增长，现在的石油年消费量比 1973 年还下降了 50%，秸秆发电功不可没。在这个以安徒生童话闻名于世的北欧美丽国度里，秸秆发电创造了新的“能源童话”。

生物质发电及热电联产已成为欧洲许多国家的重要发电与供热方式，已经

*本章是约请国能生物发电集团公司科技部总经理庄会永研究员执笔的。

商业化运行一二十年了，目前丹麦有130多家秸秆发电厂。瑞典、芬兰、西班牙等多个欧洲国家由BWE公司提供技术设备也建设了秸秆发电厂，秸秆发电技术已被联合国列为重点推广项目，走向了世界。

将丹麦的“能源童话”在中国变为现实的是国家电网公司旗下的国能生物发电集团公司。该公司是由国家电网公司与龙基电力公司合资成立于2005年7月7日，致力于生物质发电投资、建设和运营。国能生物发电集团公司引进丹麦先进生物质直燃发电技术，于2006年12月1日在我国山东建成投产了第一个生物质直燃发电项目——国能单县1×25兆瓦生物质发电工程（图18-1），实现了中国大容量生物质直燃发电从无到有的突破。对此，温家宝总理是这样批示的：“要鼓励生物质能源的开发和利用，国家电网公司的做法和经验值得重视。”

图18-1　国能生物发电集团公司旗下的部分生物质发电厂
左上图是2006年投产的国能山东单县国家级生物质发电示范厂；
右上图是山东高唐农林物质（棉秆、木屑）发电厂；
左下图是黑龙江望奎农林生物质（玉米、小麦秸秆）发电厂。

全国人民代表大会2005年通过的《中华人民共和国可再生能源法》中提到政府对生物质发电在电网接入、价格、税费等方面都给予了优惠政策；2007年颁布的《可再生能源中长期发展规划》提出到2020年生物质发电装机容量

30 000 兆瓦，生物质能利用量占一次能源消费量 4% 的目标；国民经济和社会发展“十一五”规划的生物质发电目标是装机容量 5 500 兆瓦。

18.2　古老的方式，全新的技术

200 多万年前原始人类学会钻木取火，摆脱了茹毛饮血的原始状态，一步步走向了现代文明。经过近 200 年以化石能源为主导能源的工业革命，人类又面临可持续发展的困境，包括生物质能源在内的可再生能源将成为后工业文明时代能源与环境上的一种重要选择。

农林生物质直燃发电，是把农林生物质(农林业剩余物等生物质)在专用锅炉中直接燃烧产生高温高压蒸汽，再通过汽轮机、发电机转化为清洁的电能，余热可作工业或民用。该系统主要包括农林生物质燃料高效集储系统、连续化输送上料系统、生物质专用锅炉燃烧及辅机系统、汽轮发电机系统、变配电系统、余热利用系统等组成。这是人类利用生物质能源的回归，一种最古老的能源获取方式与全新现代工业化技术的完美结合。生物质直燃发电过程排放的二氧化碳、二氧化硫及粉尘均远低于火力发电，是一种清洁环保的能源生产方式，对农林剩余物消耗量大、应用直接，易于规模化和工业化。

由于生物质原料能量密度低，分布分散，季节性强，易腐难存，以及高温燃烧时易结焦和腐蚀锅炉，因而在燃料收购储运、炉前上料以及炉内燃烧等过程均不同于常规的火力发电。此外，中国农村按户分散经营，规模小，组织化和机械化程度低，秸秆收集难度大和市场不成熟，这又有别于那些发达国家。生物质直燃发电在国外是成熟技术与市场，在国内则是一个新兴产业和技术。近四五年里，根据中国国情，在技术和设备的引进、消化、吸收和再创新上取得了全面进展。

龙基电力集团有限公司于 2004 年自丹麦引进生物质直燃发电技术后，在国内率先研发出适合中国国情的“高温高压水冷振动炉排”生物质专用发电锅炉，较好地解决了生物质燃料在工业化燃烧过程中的结焦、腐蚀和机组效率低等问题，能够适应多种不同种类、不同品质的生物质燃料，在整体效率、使用寿命和运行稳定性上有许多创新。

通过引进丹麦技术自行生产的水冷振动炉排锅炉，采用高温高压参数，蒸汽压力为9.2兆帕，温度为540℃，出力有130吨/小时和48吨/小时两种规格，分别配置25兆瓦、30兆瓦和12兆瓦的汽轮发电机组，是目前国内最成熟的生物质锅炉，锅炉运行稳定，效率达88%～92%。由济南锅炉厂生产制造后，将国内生物质电厂投资由1.3万元/千瓦降到了0.8万～1万元/千瓦。该产品已经返销国外市场。

中国的其他锅炉生产厂家有无锡华光锅炉集团公司、北京国电龙源杭锅蓝琨能源工程公司、华西能源工业集团公司等，也有自主研发的生物质发电专用锅炉，参数为次高温次高压和中温中压两种，有110吨/小时和75吨/小时两种规格，分别配置25兆瓦和12兆瓦的汽轮发电机组。中国节能投资公司与浙江大学合作开发的生物质电厂循环流化床锅炉技术，采用中温中压参数，蒸汽压力为3.9兆帕，温度450℃，出力75吨/小时，配置12兆瓦的汽轮发电机组。上海电气(集团)公司的四方锅炉厂利用链条炉，对小火电机组进行燃烧生物质改造，目前主要是75吨/小时中温中压锅炉。

18.3 “老婆孩子热炕头”

在世界金融危机的波及下，大批农民工失去了工作岗位返回农村，与此同时全球气候变化和环境保护给中国的产业化发展提出了更高要求。2009年年初在北京举办的一次“2009年中国国际节能减排和新能源科技博览会”政府专场上，当笔者向胡锦涛总书记完整介绍生物质发电项目可以变废为宝，可以让农民“老婆孩子热炕头，建设新农村”的时候，胡总书记高兴地笑了起来说好，同时仔细询问了生物质电厂的建设规模、秸秆资源、补贴电价和已运行电厂的盈利情况等问题，尤其是仔细询问了一些电厂因为基础电价较低而影响正常运行的问题。最后总书记对生物质发电产业产生的巨大社会和经济效益表示赞许，尤其是汇报到希望通过规模化的农林剩余物能源化用途带动农业工业化发展时，总书记大声说“好！”

的确，在我国农村，农民兄弟多么盼望有个好的发展机会，有个挣钱养家的工作岗位。目前在农村，不少是丈夫外出打工，妻子留在家里种地、照顾老人和孩子，大约有近亿的农村夫妻过着这种“牛郎织女”的生活。据中国农业大学“中国农村留守人口研究”课题组在安徽、河南、湖南、江西和四川 5 个省开展的实地调研资料，目前全国有 8 700 万农村留守人口，其中包括 2 000 万留守儿童、4 700 万留守妇女和 2 000 万留守老人。也有的农村夫妻一同外出打工，带着孩子或者孩子留在家乡由老人照料。留守老人由于无人照顾，一旦生病，无钱看病和乏人照料就成了大问题。孩子由隔代老人教养，缺乏父母亲情，心理健康也甚堪忧。

新农村建设不仅需要博士县长、大学生村官，更需要那些背井离乡的农民工的参与，需要给他们创造建设自己家乡的机会。农民工离开父母、妻子、儿女，投入创建都市文明，却难以享受幸福的文明生活。这虽然是目前我国城市化发展必经的阶段，但也需要我们积极努力缩小城乡差距、实现共同富裕。全社会都要关注这些“牛郎织女”们的家乡就业，关注他们的老人、孩子和家庭的幸福。

农民多么盼望给他们一些健康、稳定和可持续发展的项目，提供他们增加收入的门路。达到这个要求，一是要能留得下资金；二是要能留得下一批有知识的年轻人安心就业；三是项目要符合发展循环经济、与环境友好和可以持续。利用农林剩余生物质直燃发电就是一个很好的范例。

建一个 25 兆瓦的生物质电厂，可以带动当地至少 2 000 多个农民就业，每年给他们带来 5 000 万元以上的收入(图 18-2)。还可以提高当地农业机械化水平，处理农林业废弃物，减少污染，灰渣可以还田循环应用。随着电厂上下游产业链的延伸，更多农民工可以实现就近获得工作岗位，夫妻团聚，照顾好老人和孩子。

图18-2　本章作者与交售秸秆的农民合影（左图）及农民用秸秆换来现金照片（右图）。

18.4 新农村建设的得力“抓手”

社会主义新农村建设中有生活与文化，也要发展农村经济和工业化，提高农村自我成长能力。中共中央的“以工补农，以城带乡，城乡统筹”方针，也要有“抓手”才能落实，生物质发电就是一个“抓手”。它可以将农村的农林生物质资源优势转化为产业优势和经济优势，也有利于调整农业结构和拓展农业领域，增加农民收入水平和工作岗位，带动农业机械化及上下游相关产业和服务行业的发展。

以运营一台1×25兆瓦生物质发电机组测算，每年需要消耗作物秸秆或林业剩余物约25万吨，按每吨收购价200元计，农民可年新增收入5 000多万元。参与燃料收购、加工、储存、运输的农民经纪人岗位30～50个，农民作业工1 000～2 000个岗位。在燃料加工、储存、运输等整个燃料供应过程中，一个电厂要直接和间接支付相关费用总计7 000万～8 000万元，电厂的燃料成本几乎全部转化为农民和农民经纪人的收入。也为农民提供了就业岗位和培养了一支“经纪人”的产业服务队伍。

每个25兆瓦生物质发电机组的年发电量2亿千瓦·时以上，相当于2008年三峡电站一天的发电量，即建360个25兆瓦生物质发电机组的发电量可相当于再造一个三峡电站，且每个电厂每年能减排15万吨二氧化碳和生产1万吨草木灰肥料。2009年，国能生物发电公司已投入运行的19个生物质发电厂向农民支付了约10亿元的原料收购费。“十二五”期间我国生物质发电装机将达到5 500兆瓦，届时每年可以直接为当地农民带来收入达100亿元以上和提供18万个就业机会。

中国农村分散，特别是比较边远的农村至今甚至尚未享受到现代电力的惠泽，还在过着烟熏火燎的薪柴生活，能源效率低，质量差。生物质发电可以就地利用作物秸秆和枝椏等林地剩余物为原料，小型化和分布式发电，提高农村能源消费质量和改善村容村貌。生物质发电可以稳定上网，也可以离网发电，以县为单位的生物质电厂可以解决偏远贫困地区的用电、用热问题。

18.5 瓶颈：秸秆的及时收集与储运

每逢农村夏收和秋收的“双抢”季节，大量秸秆没有合适和快速处理的办法，被弃于田间地头、场院房头，压占土地和留下火灾隐患。一些地区农民大面积地露地焚烧，造成资源浪费和大气污染，危害交通安全和容易引发火灾等其他事故。秸秆焚烧问题提了多年，为什么解决不了呢？温家宝总理曾开会研究应对多年来屡禁不止的秸秆焚烧问题。“总理，秸秆如果变成钞票，农民就舍不得焚烧了”，两院院士石元春的回答一语破的，当时就把温总理逗笑了。

农作物秸秆本是一种可用的生物质资源，可是随着生产和生活水平的提高，秸秆多了，用得少了，严重影响夏秋“双抢”期间的腾地才不得已而“一把火”烧之。秸秆焚烧问题在丹麦也曾经有过，丹麦王国能源署介绍，丹麦的农作物秸秆过去除小部分还田或作饲料外，大部分被农民或农场主在田地里焚烧了，造成严重污染和影响交通问题，现在通过生物发电等已经比较彻底地解决了问题。

图18–3　华北地区麦秸田间自动打捆收获（左上图）、专用运输车（右上图）、生物质农用运输车（左下图）及生物质全悬挂拖车（右下图）

“堵”和“禁”不是办法，关键是及时将秸秆从地里运出来和给它找个出路。秸秆发电是找到了出路和财路，瓶颈是秸秆的及时收集和储运。“兵欲善其事，必先利其器”，在生物质发电产业化的过程中，根据中国农村的特点，国内科研和企业单位合作研制了高效收集、加工、运输和处理的全套机械化装备，实现了夏秋两季的“双抢”机械化，对消弭秸秆露地焚烧起到了关键作用(图 18–3 和图 18–4)。以一个装机容量 25 兆瓦的电厂为例，燃料收储运所需要的农机装备投资 1 500 万～2 000 万元。这些农业机械装备大部分是引进技术和国产化生产，或是国内现有装备的升级换代，自动化程度和技术含量较高，通用性较强，可以给农机市场注入新的活力，也有利于农村吸引资金和人才。

图18–4　由国内生物质发电企业组织的农作物秸秆机械化收储技术培训

18.6　前景：热电联产与综合利用

中国目前固体生物燃料能实现产业化生产和商业化运作的主要是直燃发电。生物质发电厂的热、电综合利用可使能源利用效率达到 80% 以上。

除了传统的热电联产外，还可以在生物质发电的同时充分利用所产生的余热用于其他综合利用项目，如供应温室大棚、生产成型燃料或燃料乙醇等。生物质热电联产在欧洲十分普及，瑞典热电联产的热效率可以达到 97%。生物质直燃发电在物质的综合利用上，一是将烟道排放的二氧化碳作为碳肥用于温室大棚的蔬菜种植，或发展藻类生产，也可以用作生产降解塑料的原料；二是燃烧后富含钾等矿物元素的灰渣，可以生产钾肥及多种复合肥料用于农业生产，保持土壤元素平衡（图 18–5）。

图18–5　用生物质电厂灰渣为原料加工的生物质复合钾肥

另一个综合利用方向是与纤维素乙醇生产的结合。即先水解秸秆里的纤维素和半纤维素生产燃料乙醇，以剩下的难以利用的木质素燃烧发电，余热循环用于提取纤维素乙醇，废渣可用作肥料。目前生物质直燃发电产业的龙头企业国能生物发电集团有限公司正在就这两种技术的结合应用进行试点示范。国能集团已在瑞典进行小规模中试试验，研究“纤维素乙醇–生物质热电联产–温室种植”这一循环模式发展的经济性和可行性。

生物质直燃发电还可以与沼气或者气化项目结合。用沼气等生物燃气替代柴油来给生物质锅炉启动点火和助燃，有利于在生物质燃料种类多、含水量不同、热值不稳定的情况下保证锅炉稳定运行。沼气等生物燃气项目可不必再投资发电机和上网系统，由发电企业给沼气供应单位补偿合理费用，这也是一个值得尝试的联产方式。

秸秆等农林剩余物以及未来的能源林生物质发电，显然不是“一烧了之”，而是“吃干榨尽”式的梯级利用，它具有旺盛的生命力。今后生物质发电的发展方向，就是多技术路线的整合协同发展，有效带动“能源林–生物发电–生物柴油”、“能源林–燃料乙醇–生物发电”、“农林剩余物–燃料乙醇–生物发电–生物肥料”等多种闭环产业化发展模式。

18.7 硕果累累，春华秋实

2004年以来，国家发改委核准批复了山东单县、河北晋州和江苏如东3个国家秸秆发电示范项目，开始了生物质直燃发电试点示范。2006年《中华人民共和国可再生能源法》实施以来，生物质直燃发电产业在中国得到了快速发展，到2006年年底，由国家发改委和各省发改委核准的生物质规模化直燃发电项目已有近50个，总装机容量超过1 500兆瓦。其中2006年核准38处，7处建成并网发电。据不完全统计，截至2007年年底，中国核准的生物质直燃发电项目约100个，装机容量2 500兆瓦以上，建成投产并网发电的项目总装机容量400兆瓦以上。生物质发电项目主要分布在山东、江苏、河南、河北、黑龙江、吉林、辽宁、新疆、内蒙古等地。燃料主要是小麦秸秆、玉米秸秆、稻草稻壳、棉花秸秆、林业间伐及加工剩余物。

我国第一个建成投产运行的是国能单县生物质发电，是国家发改委核准的国家级示范项目，由国能生物发电公司投资建设。2007—2009年的三年发电量累计为：6.641 45亿千瓦·时(2007年发电量2.278 59亿千瓦·时，2008年发电量2.112 44亿千瓦·时，2009年发电量2.250 42亿千瓦·时)，三年中每年发电运行超过7 000小时，其中2007年当年发电达8 200小时以上，以30兆瓦满负荷利用小时数达7 500小时以上。每年消耗农林剩余物25万吨左右，为当地农民增加收入5 000万～6 000万元。2007年9月联合国指定DOE核查机构对国能单县生物发电CDM项目进行现场核查，确认国能单县项目在70天内的核查碳减排量为4万吨(扣除加工、运输油耗等一切影响因素后的净减排量)，全年二氧化碳减排量达18万吨。

国能生物发电公司作为生物质直燃发电投资、建设和运营的专业化公司，截至2009年8月，共获得政府核准生物质发电项目46个，其中已建成投产项目20个，在建项目10个，总装机容量达420兆瓦，以全年发电量大约30亿千瓦·时计，约占2008年中国全年火力发电量的1/926。其他生物质发电投资商如中国节能投资公司、国电集团、中华电力等也都有各自的示范项目开始运营。

国能生物发电公司先后承担了“十一五”国家科技支撑计划重大项目“村镇农林剩余物直燃发电技术开发与示范”、国家科技部“863”项目“生物质原料固化成型关键技术研究”、国家电网重大科技创新任务“生物质直燃发电燃料收储运相关设备的开发和设计”等。为了加强与国内有关科技及业务部门的联系与合作，先后与国家林业局能源办、中国农业机械化科学研究院、华北电力大学、中国科学院植物研究所、国家农业部农机推广总站等单位在生物发电技术装备、生物质能综合开发利用、燃料检测、科研开发等领域合作，先后组建了“生物质发电成套设备国家工程实验室”、“国家电网公司生物质燃料与燃烧技术实验室”、“国家林业局林木生物质发电示范项目办公室”、“国能·中科院植物所生物质能发展研究中心”、“国能·中国农机院生物质能工程研究中心”等，打造一个提升我国生物质能开发利用核心技术研发能力的技术创新平台。

生物质发电在中国的成功实践，证明了中国农业生产虽然比较分散，但在市场经济条件下，通过建立适当的生物质原料收集系统，是可以为规模化发电提供原料保障的。以一个农业大县为中心，加上周边几个县，开展农林剩余物生物质工业化、规模化应用是完全可以行得通的。目前生物质发电技术和设备系统已全部国产化，已拥有自主研发和创新的能力。来自丹麦的生物质发电“童话”已经落户在中国大地上。

18.8 “第一个吃螃蟹”的人

生物质发电，实际上是生物质、发电两个行业的结合，被称为“小电厂，大燃料”。国内业界对于发电尚熟悉，起码是有已经成熟的煤电项目作为参考，但对于生物质的工业化应用产业，基本是从头干起。人说“摸着石头过河”，生物质发电在中国连石头也摸不着。下面写“第一个吃螃蟹”的人中的几则小故事。

再也不接你们的化验项目了。 最初生物发电项目的投资人找不到为生物质燃料化验的单位，也没有燃料检测标准，而不得不将样品邮递到西班牙化验。当初山东某电科院用煤炭检验仪器化验生物质燃料，导致仪器设备的严重事故，说什么也不肯再接生物质燃料的化验项目了。后来是龙基电力集团翻译了国外的燃料化验手册，找过国内多家科研和检验单位，最终请中国煤炭监督检验中心接下这个任务。

“秸秆变电”的“诈骗嫌疑人”。 生物质发电在国外虽然已经很成熟，但在2005年的中国大家都比较陌生。一位项目经理到一些县市做项目推广时，被误认为是“秸秆变电”的“诈骗嫌疑人”而报警，令人哭笑不得。

是 CDM 还是 CDMA？ 国能生物发电集团在项目报告会议上第一次提到生物质发电的 CDM(clean development mechanism 清洁发展机制)项目时，竟被人误解为 CDMA 手机项目。

不与还田、养牛、烧火争秸秆。 国能生物发电有限公司是我国最早、规模最大的从事生物质直燃发电投资建设和运营的专业化公司，是我国生物质直燃发电领域产业化实践的“第一个吃螃蟹”者，没有先例，没有参照物。在项目布点方面，以秸秆资源的可利用量作为衡量项目能否上马的前提条件，在生物质电厂燃料选择的都是品质较低、种类较多的剩余物，坚持不与秸秆还田、养牛、烧火以及其他工业加工争夺原料的原则。从项目实际运行看来，不但不存在有人担心的“与粮争地、与畜争饲”问题，而且“秸秆变钱”增收还有利于增加农民种粮的积极性。

“没有燃料就烧你大腿”。 单县生物质发电项目在前期论证时采用的是草本的小麦秸秆为燃料，因当地是棉花产区，又是“全国平原绿化先进县”，棉柴和林业剩余物多，因此燃料负责人提出改黄色草本秸秆燃料为木质灰色秸秆燃料的建议。在论证会上，有反对者说：“如果燃料不够就烧你大腿！”由于该燃料负责人的坚持引起了公司的重视，最终公司采纳了变更燃料的方案。事实证明，变更后的方案是正确的。“坚信事实，坚持科学，坚守真理”，这是中国生物质发电产业披荆斩棘一路闯过来的重要法宝。

绝不打一张白条。 与千万个农民打交道，最重要的是赢得他们的信任，才能得到他们的支持。国能生物发电集团的电厂自运行以来，就对交售燃料的农民提出“绝对不打一张白条”的承诺，几年来没打过一张白条，2009 年的 10 亿元收购款全部是现金或通过银行支付的。

赶时髦的爸爸妈妈。 有位从事生物发电事业数年的“老生物发电人”因为工作太忙，给爸爸妈妈打电话总是很简短。七十多岁的父母知道孩子干的是有益于农民的“大事业”，于是二老学会了戴着老花眼镜发手机短信，短信内容最多的是“你要专心，好好工作！我们俩人都很好，甭惦记！”。

年关时节“讨秸秆”。 生物质混燃发电项目的燃料试验中急需几吨切好的燃料试验样本，可是还有几天就过大年了，农村雇工很难找。该项目的经理只好自己到村里挨家挨户收购秸秆。一位农村大妈心疼地说：“多可怜的孩子，过年了还出来搞秸秆！”

“不可思议的工作狂！” 从事生物质发电的一群人，是对农业农村满怀着感情的一群人，是有激情、执著向前的一群人。在生物质发电的创业阶段，很多人的行李箱、换洗衣服一直放在办公室；由于任务繁重，长期奔波顾不上休息，体质下降，感冒高烧，不顾医护人员的劝阻，拔下输液瓶继续出差是司空见惯的事。合作共事的外国专家说：“你们是一群不可思议的工作狂！”

有多少人，抛弃了原来优越的工作条件，踏上了一条艰苦创业的漂泊路，一干就是几年；

有多少人，或高堂病重，或幼儿啼哭，都止不住他们为生物发电事业奔波的步伐；

有多少人，夜以继日，白发丛生，把青春和激情的年华奉献给了我国生物质发电事业；

有多少人，兢兢业业，任劳任怨，坚毅刚强，心志如铁，但在听到第一个发电示范项目成功并网时激动得放声大哭；

这是一群可敬的生物质发电人，来自五湖四海，为了一个美好的心愿，为大家舍小家，谱写了一曲曲壮丽的中国生物质发电的创业者之歌，撰写了一首又一首壮丽的生物质发电的诗篇。

祝愿生物质能源产业的明天更美好！

参考文献

1. H Y Zhuang, Q T Xu, Y R Zhang. The contribution of biomass power generation industry to the new countryside construction. 17th Conference of the Electric Power Supply Industry, 2008.

2. Zhuang Huiyong, Zhang Yanru. The status quo and prospect of biomass power generation in China. Engineering Sciences, 2009, 7(2):64—71.

3. H Liu, G M Jiang, H Y Zhuang, et al. Distribution, utilization structure and potential of biomass resources in rural China: With special references of crop residues. Renewable and Sustainable Energy Reviews. 2008(12):1 402—1 418.

4. 贾小黎，逄锦福，王闽，等.中国建设生物质热电联产项目主要障碍研究.中国能源，2008，30（11）.

5. 刘强.绿色电力给农民农村带来的绿色生活——生物质发电产业行业大聚焦.农民日报，2008-12-18，http://www.agri.gov.cn/jjps/t20081218_1192353.htm.

6. 中国电力企业联合会. 2008年全国电力工业统计快报. http://tj.cec.org.cn.

7. 留守人口问题暂难解决但需应对.中国社会科学院报，2008（19）.

毛乌素沙地人工种植三年生沙柳平茬后的第二年生长更加旺盛。

19　四大沙地与“走西口”

——治沙与发电共建双赢

- 一张照片与《政府工作报告》
- 一份提案与一篇文章
- 升华：治沙与能源基地共建双赢
- 中国的一块潜在宝地
- 来自实践战线的惊喜
- 21世纪版的“走西口”
- 李京陆在想什么？
- 成功男人身后的女人
- 在钱老思想指引下

只要转变传统的思维定势，就可以找到沙区发展新型农业的有利条件，走出一条发展的新路子。

——钱学森，1984

在中国生物质原料资源总量中，边际性土地种植能源植物占到半壁河山。在边际性土地中条件最差的就要算北方四大沙地了，要是四大沙地都能派上用场，其他边际性土地就不在话下了。

2000年以来，我先后6次西行考察，似乎在寻找些什么。开始我自己也不清楚，后来渐渐清晰起来，原来是在寻找半干旱和干旱生态系统中植物群落的忍耐或抗性极限，特别是与年降水量的关系。这个过程的前期围绕着沙漠化防治与退耕还林问题，提的一些看法老是有点与林业部门过不去；后期又结缘于生物质能源，一直在求索和论证是否可以既能防风固沙，又能生产生物质能源的原料，想鱼与熊掌兼得。科技论证是一回事，实践上能否行得通又是一回事，实践上可行吗？我很幸运，终于梦想成真，十年的沙地情结终于“修成正果”。

本章前半部分整理了我6次“西行”中对旱生生态及“四大沙地”的一些感受和认识，后半部分讲了一个21世纪版的“走西口”故事，以“在钱老思想的指引下”结尾。

19.1　一张照片与《政府工作报告》

“停车！”我情不自禁地叫了出来。

“怎么！您不舒服？”和我同坐在大轿车第一排的团长惊讶地问我。

“对不起！我要照张相。”

2000年8月，我参加了全国政协组织的“西北考察团”，一行二十多人，团长是湖南省原省长程邦柱先生。8月25日晨，考察团的车队由宁夏中卫一路向西，经沙坡头不远就进到甘肃景泰境内。我的科学生涯是从野外科学考察开始的，养成了登车上路就“东张西望”地观察景观要素变化，遇到有科学价值的点就立即停车，下车记载和绘图照相的习惯，否则“过了这一村就没这一店了”，追悔莫及。这才有了“叫停”考察团汽车的一幕。

这次从中卫到景泰一直沿着腾格里沙漠南沿的包兰线铁路西行，车窗外的景观相当单一，绵延起伏的低丘沙地。但是当公路靠近铁路时，就会看到茂盛的沙生植被，好像在铁路两侧镶上了一条绿色缎带似的。我开始注意这种景观现象，并向坐在一旁的宁夏回族自治区林业局的老局长询问攀谈起来。

“沿铁路两旁的植被这么好，是铁路上浇过水吗？”

“没有。”

“这要很多年才能形成吧？”

“大概有四五年了吧！”

“他们用的是什么办法？”

“为了固沙护路，在铁路两旁各约1千米远处架上铁丝网护栏，不让羊进来啃草！也不让人进来打柴！”

办法就这么简单，效果竟如此明显！

“这一带年降水量多少？”

“200毫米左右。”这个数字震惊了我。

当汽车行进到甘塘地段，车窗外远处是大片沙地，近处植被茂密，中间的铁丝网护栏依稀可见，多么精彩的一幅照片！是它使我喜不自禁地喊出了“停车！”

团长叫大家下车休息，我如愿以偿地拍下了一张多好的科考照片。

次年2月，照例是朱镕基总理在中南海开会听取各界对《政府工作报告》征求意见稿的意见。这年我作为科技界代表，正好坐在总理对面，相隔也就四五米。我在发言时向他展示了预先经过放大的这张照片。我发表的意见是“在沙漠化治理上，我们太强调‘人为工程’而忽视了自然界的‘自组织功能’，忽视了生态系统的‘自我修复能力’，结果是事倍功半。”总理问：“这张照片在哪里拍的？”我回答后他大声问道：“新华社来人没有？你们也到那里去照几张给我。”

2001年总理在两会的《政府工作报告》中讲到天然林保护、退耕还林还草以及防沙治沙、草原保护时，加进了“这些重要工程建设中，要注意发挥生态的自我修复能力”的字样。在全国政协的科协小组讨论会上，治沙专家、原甘肃省副省长刘恕诧异地说：“总理报告里怎么会有这么专业的术语？”我讲了这段经历后，她会心地笑了。

这年6月，我又得到一次到宁夏甘肃考察的机会。考察了宁夏回族自治区林业局1997年在盐池县柳杨堡建的一个面积为1 197公顷的治沙试验示范区，用的是飞机播种和禁牧封育方法，才4年就形成植被覆盖率在70%以上的黑沙蒿群系，伴生有苦豆子、白草、沙生冰草、骆驼蒿等，我又喜不自禁地照下相来(图19–1)。这次考察更强化了我的“生态系统有很强自我修复能力”的观点。

图19–1 宁夏盐池县柳杨堡治沙试验示范区

左图近处是铁路北侧的“绿色缎带”，远处是大片沙地，之间有铁丝网护栏；右图为宁夏盐池县柳杨堡治沙试验示范区的黑沙蒿群系。

19.2 一份提案与一篇文章

次年，就是2002年的春天，针对中国沙漠化防治问题我发表和提出了内容相近的一篇文章和一份在全国政协会议上的提案。文章的题目是“走出治沙退耕中的误区”[1]，登载在2002年2月15日的《科技日报》上。

中国大规模治沙是从20世纪70年代末的三北防护林工程开始的，90年代全面推进；2000年又开始在17个省市推行“退耕还林”工程。30年治沙虽取得一些成绩，但基本结论(官方)是：“局部改善，整体恶化”和“治理赶不上破坏”。20 世纪 50—70 年代沙化土地年均扩展 1 560 千米^2；70 年代中期到 80 年代中期年均扩展 2 100 千米^2，90 年代前 5 年又增加到 2 460 千米^2，90 年代后 5 年更发展到年均扩展 3 436 千米^2，仅内蒙古自治区就增加了沙地 1.56 万千米^2。越治越多，这是怎么回事？

从根上说起。中国 165 万千米^2 的沙漠和沙化土地中，地质过程形成的占 78%，人为活动形成的占 22%[2]。前者相对稳定和人力难及，后者活跃和人力可为，治理中当然不能“头发胡子一把抓”，重点应当放在人为活动导致的沙地上。既是人为活动引起的，解铃还需系铃人，当然要从“人不为”入手，从遏制滥垦、滥牧、滥樵和克服广种薄收、粗放经营的源头上入手。正如《淮南子·精神训》所说的，“故以汤止沸，沸乃不止；诚知其本，则去火而已矣！”可惜在以往治沙中，却热衷于“扬汤止沸”工程。

沙尘暴的沙尘主要是风力作用下的面上起沙和空中搬运，而不是地面滚移。三北防护林带只能是近地面的线上防守，阻止不了沙尘的空中搬运，如同长城防得了古代士兵进攻，防不了现代飞机和空投部队一样。再说，北京和中国东部沙尘暴的粉尘来源除境外长距离高空输送外，主要是有四大沙地和河西走廊的境内“起沙”（图 19–2）。境外高空来沙乃人力之所不及，而四大沙地的面上起沙无疑是防治的重点。在震惊朝野的 2000 年北京强大沙尘暴发生后，不是到四大沙地去遏制滥垦、滥牧、滥樵和克服广种薄收粗放经营，而是花很多钱去搞了个“隔靴挠痒”的“环京津防沙林带”，似乎“防护林”成了防风固沙的唯一招式了。

“三北防护林”沿线经过的主要是年降水量在 500 毫米以下的干草原、荒漠草原和荒漠的地理地带，这本是旱生和沙生草灌的天下，而“防护林”非要种乔木，没有人工补水能活得了、长得好吗？同样，在西北地区搞“退耕还林”，连耐旱的谷子都长不好的退耕地上怎么能长出树林来？

西行考察中，得到一份来自甘肃关于三北防护林的报告。报告中写道：“河西走廊有 1 200 千米的三北防护林，因缺水和地下水位下降而成片死亡。民勤县造林 8.7 万公顷，只剩下了 2 万公顷。三北防护林的三期工程款到位率很低，四期工程又将启动，一些林场种树越多，赔得越多，农民出钱、出力、出草而难有收益，眼前利益和积极性是个问题。”这份报告把问题已经说得很透彻了，可是“人微言轻”，作用能有几何？

北京有句俗语,“天桥的把式,花拳绣腿”。

违背科学常理和“舍本求末”、“扬汤止沸”是导致“局部改善,整体恶化”和“治理赶不上破坏”的主要原因。为什么会这样？这里有政府业务部门的利益驱动和重在“政绩工程”的原因,也和决策缺乏科学与民主程序有关。如果要找一个客观原因,就是遏制滥垦、滥牧、滥樵和克服广种薄收粗放经营说起来在理,做起来不易,特别是政绩显示度太低,只有“傻官”才会去干。搞一个什么“治理工程”,既有国家投资又易彰显政绩,何乐而不为?

发这许多牢骚,我的提案和文章的中心意思是不要搞“花拳绣腿”式的“政绩工程”,要重视生态系统的自我修复能力,重视“釜底抽薪”式的源头治理,重视中国北方四大沙地的治理与开发。

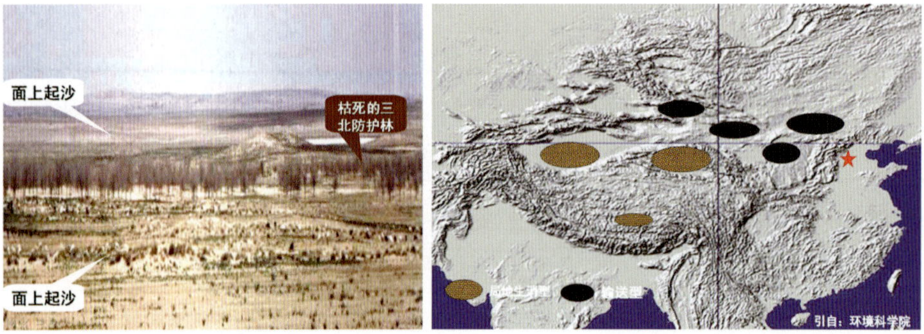

图19–2　摄于河西走廊的图片(2000)(左图)和中国境内沙尘暴的境内沙源遥感影像(右图)

19.3　升华：治沙与能源基地共建双赢

沙地治理和生态建设中也有一个误区,一说开发,生态必遭破坏,一说生态建设就不讲开发利用,将生态建设与发展经济之间看作是相互对立的“两张皮”。能否将沙地治理与发展经济结合起来？这是一种求索。

在我西行考察中认识到生态系统的自我修复能力；认识到在年降水量200毫米以上的干旱和半干旱地区,只要有人为措施与生态系统自我修复能力的结合,就有可能出现覆盖度50%以上的旱生和沙生灌木植被。继而又在寻求这种植被是否能用于生物质能源。2007年秋天,在我再次来到宁夏灵武县白芨滩林场及盐池县考察时，这个问题算是解决了，这一天是 9 月 24 日。

这里是毛乌素沙地的最西缘，年降水量只有 200 毫米，是四大沙地中自然条件最差的地方。如果这里能够解决，其他沙地问题就不大了。接待我们的是白芨滩林场的场长，全国治沙英雄王有德，一个 50 多岁的西北汉子。自 1985 年任场长以来，他带领全场职工，以草方格开路，以沙柳、柠条、花棒等沙生灌木固沙 3 万公顷，控制流沙 4 万公顷。他带我们看了今年刚栽下的成片草方格，我和同行人都被震撼了，像在漫漫黄沙上撒布了一片天网，像在大地上编织和铺盖了一件精美绝伦的地毯（图 19–3 中的右上图）。这使我想起乾隆皇帝写的一首《耕织诗》：

> 织女工夫午夜多，莫将容易看丝罗。
> 银灯照处方成寸，已自循环掷万梭。

随后王场长又领我们看了两年生、三年生和三年以上的沙生植被，长得都很好，植被覆盖率有四五成的，也有六七成的，让滚滚流沙逐渐安定下来。看来，在这仅有 200 毫米年降水量的地方，草方格如同初生婴儿的母乳哺育，一两年

图19–3 宁夏白芨滩林场在200毫米年降水量条件下用草方格方法成功固沙

婴儿自立后，它又将营养物腐殖入土中，“化作春泥更护花”。

当天下午，我们由白芨滩林场驱车向东，约 2 小时路程到达盐池县境，这里的自然植被状况好了许多，因为有了 250 毫米左右的年降水量。此时太阳已经偏西，车队进入到由日本援助的一个治沙项目区。这是 2006 年 1 月开始种植的沙柳－柠条－花棒沙生灌木群落，两年就能长得繁茂喜人，特别是当夕阳为它抹上了一层金黄颜色的时候，真美！（图 19–4）

图19–4　日本援助的沙柳治沙区（左图）和宁夏盐池县240万亩条播柠条治沙区（右图）

第二天考察了盐池县 16 万公顷条播柠条治沙项目。这里当地叫“硬质沙地”，比白芨滩流动沙地的沙粒细些，年降水量又多了 50 毫米，没有“草方格”这个“保护神”长得也不错。这里已经开始陆续“平茬”和有生物量产出了，可作编织条或颗粒饲料，当然也能用作生物质能源的原料。

通过这次考察，四大沙地生态与生物质能源基地共建双赢的思想形成了。2008 年夏天，我向国家林业局呈递了一份“在我国四大沙地建设生态－能源基地的建议”。建议书的内容中有 20 多年治沙的教训、四大沙地的战略地位和有利条件、生物质能源生产潜力估计以及建设生态－能源基地的十条建议。

19.4　中国的一块潜在宝地

中国北方有 165 万千米^2 的沙漠和沙地，占国土面积的 17%，包括塔克拉玛干等八大沙漠和毛乌素、浑善达克、科尔沁、呼伦贝尔四大沙地（图 19–5 和表 19–1）。

在自然地理条件上，四大沙地处在我国北方的东部半湿润季风区向西部干旱气候区过渡的森林草原、典型草原和荒漠草原地带，年降水量由500毫米渐减到200毫米，是我国北方东西部地区间的一道生态屏障(图19–5和表19–1)。这里的气候、植被、土壤和水文等自然条件变化大，沙地集中，生态脆弱，环境敏感，是北京和东部地区春天发生沙尘天气的重要沙源地。在社会经济条件上，这里农牧交错，生产力低下，经济落后，多民族聚居，人口与资源矛盾突出。四大沙地的治理可以在我国东西部地区建立一道绿色的生态屏障，经济、社会和民族和谐发展的繁荣走廊。

这个地带(区)的过渡性也决定了它在治理和发展上的许多区位优势。一是它处在200～500毫米年降水量的草原地带，其沙化的可逆性显著优于西部的干旱荒漠地带；二是它拥有相当丰富的潜在土地和光热资源，其资源人均占有量显著高于东部地区；三是它紧邻东部经济发达区，交通方便，往来频繁，有利于获取先进技术、资金、人才和管理资源，有利于产品进入东部市场(如“伊利”和“蒙牛”的乳制品，“鄂尔多斯”的服装等)；四是由于这里是国家级贫困县乡集中的民族地区，以及是首都和东部地区的生态屏障等因素都容易得到中央的特别关注与扶持。

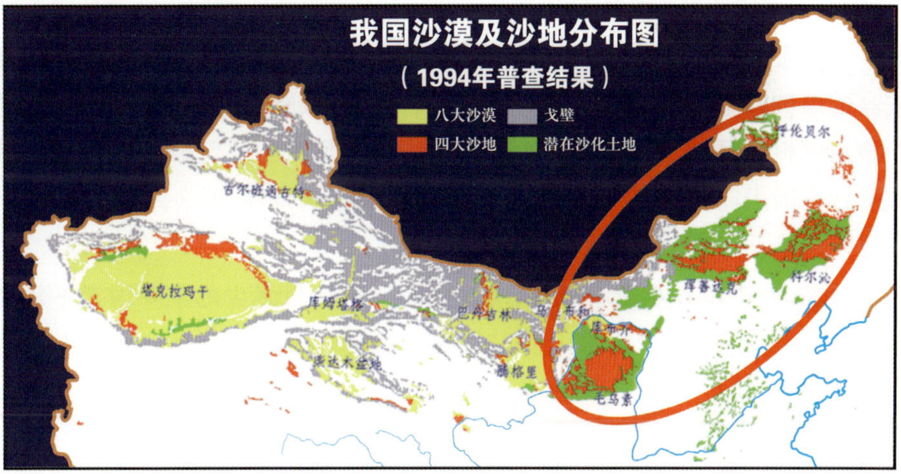

图19–5　中国八大沙漠和四大沙地分布图
资料来源：国家林业局。

表 19–1 我国四大沙地的基本情况

内　容	毛乌素沙地	浑善达克沙地	科尔沁沙地	呼伦贝尔沙地
面积／万千米^2	3.21	2.14	4.23	0.75
主要分布的行政区	跨内蒙古、陕西、宁夏的 14 县市区	内蒙古锡林格勒盟、昭乌达盟	内蒙古通辽、赤峰、兴安盟	内蒙古海拉尔市
海拔／米	1 200～1 600	900～1 100	120～800	
年均气温／℃	6～9	0～3	3～7	0～2
≥ 10℃积温／℃	2 500～3 500	2 000～2 600	2 200～3 200	1 800～2 000
无霜期／天	130～160	100～110	90～140	100～110
年降水量／毫米	250～420	350～400	350～500	350
全年蒸发量／毫米	1 800～2 500	2 000～2 700	1 500～2 500	–
水文及地下水	年地表径流量 14 亿米^3，可用 40%	沙地中河湖发育地下水资源丰富	地表地下水资源丰富，年均 124 亿米^3	–
土壤	棕钙土、盐渍化和沙化土壤	栗钙土、棕钙土、风沙土	栗钙土、风沙土、黑钙土	栗钙土、风沙土、黑钙土
植被	荒漠化草原沙地植被、滩地草甸	半干旱干草原、疏林草原	沙地疏林草原	针茅－羊草草原
沙化情况	–	–	固定、半固定和流动沙丘分别占 15%、24% 和 24%	固定沙丘 5 665 千米^2，半固定沙丘 1 515 千米^2

在四大沙地上实现治沙与生物质能源基地共建双赢，不仅要能长出覆盖度较高的植被，还必须在保护生态的前提下，持续提供能满足工业化生产需要的生物质原料，这是一件很难的事。但是，上帝在冥冥中已经有了安排，赋予了旱生和沙生灌木需要"平茬"以促进生长和避免早衰的本性。那么，能产出多少生物量？有工业化开发价值吗？

显然，在干旱和半干旱地区，决定生物质产出量多少的主要因素不是土壤而是降水量，有多少降水出多少生物量。根据李保国提供资料，四大沙地的每公顷土地上，每毫米降水量每年有 10 千克干重的生物质产出，即 350 毫米年降水量的沙地上每公顷产出约 3.5 吨生物质。此数值与本书第 16 章尹伟伦提供的生物量产出 2～5 吨／公顷，以及美国报道在 450 毫米雨养区种植柳枝稷的公顷年产量干物质为 6 吨，水分生产力为 1.3 千克／米^3 的资料能相印证。

四大沙地的面积为 10.33 万千米^2,其中固定、半固定沙丘及丘间农田约占 2/3。李保国教授根据年降水量推算出的毛乌素、浑善达克、科尔沁和呼伦贝尔四大沙地的年均生物质产出量(干重)分别是 1 075 万、803 万、1 798 万和 263 万吨,累计 3 939 万吨(表 19−2)。灌木是一种能质很好的能源植物,每千克干重的发热量在 1 673.6 万焦以上,与原煤相当。按每千克热值 1 673.6 万焦或 0.57 千克标煤计,可年产能 2 245 万吨标煤,减排二氧化碳 5 613 万吨。

表 19−2　中国四大沙地年生物量(干)产出

项目	毛乌素沙地		浑善达克沙地		科尔沁沙地		呼伦贝尔沙地
	Min	Max	Min	Max	Min	Max	
面积/万千米^2	3.21		2.14		4.23		0.75
年降水量/毫米	250	420	350	400	350	500	350
干物质/万吨	802.5	1 348.2	749.0	856.0	1 480.5	2 115.0	262.5
平均/万吨	1 075.4		802.5		1 797.8		262.5

注:按每公顷每毫米降水每年产出10千克计算;Min和Max分别为降水量的最小值和最大值;
资料来源:李保国,2009年。

四大沙地不仅可以成为生物质能源原料基地,它还是中国风能和太阳能资源的富集区。在有条件的地方,可以形成生物质能、风能和太阳能的综合开发基地。有了新兴的可再生能源产业的带动,昔日风沙漫卷的沙地将可成为新能源开发的黄金地带,又何愁那些国家级贫困乡县的脱贫致富问题。四大沙地可以是包袱与负担,也可以是"聚宝盆"和"摇钱树",正如钱学森所言关键在于"改变传统思维定势"和应用现代科学技术。

道理归道理,畅想归畅想,能够成为现实吗?能!已经有了第一个成功案例。请看看在实践战线上发生了什么。

19.5　来自实践战线的惊喜

毛泽东有句名言:干革命要靠两杆子,笔杆子和枪杆子;又说,枪杆子里面出政权。我的 6 次西行考察,发表文章与写提案,"笔杆子"而已。2009 年春天,国家林业局的一位处长向我引见了一位名叫李京陆的山西人,一位在沙地上耍弄生物质能源"枪杆子"的人，他在实践战线上的起步时间与我2004年涉足生物质能源领域的时间差不多。这位山西大汉，刚毅与机敏，思维清晰而健谈，他在"决胜生物质"实践战线上的一番经历使我有相见恨晚之感。

李京陆在房地产生意上赚了许多钱，在他"五十而知天命"的时候，感悟到："我自己用不了多少钱，给女儿留下一点也够了，这些钱有什么用？"于是想到做点有用的事回报社会，做点"无悔于自己的事"、"到70岁时回顾这20年而感到自豪的事"。他是个商人，但没有一些商人的那股俗气，对人生与金钱看得比较透，心存高远而意守平常。

据他说，经高人指点，要到内蒙古治理沙地去！2004年在库布其沙漠种了3万多株杨树，开始不错，第二年就所剩无几了，几百万元扔在沙海里连响声也没有。但是他没有退缩，斗志还在见长。

与李京陆一起战斗的战友许建华(照片中左一)有诗为证：

秋浓大漠静，夜深天河凉；
长听边陲语，偶闻中原腔。
不争是与非，饱尝馍和汤；
人生百年短，树活十载长。
目送云中雁，手植沙里桑。
襟怀愈开朗，身体愈健康。

十月下旬植树开始早出晚归，
身劳神怡，写于2006年10月26日

图19-6　李京陆（右）、许建华与本书作者在他们的生物质原料收集点上

种树失败后，李京陆拜访了20世纪60年代就治沙成名的劳模宝日勒岱前辈，她创造的草库伦方法种沙柳治沙至今仍在流传。果然，李京陆在沙地上种出了存活率很高的沙柳。但是他想，种沙柳的成功只是迈出的第一步，如果不能形成沙产业就扩大不了，维持不下去。李京陆又访问了宁夏中卫治沙数十万亩、年产纸25万吨的美利纸业的刘崇禧，访问了通过造纸为数十万吨沙柳找到工业归宿的东达蒙古王集团董事长赵永亮，访问了发展沙漠甘草加工业和沙漠观光旅游业的成功人士王文彪，还访问了殷玉珍、王果香等治沙能手。积累是点燃思想火花的薪柴，2005年8月的一个偶然机会，他迸发出了用沙柳发电

的念头。

沙土里有水,有水就能长沙柳;成年沙柳需要“平茬”,平茬的枝条可以发电;发电就会引来资本,沙产业就会像雪球一样越滚越大,必须将治沙、绿电、富民、减排及碳交易统一起来。他兴奋地说:“我找到了治沙与绿电并举之路,找到了由过去的‘输血治沙’到‘造血治沙’之路,找到了沙地种沙柳可以长出金子之路。”

2005 年 8 月,他在毛乌素沙漠的腹地乌审旗成立了“内蒙古毛乌素生物质发电公司”,先期投入了 6 000 万元资金,对亟待平茬的沙柳进行抚育,获得了 20 多万吨平茬剩余物。2007 年 5 月,在国家开发银行的支持下,投资 3.5 亿元建了一座 2×12 兆瓦发电机组的电厂和 4 万公顷沙生灌木能源林基地。李京陆的“沙柳发电”和“沙漠来电”像一片祥云在鄂尔多斯和许多沙区的上空飘动和传播开来。

当李京陆被评选为 2008 年度全国沙产业十大先进人物的时候,20 世纪 60 年代的治沙英雄宝日勒岱大姐把他请到自己的治沙基地,为他穿上亲手置办的蒙古服装,按蒙古民族礼仪为他敬酒。他的战友许建华在他 50 岁生日时也写下了这样的题词:“敢为天下艰难事,不做世上逍遥翁”(图 19−7)。

图19−7　两个时代成长的两位治沙英雄

19.6　21 世纪版的“走西口”

2009 年的 6 月,我等一行去李京陆的治沙与生物质能源共建的基地,一个耍弄生物质能源“枪杆子”者的“阵地”上去考察。飞机在鄂尔多斯市机场一降落,就给了我一个惊讶,好新好阔气的一个机场,虽然不大。想想也对,“山不在高,有仙则灵”嘛!鄂尔多斯市虽小,却有个大名鼎鼎的神华集团,修这么个小机场不算什么。驱车两个多小时,到了“内蒙古毛乌素生物质发电公司”的所在地。公司驻地不大,但是齐整、干净、朴实。李京陆的办公室只有二十几平方米,没有硕大的"老板台"和气派的家具，却在靠窗处摆着一张床，办公室兼卧室用，这与老板的性格很像。我们参观了沙柳种植现场，到牧民乌兰达赖家做客，参观了原料收集点和 2×12 兆瓦发电机组的生物质发电厂，一台铲运机正在向发动机组的原料传送带上料。一切都有条不紊。图 19−8 和图 19−9 分别为沙柳平茬及发电流程。

图19−8　沙柳的栽种与平茬

通过几年的成功运作，已经治理了 2 万公顷沙地，电厂发电 1.8 千瓦・时，消耗了原料 25 万吨，当地农牧民得到了 7 000 多万元现金和 7 000 多个劳动岗位，还减排了 20 万吨二氧化碳。这就是李京陆常说的，将治沙、绿电、富民、减排

图19−9　收购、粉碎、运输、发电一体化流程　左上图是平茬沙柳条的收购点，右上图是现场将收购的原料切成碎片；右下图是运输碎片原料的汽车；左下图是发电厂。烟筒里排出是以水汽为主的"白烟"，不是燃煤电厂烟筒里冒出的粉尘加二氧化碳"黑烟"。

二氧化碳集于企业一身。公司还以长期租赁方式与项目区内近200个农牧户合作种植沙柳，设有130多个生物质原料收购点。农牧民的生产和生活方式也在变，羊放得少了，栽种沙柳和保护生态的多了。

晚上，在与这个公司管理核心层人士座谈的时候，我有感而发地说："你们在鄂尔多斯这个黑色王国（国家煤炭基地）里引爆了一颗'绿色炸弹'，这是一场'绿与黑'的较量。"我对李京陆开玩笑说："你就是21世纪的'乔致庸'。"我看他有些不解，又补充说："你们晋商有个到内蒙古'走西口'的传统，乾隆年间的乔致庸是个代表人物，他到包头经营茶叶和皮货，赚了钱就回山西盖了个'乔家大院'。21世纪的李京陆是用沙柳治沙和经营'绿电'，这才是'江山代有才人出，各领风骚数百年'嘛！"

在李京陆的心目中，"晋商"有一种勤奋、刻苦和谨慎的敬业精神，他也要用这种精神去发展沙产业。过去500年，山西人"走西口"，发迹后总是回到故里盖大院，"乔家大院"、"王家大院"等等。这次他到内蒙古治沙发电，不打算回山西盖"李家大院"，想替祖宗还债。他在呼和浩特市搞了一个165万米^{2}的"呼和佳地"房地产项目，计划10年投资50亿元，将利润全部用来治沙发电。于是有了"你买一套房，我绿一片沙"的理念，并挂在了售房处的大厅里，他们曾获得呼和浩特市2007年度商品房销售冠军。他们还在"呼和佳地"盖起了一座相当气派的"蒙晋会馆"（图19-10），唱了三天大戏。

图19-10 设在呼和浩特市的蒙晋会馆

21世纪版的"走西口"，就是另一番的境界，另一番的气象。

19.7 李京陆在想什么？

现在的李京陆在想些什么？2009年夏天，他赠了我一篇他自己撰写的文章[3]和他夫人写的《京陆的故事》书稿[4]，下面是我从中摘录的。

钟情于沙柳发电事业

“在所有的生物质能源企业中，它是唯一兼具治沙功能的项目；唯一可以大规模拉动治沙的项目；唯一不用考虑产品市场销售的项目。”

“生物质发电在我国尽管刚刚起步，但我们在制定中期目标时，仍然认为通过项目示范，建立放大机制，吸引资本进入，形成产业推动，集国家企业各方之力，将会为内蒙古乃至全国的治沙事业闯出一条路来，使沙地焕发出意想不到的勃然生机。”

“我们发现，不仅炉灰是生产复合钾肥的好原料，烟囱里冒出的二氧化碳也可以为鄂尔多斯地区的螺旋藻生产基地提供质优价低的原料。这是个可以吸收二氧化碳、减排二氧化碳和捕获二氧化碳的‘三碳经济’。”

“我们希望用 30 年时间，把我国四大沙地中可治理的沙地治理好，年发电 210 亿千瓦·时，减排 2 500 万吨二氧化碳，增加农牧民收入和提供 40 万个岗位。”

对引入资本非常重视

“以生物质能源为契机，沙漠就会成为资本的涅槃，沙漠之害就会完成向沙漠之利的华丽转身，生物质能也会因沙漠之大而异军突起。”

“沙柳发电令国际投融资市场大鳄们更感兴趣的是，沙柳治沙发电时排出的水是干净的、烟是干净的、灰是有用的。”

对政策翘首以待

“从国家政府的定位来看，国家从治沙大事上撤出行动，企业按市场规律把事情办好，这本是治沙大事的机制革命。但在扶持的角度上，国家力度再大些、出台政策再多些，既属当然，也非常值得。”

“国家税务优惠政策名录中没有列入沙生灌木平茬剩余物，国家能源林扶持政策也未被列入名录，企业出租金和管护费治沙，却无林权，希望能有融资渠道等方面的实质性政策扶持。”

担心“一哄而上”

“在沙地里，生物质的存量是有限的，必须秉承生态第一的原则利用。一旦形成企业对原料的竞争，新能源治沙马上就会变为生态杀手。一个市场热点就会引起一阵‘跑马圈地’，这将会对“新能源治沙、治沙发展新能源”的实施给予沉重打击。”

“沙生灌木从种植到资源化利用的初始期为7～10年，如果不按此规律谋划并严格实施管理，沙漠一旦被二次、三次圈占，后续资本进入沙漠的可能性就很小了。因此，必须严禁一哄而上。”

“三碳”新作

京陆不仅敢想会想，也敢做会做。才一年工夫，2010年的夏天就向我介绍了他的“三碳经济”新作。他先将电厂排放的二氧化碳和余热通到附近的一个养螺旋藻的藻池，使产藻量翻番。为保证食品质量，他将样品送到国家质检部门，取得质量合格证后与该螺旋藻厂签署了合作协议。随即在自己电厂旁建了面积各为600米^2，约1亩地大小的两个试验大棚以取得相关生产用数据，8月底进藻种，一周后开始捞藻，效果很好(图19−11)。

一切都在按部就班而又快速地推进，据他介绍，市场调查和开拓做得差不多了，经济与社会效益十分可观。计划明年春天前建500个这样的养藻大棚，沙地里有的是土地。但他更看重的是他的初衷——治沙，他说，沙柳吸碳、沙柳发电减碳、养藻捕碳，资本就可以源源不断地流向沙地，雪球越滚越大。他正在筹集10亿元资金，准备在“四大沙地”“克隆”他的沙地“三碳”模式。其实，他的实践已经将治沙与应对全球气候变化的国家战略巧妙地捆绑在一起了；他的养藻捕碳已经是奥巴马提出的CCS(碳捕捉与埋藏)中的一种高级形式了。他用他的思想和实践走在了世界前列，让我们一起期待他新作的成功。

图19−11　毛乌素电厂旁的养藻大棚

图片来源：李保国，2010。

19.8 成功男人身后的女人

人们常说,成功男人背后一定有个支持他的女人。李京陆的夫人不仅是支持他的女人,自身就是个成功的女人,叫范玫子。玫子是“呼和佳地”房地产公司的董事长,她正计划由房地产公司拨资金4亿元支持京陆治沙的第二次冲锋——把生物质发电治沙做到四大沙地去。

下面是摘自玫子在《京陆的故事》书稿“写在前面的话”中的一段佳句。

有一天京陆跟我说他要去内蒙古,
我说我也想去,蒙古族的服饰特别华丽;
他说要去沙漠,
我说我更想去,沙漠里有海市蜃楼;
他说他要治理沙漠,
我笑了笑说,我要淡化大海。

过了几天他真的去了,回来后像染了疯病,彻夜通宵地讲述内蒙古见闻……

我也得去看看。

在库布其沙漠的寒风中,我站在高高的沙峰上,望着连绵起伏的冷峻的苍茫的深邃的壮阔的沙海,我被沙漠震撼了!给我的朋友打电话,一口气讲了40分钟,来吧,都来吧。这里风光无限好!这里大地有作为!这一年的元旦我们是在沙漠里度过的。

今年是我和京陆结婚的三十个年头。回想三十年来一路走过的日子,有恩恩爱爱,有打打闹闹,有煦和日丽,也有暴风骤雨,但最值得回味的是京陆走进沙漠的这段经历。

《京陆的故事》是我送给他53岁生日的礼物。

19.9 在钱老思想指引下

沙产业是钱学森20世纪80年代提出来的。

钱老1984年先后发表了“创建农业型知识密集产业——农业、林业、草业、海业和沙业”及“第六次产业革命和科学技术”两篇文章。他根据人类社会生产力发展进程中出现的5次产业革命的深刻分析，预言第六次产业革命将会发生在“农业型知识密集产业”，即基于太阳能和植物光合作用的、知识密集型的植物生产产业，沙产业正是在这个大背景下提出的。钱老认为，“西北沙区有充足的太阳能资源，有着无可比拟的天然、无污染的绿色环境。只要转变传统的思维定势，就可以找到沙区发展新型农业的有利条件，走出一条发展的新路子。”[5]

我的6次西行考察、论证四大沙地的生态与能源基地共建双赢设想，以及李京陆的“走西口”都是对钱老沙产业思想的一种体验与实践。根据钱老沙产业思想，我们摆脱了沙区生态建设与经济建设“两张皮”的观念羁绊，将生态与经济统一了起来，迈出了沙产业的第一步。需要迈出的第二步是将植物性生产与工业性热电联产统一起来，构成太阳能高效能量流系统的新型产业；第三步是通过对生物质的深度开发，构成太阳能与光合作用形成的高效物质流系统的新型产业。按钱老的“知识密集产业”思想，当前我们在沙区植物性生产中应用的仍然是非常传统与常规的技术，生物技术等现代技术尚未涉及，更谈不上“技术密集”了。我们要在钱老思想引导下开创一个新型的沙产业，并汇聚到未来的第六次产业革命中去。

2008年年初，胡锦涛同志看望钱老时说：“前不久，我到内蒙古鄂尔多斯考察，看到那里沙产业发展很快，沙生植物加工搞起来了，生态正在得到恢复，人民生活水平也有了明显提高。您的沙产业理论设想正在变成现实。”

参考文献

1. 石元春，走出治沙退耕中的误区.科技日报，2002—02—25.
2. 王涛，中国沙漠与沙漠化.石家庄：河北科学技术出版社，2003.
3. 李京陆，中国荒漠化治理的沙生灌木生物质能源之路（内部资料），2009.
4. 范玫子，京陆的故事（内部资料），2009.
5. 付毅飞.“钱老为百年荒漠开垦指引了新的方向”——访钱学森沙产业基金会理事长刘恕.科技日报，2009—11—08.

天津滨海盐土上种植的甜高粱长势很好，在中国的发展潜力很大。

20　无限风光在险峰

——一路艰难的中国燃料乙醇

奔腾急，万马战犹酣。
一万年太久，只争朝夕。
——毛泽东

在现代生物质能源发展中，燃料乙醇是个标志性产品，其发展声势、规模及影响都是最大的，因为它替代的是当代最吃紧和最敏感的石油。19 世纪和 20 世纪初期支撑工业化的能源主要是煤炭，20 世纪中期就是石油的天下了，现今发达国家的能源消费结构中煤炭已降到三成，石油占到一半以上。石油需求激增，资源争夺日剧，石油危机与石油战争不断，21 世纪化石能源替代的主体是石油。

自 1973 年发生第一次世界石油危机以来，美欧和巴西等许多国家一直在寻求石油替代之路，以煤制油替代、煤制甲醇和二甲醚替代、天然气替代、电动力汽车或氢动力汽车替代等等。曾有过大量的替代试验，有过上万辆用不同替代燃料驱动的汽车上路，最后选择的主要替代是燃料乙醇。

任何一种新生事物都有一个自身发展和完善的过程，人们对它都有一个认知过程，对燃料乙醇也不例外，不到十年，在质疑声中全球竟由数百万吨产量发展到近 6 000 万吨。进入 21 世纪，由美国和巴西领衔的生物燃料乙醇登上了发展的快车道，中国、欧盟、印度、日本等相继跟进。跟进者中，中国起步最早，动作最快，跑在了老三的位置。可是，正当各国燃料乙醇战线“奔腾急，万马战犹酣”的时候，中国却突然停下了脚步，这是怎么回事？本章要说的正是这一路艰难的中国燃料乙醇。

20.1 醒得早，起床迟

2005 年，国务院能源领导小组下设了一个由 30 多人组成的专家咨询组，我有幸入围。2005 年 9 月召开的第一次会议上，煤炭、石油、天然气、水电、核电等领域的顶尖专家、研究院院长云集，都是些根深势大、雄踞一方的能源界“大佬”。我是唯一代表可再生能源的，来自农业战线的“外来户”，犹如能源群英大会上的一介旗牌小兵，大宴上的一碟开味小菜。

人微言轻，讲话“声音”就要大一些。为了发言，我做了几片 PPT 幻灯片（别人用不着），其中一张是关于美国、巴西、欧盟、日本和中国的燃料乙醇发展现状与趋势的曲线（图 20–1），希望引起专家组成员及国家能源领导小组对发展燃料乙醇的重视。搞科技的人，常常过分相信数据和曲线的说服力，其实，在权力与利益面前它是很苍白的。4 年过去了，回头看这张曲线图，真是一碟无人下箸的“小菜”，“十一五”期间，燃料乙醇的处境不是好了，而是糟了。但还是不自惭地示众这碟“开味小菜”，虽无人下箸，也算立此为照。

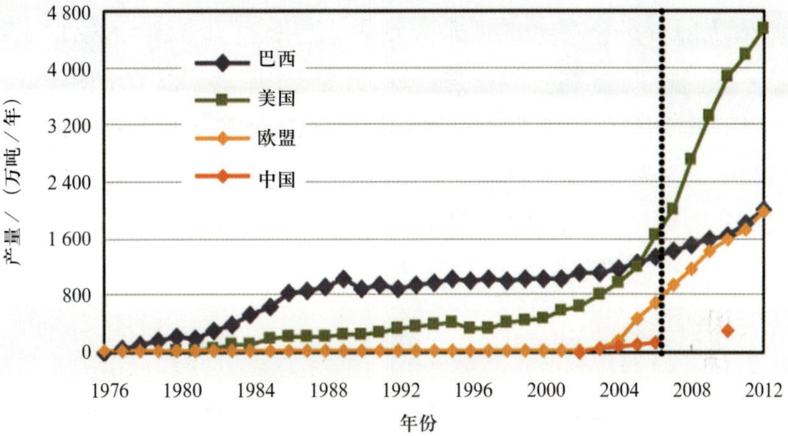

图20–1　巴西、美国、欧盟和中国燃料乙醇发展现状及趋势
此图绘于2006年，虚线后为当时的预测值。

如果说现任中国总理为粮食安全问题担忧，上任总理则为粮食丰收与陈粮压库发愁。20 世纪 90 年代中期，中国粮食连续几年增产，1996 年总产迈上 5 亿吨台阶，朱镕基总理在政府工作报告上说：“中国实现了粮食基本自给和丰年有余”，意味着中国几千年缺粮历史的终结。这一时期报纸上也多有“卖粮难”的报道，吉林、河南等产粮大省视粮食丰收为负担，粮食压库成了总理的一块心病。为减轻粮食压力，总理大力推行“退耕还林”，给退耕农民慷慨补粮，“要补多久补多久”。记得是 2000 年，朱总理在科学院和工程院的院士大会上作报告时说：

“美国用玉米生产燃料乙醇，我们陈化粮那么多，用陈化粮生产乙醇，不是一举两得吗？”看来，继“退耕还林”之后，总理又找到了一条消费陈化粮的办法，我当时听得很高兴。

我以为，燃料乙醇在世界范围快速发展的起跑枪声是1999年8月克林顿签署的《开发和推进生物基产品和生物能源》总统令发出的。除美国和巴西外，中国2001年就率先冲出了起跑线，比欧洲、印度、日本等国的动作快得多。起跑速度也不慢，一次就批准了4个陈化粮乙醇项目，产量很快超过百万吨，世界排位第三。这4个燃料乙醇厂是中国发展现代生物质能源产业起步的里程碑和见证（图20-2）。

图20-2　中国2001年批建和2003年陆续建成的4个生物燃料乙醇厂

在国家能源领导小组专家组会议上，我发言的本意是想促一促“十一五”期间燃料乙醇的发展，结果是2006-2009年的4年间，美国由1 650万吨增长到3 156万吨，净增了1 560万吨；巴西由1 434万吨增长到1 980万吨，净增了546万吨；欧盟由119万吨增长到313万吨，净增了194万吨，而中国由130万吨增加到162万吨，只净增了32万吨，基本上是原地踏步。按2009年的产量，中国不到美国的2%、巴西的12%。

中国燃料乙醇产业的发展用“醒得早，起床迟”来形容颇为贴切。

20.2 从辉煌跌入寒冬

为什么燃料乙醇在“十五”期间发展得那么好？因为被列为了“十五”计划的十大重点工程之一。2001 年国家发改委批准的 4 个燃料乙醇生产试点项目，投资 46.5 亿元，形成年生产能力 102 万吨。其中安徽丰原 32 万吨、吉林燃料乙醇公司与河南天冠集团各 30 万吨、黑龙江华润公司 10 万吨。随着 4 个厂的陆续投产，先是在此 4 省及辽宁省封闭运行使用 E10 乙醇汽油，继而在冀、鲁、苏、鄂的 27 个地市推广，2006 年销售燃料乙醇 152 万吨，乙醇汽油 1 544 万吨[1]。

为了推动燃料乙醇的生产和乙醇汽油的销售，国务院颁发了“变性燃料乙醇”和“车用乙醇汽油”的国家标准；批准和实施了《变性燃料乙醇及车用乙醇汽油“十五”发展专项规划》；制订了燃料乙醇产业免产品消费税和增值税先征后退等税收优惠政策。流通环节上，由国家定价和乙醇生产商按 90 号汽油出厂价的 91.11% 向石油公司销售燃料乙醇，并视具体情况给予燃料乙醇生产、乙醇汽油调配、销售过程中发生的亏损等实行财政定额补贴，各标号乙醇汽油零售价随普通汽油价格变化而调整等的扶持政策。2006 年 8 月国家发改委、农业部、林业局联合召开了“全国生物质能源开发利用工作会议”，11 月财政部、国家发改委等 5 部委发布了《关于发展生物能源和生物化工财税扶持政策的实施意见》。“十一五”期间的燃料乙醇，可谓是春风得意，一路高歌猛进。在中国，只要是政府下决心要做的事，总是会通行无阻，一往直前的。

可惜好景不长，一股“寒流”使形势急转直下。拐点是在 2006 年秋，有人误报（或诬告）燃料乙醇可能影响粮食安全（详见本书第 14 章），国家发改委和财政部联合下发了《关于加强生物燃料乙醇项目建设管理，促进产业健康发展的通知》（发改工业 [2006]2842 号）[2]（本节以下简称《通知》）。《通知》指出：“由于全球燃料乙醇需求不断扩大，造成我国乙醇供应趋紧，价格上涨。今年以来，各地积极要求发展生物燃料乙醇产业，建设燃料乙醇项目的热情空前高涨，一些地区存在着产业过热倾向和发展势头。”政府对当时的形势判断是正确的，可惜不是在保护积极性前提下的调整，而是用统筹规划、严格市场准入等 4 个大棒封杀了燃料乙醇。这 4 年来的现实不就是封杀的后果吗？发改委和财政部是何等权威的部门，在《通知》中向全国发出了指令：“请各级发展改革部门和财政厅局部门按照《通知》精神，结合本地区实际，认真做好生物能源发展工作。”从此燃料乙醇在全国范围进入了严冬，“十五”风光不再了。连《通知》鼓励发展的“非粮乙醇”的“十一五”新增 200 万吨的目标也只能完成 1/10。

20.3 “最后的晚餐”

2009 年 10 月下旬的北京气温异常地高，达 30℃，随之骤来的强冷空气又在地上洒满了雪花，好像燃料乙醇的境遇也能拷贝到天气上去一样。

2006 年冬燃料乙醇寒潮骤起之时，一群热心人还是抓紧时间举行了一次“最后的晚餐”，就是中国工程院与诺维信公司于 2007 年 6 月 9 日在北京钓鱼台举行的一次“中国生物燃料乙醇产业化发展战略研讨会”(图 20–3)。尽管冷空气已经到来，会上还是热气腾腾的，因为大家对“非粮乙醇”怀有一份美好的期待。

图20–3　2007年6月9日在北京钓鱼台举行“中国生物燃料乙醇产业化发展战略研讨会”
左上图为大会会场；右上图是徐殿明副主任朗诵他的诗句；左下图是中粮集团总裁于旭波畅谈他们燃料乙醇的“十一五”发展计划；右下图是本书作者与中国工程院能源学部主任黄其励院士、诺维信总裁Steen Riisgaard 在听讲演。

国家能源办徐殿明副主任在讲演[3]中还充满激情地朗诵了他为生物质能源写下的一首新作：

黄土地上长能源,环保绿色可循环;
固态当做煤炭使,发电清洁少污染。
液态当做石油用,交通使用新能源;
沼气应用好处多,农村大嫂乐开怀。

国家发改委工业司熊必琳副司长对中国燃料乙醇发展现状与“十一五”规划作了一个全面发言[1],我在会上也作了题为“中国生物质能源发展现状与前景”的讲演[4]。中粮集团总裁于旭波在报告中介绍了他们在“十一五”期间发展燃料乙醇的雄心勃勃的计划(图20-4),提出“到2010年前后,中粮集团将形成310万吨年生产规模(玉米占34%,木薯占26%,甘薯及甜高粱占40%),成为国家生物质能源战略实施的执行主体”[4]。坐在身边的诺维信总裁Steen Riisgaard对我说,他对中国发展燃料乙醇前景乐观,很有信心。

当然,徐殿明副主任和熊必琳副司长在报告中也传递了国务院关于严格控制并不再审批以粮食为原料的燃料乙醇建设项目以及提出的“非粮方针”。与会者对国务院叫停粮食乙醇和推行非粮方针都是拥护的,我在报告中还用中国将走“试之以粮,发之以非粮”的道路概括之[5]。中粮集团在“十一五计划”中将非粮乙醇比重提高到了66%。只可惜,大家的估计和预测都错了。“十一五”期间仅上了一个年产20万吨的非粮乙醇项目,“非粮乙醇”方针只是“虚晃了一枪”。尽管如此,大家还是热热闹闹地享受了一顿美味的“最后的晚餐”。后来见到中粮集团主管乙醇项目的总经理岳国君谈及此事,他无奈地说:“不是我们不想发展燃料乙醇,上面不批准又有什么办法?”他说的是实话。

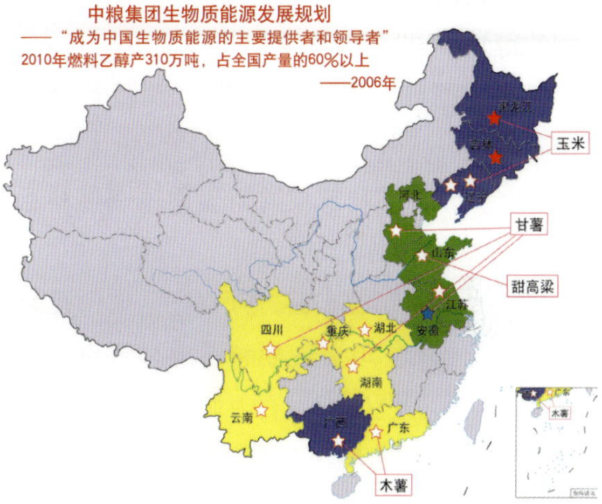

图20-4　中粮集团雄心勃勃的“十一五”发展燃料乙醇计划

20.4 薯类乙醇的苦斗

为什么说薯类是一种优质的非粮能源作物？除了它的高抗逆性和富含淀粉外，还因为它的淀粉生成于营养体的块根，所以生成过程中比谷类作物的籽粒能量消耗少而产出量大。一般情况下，1 公顷玉米的淀粉可生产燃料乙醇 2.25 吨，而 1 公顷木薯的淀粉可以生产 6.75 吨燃料乙醇，是玉米的 3 倍。

中国是世界第一大薯类生产国家，年播种面积约 1 000 万公顷，总产 1.5 亿吨，占世界总产的 3/4。薯类一般种在没有灌溉条件的低质农田上，主要用于酿酒、生产淀粉或作饲料，栽培管理粗放，单产很低，如能开辟能源用途并提升其经济价值，农民必将增加投工投肥，单产翻一番不成问题。即在不增加种植面积和不改变作物种植种类的前提下增加约 2 000 万吨燃料乙醇的产出，其潜力之大可见一斑。

2005 年，生物质能源在国内还是个时尚词汇，我的"种出一个绿色大庆"的提法就颇有影响力。当时在内蒙古、新疆、山东、广西、海南等省区都有发展燃料乙醇的筹划，一批民营企业的积极性很高，认为这是个商机。2006 年年初，中国工程院与广西壮族自治区签订了"发展生物质能源"的院地合作协议，我与杜祥琬副院长一行考察了南宁市郊的淀粉生产厂和杨森 10 万吨规模的木薯乙醇厂、钦州年产 15 万吨规模的新天德木薯燃料乙醇厂等(图 20-5)，对发展燃料乙醇大家兴致勃勃，信心十足。

广西生物质资源丰富，盛产甘蔗、木薯及其加工的糖、淀粉与酒精。据当时估计，仅在已有约 50 万吨燃料乙醇和食用酒精的基础上，稍加升级扩大，广西可以在"十一五"期间产出百万吨以上的燃料乙醇。记得参观杨森厂时，该厂董事长对我说："别的都好办，就是要政府能够准入，生产的乙醇能卖得出去。"不幸被他言中了，曾几何时，这些民营企业的"星星之火"因不被准入和生产的乙醇没人敢收购而纷纷湮灭，只剩下新天德公司还在那里苦苦支撑，等待国营大公司的兼并收购，情景很是凄凉。

"十一五"寒冬上空漂泊着的唯一一支非粮乙醇孤雁是广西合浦的中粮生物质能源公司，建有木薯原料基地 4 万公顷，开发边际性土地 1.6 万公顷，2009 年产木薯乙醇 20 万吨，是中国第一个取得成功的非粮乙醇项目。三年后的 2009 年冬，国家发改委才批准了第二个非粮乙醇项目，即中海油新能源投资公司的年

图20–5　2008年1月参观广西新天德燃料乙醇公司（左图）和中粮生物质能源公司（右图）

产 15 万吨的广西木薯燃料乙醇。这个大牌石油公司在项目批准前已有 3 年木薯种植基地建设的准备，包括推广高产量和高淀粉含量的木薯品种、普及“节本高效”的栽培技术，以及垦殖了 35 万公顷的荒坡地和边荒地；综合利用上包括利用燃料乙醇生产过程中产生的 6 000 吨二氧化碳及另购的 6 800 吨环氧丙烷为原料年产 1 万吨（二期 5 万吨）可降解塑料项目，利用燃料乙醇生产中产生的高 COD 有机废水年产沼气 3 267 万米^3 项目以及污水处理站产生的活性污泥生产生物有机肥料等。

甘薯造酒古已有之，甘薯燃料乙醇只是近些年的事。重庆市年产甘薯 2 000 多万吨，有一个甘薯燃料乙醇的发展计划。重庆环球石化公司已建成年产 20 万吨的甘薯乙醇生产线，还有重庆通达投资公司、重庆长龙集团等也先后投建了数家甘薯乙醇生产厂[6]。

薯类乙醇开始产业化了，但是薯类品种和栽培技术还相当落后，更没有有效的收集储运和市场管理系统，不能适应乙醇工业化加工对原料生产和供应的需要，“第一车间”拖全生产线后腿的现象相当普遍[7]，显然影响了工业界人士的士气。因此必须下大力气建设农工协调的全生产线的技术与管理系统。

20.5　甜高粱乙醇的破茧（1）

作为非粮能源作物，甜高粱卓尔不群，具有抗逆性极强、南北方都能生长、要求条件低、产出量高、茎秆含糖堪与甘蔗媲美、籽粒可作他用、加工过程还能省去淀粉糖化工序等的许多优点。美国、印度等早有甜高粱的试验报道，中国也引种了 20 多年，拥有一批具有自主知识产权的优良品种。甜高粱的条件这么好，为何至今尚未实现产业化生产呢？工业化发酵技术不过关也。甜高粱可以绿遍原野，而传统窖式发酵犹如牛车拉大炮，甘蔗的液态发酵技术也不适用于甜高粱。

生物化工专家李十中教授，2004 年由英国牛津大学学成归来，一直关注于甜高粱工业化发酵技术。他注意到印度甜高粱汁液发酵的乙醇转化率为理论值的 90%，2006 年已建成年产 1 万吨乙醇的示范装置[8]；美国甜高粱汁液发酵的乙醇转化率为理论值的 85%，2008 年在佛罗里达州建成了年产 1 万吨的甜高粱乙醇厂；中国也建成了可日产 48 吨 95% 乙醇的液体发酵厂。他认为美国、印度和中国一年一茬甜高粱的榨季短，汁液需浓缩后保存，榨汁设备投资大、能耗高（每吨茎秆压榨耗电约 21 千瓦・时），废水处理难度大，而目前国内采用的“挖酒池”式的固体发酵很难实现工业化生产[9]。

李十中认为固体发酵技术可以减少压榨工序，省时、省水、省能耗、省投资，设备简单，操作容易，废水废渣处理方便，易于实现工业化生产。在实验室小试基础上，于 2006 年冬在内蒙古五原县进行了 5 米^3 罐体的中试[10]，利用筛选到的 TSH−Sc−1 高产乙醇菌种和斜面转鼓式固态发酵罐取得了成功。试验的主要结果是：以含 13%～15% 可发酵糖的甜高粱茎秆为原料，每 14～15 吨甜高粱茎秆可生产 1 吨含量 99.5% 的燃料乙醇，发酵时间为 24 小时（比玉米乙醇发酵时间减少一半），乙醇收率可达理论值的 94%（玉米乙醇为 91.5%），全程可实现机械化生产和自动化控制。以上技术指标是世界领先的，李十中称此法为 ASSF 固体发酵技术。

中试放大是当务之急。他以百余万元科研经费设计制作了放大 25 倍、127 米^3 的固体发酵罐。罐体做好后，虽多方联系而未得适合的投资合作者，让这个硕大的发酵罐睡了一年多的大觉，实在可惜。2009 年冬终于与内蒙古特弘公司签署了合作进行放大试验的协议。这一年北方的寒冬使这套设备不得不在零下二十多摄氏度中安装和试验。当这个庞然大物运到现场时，4 台起重机才能动得了它（图 20−6）。

图20-6　127米³发酵罐运到安装现场后的起吊（左上图）、安装后的发酵车间（右上图）和二次放大工程的发酵罐体（左下图）
图片来源：李十中。

尽管李十中对这次放大试验信心十足，但我还是在默默为它祈祷。因为它像十月怀胎和正待分娩，是冲开甜高粱乙醇工业化生产瓶颈的关键一搏。这一年冬天内蒙古特别冷，记得是我在深圳开会的时候，12 月 22 日的晚上从严寒的内蒙古来的一个电话，报来了放大试验成功的喜讯。

放大试验较好地重复了 5 米³ 罐体中试的结果，主要技术数据是固体发酵时间小于 36 小时、乙醇收率大于 90%，和表观能量投入产出比为 1∶3.0（表 20–1）。如以糟渣替代煤炭生产蒸汽和加热空气，能量投入产出比则为 1∶21.8，这是个相当高的能量投入产出比（表 20–1）。5 米³ 发酵罐中试的乙醇成本为 3 440 元/吨，放大试验的规模生产成本可以降低一到两成。

表 20-1 ASSF 法生产 1 吨 99.5% 甜高梁乙醇的能量衡算 [10]

能量投入		能量产出	
项目	能量/兆焦	项目	能量/兆焦
乙醇生产电耗	828	糟渣颗粒燃料 1.25 吨*	18 508
糟渣压榨与成型电耗	514.8	燃料乙醇 1 吨	29 295
4.52 吨蒸汽	11 922		
加热 50 吨空气	2 467.5		
投入总量	15 732.3	产出总量	47 803

*绝对干燥。

此项试验的二次放大工程正在紧张进行，固体发酵罐直径 3.6 米，长 55 米，体积为 550 米^3，比原来罐体再放大了 4 倍多，真是个庞然大物，见图 20-6 左下图。不仅是放大了，还在于它可以连续发酵，一头进甜高粱秆，另一头出乙醇，每天产燃料乙醇 8 吨。2011 年年初即可为我们报告更大的喜讯。

20.6 甜高粱乙醇的破茧(2)

资源综合与循环利用人皆称道，甜高粱乙醇在此有其独到优势。

植物体组分中有糖类、淀粉、蛋白质、脂肪；有半纤维素、纤维素、木质素等。乙醇发酵过程只用了其中的糖类和淀粉，其他成分仍残留于废渣废水之中。2007 年美国生产了 2 000 万吨玉米乙醇，又用糟渣加工生产了 1 190 万吨含蛋白质 26% 以上、含脂肪 10% 以上的高品位饲料 DDGs，可替代 1 272 万吨玉米饲料。除用于国内乳牛业外还大量出口欧洲、东亚及中东地区 [11]。也就是说，3 吨玉米产 1 吨乙醇的同时，还生产了相当于 0.6 吨玉米的优质饲料 DDGs。

甜高粱秸秆发酵后的糟渣中不仅保留了大量营养成分，还增加了酵母残体，有香味，对牛羊的适口性好，易消化，堪与优质青贮玉米媲美。以 45 吨甜高粱茎秆生产 1 吨甜高粱乙醇，同时可获 2.6 吨糟渣，相当于 2.6 吨青贮玉米饲料的营养价值。只用其中的一半即可饲养 1 头牛或 10 只羊，牛、羊粪再生产沼气和有机肥料，另一半用作蒸汽锅炉燃料。产 1 吨乙醇的茎秆中有 2.1 吨水，可回收为生产工艺用水，所以固体发酵法既不耗水也无废水排出。此外，每公顷甜高粱可收获籽粒约 2 250 千克，可粮可饲；若纤维素乙醇技术取得突破，也可用糟渣生产纤维素乙醇 5 625 千克，使每公顷甜高粱生产乙醇的能力由 6.7 吨增加到 12.3 吨。

甜高粱乙醇可以做到“吃干榨尽”式的综合与循环利用。通过衡算，李十中提出了一个年产 1 万吨甜高粱乙醇厂的“高效低碳农工产业链”模式，即 2 000 公顷土地/1 万吨乙醇/6 000 头牛/280 万米^3 标准体积沼气/6 万吨有机肥/农民增收 950 万元/4 750 个农业岗位和 100 个加工岗位。可参见示意图 20–7 及表 20–2。

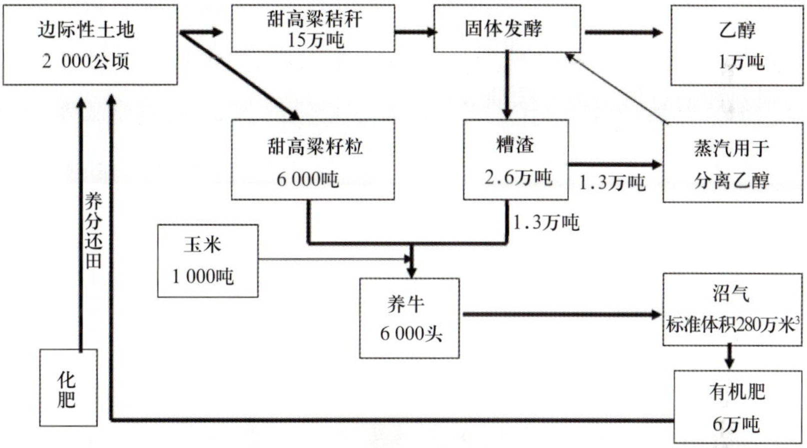

图20–7　年产1万吨甜高粱乙醇的“高效低碳农工产业链”框图[10]

表 20–2　内蒙古自治区五原县农民种植甜高粱、向日葵、玉米的收益比较 [10]

原料作物		平均单产/（千克/公顷）	价格/（元/千克）	收入/（元/公顷）	种植成本/（元/公顷）	净收益/（元/公顷）
甜高粱	籽粒	3 000	1.5	4 500	5 100	14 400
	茎秆	75 000	0.2	15 000		
向日葵		6 000	2.5	15 000	5 400	9 600
玉米（良田）		10 500	1.5	15 750	6 000	9 750

20.7 土地资源潜力如何？

中国有多少土地可供种植非粮乙醇的原料作物？以下提供两组数据。

一是我在参加“中国工程院可再生能源咨询”项目时提出的，即由“可利用而尚未利用”的宜农荒地 840 万公顷及 2 000 万公顷非粮低产农田组成的 2 840 万公顷边际性土地，可详见本书第 15 章。

另一组数据是农业部最近针对可用于发展液体生物燃料的宜能荒地资源的专项调查报告[12]。该报告将宜能荒地分为直接可用的Ⅰ等地、改造后可用的Ⅱ等地、需有工程措施保障才可用的Ⅲ等地三种，总面积为 2 680 万公顷。如按垦殖指数 60% 计，净面积为 1 608 万公顷。宜能荒地比较集中，可列为重点开发对象的地区有 8 片(图 20−8)，其中面积在 50 万公顷以上的排序是蒙东及东北三省西部地区、蒙中地区、大别山及其周边地区、西南岩溶地区及武陵山区。这是一份很新和很有价值的专项研究结果。

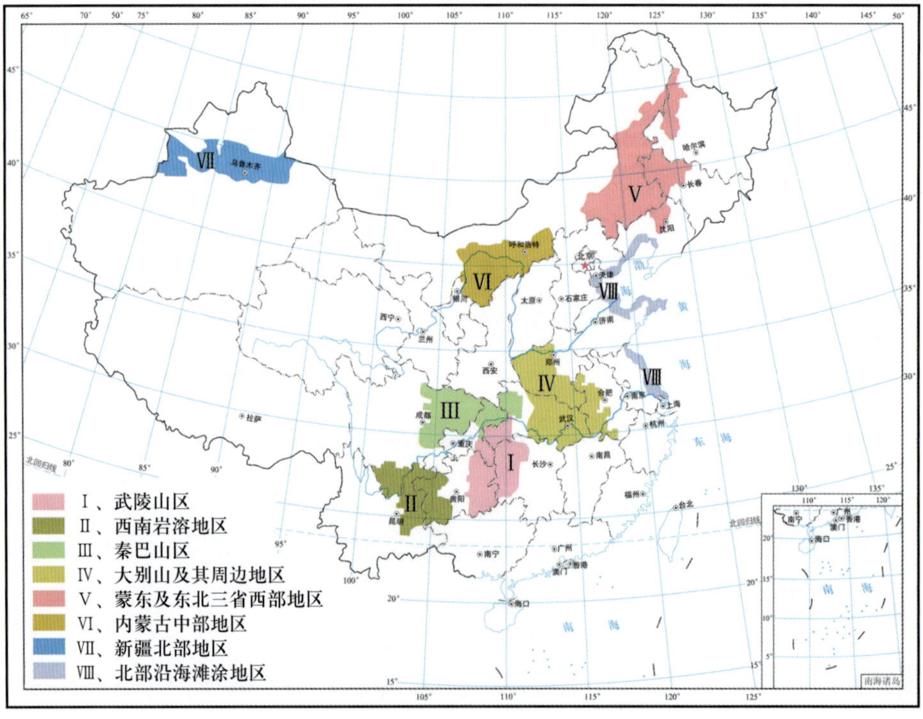

图20−8 中国宜能荒地的8个重点开发区[12]

表 20–3　宜能荒地的分等、面积及年产能潜力

宜能荒地等级	宜能荒地面积/万公顷	可垦净面积*/万公顷	生物液体燃料年生产能力	
			单位面积生产能力*/(吨/公顷)	总产量/万吨
Ⅰ等	433.33	260.00	3.5	910
Ⅱ等	873.33	524.00	3.0	1 572
Ⅲ等	1 373.33	824.00	2.5	2 060
合计	2 679.99	1 608.00		4 542

*资料来源：寇建平，2009，稍有改动；垦殖指数统一取值为60%。

此外，魏伟等还提出可利用于生产燃料乙醇的边际性土地约 7 400 万公顷，发展燃料乙醇潜力巨大的研究结果[13]。

农业部和我提供的总量数据很接近，但农业部资料所指全部为经调查后的边际性荒地，而我资料中的边际性荒地用的是国土资源部的“可利用而尚未利用”的宜农荒地，面积少得多。我认为农业部的专项调查资料更具有参考价值。但在我提出的边际性土地总量中还包含了 2 000 万公顷非粮低产农田（其中含现薯类种植面积 1 000 万公顷）。如果有 2 680 万公顷的边际性荒地，又有约 2 000 万公顷的边际性农田，中国可供发展液体燃料的土地总量在 4 000 万公顷以上。

边际性农田是不是会踩了“不争农田”的“红线”？不会的。

中国农田的整体质量较差，低产田约占 1/3，只能种些薯类、高粱、甜菜、菊芋等耐瘠薄的非粮作物（多是优质能源作物），投肥投工少，管理粗放，收益很低，千百年来一直维持着这种低效运行状态。如果投入一个强刺激要素，用一个具有持续市场需求和高附加值产品给以强劲的拉动，必将可以大幅提升这些可能源用的低产作物的单产和商品化程度，调动起农民投工、投肥、投技的积极性，土地质量也可得以改善，形成一种良性的循环。将这盘低产田“死棋”走活，有什么不好？

再说几千年来，农民土地上种植什么庄稼和怎么个种法不是一成不变的，而是根据自家及市场需求而不断调整改变的，这是件很平常的事，农业上称之“调整种植结构”。何况既不涉及粮田，又不改种新的作物种类，只是增加能源用途以刺激生产积极性，提高产量，增加农民收入而已。是不是会与原用途争夺原料？农民的种植积极性和作物单产提高了就不会有争夺原料问题，何况还有市场经济中的那只“无形的手”在调整着资源配置。

如果以农业部调查报告提出的、可用于发展液体燃料的宜能荒地的净面积1 608万公顷 ，加上现有的种植薯类、高粱等的非粮低产农田1 000万公顷，可年产1亿吨以上的燃料乙醇。难道这2 600多万公顷的边际性土地不就是一块年产亿吨、可以永续开采的绿色油田吗？不就是一个可以让农民每年能新增上千亿元收入的“聚宝盆”吗？

20.8 纤维素乙醇的攻坚战

当美国生产燃料乙醇的规模由年产几百万吨发展到千万吨的时候，以玉米为原料的缺点逐渐暴露了：玉米的传统市场供应失衡，价格上涨，原料成本居高不下、原料来源面窄和不可持续等。由于纤维素可以一举解决这许多的矛盾，当然会被视为发展燃料乙醇的“救星”和方向。但是，纤维素的分子结构复杂而稳定，对水解有天然抗性，如同稀世珍宝常常隐匿于难寻的深山秘洞之中一般。现在全世界都在攻克这个技术难关，寻找“探宝秘笈”。

20世纪早期用的是浓酸水解法，70年代找到了先进的酶法水解，但水解酶成本十分昂贵。文献报道自1999—2005年纤维素酶成本降低了30倍，但每加仑纤维素乙醇的酶成本仍在0.3美元，继续降低越来越难。2007年美国投资3.85亿美元支持6个纤维素乙醇示范工厂，又投资3.75亿美元在威斯康星州、田纳西州和加利福尼亚州建了3个国家研究中心。布什在2006年的国情咨文中发誓要用6年时间实现纤维素乙醇的商业化生产，2007年又在《能源自主与安全法案》里提出了2010年生产纤维素乙醇30万吨和2022年生产6 300万吨的宏大目标。奥巴马政府更是加大了对以纤维素为主的先进生物燃料的投入力度，仅2009年就投入20多亿美元用于研发。可是情况并不理想，2010年7月美国环境局宣布将2011年纤维素乙醇的生产指标由82万吨下调到2.1万～8.4万吨，可见难度之大。

加拿大Iogen公司是专业生产纤维素酶的公司，2004年年底在渥太华建成了世界上第一座年产3 000吨的纤维素乙醇中试工厂，每升乙醇成本0.6~0.7美元，还是太高。欧洲的瑞典、丹麦、芬兰、奥地利、法国、意大利等国也在攻纤维素乙醇的成本关。大家有个共识，降低纤维素乙醇成本和实现商业化只是个时间问题。

中国“十五”期间，科技部“863”项目设置了酸水解法生产纤维素乙醇的示范工程；“十一五”期间，在国家科技支撑计划中列入了由清华大学等承担的“生物质高效降解微生物的筛选与构建技术研究”项目，在国内第一次系统地从木质纤维素预处理、纤维素酶研制、纤维素水解、共代谢戊糖、己糖工程菌构建，到乙醇发酵和乙醇分离纯化的新工艺研究，该项目开发的同步多菌产酶水解发酵SMEHF 工艺可以显著降低纤维素乙醇成本。大连工业大学研发了秸秆制备燃料乙醇的液化预处理工艺，能耗低、无污染和有利于纤维素的水解[14]。

中国的燃料乙醇企业也积极参与了纤维素乙醇的科技攻关。中粮肇东燃料乙醇公司与丹麦诺维信公司合作建了年产 300 吨规模的纤维素酶实验装置；安徽丰原集团采用固体发酵纤维素酶法建了年产 300 吨规模的实验装置；河南天冠集团有个千吨级的纤维素乙醇实验装置；山东龙力生物科技有限公司采用与木糖醇联产纤维素乙醇的方法建成了年产万吨的纤维素乙醇装置[15]。这些中试装置尚处在实验阶段，大量技术问题有待于试验解决。

纤维素乙醇技术的世界攻坚战如火如荼，成功的曙光越来越近。据乐观人士估计，2015 年前后纤维素乙醇在美国将可以开始商业化生产，不过最近进展并不尽如人意。以上介绍了中国在纤维素乙醇方面的一些工作，但是，面对这样一个高难度的世界难题，中国所投入的力量是微不足道的，很难与美欧等国相比拟。

20.9　1 代、1.5 代和 2 代的辩证法

以上谈到了以玉米和甘蔗为代表的食物基乙醇，以薯类和甜高粱为代表的非粮乙醇及纤维素乙醇，可称之 1 代乙醇、1.5 代乙醇和 2 代乙醇，人们将微藻作为第 3 代生物燃料。纤维素乙醇有许多优势，是生物乙醇能够得以大发展的希望所在，但要实现大规模的产量和对石油的替代是需要很长时间的。这里就

出现了如何处理好1代、1.5代和2代乙醇的问题。

美国车用燃料的需求和进口压力很大，大幅度扩大玉米乙醇的压力也很大，所以对纤维素乙醇的期待最为急切。但是，即使在先进生物燃料产量超过玉米乙醇时，仍保持着4 500万吨玉米乙醇的生产水平，因为这是个渐进过程，还要考虑到玉米产区农民的利益，所以采取了稳住“1代”，快上“2代”和积极准备“3代”的部署。巴西甘蔗乙醇的成本低，扩种的土地资源充足，产糖与产醇互补调剂，何况甘蔗乙醇已经给巴西农民带来了巨大利益，建立了完整的生产加工和销售服务体系，成为了国家第一支柱产业，有什么必要像美国那样热衷地追求纤维素乙醇？欧洲已形成生物质供热发电、热电联产、成型燃料、产业沼气、生物柴油、燃料乙醇等生物质能源的多元化发展体系，虽也重视发展纤维素乙醇，也不会像美国那样急切。国情不同，发展阶段不同，对待1代和2代乙醇的处理态度与迫切程度也不同。具体事物要具体分析，概念化和简单化是处理不了复杂经济问题和社会问题的。

中国在存粮压库情况下发展了陈化粮乙醇，粮食供应重新趋紧时又及时提出发展非粮乙醇，这在世界上也是个创举。几年过去了，原来的粮食乙醇依然故我，非粮乙醇也没发展起来，只可惜了这么好的一个概念。现在领导对纤维素乙醇感起兴趣来，但是至今没在这方面认真下过功夫，却在1代、1.5代和2代燃料乙醇的政策考虑上犹豫不决，举棋不定。其实，问题很清楚，粮食乙醇在中国断不可行(已上的粮食乙醇项目也应尽快向非粮乙醇转型)；纤维素乙醇虽好，但十年也难实现商业化生产，更谈不上靠它去完成2020年1 000万吨燃料乙醇的目标，唯一的选择是赶紧抓住1.5代。

中国发展甜高粱和薯类等非粮乙醇，可以激活农民对这些非主流作物和数千万公顷边际性土地的种植和开发的热情，可以增加农民收入和就业岗位，且因技术成熟和设备国产而能迅速形成生产力，有利于完成2020年生产1 000万吨燃料乙醇目标，所以它特别适合于中国国情。即使以后纤维素乙醇商业化了，主要也是在秸秆资源丰富的粮食主产区，而以薯类和甜高粱为主要作物的低产农田和垦殖的荒地上1.5代乙醇仍将大行其道。

在世界聚焦于2代乙醇时，中国以乙醇的“代差”换取2代难以实现产业化的时间，“剑走偏锋”地先占1.5代一城，又能拉动中国农村经济和增加农民收入，何乐而不为。但在长远和战略上，中国还必须抓紧2代和3代燃料乙醇的研发，只有以燃料乙醇的多元化才能弥补对石油替代上的巨大缺口。

辩证法的一条重要原则是“一切从实际出发”。

20.10 乱云飞渡仍从容

燃料乙醇在生物质能源中具有特殊和重要的位置，其所经历的磨难也是最多的，似乎不经过七七四十九劫就很难取得真经。

美国的玉米乙醇，时而能效负值，时而增排二氧化碳；时而抬高粮价，时而与8亿饥民争夺粮食，“妖魔化”程度是相当高的。但是为了国家整体利益，美国政府一面力排众议和义无反顾地大力推进，一面紧锣密鼓地部署纤维素二代乙醇研发和提出了2020年前后纤维素乙醇产量将超过玉米乙醇的目标。

美国可再生燃料协会最近发布的《2009年燃料乙醇工业对美国经济的贡献》[16] 报告说，尽管受到金融危机影响，仍完成了3 180万吨的生产目标。金融危机中有12个工厂停产，但又新建了11家。2009年燃料乙醇减排二氧化碳3 374.5万吨，减少进口石油3.64亿桶（占进口石油量的5%）和节省购油款213亿美元，为全国消费者减少支出160亿美元和创造了40万个就业岗位。同年国家财政补贴和研发投入70亿美元，而收入了193亿美元和节省了213亿美元购油款，经济效益非常好。“疾风知劲草”，看来连续经历世界粮食危机和金融危机洗礼的燃料乙醇在美国的地位更是稳定，发展更快了。燃料乙醇在巴西更是蒸蒸日上，气象非凡，勿用赘述。

中国一方面是石油资源极缺、储产比降到了11.4[17] 和进口依存度上升到53.7%，一方面是消费的激增和势头正旺（图20–9）。近20年，车用燃油的年均增长12.7%，汽车生产量年增加高达60%，由1995年的144万辆增加到2009年的1 364万辆。如何弥合资源与需求增

图20–9 中国石油消费量与进口依存度图

长间日益扩大的缺口，中国走到国外去买去开发的路子，与20世纪六七十年代的美国石油政策很像。随着接踵而至的“麻烦”以及在海湾地区难以自拔，美国在20世纪90年代改弦易辙，开始战略调整到发展生物燃料对化石运输燃料的替代和走能源自主与安全之路了。

中国以后遇到的“麻烦”不一定比美国少，相信迟早也会走上能源自主与安全、能源转型与发展以生物燃料为主导的替代之路。这不应该是亦步亦趋，而是以美为鉴，尽早和主动地推进中国的能源转型。

燃料乙醇在美国屡遭质疑的主要来源是学界，而在中国屡遭磨难的主要来源是能源主管当局。他们制造过燃料乙醇的辉煌，也制造了2006年的《通知》封杀生物质能、2008年扬风能太阳能而打压生物质能致使“十一五”燃料乙醇计划指标的落空，可谓是“成也萧何，败也萧何”。如果能源主管当局能够冷静和客观一些，一定会拨开所谓煤制油、煤基甲醇、电动汽车等的替代迷雾，摒弃对燃料乙醇的种种误解和偏见，廓清出一条以生物燃料为主导的替代之路。

在未来的三五十年，车用燃料需求的持续增长不会变，石油资源的逐渐枯竭不会变，石油价格在震荡中上扬不会变，国际形势的复杂多变和石油燃料立足国外的高风险不会变，生物液体燃料在化石车用燃料替代中的主导地位不会变。因此，中国冷落燃料乙醇的现状迟早是会变的，迟早会回到开发本土“绿色油田”道路上来的。

中国20世纪的50年代末和60年代初经历了大跃进失败、中苏交恶和“三年困难时期”的种种困境。诗由心生，毛泽东于1961年为一张庐山仙人洞的照片写过一首《七绝》，本章拟以此作为当前中国燃料乙醇的结语。

暮色苍茫看劲松，乱云飞渡仍从容。
天生一个仙人洞，无限风光在险峰。

参考文献

1. 熊必琳. 中国生物燃料乙醇发展现状与“十一五”规划（PPT）. 中国工程院能源与矿业工程学部，2007年6月9日.

2. 中国国家发展改革委员会、财政部. 关于加强生物燃料乙醇项目建设管理. 促进产业健康发展的通知（发改工业[2006]2842号），2006. 12. 14.

3. 徐殿明. 中国生物燃料乙醇产业化发展战略研讨会演讲文集. 中国工程院能源与矿业工程学部，2007年6月9日.

4. 于旭波. 中粮燃料乙醇生产技术现状与展望（PPT），中国工程院能源与矿业工程学部，2007年6月9日.

5. 石元春. 中国生物质能源发展现状与前景（PPT），中国工程院能源与矿业工程学部，2007年6月9日.

6. 刘军，郭浪. 我国燃料乙醇原料非粮化探讨. 中国酿造，2008（14）.

7. 黎贞崇，黄志民，杨登峰，等. 影响木薯燃料乙醇发展的不利因素及对策. 可再生能源，2008，26（3）.

8. ICRISAT. A working paper：Pro—Poor Biofuels Outlook for Asia and Africa[R]. ICRISAT's Perspective，2007—03.

9. 肖明松，杨家象. 甜高粱茎秆固体发酵制取乙醇产业化示范工程. 农业工程学报，2006，22（supp. 1）：217—220.

10. 李十中. ASSF技术生产甜高粱秆乙醇示范项目可行性分析报告（内部报告）.

11. PRX Grain Database，SECTION I. ETHANOL，CORN，& DDG，Oct. 2，2007.

12. 寇建平，毕于运，赵立欣. 中国宜能荒地资源调查与评价. 可再生能源，2008，26（6）.

13. 魏伟，张金华，王莉. 我国燃料乙醇产业发展前景. 天然气技术，2009，3（2）.

14. 李阳，孙岩峰，张文明，等. 秸秆类废弃物制备燃料乙醇研究. 酿酒科技，2008（11）.

15. 钱伯章摘编. 我国纤维素乙醇开发进展. 精细石油化工进展，2008，9（6）.

16. 美国可再生燃料协会. 2009年燃料乙醇工业对美国经济贡献，2010—02—12.

17. 江泽民. 对中国能源问题的思考. 上海交通大学学报（自然科学版），2008，42（3）.

北京德青源蛋鸡场日处理鸡粪212吨，产沼气1.9万米^3，发电能力1.6兆瓦，2009年4月开始稳定上网送电。

21　化腐朽为神奇

——生物燃气的今天和明天

- 沼气最初是煤油的替代品
- 中国生态农业的中心环节
- 沼气的形成与能源特点
- 农户沼气池的作用及局限性
- 沼气的五大传统原料资源
- 前途无量的产业沼气
- 新资源：专用能源作物
- 沼气与温室气体减排

"生物燃气"包括由生物质原料通过热化学反应制成的可燃气以及生物质原料通过厌氧发酵产生的沼气和氢气等，本章论述的是沼气。沼气是现代生物能源中最早被人们开发利用的，迄今已有近百年历史，它是一种甲烷、二氧化碳、硫化氢等的混合气，其中蓄积能量的有效成分是甲烷。一般沼气中甲烷含量为 50%～65%，如果将其提纯到 92% 左右，就与天然气没有什么区别。所谓沼气工程是指对有机废弃物进行厌氧微生物发酵，使之分解产生沼气及其加工的技术与工艺系统。经大型沼气工程规模化地产生沼气，再经过净化及提纯，达到民用和车用天然气的标准，成为"生物天然气"，是当今产业沼气的发展重点。*

21.1 沼气最初是煤油的替代品

20 世纪初，西方国家从石油中提炼的煤油开始进入中国。用煤油点灯比中国人祖祖辈辈用的菜油灯和蜡烛既亮堂干净又安全，一时间人们趋之若鹜。然而煤油太贵，不是一般百姓用得起的，于是作为煤油替代品的沼气应运而生。

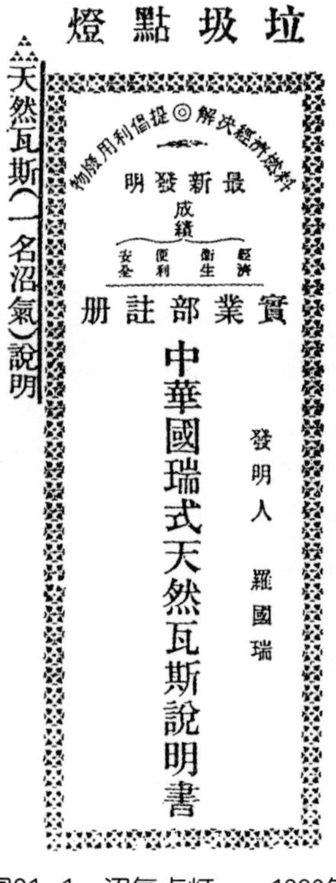

图21-1 沼气点灯——1930年

20 世纪 20 年代末，台湾省籍的罗国瑞先生发明了中国第一个水压浮罩式沼气池——后被命名为"中国国瑞沼气发生器"(China Guo Rui Gas Vessel)。它可以满足 6 口之家每天照明和炊事用能的需要。1930 年，"国立国瑞照明公司"(又名"中华国瑞瓦斯总行")在上海建立，并获得了沼气发酵照明的专利。当时的沼气工程称为"水压式瓦斯库"，有长方形和桶形两种，容积一

* 本章特邀中国农业大学原生物质工程技术中心主任程序教授执笔。

般为 6 米^3,主要建材有铁、木材和水泥,原料主要用人、畜粪便。[1]

1957 年起,中国政府大力倡导"多种途径寻找新能源",农户小型沼气池再次受到重视,到 1993 年底,全国农户沼气池总数达到 528 万个。当时沼气主要用于部分无电力供应地区的农民点灯,以及一般农户替代薪柴和煤做饭。当 20 世纪 50 年代末和 60 年代初石油严重紧缺时期,有地方还用沼气替代柴油驱动拖拉机(图 21–2)。后因技术、经济和政策等方面的原因,农村户用沼气池一面不断新建,一面不断报废,总数在 700 万个以下徘徊。由于沼气发酵需要周年气温较高,故多集中于四川等南方诸省。这种状况一直到 20 世纪 90 年代才有了根本性转变。

图21–2　20世纪60年代中国四川农民用沼气驱动拖拉机

21.2　中国生态农业的中心环节

20 世纪 80 年代初,在新一轮的农业现代化讨论中,有识之士意识到,中国农业没有条件也不宜模仿发达国家的高化石能投入模式("石油农业"),从而提出应发扬光大中国传统农业的精华——物质能量的循环和多层次利用。勤劳智慧的中国农民和农业技术人员,开始不满足于仅仅将沼气工程作为获取能源的手段，广泛开展了对沼液、沼渣综合利用的试验。发现它们在作为再生性饲料、肥料、食用菌培养物料，以及生长调节物质、抑菌次生代谢产物等生物活性物质，对改善农村卫生，集中处理养殖场废弃物以减少污染等方面可以产生意想不到的功效。沼气发酵工程大大促进了农村的多种经营，成为各种生态农业模式的中心环节。

沼气发酵之所以能够成为生态农业的中心环节，是因为中国生态农业的核心是物质和能量的循环和多层次利用，并在此基础上派生出一系列的符合生态原则的生产活动，乃至引领和形成一批生态型产业，如有机水果和蔬菜种植业、可再生能源业、优质有机肥料业、再生蛋白饲料业和饲料添加剂业等。

下面以畜禽粪便原料为例说明沼气发酵是如何促进物质和能量循环和充分利用的(图 21−3)。畜禽粪便含有大量未被消化利用的能量和养分。如果不加以妥善处理，随意堆放或集中撒在小块农田里，不仅浪费了宝贵资源，且导致氮、磷养分进入地表水和地下水，引起富营养化污染和有害人体健康的硝酸盐浓度超标，并释放出温室效应比二氧化碳大 20 多倍的甲烷。畜禽粪便有恶臭，招引蚊蝇，严重影响农村的环境卫生。

畜禽粪便含有机态的能量(占谷物总能的 20%～30%)与养分(如猪粪尿中残留的赖氨酸占饲料赖氨酸总量的 40%，植酸磷占到饲料总磷的 70%～90%)，是微生物活动和繁殖的物质基础。在产沼气的厌氧发酵微生物(水解和酸解菌及产甲烷菌群的总称)作用下，粪便中残留的有机物绝大部分都能降解和转化为结构较简单和容易被利用的物质形态，包括含甲烷、氢气和二氧化碳等的沼气和含大量有机活化态的氮、磷、钾等养分的沼渣与沼液(图 21−3)。

沼气发酵后的沼渣中 20%～30% 是有机质，其中粗蛋白为 8%，氮、磷、钾分别为 1.5%、0.5% 和 0.8%，是肥效较快、可以改良土壤、改善作物品质、减少农药施用量的优质肥料，而且因不含杂菌，可成为理想的食用菌培养基。沼渣适合于制造商品有机肥或营养土。农业有机废弃物的沼气利用加速了物质循环速率，提高了同化能的利用效率，使整个农业生产系统的效率和效益得到改善。

随着 20 世纪 80 年代中国生态农业试点范围和规模的扩大，农户沼气池开始由局部地区向全国拓展，数量不断增加。而真正打破农户沼气池总数长期停滞局面的，是 90 年代初北方和南方相继出现的“四位一体”和“猪 − 沼 − 果”两大类生态农业模式，这两类模式的出现使农户沼气最终突破了气温和地理位置

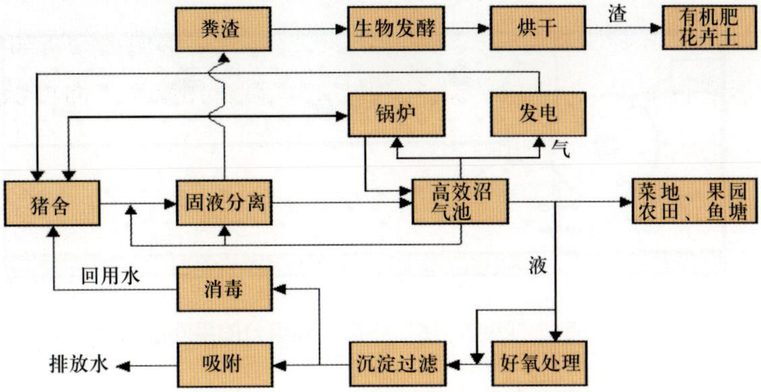

图21-3　某生态农业系统的模式图

的限制和经济投入产出比较差的制约，克服了沼气广泛利用中的瓶颈。加上21世纪初中央财政开始对农户沼气加大补贴，到2007年，农户沼气池总数接近3 000万个(图21-4)[2]。

所谓“四位一体”的生态农业模式，是指将80年代末至90年代初由中国北方农民和科技人员创造的简易日光温室，和在温室内种大棚蔬菜，以及与养猪舍和厕所巧妙地结合(图21-5)，既能在冬春季不加温生产黄瓜、芹菜等耐凉型蔬菜，也可以解决多年来无法克服的猪、牛、羊冬春“掉膘”问题，还可以就地扩大沼气原料的来源。有的还利用产出的沼气为温室增温和提供二氧化碳施肥。

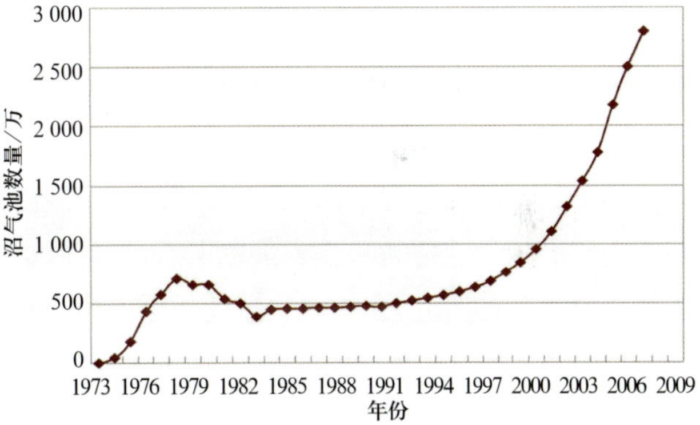

图21-4　1973年以来中国农户沼气池的数量增长情况

几乎是在同时，类似的“猪－沼－果”模式在南方兴起。江西赣州地区开发“六个一”庭园经济模式。即每户建1个沼气池，人均年出栏2头猪，人均种1亩坡地果园(脐橙、柚子、柑橘)，经营1个鱼塘，种1棚反季节蔬菜和养一群家禽。资源高效利用，种养殖业相互支持，山上林草得到保护，每户年纯收入近万

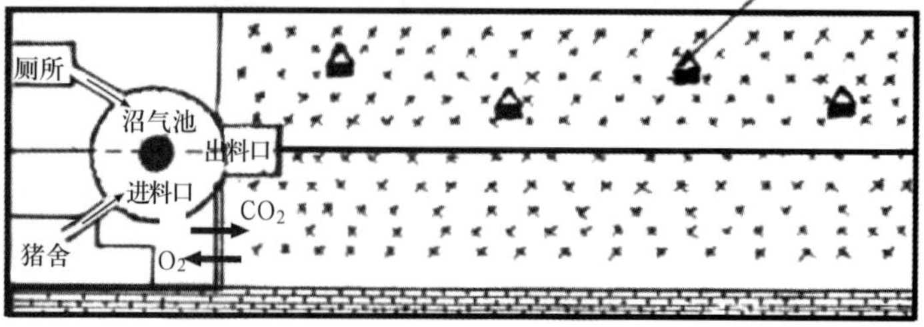

图21-5 “四位一体”生态工程组分的平面图布置

元。赣南也成为了“中国脐橙之乡”。

沼气利用可以产生多方面的生态效益和环境效益。首先是有助于保护森林、灌草等植被资源。我国广大山区和丘陵地区农村的生活能源主要靠砍柴和割草,引起过度砍伐和水土流失(图 21-6)。据统计,全世界以柴草为主要燃料的人口中,中国占一半左右。每个农户的沼气池一年可以节省 2~3 吨薪柴,相当于保育0.5~1亩(333~667 米^2)中幼林。此外,中国农村生活用能中,秸秆和薪柴分别占到40%和30%,每年都要以很低的热效率(10%以下)烧掉约4亿吨秸秆,以获得相当于1.8亿吨标准煤的能量,同时浪费掉500万吨氮、磷、钾等营养物质。

图21-6 以柴草为燃料导致生态环境恶化
资料来源:《北京青年报》2009年12月7日。

据中科院沙漠所朱震达等的研究,“人类活动是土地荒漠化的主要动因。”而在导致中国北方荒漠化的 5 类人为因素中,过度樵采居于首位,占 32.7%。广西壮族自治区以往农村林木砍伐问题严重,平均森林覆盖率一直只有 22%,林木资源消耗量超过生长量。1985 年起,以恭城县为首大力发展农户沼气,沼气池入户率接近 90%。这一典型经验很快向全自治区推开并成为全国农村沼气池最多的省区。到 2001 年,全省平均森林覆盖率上升到了 41%。

21.3 沼气的形成与能源特点

沼气是有机物在一定条件下,经兼性(好氧/厌氧)和厌氧微生物共同作用产生的。典型的沼气成分中,甲烷(CH_4)占50%~65%,二氧化碳(CO_2)占25%~30%,氮气(N_2)占2%左右,硫化氢(H_2S)占0.2%~1%,氢气(H_2)占1%~2%,一氧化碳(CO)和氧气(O_2)各0.5 %左右。生物质料降解为沼气要经过水解、酸解、乙酸化和产甲烷4个阶段(图21-7),其主要成分——碳水化合物(经水解后)的化学反应式为:

乙酸化:$C_6H_{12}O_6+2H_2O \rightarrow 2CH_3COOH+4H_2\uparrow +2CO_2\uparrow$

产甲烷:$2CH_3COOH \rightarrow 2CH_4+2CO_2\uparrow$

$4H_2+CO_2 \rightarrow CH_4\uparrow +2H_2O$

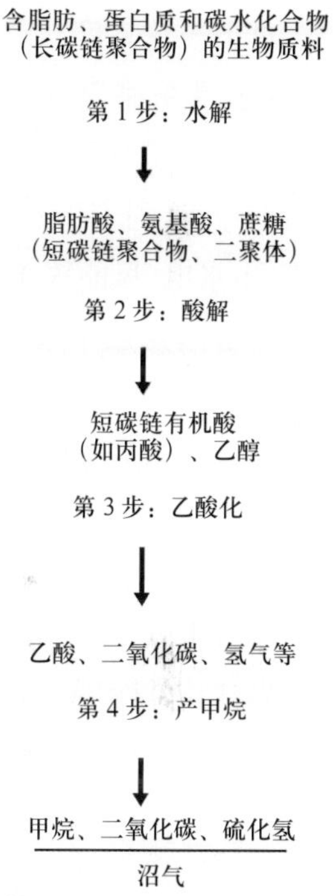

图21-7 生物质转化为沼气的微生物化学过程

沼气在未经提纯即甲烷含量较低情况下的热值:高位发热量约为30兆焦/米^3,低位发热量约为26兆焦/米^3。如果将甲烷含量提高到97%,则其热值可达31.5兆焦/米^3 ,与天然气相当。

沼气的提纯技术主要有5类:高压水吸附法/变压吸附法、膜分离法、溶剂吸收法和冷冻分离法,最常用的是高压水吸附法。如仅用于农民生活或专门设计的沼气发电机则不需提纯,单独去除硫化氢即可,硫化氢的生物脱除法已很成熟。提纯后的沼气可在20兆帕的气压下压缩装罐(同CNG),运送至天然气加气站,或直接与天然气管道并网。

生物质的产沼气量依原料的组分不同而有较大的差别。一般来说,含蛋白质和类脂组分较高的原料的产沼气率高。最常用的4种原料猪粪、牛粪、人粪和稻草的碳水合物含量分别为0.4%、0.3%、0.4%和0.6%,相应的每千克原料理论产沼气量分别为0.3、0.2、0.3和0.25米^3。但稻草等作物秸秆特别是已变干的秸秆,不适于直接用作制沼气的原料,需要进行前处理和以掺入少量厩粪的方式利用。[3]

沼气发酵是微生物发酵过程，与温度关系密切。一般分常温（> 10℃）、中温（28～35℃）和高温（48～60℃）发酵三种。各自的微生物菌群组分不同。常温条件不稳定，产气也不稳定，且转化率偏低。中温发酵产气稳定，转化率较高，但是在低温季节需要补温。高温发酵有机物分解快，产气量大，适合高浓度的有机废水的处理，需要更多补温。

21.4　农户沼气池的作用及局限性

对于居住高度分散、交通不便、手头又缺乏现金去购买商品能源的大多数中国农民家庭来说，每天做饭、烧水和取暖需要的薪柴是件大事，“开门七件事：柴米油盐酱醋茶”，柴放在了头一位。因此，即使是在煤炭和电力供应能力显著提高的今天，国家仍然把农村沼气能放在重要地位，强调商品能源、沼气能、太阳能、小水电、风能等在内的农村生活用能的“多能互补”方针。

随着国家近年来大幅度增加对沼气项目的投入，全国农村沼气建设进展快、成效好。截至 2009 年，全国农村户用沼气已达 3 050 万户。2003–2009 年间，中央累计投入资金 190 亿元，支持新建农民户用沼气 1 406 万户、养殖小区和联户沼气工程 1.3 万处、大中型养殖场沼气工程 1 776 处、乡村沼气服务网点 6.36 万个。年生产沼肥（沼渣、沼液）约 3.85 亿吨，替代薪材相当于 1.1 亿亩林地的年蓄积量，每年可为农户直接增收节支 150 亿元。

据估算，目前在用的 3 050 万个农户小沼气池和养殖场沼气工程的年沼气产量 122 亿米^3，相当于 70 亿米^3 的天然气（按沼气含甲烷 60%、天然气含甲烷 97% 折算）。农户沼气适合我国农村居住分散的实际情况，少量投入即可获得生活能源消费质量的明显改善。图 21–8 为农民修建自家沼气池。近年农业部门重点在西部地区推行的农民“生态家园工程”计划取得了很大的成功。有关部门已作出规划，到 2015 年，全国农户沼气池的数量将增加到 6 000 万户。

图21–8　农民修建自家的沼气池

然而，由于农户小沼气池本身结构和工艺的“先天”条件所限，存在着沼气池寿命短，故障多、报废率高、低温下供气不稳等缺点，相当数量的沼气池存在着建造设备和材料简陋、施工凭经验（图 21-8）等问题。2008 年全国农户沼气年均池产沼气仅 398 米^3，平均每天每立方米沼池产气仅 0.11 米^3，不到正常水平的 1/5。而且产气受气候、原料和管理等因素影响大，供应不稳和故障问题较大，农民也渴望类似城市管道天然气那样的社会化的集中供气方式。

21.5 沼气的五大传统原料资源

沼气的传统原料有五：畜禽粪便、农作物残余、填埋（有机）垃圾、城市生活污水污泥及工业有机废液废渣。近年在欧盟和美国等一些沼气实现产业化的国家新出现了两种新原料，一是利用水土保持计划的休耕地或退耕地种植的沼气原料作物，二是通过专门育种的整株收获青贮的能源作物，如专用玉米和甜菜、芒草、黑麦草和苏丹草等多年生/一年生牧草。德国的 5 类传统原料资源和 2 类新资源中资源量最大的是专用能源作物，其次才是畜禽厩粪（图 21-9）。

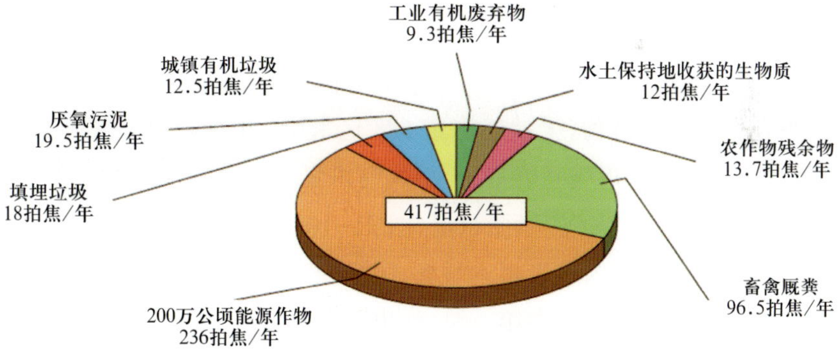

图21-9　德国5类传统的沼气资源和2类新资源

1拍焦=10^{15}焦；资料来源：Hartmann/Kaltsschmitt, 2002。

我国工业和城市污水每年排放总量为 557 亿吨（2007 年），估计所含 COD（化学需氧量）总量接近 2 000 万吨，沼气年产量 110 亿米^3。猪、牛、鸡三类畜禽养殖场每年产粪便量 30.87 亿吨（鲜重）以上，COD 含量 7 000 万吨以上，是全国工业和生活污水排放 COD 总量的 3 倍多。

城市垃圾(MSW)填埋量为 1.2 亿吨(2000 年,干重),可年产填埋气(LFG,甲烷含量为 55%)约 90 亿米^3,折合甲烷含量 97% 的天然气约 50 亿米^3。预测到 2020 年城市垃圾年填埋量将达 4 亿吨,如全部利用,年产燃气(替代天然气)潜力为 160 亿米^3。

全国畜禽养殖场废水、工业有机废水和城市污水三项合计的 COD 年排放量超过 1 亿吨,到 2020 年将增至约 2 亿吨。如果将其所含的生物能都开发利用起来,则每年至少可产生 830 亿米^3 沼气(折 700 亿米^3 甲烷);加上垃圾填埋气合计 1 500 亿米^3 沼气,折合 860 亿米^3 甲烷,可替代近 900 亿米^3 的天然气,比 2008 年我国天然气的实际消费量还多出近 200 亿米^3。潜力之大可见一斑。

我国也可以利用部分边际土地种植专用能源牧草和能源作物,按 0.133 亿公顷(2 亿亩)和每公顷收获 2.25 吨(每亩收获 0.15 吨)生物质(干重)计,每年至少可产 3 000 万吨,再加上利用 1 000 万吨农作物秸秆制沼气,可年产沼气 800 亿~1 000 亿米^3。

21.6 前途无量的产业沼气

先从 2009 年底和 2010 年初连续两次在我国许多城市闹"气荒"说起。

2009 年的 1-10 月份,天然气产量 688 亿米^3,同比增长 8%。进入 11 月份后,部分地区提前进入用气高峰期,天然气需求量大幅攀升。武汉、重庆、西安、南京、杭州等地相继出现供应紧张状况(图 21-10 左图为华北缺气的报道)。鉴于天然气供求矛盾短期内难以根本缓解,国家发改委下发紧急通知,要求各地要把确保居民生活用气摆放在第一位。如出现供气紧张,按序压缩其他行业和公共设施等领域的用气。

"气荒"是多因子作用的结果,如天然气管输能力和储气规模不足等,但供气量不足已是不争的事实。其实,能源专家已有预测,这样的情景迟早会发生,而且会越来越严重。2005 年我国居民(城市居民)天然气消费量为 79 亿米^3,不足全国天然气总消费量的 20%,2008 年也不到 40%。全国年人均天然气消费量仅有 6 米^3,大大低于世界平均值 (403 米^3),而且大量天然气必须保证用于化肥

(合成氨)与发电等工业用途。据2009年“全国天然气时代的城市燃气发展论坛”的信息,天然气消费正处在快速发展期,2008年供应量近800亿米^3,预计2010年将达到1 100亿米^3,缺口约200亿米^3。据《中国可持续发展油气资源战略研究》预测,到2020年天然气的年需求量将达2 500亿米^3,缺口900亿米^3。需要指出的是,这些预测是在不包括8亿农村人口使用天然气的情况下作出的。

图21–10 天然气缺口严重(左图)和加大进口(右图)

图片来源:左图,《北京青年报》2009.11.5。

由于资源紧缺,我国近年大幅增加从土库曼斯坦和哈萨克斯坦等中亚国家的天然气进口,和从澳大利亚和马来西亚等国进口液化天然气(LNG)。2007年的进口量是38.7亿米^3,比2006年增加了287%。为了用高技术的冷冻船(图21–10)通过海运进口大量液化天然气,还要在沿海大量兴建LNG专用码头。从卡塔尔等国进口液化石油气(LPG),在东南沿海地区每罐的售价也已从20~30元上涨到100元以上。

基于这样的背景,沼气能否对缓解越来越大的我国天然气供需缺口做出积极贡献?答案是肯定的。这就是在继续发展农户沼气的同时,大力开发新的可再生能源产业——沼气产业,向各类消费者提供规模化生产的商品化沼气特别是提纯沼气。

所谓产业沼气,是指用工业化模式规模化生产及纯化的沼气,像天然气和液化气那样,由管道或气罐(瓶)输送和装运,并形成产业沼气的完整产业链条。“产业沼气”的特点是:沼气发生器的规模大(厌氧消化器单体容积大于500米^3)、运行快速和稳定(单厂日处理废液或废渣500吨以上)、容积产气率高(4~10米^3/(米^3·天))。产品经纯化后的沼气,可以压缩气方式直接替代汽油和柴油驱动车辆，也可以进入天然气管网替代部分天然气。这是一种生产方式、品质和运作方式完全不同于农户沼气的一种工业化和商品化的沼气。

“产业沼气”概念是由中国农业大学生物质工程中心程序教授、广西壮族自治区高等农业职业学院郑恒受研究员、广西必佳微生物工程公司董事长梁近光在长期的有机废液处理实践中形成、并于 2006 年提出的。2008−2010 年广东农垦三和酒精厂与广西武鸣安宁淀粉酒精厂，利用高浓度有机废液沼气发酵，分别实现了日产 3 万米^{3}沼气的规模。

在中国，较早前已有利用酿酒废液规模化制取沼气和提供民用的案例。河南省的南阳酒精总厂年产酒精 5 万吨，月排放糟液 2 700 吨，1964 年开始试验用酒糟和酒精废液生产沼气。1967 年和 1986 年先后建成两座 2 000 米^{3}和两座 5 000 米^{3}的厌氧消化器，日产沼气 4 万米^3，除供应所在的南阳市 2 万多户家庭家用外，还供本厂职工食堂、锅炉替代燃煤之用。

在发展清洁能源和减少对天然气进口依赖的大背景下，欧盟国家产业沼气（称为“生物天然气”或“生物甲烷”）的功能与利用上也由以往的“环保—能源型”向“天然气替代型”方向转变，车用燃料和供热发电（热电联产，CHP）越来越多，规模化和商品化程度越来越高，重要象征是大型沼气联合体的出现。这种联合体的核心，是数个容积各约 1 000 米^{3}以上的单体厌氧发酵罐与后发酵罐组成模块，再由若干这样的模块与一定面积的农地、畜禽养殖舍、贮料罐、CHP 发电厂或沼气纯化车间，以及有机肥厂组成联合体（图 21−11）。沼气在德国最初主要用于并网发电，规模一般在 10 兆～30 兆瓦，现已转为制生物天然气作为车用；沼气在瑞典主要用于替代车用天然气或与天然气管道并网。大容量的厌氧发酵罐在技术和设备上实现了对传统大中型沼气工程的升级换代。

新一代沼气工程提升的技术内容，一是以密封性优良、内壁敷设加热管的钢质厌氧反应罐，取代了传统的钢筋混凝土厌氧反应罐和反应罐内设有连续搅拌装置，以适应于产气率大幅提高的新工艺。二是由于沼气批量地用于就地发电或纯化，出现了厌氧反应罐和小规模储气囊一体化的池型，取消了造价高昂的传统大型储气罐。三是开发出了沼气产业化和商业化应用的关键环节——提纯技术和设备，使沼气中的甲烷含量增至 97% 左右，不再含有 H_2S 等杂质，CO_2 含量很低，达到与天然气一样的热值和商品化的产品要求。四是充分利用含大

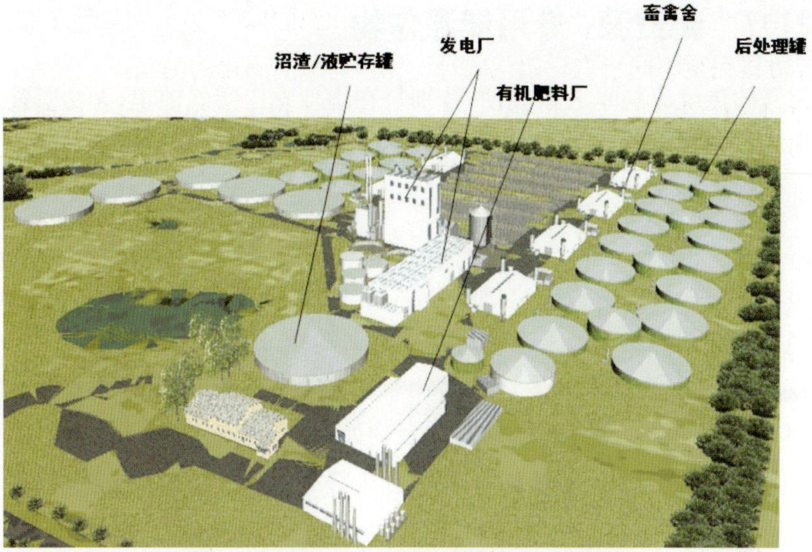

图21-11 大型沼气发电工程系统组分示意图
图片来源：德国NAWARO BioEnergie AG。

量优质有机质和植物养分的沼渣/液，制造高价值的商品肥料，既实现了循环农业，又避免了需进一步处理大量的沼液引起的大量投入，还避免了沼渣/液直接还田可能导致的土壤与水系富营养化问题。五是沼气工程及技术服务的高度社会化，出现了一批专业承建大型沼气工程组合“交钥匙工程”性的国际集团公司，联合沼气提纯设备企业、沼气发电机组企业等专业配套公司，从事相应的技术咨询、工程设计、建造承包直至销售后维修、保养的系统服务。

图21-12 地下坑和地上堆一体、加覆盖的青贮库
图片来源：德国NAWARO BioEnergie AG。

在制沼气的原料方面，也已不再完全依靠传统的5类原料，而采用专门培育的沼气能源作物，并且收获后即行青贮备用(图21-12)。

21.7 新资源：专用能源作物

沼气的传统原料是人畜粪便，特别是在小型农户沼气池里，无法直接利用农作物秸秆等其他原料。秸秆直接制沼气则需进入厌氧反应罐前进行较为复杂的前处理和接种工序。至于秸秆（纤维素）乙醇，更是当今中外科学家和企业家关注的热点。从理论上讲，秸秆制乙醇的前提条件是需要进行大规模的前处理，如使用强酸/碱处理、蒸煮处理、高压爆裂处理等，使那些可以被利用的纤维素从难以被分解利用的木质素和半纤维素的裹被中分离出来。这一切，均需投入相当数量的能量。之所以需要这些高耗能的前处理的原因，是作物秸秆在成熟过程中，大量可溶性、易分解的碳水化合物如糖分，果胶，转变为不易分解甚至无法分解利用的半纤维素和木质素，而且还将纤维素包被起来形成晶体状，因而利用价值大大降低。

与纤维素乙醇和干秸秆制沼气路线不同的是采用能源作物整株青贮后生产沼气，也就是在秸秆中大部分碳水化合物尚未向不可溶性物质转化前，就通过乳酸发酵（青贮）形成可溶性乳酸。带有 4 个碳分子的乳酸很容易转化为带有两个碳分子的乙酸，进而再转化为只带一个碳分子的甲烷。此外，由于乳酸本身的抗腐性，整株青贮料可以很方便地堆存和周年取用，这对于沼气的工业化生产具有重要意义。图 21-13 为建在玉米和牧草地旁的沼气工程。

玉米、甜菜、甜高粱和牧草等专用能源作物的出现，使欧盟国家摆脱了规模化生产沼气的原料不足的窘境。除了与粮、油作物和饲料作物轮作外，还可以充分利用休闲农地和草地，具有非常大的资源潜力。据欧盟能源专家的乐观估测，到 2020 年，生物天然气将可以替代其天然气的全部进口量，即每年从俄罗斯进口的约 5 000 亿米^3。从长远看，产业沼气的潜力更是可观。

图21-13　建在玉米和牧草地旁的沼气工程
图片来源：德国NAWARO BioEnergie AG。

据奥地利自然资源和应用生命科学大学的 T.Amon 教授等的研究，欧盟 25 国现有农作物耕地 9 300 万公顷。按照兼顾食物、饲料和生物能源生产的需要布置可持续的轮作体系，能源作物占总面积的 20%。其甲烷产出率取中值每年每公顷 6 500 米^3,即可年产甲烷 1 209 亿米^3,相当于替代 1.04 亿吨石油当量。

21.8 沼气与温室气体减排

这些年,减少温室气体排放的事在全世界闹得沸沸扬扬。大量燃烧煤和石油等化石能源,等于是把由植物吸收的大气中的二氧化碳,经过几亿年地质作用埋藏在深层的化石形态的碳,在短短的几百年里集中释放到大气中,难免会出大乱子。

而沼气燃料的温室气体排放因子远低于煤和石油:分别为 748 克/千克的二氧化碳和 0.023 克/千克的甲烷;而煤炭则分别高达 2 280 克/千克二氧化碳和 2.92 克/千克甲烷。因此,扩大应用生物燃料特别是沼气,是实现"低碳经济"的有效手段。

我国 3 050 万户用沼气和养殖场沼气工程,年可减少排放二氧化碳 4 500 多万吨。在 1990—2005 年的 15 年中,我国的农户沼气累计提供了相当于 0.98 亿吨标煤的能量,相当于减排 2.4 亿吨二氧化碳。按照农户沼气以及规模化沼气工程的发展规划,到 2020 年将达到年产约 600 亿米^3 沼气,相当于每年减排二氧化碳 4.4 亿吨。

参考文献

1. 郭世英, 蒲嘉禾. 中国沼气早期发展历史. 重庆: 科学技术文献出版社重庆分社, 1987.

2. 张全国. 沼气技术及其应用. 北京: 化学工业出版社, 2008.

3. 丁仁东. 能源危机. 台北: 五南图书出版公司, 2009.

生物质产业的原料和产品像一座繁花似锦的花园，但要品种色彩搭配有序，处理好相互间的关系。

22 论中国发展生物质产业的十大关系

- 生物质能源与其他能源的关系
- 能环功能与“三农”功能的关系
- 资源稀缺与丰富的关系
- 燃料乙醇的 1.5 代和 2 代的关系
- 固体生物燃料的多样与重点的关系
- 户用沼气与产业沼气的关系
- 能源产品与非能源产品的关系
- 加工生产与原料生产的关系
- 国企与民企的关系
- 国内与国外的关系

中国篇结语：决胜生物质

一切运动形式的每一个实在的非臆造的发展过程内，都是不同质的。我们的研究工作必须着重这一点，而且必须从这一点开始。

——毛泽东

本书《中国篇》共 11 章，前五章论述了中国的能源问题和“三农”问题以及生物质产业与解决这些问题的关系，还有两章介绍中国的生物质原料资源；后五章以案例和随笔形式记录了固态、液态和气态生物质能源产品在中国的孕育与起步。最后写点什么，似乎水到渠成地该写些发展战略、路线图、方针政策之类的，又觉可“堂而皇之”但“百无一用”。对这种“坐而论道”读者不感兴趣，领导置若罔闻，倒不如针对时弊，将前面说到的一些问题整理为发展中国生物质产业的十大关系。

所谓“关系”，就是按照复杂事物发展的客观规律，提出的一些“游戏规则”。由原始社会的家族制进入到奴隶社会和封建社会，人的社会属性越来越突显，需要有一套人与人、人与自然之间的关系准则，“天人合一”、“天地君亲师”、“三纲五常”、“礼义廉耻”等都是为了理顺这些关系，老庄学说和孔孟之道讲的大多是这些“关系学”准则，讲的是如何以规矩才能成方圆。如果这些关系和规矩被破坏了，就会“礼崩乐坏”，“天下大乱”。

人与自然和人与人之间的关系是个协同进化的巨系统，一个新要素的进入需要有个融入过程和逐步建立规则，化石能源进入是这样，可再生能源和生物质能源进入也是这样，都需要理顺与相关方面的“关系”，建一套“游戏规则”。这件事情做好了，新事物融合入大系统也就顺利了，推动社会进步的效果更好了。如果一百多年前化石能源进入人类社会时就制定好减少温室气体排放的“游戏规则”,全球气候变化也不会像现在这么糟糕,可惜当时还缺乏这种认知能力。

新中国成立不久的第一个五年计划结束时,为了总结经济建设经验,毛泽东用两个多月时间听了中央34个部委汇报后,于1957年总结提出了著名的《论十大关系》,即在建设新中国中要处理好重工业、轻工业和农业的关系、经济建设与国防的关系、中央与地方的关系、党与非党的关系、汉族与少数民族的关系,等等。他非常注重矛盾的特殊性,强调具体矛盾必须具体分析,他在《矛盾论》中强调“一切运动形式的每一个实在的非臆造的发展过程内,都是不同质的。我们的研究工作必须着重这一点,而且必须从这一点开始。”

新兴的现代生物质能源产业在中国发展已近十年,本章拟以毛泽东的《论十大关系》为典范,学习整理了发展中国生物质产业中要处理好的十大关系,权作《中国篇》的小结。

22.1 生物质能源与其他能源的关系

工业化时代,化石能源独擎能源天下,后工业化社会则将进入能源多元化时代,化石能源、核能、各种可再生能源以及氢能等的多元化时代。化石能源与清洁能源是在替代中此消彼长,关系很清楚,各清洁能源则是在资源状况与技术成熟度、经济性和市场竞争力、生态与社会效益等因素综合作用下的一种百舸争流,共襄替代盛举的关系。

清洁能源中,传统水电与核电的技术成熟度和工业化程度高,见效快,轻车熟路,为当前应急之需,理应优先。但中国水电资源集中于西南部,开发程度已高,深度开发的难度、成本以及对生态影响会越来越大;核电原料不可再生并将主要依赖于国外。因此二者只能担当近中期发展重点而不敷久远。非水可再生能源的资源丰富和广布、清洁和安全、本土化和可以持续、可富民和能源自主,无疑是国家能源发展的长远战略重点。处理好水电核电与非水可再生能源之间的关系有利于中国在清洁能源上的纵深配置和科学布局。

中国的非水可再生能源中,风能与太阳能宜发展于西北等资源富集区和城市建筑物供热,作为国家发电与供热的补充。生物质的原料资源量最大,又占有东部和南方的区位优势;原料与产品多样,特别是液体燃料和产业沼气可对化石运输燃料和天然气替代，且技术成熟、设备国产、风险度低，可促进农民增收和农村工业化和城镇化，社会效益巨大，这些都是其他清洁能源所不具备的。因此，非水可再生能源中生物质能源应放在主导位置和作为战略重点。

理清化石能源、传统水能和核能、非水可再生能源及其中风能太阳能与生物质能的关系，中国的能源发展大思路和大战略就清楚了。只可惜中国目前的能源大思路正好与此相反，这在本书有关章节中已有阐述。

22.2 能环功能与“三农”功能的关系

风能、太阳能和生物质能均具清洁能源功能，而生物质能尚有缓解“三农”困境的重要功能，这一点却往往被“附带”掉了。

先且不说“三农”对发展生物质产业的重要性(关系 8 将谈到)，生物质产业对中国农业现代化的重要性可不是能够“附带”的。中国“三农”困境的病根是将 8 亿农民捆绑在人均不到 0.1 公顷的土地上从事附加值极低的粮食和其他农产品生产，所以城乡居民人均收入差距越拉越大，这是长期执行工农二元化和城乡二元化政策的直接结果。2008 年的十七届三中全会报告指出：“当前推进农村改革中城乡二元结构造成的深层次矛盾突出”，要“把着力构建新型工农、城乡关系作为加快推进现代化的重大战略”。当前发粮食补助、免农业税、搞新农村建设等都是必要的，但给“三农”自身以“造血机制”和“授之以渔”才是根本。

什么是“渔”？就是在初级农产品生产基础上将生产链条向高附加值方向延伸，一是农产品加工，一是生物质产业。农业由单一的初级农产品生产拓展到农产品加工和生物质产业，这是农业产业结构的一场深刻革命，是发达国家现代农业的一种基本特征。一个市场需求极旺和产品附加值高的生物质产业必将是一台强力的引擎，拉动农业发展，增加农民收入，缓解“三农”困境和推进农村工业化、城镇化建设，其社会效益是不可估量的，这么重大的国家战略大计岂能被“附带”？这个认识不到位，就谈不上国家政策和规划对生物能源的到位。

2010 年 1 月中国成立的、由温家宝总理担任主任的国家能源委员会组成中，连外交部和解放军总参谋部都参与了，唯独没有农业部和国家林业局。中国一面强调“三农”是“全党工作的重中之重”和“着力构建新型工农、城乡关系作为加快推进现代化的重大战略”，一面又排斥与“三农”和“构建新型工农、城乡关系”密切关联的生物质能源，问题不知出在哪里？

22.3 资源稀缺与丰富的关系

生物质能源在中国提出之初，首先遇到的质疑是“中国有生物质资源吗？”因为当时美国的玉米乙醇和巴西的甘蔗乙醇给人的印象太深了，中国的粮食和耕地那么紧张，哪来的粮食和耕地发展生物质能源？甚至有人当面问我：“土地在哪里？”

随着时间的推移，人们对生物质能源了解得多了，原来生物质能源不只是乙醇，更不只是玉米乙醇和甘蔗乙醇。根据对中国生物质原料资源的研究，每年产出的作物秸秆、畜禽粪便、林业剩余物等有机废弃物即具年产能 5.65 亿吨标煤的潜力，其中仅作物秸秆一项就相当于 10 个当今中国最大的神东煤田，畜禽粪便也可年产能 1.22 亿吨标煤。这些有机废弃物都是生物质原料，能够生产固体、液体和气体能源和各种生物基产品，它们与粮食和耕地无关。

再说边际性土地和能源植物。边际性土地不宜种植粮食和一般农作物，但可种植具有强抗逆性的能源植物，全国有约 1.37 亿公顷边际性土地，比现耕地面积还多，可年产能 5.49 亿吨标煤。农业部最近一份专项调查报告提出的适种液体生物燃料的荒地面积是 2 680 万公顷，加上现有种植薯类等的低产农田，即有年产出 1 亿吨以上燃料乙醇的潜力。国家林业局提出全国有 5 700 万公顷宜林荒山荒坡地和 5 000 多万公顷的薪炭林、木本油料林和灌木林可以发展能源林业，胡锦涛主席建议在全国种植的 4 000 万公顷碳汇林同时也是生物质原料基地。

以上说到的边际性土地单位是千万公顷，这是一个很大的数量级(亿亩)！荷兰全国只有 90 万公顷耕地，却成为仅次于美国的世界第二大农产品出口国；以色列只有 35 万公顷耕地，农产品的劳均出口创汇可达 1.5 万美元；中国可利用于种植能源植物的边际性土地分别是荷兰和以色列耕地的 150 倍和 390 倍，然而，中国家大业大，却没把它当回事。这是一笔多么可观的土地资源，多么巨大的绿色油田和煤田，多么辽阔的一片能为农民结下金子的摇钱树森林啊！

如果只看到玉米乙醇和甘蔗乙醇，中国的生物质资源就是稀缺的；如果看到农林有机废弃物和边际性土地，中国的生物质原料资源就是十分丰富的。“大道至简”，有时事情本身简单得不能再简单，但转变一个长期形成的观念却复杂得不能再复杂。如果将生物质资源观“革命”一下，千千万万个潜在的绿色油田和煤田就会呈现在眼前，现在的中国能源状况是在“捧着金饭碗要饭吃”。

22.4　燃料乙醇的 1.5 代和 2 代的关系

燃料乙醇是现代生物质能源的一种标志性产品，因为它替代的是当代需求增长最快、资源争夺最激烈的化石运输燃油。燃料乙醇在中国演绎了一段快速起步、原地踏步和茫然下步的“三步舞曲”，何以茫然？

因解决陈化粮压库而“十五”期间发展陈化粮乙醇，“十一五”期间没了陈化粮而提出发展非粮乙醇，多么顺理成章。但现实却是粮食乙醇在继续，非粮乙醇没有抓。2010 年 5 月温家宝总理视察安徽丰原燃料乙醇厂的“秸秆变乙醇”项目，6 月举办中美先进生物燃料论坛，似乎政府在关注纤维素乙醇，想从粮食乙醇一步跳到纤维素乙醇。这是当前中国政府对待燃料乙醇的一种捷径心态。

粮食乙醇在中国绝不可行，现有的年产一百多万吨也应尽快转型，至于纤维素乙醇的技术突破和规模化生产谈何容易。美欧斥巨资于纤维素乙醇攻关多年，原以为 2015 年以后可以开始大规模生产，但现在不是那么乐观了，将 2011 年的 82 万吨生产指标调低到了 2.1 万～8.4 万吨。中国在这方面没有下过功夫，难道天上会掉“馅饼”？切莫忘记中国《可再生能源中长期发展规划》提出的 2020 年生产 1 000 万吨燃料乙醇的目标，只剩下 10 年了，是靠粮食乙醇，还是靠纤维素乙醇去完成？都不可能。

2010 年 5 月在北京举行的中美先进生物燃料论坛上，我提出了 1.5 代乙醇的概念，即以中国的优势非粮能源作物甜高粱、薯类、菊芋等为原料生产燃料乙醇。1.5 代的非粮乙醇技术成熟，设备国产，可较快形成产业化和规模化生产，能将千万公顷沉睡的边际性土地和广大农民的积极性激活起来，它是完成 2020 年 1 000 万吨燃料乙醇指标的唯一和最佳选择。

中国目前维持粮食乙醇，钟情纤维素乙醇是一种“上不着天下不着地”、不切合实际的心态，它正在使中国在发展燃料乙醇上犹豫茫然，贻误时机。中国必须丢掉幻想，走出彷徨，下决心和切实地抓住非粮乙醇，努力实现2020年1 000万吨的目标。同时，下点真功夫抓实纤维素乙醇的研发，做好技术储备，这才是正途。

22.5 固体生物燃料多样与重点的关系

生物质原料资源中固体者最多，仅作物秸秆、林业剩余物和林地生物质三项即可年产能7亿多吨标煤，占生物质原料资源总量的2/3。其中秸秆原料与木质性原料分占四成和六成，富集于农田和林地，可用于直燃发电、混燃发电、气化发电、成型燃料供热/发电、产业沼气以及技术过关后的纤维素液体燃料或多元醇等多种转化途径与产品。

在多样化开发固体生物质原料中，随资源状况和技术及产业化成熟度不同而在不同时期和不同地区选择不同开发重点，不存在绝对优劣取舍和非此即彼。根据当前国际国内的技术进展与产业实践，直燃／混燃发电和成型燃料供热／发电的技术和产业化程度最高，可作为中国近中期选择的开发重点，同时培育尚处产业化示范或实验阶段的气化发电和产业沼气等。

开发固体生物质原料的瓶颈是它的松散、能量密度低和不便运输流通。而经压缩后的成型燃料可以很好解决这道难题，其容重及热值接近于煤炭，干净和便于运输。可惜人们往往将它的作用局限于燃烧供热的一种燃料，其实更应当是一种经粗加工和便于流通的“成型原料”，可用于各类能源和非能源产品的生产。正如我们不能将整株成熟的小麦和玉米送到市场，而要经过脱粒、晾晒、分选和装包一样。粮食的粗加工过程大家习以为常了，所以无人说粮食密度低和不便运输问题，而生物质产业是件新事，忽略了也需要有原料粗加工过程，所以才说它能源密度低和运输不便的问题。

从原料收集、粗加工为成型原料以及运输到加工现场，这个中间环节是发展生物质产业的一项重要的基础建设，含收集、机械制造、成型加工和运输的产业链，可以吸引企业资金、技术、劳力、管理和服务的参与。发展固体生物质燃料一方面要多元化，一方面要抓好“成型原料”的加工市场培育，以解“瓶颈”之困。

22.6 户用沼气与产业沼气的关系

20世纪70年代，在中国开始发展农村户用沼气的时候，德国与瑞典等欧洲国家开发了沼气的规模化生产与工业性用途，我们叫产业沼气。30多年过去了，中国农村的户用沼气发展到了3 000多万个农户小型沼气池，年产沼气120余亿米^3；欧洲的产业沼气也由以城市污水和有机垃圾为原料发展到以畜禽粪便和专用能源作物为原料；由传统厌氧发酵工艺发展到连续搅拌发酵(CSTR)、中高温发酵、青贮物料单独/混合发酵时等先进工艺；应用上也由传统的沼气直接燃烧发电发展到对天然气的多种替代。

农村户用沼气只是利用家庭分散养殖的畜禽粪便和有机杂物，而更为丰富的规模化养殖场的畜禽粪便和城市/加工业排放的高有机质废渣废水等原料资源仍被弃置和污染环境。仅大中型养殖场废水、工业有机废水和城市污水三项中国即具年产830亿米^{3}沼气或700亿米^{3}天然气的资源潜力，相当于现全国天然气的年消费总量。垃圾填埋气以及专用能源植物原料的利用潜力也很大。重要的是，这些原料资源相对集中和较易于收集和规模化生产，且不与农村户用沼气争夺资源和有利于环保。

中国天然气需求剧增，缺口不断扩大，宜尽早关注对丰富的沼气原料资源的开发，走发展农村户用沼气与产业沼气并行不悖、相辅相成之路。做到这一点，需要有三个升级：即在观念与方针政策上由单一的农村户用沼气向户用沼气与产业沼气并重升级；由单体小型发酵池技术向工业化和规模化厌氧发酵技术升级；由农户自用能源向商业能源，特别是向对天然气替代方向升级。

22.7 能源产品与非能源产品的关系

由于化石能源的资源枯竭和对环境的污染，能源替代乃当务之急，故首先关注的是生物质的能源功能，生物基产品提及很少。在上千种的石化产品中，塑料、化肥、化工原料等非能源产品消耗的原油约占三成，其替代非生物质莫属，风能、太阳能等其他清洁能源是无能为力的。

如燃料乙醇本身就是一种基本有机化工原料，可衍生乙烯、丁二烯、环氧乙烷、乙二醇、乙醇胺、乙醛、三聚乙醛、丁醛等一二十种下游化工产品；生物柴油加工共生甘油、脂肪酸甲酯及其酯类衍生物，可用于生产表面活性剂、工业溶剂、塑料和增塑剂、工业化学品、农用化学品、润滑剂、黏合剂等。乙烯是一种标志性化工原料，由燃料乙醇脱水生成的生物基乙烯成本已接近或低于石油基乙烯。至于生物基塑料对石油基塑料替代之广阔前景更是众所周知。

生物基产品与生物能源之间没有鸿沟，而是相辅相成的统一生物化工系统，科学与合理的联产可以明显降低生物能源产品成本。如山东龙力生物科技公司采用与木糖醇联产纤维素乙醇的方法建成了年产万吨纤维素乙醇装置，可以显著提高纤维素乙醇生产的经济性。随着科技进步，生物基产品的面纱会缓缓被揭开，多少奇珍异宝将展现在世人面前。

能源可以多元化，而石化产品中的非能源产品唯生物质可以替代。二三十年，或三四十年后，随着石油天然气资源渐趋枯竭和价格高昂，生物基产品的重要性将会越来越凸显。凡远见者今天的投入必将赢得他日的丰厚回报，对一个国家也是这样，中国不妨一试。

22.8 加工生产与原料生产的关系

当前中国在发展生物质能源中遇到一个普遍性问题，即工业化加工中原料供应不上的问题。

生物质发电原料供应不易；广西木薯乙醇原料供应也难，需要进口薯干调剂；中海油在海南建成年产 6 万吨的生物柴油加工设施而“无米下锅”，以及中石油攀枝花的小桐子生物柴油项目被撤了下来等等，都与原料供应有关。这些搞工业的人士往往只看到和熟悉生物质能源的工业加工转化过程，忽略和轻视了原料生产和供应过程，对难度估计不足。他们说：“生物性原料收集难，和农民打交道难”。这里有实际问题，也有认识问题。

实际问题是生物质原料确是存在分散、农民组织化程度低和受年成丰歉影响等问题，但只要逐步建立起原料生产、收集和转运的工作系统和管理机制就不难解决。纺织业收棉花、制糖业收甘蔗、造纸业收木材和秸秆、蒙牛集团收奶等等不是都解决得很好吗？这是经多年建立起来的原料收集系统运作的结果。

生物能源才刚刚开始，个别企业孤军深入，当然不易，需要的是信心与努力。

认识问题是任何加工工业都必须有原料支撑系统，火电厂必须有采煤业支撑，冶金业必须有采矿业支撑，石化工业必须有采油业支撑，如此等等；生物能源当然也必须有农林业的原料供应支撑。不同的是工业领域的原料生产与加工生产一般都在工业系统，而生物质能源的加工一头在工业系统，原料生产一头却在农业系统，衔接与协调要复杂许多。

实际问题也好，认识问题也好，都好解决，核心是政府态度和利润厚薄问题。

2000 年美国成立了由农业部部长和能源部部长联合担任主席的“生物基产品和生物能源部际协调委员会”和“生物基产品和生物能源协调办公室”；2001 年北京举行的“中美先进生物燃料论坛”的美国代表团就是由农业部副部长担任的团长。可是在中国，生物质能源归口工业系统，不在农业部的主管范围之内，这是造成当前生物质能源加工生产与原料生产脱节的行政性原因。

22.9 国企与民企的关系

中国政府在发展燃料乙醇和生物质发电中，主要倚重于大型央企国企，准入门槛设置得很高，民营中小企业很难进入。运输燃油销售上更是全部由中石油和中石化两家垄断，且不准收售市场上生产的燃料乙醇，将市场之门紧紧关闭。官方人员的解释是民营企业抗风险能力弱，怕影响稳定供应，如发改委 2006 年发布的发展燃料乙醇“十一五”总体思路中提出的：“依托主导力量，严格市场准入，加强市场管理”。

生物质能源原料多样、分散和地域性强，加工转化企业宜中小型和接近原料产地，与大型的传统能源产业有很大不同。本书 17～21 章介绍的龙基电力集团、毛乌素生物质电厂、吉林辉南宏日新能源公司、广西新天德能源公司、北京德青源沼气发电厂等成功案例都是民营中小企业，他们都是以自有资金与银行贷款，锐意经营，在相当困难的条件下得以生存和发展的。民营中小企业中蕴藏着极大的积极性与生产潜力，将他们排斥在外的政策是国家发展生物质能源的一大失误和损失。生物质能源之于大型央企国企如航母上的一支小艇，蝇头小利之于万贯家财而已，在对待生物质能源的心态上与中小企业是不同的。

美国200多家燃料乙醇厂、巴西近400家燃料乙醇厂、欧洲的生物质发电、热电联产、成型燃料、生物气运输燃料等主要是由民营中小企业担纲实现的。中国发展生物质能源过分强调依靠大型央企国企和按计划经济管理的思维模式和政策导向是不符合生物质产业特点，对发展生物质产业是很不利的。发挥大型央企国企与民营中小企业的两种优势和两个积极性，在国家引导和扶持下发挥市场在资源配置与调节上的作用的作法才是适合于中国国情的。

22.10 国内与国外的关系

生物质能源在美欧和巴西已由初创期进入快速发展的成长期。中国起步不算晚，但发生的问题和体制性制约很多，与美欧和巴西间的差距越拉越大。中国没少向这些国家"取经"，但都是技术层面上的，决定国家大政方针的决策者没有在战略层面上认真研究过这些国家的动向和成功经验，能听到的只是身边官员的声音，这是中国发展生物质能源滞后的领导原因。

各国国情不同，但在低碳减排和发展清洁能源上是共同的，这些国家有哪些战略性经验可资中国借鉴呢？如将能源"自主与安全"作为国家重大战略；将清洁能源对化石能源的替代作为重大国策；清洁能源的战略重点是可再生能源；发展可再生能源以生物质能源为主导，以及重视生物质能源的促进农村经济功能等。

国外有哪些技术层面上的经验可资中国借鉴？一是将已成熟技术及技术改进作为工作重点。"美国能源未来委员会"2009年完成的《美国能源的未来》大型决策咨询报告提出的8个要点中的第一条，即是"只要加速应用已有的和正在开发的能源生产和使用技术，就能够大幅度提高能源效率，获得新能源及减少温室气体排放"。二是燃料乙醇、生物质发电与热电联产、成型燃料、产业沼气等的一代生物质能源技术及其产业化在美欧和中国已经成熟，当前中国需要引进的是生物质热电联产技术及工业化生产沼气及净化技术。三是纤维素乙醇等二代生物质能源技术和微藻等三代技术中国投入的力量太少，已远落后于美欧，应加大投入和寻求国外合作。

四是具有巨大潜力与前景的生物基产品，除美国外尚不为世人所顾及，这可能是中国能走在世界前列的一个重要切入点。

中国篇结语：决胜生物质

进入21世纪，能源转型和应对气候变化已经形成世界浪潮，能源状况已成为一个国家实力的象征，凡"掌握洁净、可再生能源动力的国家将处于21世纪的领先地位。"（奥巴马，2010）

中国紧跟了这个世界潮流，但是经济高速发展带来的压力和缺乏一个高瞻远瞩的国家能源战略，从而显得在发展可再生能源上表面形式多于实质内容，仍然是重化石能源轻清洁能源，重传统能源轻非水可再生能源、重风能太阳能轻生物质能。为什么会这样？因为中国化石能源工业和企业集团的力量太强大了，宁以充足外汇储备将国家能源立足于国外，而对本土可再生能源资源的艰苦开发不屑一顾。能源结构的改变必然涉及利益分配结构的改变，中国能源战略能否回归理性决定于利益分配上的这场较量。

中国正在制定"十二五"计划，从种种迹象看，上述趋势不会有大的变化。在2020年的能源大蛋糕里，可再生能源连十分之一也分不到，生物质能源更是微乎其微。中国生物质能源的"十二五"前景已经明朗了，即沿着"十一五"的颓势继续下去，这已成常态。改变这种常态有一种可能，即由某种突然因素的出现，将生物质能源推到"紧急"需求状态：一是世界石油和天然气价格大幅回弹和对中国经济压力太大，不得不压减石油和天然气的进口量；二是国外石油和天然气的部分进入通道受阻，国内油荒和气荒影响到经济和社会生活的正常运行；三是中国承担二氧化碳减排指标难以完成。中国人不愿意看到这种非常态情况的出现，但也非绝对不会发生，贵在防患于未然而勿"临渴掘井"。

还有一种可能，就是靠生物质自身的力量改变局面。一次偶然机会与一位经济学家攀谈，他说影响中国经济有两只手：一只是有形的政府之手，一只是亚当·斯密的"无形之手"。中国成为"世界工厂"不是政府有形之手所为，房市发展到现在状况也非政府的规划和预期。他的这番高论启发了我，如果生物质产业真像我说的那么好，亚当·斯密的那只无形之手必会眷顾于它的。当然这不是消极等待的意思，我多么期盼固体生物燃料、液体生物燃料和气体生物燃料在技术和产业化上取得一个又一个的突破与成功，积小胜为大胜地影响公众和感动领导；我多么期盼中国的生物质能源企业家们能在政策环境比外国差得多的条件下，披荆斩棘地取得一个又一个的辉煌战绩。龙基电力集团、毛乌素生物质电厂、吉林辉南宏日新能源公司、广西新天德能源公司、北京德青源沼气发电厂等许多企业已经这样做了，以后还会有更多更多的生物质能源企业能够生根、开花、结实，如星星之火般地在华夏大地燎原。

我说的“决胜生物质”有两层含义。一层含义是坚信生物质产业具有强大的生命力和必将造福于人类社会，我们应为之呐喊与鼓噪，让世人更早更多地认识它，这是一种“宣言”；另一层含义是凡有志于生物质产业的能人志士，企业家、科技工作者、教育工作者、农林工作者、政府工作者、新闻工作者、文艺工作者拿起自己手中的武器，排除万难地去创造生物质产业业绩，宣传公众，感动领导，这是一种“动员”。就我自身而言，自 2004 年涉足生物质领域以来，不敢稍有懈怠，7 年如一日地用自己的秃笔和三尺讲台去决胜生物质，生命不息，决胜不止。

本章一开篇就提到，什么发展战略、路线图之类的“坐而论道”会“百无一用”，这才决定针对时弊地论述中国发展生物质产业的“十大关系”。当写完“十大关系”和看到国家能源局披露的“十二五”能源计划概要后才发现，自己仍是在玩弄那“百无一用”的“坐而论道”，着实可笑！但一想到生物质大业，区区中国之“十二五”何足道哉，“决胜”中一小战役耳。中国领导看不看和怎么看这“十大关系”是他们自己的事，这本书主要是写给中国公众看的，只好以此聊以自慰，无奈也。

PREVIEW

Carbon Dioxide
Biomass
New Biomass Crops
Conventional Biomass
Recycling
Residues
Products

前瞻篇

美国 Oak Ridge 国家实验室绘制的“生物炼制”(Biorefinery)概念图，以二氧化碳和生物质将自然条件下的生物性生产与工厂化条件下的转化构成一个统一的物质和能量循环系统。

23 至美的绿色文明

- 辉煌的农业文明
- 灿烂的工业文明
- 能源危机与“三段式”转型
- 非能资源危机更加深重
- 碳氢化合物与碳水化合物的“轮回”
- Biorefinery: 生物炼制
- Bioindustry: 生物产业
- 绿色的明天
- 至美的绿色文明

一个社会即使探索到了本身运动的自然规律……它还是既不能跳过也不能用法令取消自然的发展阶段。但是它能缩短和减轻分娩的痛苦。[1]

——卡尔·马克思

地球存在46亿年，生物就有38亿年演化历史。生物在演化中曾经历过多次绝灭事件，影响最大的一次是在距今2.5亿年的二叠纪末和三叠纪初，95%的陆地动植物物种和一半的海洋生物物种灭绝了；另一次是在距今约6 000万年的白垩纪末，有75%的动植物物种又遭灭顶之灾。这次灭绝后重新繁殖起来的陆生植物不再是裸子植物而是被子植物，不可一世的恐龙被哺乳动物家族替代了，现代的自然地理景观也是在这个地质时代开始和逐渐形成的。

地质史上最新的一个时期叫第四纪，记载的是最近三四百万年间的地质事件，其间最大的事件有二：一是出现多次冰期，二是出现了人类。末次冰期是在距今约7万年前开始的，距今1.7万～2万年间为最盛期，结束于1万年前，末次冰期后的全球气候逐渐变暖转湿。400万年前出现了人类，但是进化得非常缓慢，直到十多万年前才由"直立人"进化为"智人"，而由智人进化为现代人，仅万年耳，正是处在末次冰期后的温暖湿润期。这个温暖湿润的"最佳时期"大抵出现在距今9 000～6 000年间，这是人类进化历史上的春天，中国黄河中游的仰韶文化和东部的河姆渡文化都是在这个时期出现的。

在冰后期温暖湿润的"最佳时期"里，万物滋润繁茂，"智人"们不满足于渔猎采集，开始了一个伟大的创举——驯化野生动植物，出现了农业。它的"蝴蝶效应"首先是让人类由山地洞穴走向肥美的平原河川，由渔猎到饲养，由采集到

种植，由游移到定居；出现了村落聚居和人口的快速增长，生产和生活资料有了剩余和积累，社会有了分工，体力劳动与脑力劳动开始分离，而这一切“效应”的物质基础是人类的食物营养丰富了，人的大脑和智力发育加快了。人类活动的基本要义是生存与繁衍以及对生存与繁衍质量的不断追求，正是这种追求，使人类创造了光辉灿烂的农业文明和工业文明。

事物总是一分为二，得失利弊如影随形。食物多了好了，人口增长就快了，土地的扩展空间却越来越少了，人口与食物间的矛盾出来了。同样，随着工业社会的高度发展，带来了资源急剧消耗和生存环境恶化，工业社会难以为继了。正是这种矛盾的存在和对立成为推动社会进化的内因与动力，进化是不断解决矛盾的一个新陈代谢过程。那么，如何解决工业社会不可持续的矛盾呢？后工业社会又会是个什么样子？

本章作为全书的结尾，是想从人类文明进化的长河中悟出一些后工业文明的未来走向。

23.1 辉煌的农业文明

约 4 000 年前，古巴比伦王国的国王，伟大的汉谟拉比在夸耀他赫赫战功的时候也不忘记说：“我修通了运河，带来充沛的水源，灌溉苏美尔区和阿卡德区的田畴。我把两岸的土地变成了绿野，我保证了谷物的丰收。”2000 多年前，被凯撒大帝赦免的瓦罗(M.T.Varro)在他 80 岁时写下的《论农业》，书中是这样炫耀农业和夸赞他朋友 C.T. 斯罗法的：

> “他是个各方面都很有教养的人，同时他也被认为是罗马在农业方面的最大权威。我说，难道对他作这样的估价不对吗？由于他经营得好，他的田庄在许多人看起来比别人的宫殿式的建筑还要好看，因为人们到他这里来参观田庄的房舍，看到的不是路库路斯*家那样的画廊，而是满藏着果实的仓房。我说，在圣街**的最头上的地方，有我们朋友的果园的一幅画，在那里果子是卖金子的。”[2]
>
> （*当地的著名富豪；**是通往罗马广场的一条街，最头上有个最好的水果店）

早期的农业，创造了辉煌的古巴比伦、古埃及、古中国、古印度，以及古希腊和古罗马的古代文明。这个时期出现了荷马诗史和中国《诗经》，出现了毕达哥拉斯、苏格拉底、柏拉图、亚里士多德和中国的老子、孔子、庄子等一批伟大的思想家，他们的思想光芒影响了人类社会几千年。

在中国，民以食为天，国以农为本，风调雨顺、五谷丰登，仓廪殷实是上自君王公卿，下至黎民百姓的最大祈愿。北京的“九坛”（天坛、地坛、日坛、月坛、社稷坛、祈谷坛、先农坛、先蚕坛、太岁坛等）无不与“农本”思想有关。自宋以来，形成历代皇家亲题或授命写作耕织诗的传统，画文并茂，以彰农事，以劝农作，推广农技。康熙、雍正、乾隆每年还亲率群臣到北京先农坛扶犁春耕。

传统农业的本质特征是利用光、热、水、气以及土壤中的营养物质等自然要素，通过植物的光合能力，进行人类生存所需要的植物性及动物性产品的生产。农人通过种植作物和饲喂牲畜以供养人类的同时，几乎将作物秸秆、人畜粪便、燃尽的草木灰、残羹剩饭等所有的剩余物（生命物质）都直接或间接地归还于土壤，进入再循环和再生产，保障了土壤肥力数千年而不衰。传统农业是一个人为活动参与下的自然态和封闭式的生命物质与能量循环系统，除了太阳辐射不断提供的能量外，没有其他任何外来的能量与物质。传统农业的理论精髓是天地人合一，技术精髓是精耕细作，通过精耕细作将生命物质和能量循环的效率发挥到极致，中国的传统农业是世界传统农业的突出代表。

农业的兴起带动了由石质农具向铁质农具的转变，带动了观象与数学、地理与土地、水利工程与工具、桑蚕与纺织、冶金与铸造，以及制陶工艺等相关科技和行业的发展。在农业社会，作为主导产业的农业和农业科技是当时先进生产力的代表，并与相关产业和科技构成了农业文明发展的物质基础和光辉象征。

丰富的食物带来人口的增长。公元1–15世纪间，即中国西汉到明万历年间，中国人口一般维持在4 500万~6 000万；清康乾盛世达到2亿，清末达到4.36亿；1949–2000年由5.4亿增加到13亿。随着人口增长和可垦土地减少，人均占有耕地由隋代的2.81公顷和唐代的1.80公顷，减少到明代的0.77公顷，清代0.15公顷和1994年的0.08公顷[3]。17世纪的世界人口是5亿，18世纪是8亿；19世纪超过13亿，20世纪则由16亿增加到60亿。到了19世纪，全

球人口骤增，可是耕地已经没有多少可供垦殖了。

农业文明发展到鼎盛的时候，也是中国和世界人口急剧增长和耕地扩展空间锐减的时候，而传统农业的封闭式物质与能量循环系统在几千年的精耕细作下，提高作物单产上的潜力已经不大了，传统农业陷入了困境。但是它孕育了科技革命和工业革命。科技革命和工业革命回报农业以先进的生物科学和农业化学，送来了良种、化肥、农药、拖拉机和电力，这些外源性物质和能量打破了传统农业的封闭式物质与能量循环系统，使农作物单产成倍增长，这才缓解了农产品供应与社会需求之间的矛盾。

哲学家说，世界万物有发生就有消亡。事物在发展的同时，抑制和消亡因素也在增长，直至事物的死亡，农业文明也是如此，如同人的成长与衰老相伴而行一样。当然，做好保健可以延缓衰退，控制人口和增加农业产出也能放慢农业文明的衰亡。正如卡尔·马克思所说的："一个社会即使探索到了本身运动的自然规律……它还是既不能跳过也不能用法令取消自然的发展阶段。但是它能缩短和减轻分娩的痛苦。"[1]

23.2　灿烂的工业文明

五千年农业文明的一个最伟大的贡献就是孕育和支撑了科技革命和工业革命。

"高楼大厦，电灯电话"只是工业文明的表征，其实质与核心是从16世纪开始的，以哥白尼－牛顿为代表的科学革命推动下的现代技术革命和工业革命：

——是珍妮纺织机（1764年）和瓦特蒸汽机（1776年）吹响了向技术革命和工业革命进军的号角，才有了20世纪初期出现的汽车（1900年）、拖拉机（1904年）和喷气式飞机（1939年）；

——是19世纪初的道尔顿原子说、波义耳元素说和赖尔地质进化论以及机械制造业的推动，现代的采矿业、冶金业和化学工业才得以迅速发展，有了煤炭、石油、天然气、化肥和塑料；

——是法拉第电磁感应定律（1831年）和麦克斯韦统一电场理论（1858

年)的推动,19 世纪下半叶才相继发明了电机(西门子,1866)、电话(贝尔,1876)、电灯(爱迪生,1879)和无线通讯技术(赫兹,1888),以及 20 世纪的微电子技术,进而给人类送上了收音机、电视机和计算机。

——是香农的信息论和二进位制应用推动了信息技术、光纤通信、因特网和移动通讯的快速发展,才有了今日人们对网络世界和手机的享受。

——是达尔文进化论(1859 年)、孟德尔遗传学(1865 年)和 DNA 双螺旋结构的发现(1950 年),开创了现代生命科学,才有了今日之胚胎工程、酶工程、细胞工程、蛋白质工程、基因工程等现代生物技术,才有了现代农学和现代医学。

——是 20 世纪中期的"曼哈顿计划"大大推进了核科技的发展;以及"阿波罗计划"将航天科技推向了高峰,拉近了人类与外层空间的距离。

李政道在 21 世纪中国科技战略研讨会(1999 年,北京)上谈到狭义相对论和量子力学两项伟大发现时说:"到 1925 年,对这两个领域完全了解了,并且由此发展了原子结构、分子结构、核能、激光、半导体、超导体、X 光、超级计算机等等,假如没有狭义相对论和量子力学,这些都不会有,几乎所有的 20 世纪的物质文明都是从这两个物理基础科学的发现衍生的"。

现代科技日新月异,光彩万千,工业文明是现代科技文明的外化。

工业文明也有他的另一面,就是这座工业大厦是靠浩大的资源堆砌起来的,能源、冶金、制造、化工、建筑、运输、信息、航空航天、公共服务等等,还有那金碧辉煌和灯红酒绿的城市,他们每时每刻都在吞噬着大量的地球资源和伤害着地球的生态与环境,使不可持续的阴云越来越浓密地在工业社会上空聚集。

人类开始明白,工业社会的科技越进步,工业生产越兴盛,对资源的消耗也越多,对生态与环境的伤害也越大;人类开始明白,科技是多么锐利的一柄"双刃剑",既是工业社会生产力发展的强大动力,又是加速地球资源消耗和生态环境恶化的催命判官。"福兮祸所伏",这种反馈机制也像农业文明时期的粮食越多人口增长越快一样地制造着工业文明的不可持续和走向消亡。现在,人们一面在尽情地享受着工业文明的成果,一面必须面对工业文明带来的资源枯竭和环境恶化,急忙寻找着可再生清洁能源和应对全球气候的变化,思考着后工业文明该怎么办?

23.3 能源危机与“三段式”转型

化石能源是支撑工业文明大厦的柱石，也是消耗最盛、不可循环和伤害环境最重的一柄“利剑”。本书以上诸章对此已有阐述，但仍愿再列出一组数据以强化这种印象。美国地质调查所2000年的一份世界能源展望报告（USGS2000）指出，截至1998年，世界石油和天然气已分别用掉了875亿吨和496亿吨，是2000年剩余可开采储量的67%和42%；美国能源信息署2005年的报告（IEO2005）提出[4]，2002—2025年的世界石油、天然气和煤炭的消费量年均增速分别为1.9%、2.3%和1.3%，三者尚可使用的年限分别是53年、63年和90年。这两组数据难道不足以令世人警醒吗？

美国的清洁能源新政也好，欧盟的“三个20%”计划也好，在应对全球气候变化和能源转型中除提高能效和节能减排外，主要是清洁能源对化石能源的替代。那么，进展与前景又是如何？先看看领军世界能源转型的几个国家的情况。

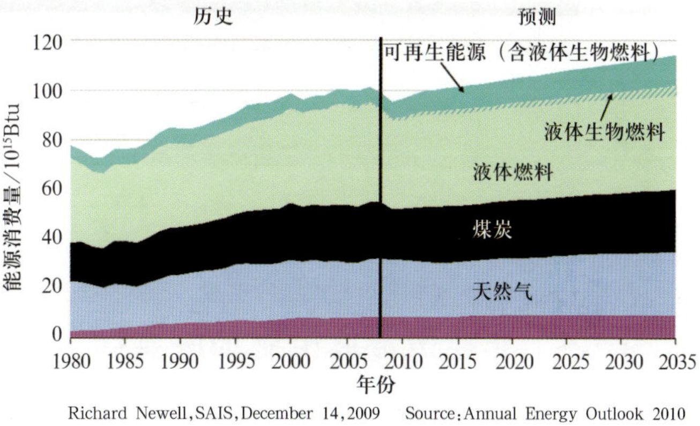

图23-1 美国能源消费结构及预测[5]

美国是世界最大能源消费国，每年要用掉世界能源总消费量的1/5。据图23-1美国能源情报署（EIA）的最新报告[5]，2035年前后美国的能源消费增长缓慢，清洁能源将占到能源总消费量的24%。其中发电量增长部分的41%由非水可再生能源提供，液体燃料消费增长部分由生物乙醇弥补。欧盟国家2020年可再生能源将占到能源总消费量的20%，而瑞典的生物能源2006年已占到全国能源消费总量的25%，巴西2009年的生物燃料在运输燃料中已经占到了56%。

以上数据说明，2035年前后美欧诸国的清洁能源将超过本国能源消费总量的1/4，而非能源高消费国的巴西和瑞典则将大大超过这个指标。据此发展动向，兹提出21世纪能源转型的“三段式”设想，即在21世纪的前1/3时段为单能阶段，即在可再生能源和核能快速成长和替代的同时仍将以化石能源为主导；第二个 1/3 时段为双能阶段，即可再生能源将由替代能源成长为主导能源之一，化石能源比重降低到 50% 左右的双雄共撑世界能源的局面；第三个 1/3 时段为三能阶段，即随着氢能和核聚变等新能源由试验进入商品化，而逐渐出现一个可再生能源、化石能源和新能源的三足鼎立格局（图 23–2）。

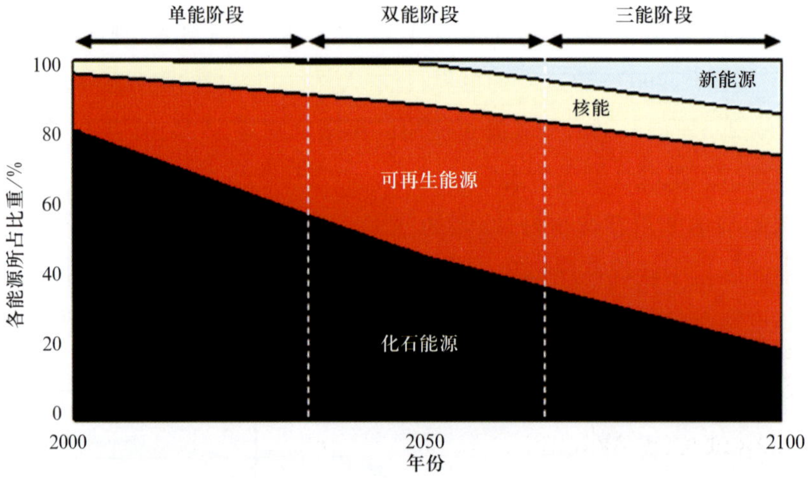

图23–2　21世纪能源演化三段式图示

23.4　非能资源危机更加深重

导致工业社会资源枯竭、环境恶化和不可持续的要素中，化石能源首当其冲，但并非唯一。建造这座“工业大厦”，除能源外，还需消耗地球上多少不可再生的矿产资源啊！而这些资源的匮乏尚未引起足够重视，且大多尚无替代着落，这是人类社会更深层次的隐忧。

最早系统地提出这个问题的是丹尼斯·米都斯的《增长的极限》[6] 一书。书中详细列出了 19 种不可再生矿产资源的已知储量，并按当时的年开采量提出可使用年数、按年均增长率给出使用年数的指数指标，以及设置新发现资源量 5 倍于已知储量指数给出的可使用年数。表中除铬、煤、钴、铁四项尚能使用百年以上外，其他均不及百年（表 23–1），请注意该书提出的起始期是 1971 年，已经过去 40 年了。

表 23–1　不可再生的自然资源储量及使用年数[6]

资源	已知世界储量	使用年数		
		固定的指标/年	指数的指标/年	5倍于已知的储量指数的指标/年
铝	1.17×10^9 吨	100	31	55
铬	7.75×10^8 吨	420	95	154
煤	5×10^{12} 吨	2300	111	150
钴	1.9×10^6 吨(4.18×10^9 磅)	110	60	148
铜	308×10^6 吨	36	21	48
黄金	1.10×10^4 吨(353×10^6 英(两)金衡)	11	9	29
铁	1×10^{11} 吨	240	93	173
铅	9×10^6 吨	26	21	64
锰	8×10^8 吨	97	46	94
汞	1.15×10^5 吨(3.34×10^6 铁箱)	13	13	41
钼	4.9×10^6 吨(10.8×10^9 磅)	79	34	65
天然气	3.2×10^{13} 米^3(1.14×10^{15} 立方英尺)	38	22	49
镍	6.67×10^7 吨(147×10^9 磅)	150	53	96
石油	7.23×10^{13} 升(455×10^9 桶)	31	20	50
类白金	1.34×10^4 吨(429×10^6 英两(金衡))	130	47	85
白银	1.71×10^5 吨(5.5×10^9 英两(金衡))	16	13	42
锡	4.37×10^6 吨(4.3×10^6 长吨)	17	15	61
钨	1.32×10^6 吨(2.9×10^9 磅)	40	28	72
锌	123×10^6 吨	23	18	50

①1磅=0.4536千克；②1英（两）金衡=31.1035克；③汞的每铁箱为76磅；④1立方英尺=0.028317米^3；⑤1桶=158.98升；⑥1长吨=1.016吨。

该书是1972年出版的，20年后的1991年，丹尼斯·米都斯在他的新著《超越极限》中重新审视了他20年前的这些数据和论断后说：

“当我们汇编数据，重新运行先前的计算机模型以及反思20年来的所学所得，我们认识到时间的流逝和许多增长趋势的延续已经将人类社会带到了相对于其发展极限的一个新的位置。1971年，我们得出结论，人类开采能源和利用资源的自然极限将在随后的几十年内达到。1991年，当重新研究过去的数据、计算机模拟结果以及世界各地的经验时，我们发现尽管科技水平在不断提高，环境意识不断觉醒，环境政策不断趋于严格，但是许多自然资源和污染排放已经超过了可持续发展的界线。”[7]

《超越极限》这本书出版至今又过去20年了，时间在飞快地闪过。2005年在北京召开的“国际矿床地质学会第八届大会”(2005.8)的主题报告中指出：“随着人类开发资源程度的加剧，新的矿床和新型资源矿床已经变得越来越难以找到和开发，因为这些能源和矿床埋藏得更深更荒远，而浅层矿床和地处人类活动频繁地带的矿床已经逐渐枯竭”。该会再次向人类发出警告，矿产资源“已经变得越来越难以找到和开发了。”

中国的矿产资源总量居世界第三，工业化不到半个世纪和尚处在工业化中期，重要矿产资源缺口就日益扩大。2003年铁矿石和铝的对外依存度超过50%，铜达71%，钾盐达80%。在制订“十一五”计划时，国务院研究室工业贸易司副司长刘健生著文说：

“我国的45种主要矿产资源人均占有量不到世界水平的一半，铁、铜、铝等只是世界平均水平的1/6、1/6和1/9。我国多数金属矿产资源禀赋不佳，开发利用难度大，选矿和冶炼成本高。”“到2020年，我国45种重要矿产资源中，可以保证的有24种，基本保证的2种，短缺的有10种，严重短缺的有9种。”(2005.8)

2005年9月，国务委员陈至立在新疆乌鲁木齐的一次报告中也深有感触地说：

“2003年，我国消耗了占全球31%的原煤，30%的铁矿石，27%的钢材以及40%的水泥(作者注：以上4项指占当年全球总消费量的百分比)。2004年，由于我国对铁矿石需求的急剧增加，国际市场价格上涨了71.5%；由于国际原油价格屡创新高，我国全年多支付外汇达数十亿美元。长此以往，越来越多的企业将不堪重负，国家将不堪重负。”

世界工业化二百年，中国才五六十年，世界和中国的不可再生矿产资源已经捉襟见肘了。如此以往，世界何以持续？中国何以为继？

23.5 碳氢化合物与碳水化合物的“轮回”

“从长远看，石油终将枯竭，利用取之不尽、用之不竭的农林生物质资源将会逐步兴起。由石油碳氢化合物生产的化石燃料，终将会由碳水化合物生产的生物质燃料逐渐部分替代（氢能、太阳能等也将替代部分）。让我们加强生物炼油厂的研究，迎接‘碳水化合物’新时代的到来。”[8]

现在看起来这段话似无惊人之处，但却出自中国石油化工界前辈闵恩泽2006年的一篇文章。闵先生是中国石化科学研究院前副院长兼总工程师，中国科学院院士和中国工程院院士，2007年度国家最高科技奖得主。他从事石油化工半个多世纪，在他耄耋之年却高屋建瓴地发表了题为“利用可再生农林生物质资源的炼油厂，推动化学工业迈入‘碳水化合物’新时代”的文章，其意义何其深远。这篇文章使刚涉足生物质能源领域的我感到震撼与敬佩，不久就拜见和认识了闵先生，共襄中国生物质能源发展盛举。

现代化学工业是从植物性碳水化合物起步的。世界上第一个塑料品种，赛璐珞(celluloid)是1868年利用天然纤维素硝化制成的；19世纪80年代销量最大的化学制品是植物基酒精；1900年巴黎博览会上展示的内燃发动机的燃料是花生油；福特的第一台汽车的燃料是酒精，如此等等。可是，碳水化合物刚崭露头角，就被20世纪20年代的石油及石油基制品的高性价比赶出了市场，1925年美国工业品中的植物基产品还占到35%，1989年只剩下16%了[9]。

随着石油资源的渐趋枯竭和油价飙升使碳氢化合物制品价格普遍上涨，加以它们对环境的负面影响和人们社会环保意识的增强，一些企业开始由碳氢化合物原料向碳水化合物原料回归。半个多世纪前曾刮起聚合物化工的“飓风”，将尼龙和塑料产品刮得无处不在，当人们认识到这种“白色污染”的严重性的时候，一些企业家又试之以淀粉为原料经乳酸发酵和聚合等技术生产可以生物降解的塑料。美国 Cargill 公司于 2001 年建成并投产的年产 14 万吨的聚乳酸生产装置具有里程碑意义；道氏化学公司推出的 Biobalance 生物基聚合物线取代了以往的聚氨酯，成为了现在地毯制造的标准。尽管目前在性价比上生物基塑料尚不及石油基塑料，但随着技术改进、成本降低和环保政策的引导，逐渐取代已是大势所趋。

同样，当人们发现印刷制品中释放有害有机化合物时，据报道以大豆为原料的油墨的销量在美国从 1989 年到 2000 年增加了 4 倍，超过了总使用量的 22% ；还有家用清洁剂、润滑剂、表面活性剂、有机肥料等的“绿色替代”也在扩展，至于生物能源对化石能源的替代更是众所周知了。

“绿色生产”和“绿色消费”逐渐成为时代的理念，一种时尚，加以政府的导向、支持和监管的“天平”已经明显地向碳水化合物原料一方倾斜，消费者也更愿意购买绿色产品。美国科学院十年前的一份报告就曾指出：“生物基产品最终满足大于 90%的美国有机化学原料的消耗和 50%的液体燃料需要，并形成转化生物基产品的全球领导地位。”[10] 如果我们看一下美国化学工业原料构成中烃类约占 70% 和生物质类约占 15% 的现状，和随着以石油基为主的烃类逐渐被糖类替代，就不难理解美国科学院提出的“生物基产品最终可以满足大于 90% 的有机化学原料的消耗”的预测了。表 23−2 提供了 1992 年美国部分化工产品中碳水化合物产品所占份额的背景材料。

佛学讲“轮回”，中国也有“三十年河东，三十年河西”的说法，不想也应验在了碳氢化合物与碳水化合物间的“轮回”上。

美国农业部能源政策和新用途办公室主任 Roger Conway 在他的以“生物基产品的今天和未来”为题的一份报告 [11] 中有这样一句话：“Everything old is new again”，意思是说“凡事皆可重新回归”。他的依据也是由碳水化合物到碳氢化合物，又回到碳水化合物的历史变迁。他在报告中对全球生物基化工制品市场作出了预测，2005 年的市场销售额是 212 亿美元，2025 年将达到 4 830 亿～6 140 亿美元，是 2005 年的 23～29 倍，详见表 23−3。

2000 年美国国会通过了《生物质研发法案》，法案提出 2010 年能通过生物质生产 12% 的化学品和材料，2020 年达到 18%、2030 年达到 25%，而 2002 年的基数是 5%。

在过去的 100 年里，有机化工领域的碳水化合物与碳氢化合物间的轮回不是简单的回归与重复，而是一种时代与技术的进步。

表 23–2　美国来自碳氢化合物和碳水化合物的产品（1992 年）

产　品	总产量/万吨	植物基所占比例/%
黏合剂	500	40
脂肪酸	250	40
表面活性剂	350	35
醋酸	230	17.5
增塑剂	80	15
活性炭	150	12
洗涤剂	1 260	11
颜料	1 550	6
燃料	450	6
墙涂料	780	3.5
油墨	350	3.5
塑料	3 000	1.8

注：资料来源，参考文献[10]

表 23–3　全球生物基化工制品市场预测[10]　　亿美元

产　品	2005 年	2025 年
一般化工制品	9	500～860
特种化工制品	50	3 000～3 400
精细化工制品	150	880～980
聚合物	3	450～900
合计	212	4 830～6 140
增加倍数	1	23～29

23.6 Biorefinery：生物炼制

历经百年开发与积累，石油化工已建立了一套可以生产千余种能源和非能产品的、成熟和完整的炼制技术与装备体系，而碳水化合物的现代化工技术与装备才刚刚起步。1982年的《Science》杂志上发表了一篇题为："Biomass refinery"的文章，这是首次从"石油炼制"概念引申提出的"生物炼制"概念，它标志着现代碳水化合物时代的到来，一个生物炼制的技术与装备体系将逐步建立。

石油炼制与生物炼制的理念相同而对象不同，一个是非生命的石油，一个是有生命的生物质。生物炼制是通过生物化学、热化学和分子生物学的技术平台将生物质转化为生物能源及生物基化工产品的炼制技术和装备体系。农作物和树木等植物及其残体、畜禽粪便、有机废弃物等所有生物质体均可作为炼制原料，所以有木质纤维素炼制、全作物炼制、绿色植物（草本植物、藻类等）炼制、有机废弃物炼制等等。炼制一般是将生物质水解成糖后进入到几个不同含碳水平的转化平台：有含1个碳（C1）的生物气甲烷和甲醇等，有C2平台上的乙醇、醋酸、乙烯、乙二醇等，有C3平台上的乳酸、丙烯酸、丙二醇等，有C4平台上的丁二酸、富马酸、丁二醇等，有C5平台上的衣康酸、木糖醇等和C6平台上的柠檬酸、山梨醇等。转化的产品有乙醇、生物柴油、沼气等生物质能源，有生物塑料、尼龙工程塑料等生物质材料，有乙烯、乙醇、丙烯酸、丙烯酰胺、1,3-丙二醇、1,4-丁二醇、琥珀酸等百余种重要化学品、精细化学品和药物等等。此外生物质也是制氢最具竞争力的一种原料。

2009年美国能源部发布了2009—2014年6年投资2亿美元支持生物炼制工厂中试和示范工程项目。2010年将建成第一座基于农业废弃物的大规模综合性生物炼制厂。

石油炼制的对象是石油，人们对基质只能作有限的选择而不能改变。而生物炼制的基质多种多样，选择余地很大，它又是有生命的，可以通过选育和遗传工程改良调控基质的加工品质和增加产出数量。随着分子生物学和生物技术的快速发展，人们提出了生物炼制中的"植物工厂"和"细胞工厂"的概念（图23-3）。"植物工厂"是指通过基因工程改造后的植物个体可以直接产出某种目标产物或中间体，如聚羟基烷酯（PHAs）是生产塑料的一种高分子聚合物，现在是通过石油炼制或通过生物基质发酵合成，DOE公司正在资助一个经基因改造的柳枝稷直接生产PHAs的项目。“细胞工厂”则是在细胞层次上“生产或制造某种产品，或者进行某种处理程序”，“可以按需求设计生产线及辅助系统，并调控生产进度。”[12] 美国杜邦和杰能科公司构建的能够生产1,3-丙二醇的重组大肠杆菌的“工厂”产品已于2006年实现工业化生产，产品在市场上可与石油基同类产品相抗衡。

由于生物炼制基质的生命性而可以将人为调控过程向上延伸到对基质的改良，而当今发展快速的分子生物学和生物技术则如虎添翼地为它推波助澜，其潜力和前途无限美好。

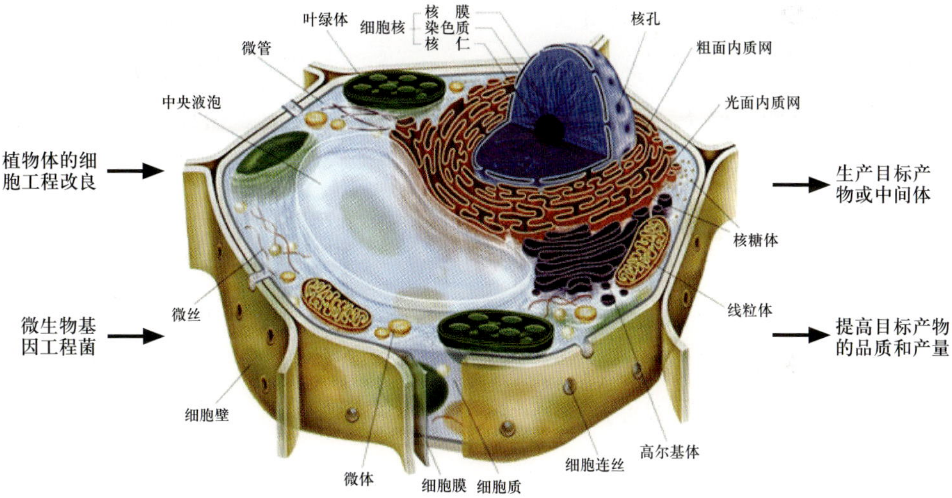

图23-3 生物炼制中的“细胞工厂”示意图
图片来源：吴庆余. 基础生命科学. 2版。

美国 Oak Ridge 国家实验室曾绘制一个生物炼制的概念图（Idealized biorefinery concept）（图23-4），该图以二氧化碳和生物质作为“链接”，将自然条件下的生物性生产与工厂化的转化构成一个统一的物质和能量循环系统，这在宏观概念上是可以成立的。但是，自然态生长的植物及人工态生产的农作物的过程与其生物体（质）的工业性转化过程毕竟是生命性和非生命性的完全不同属性，二者虽密切关联，但将植物性生长和生产过程纳入生物炼制范畴是不恰当的，生物炼制还是专指生物质的现代加工炼制体系为好。美国国家再生能源实验室(NREL)的生物炼制定义即为：以生物质为原料，将生物质转化工艺与设备相结合，用来生产燃料、电热能和化学产品的过程。

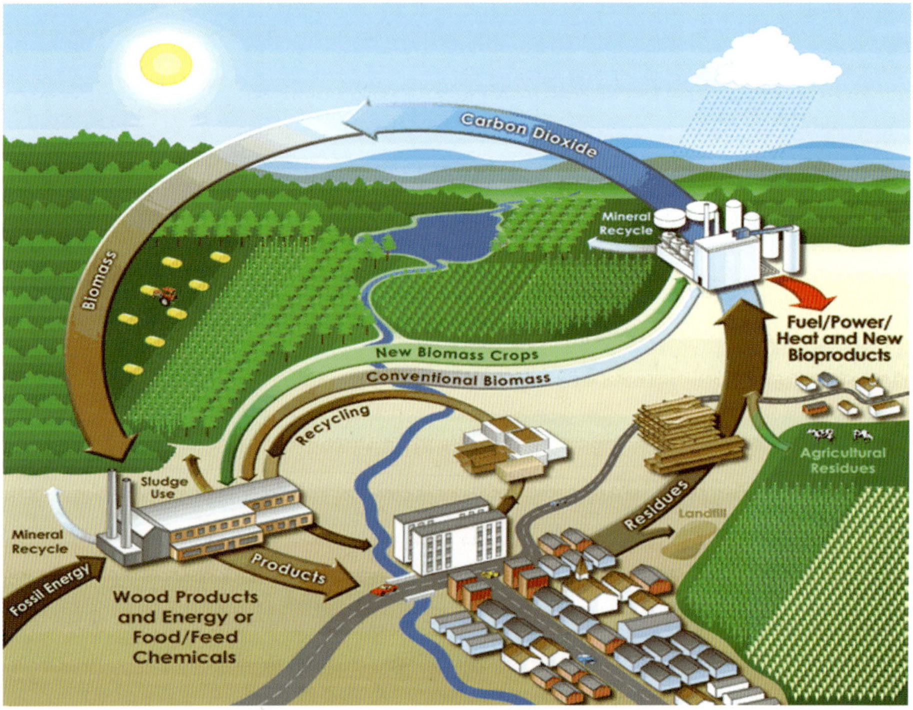

图23-4　生物炼制概念图
图像来源：美国Oak Ridge国家实验室。

23.7　Bioindustry：生物产业

以上谈了那么许多，似乎生物质生产和生物炼制只是针对石油等碳氢化合物产品的替代，那么以上第4节提出的那些不可再生的铝、铁、锡、铜、锌等金属材料资源匮缺又将何以应对？当然，生物质不可能“包打天下”，但它能做出重要贡献。

蛋白质具有独特的晶体结构，是自然界最复杂的大分子聚合物之一，具有极佳的材料性能。目前还没有一种合成纤维的强度和弹性堪与蜘蛛丝相比，其强度是钢丝的 5 倍，弹性是尼龙丝的 2 倍，防水性和可伸缩性更佳。加拿大科学家已成功地使基因改良的山羊奶中含有类蜘蛛丝蛋白；一些国家正在研究生物工程蜘蛛丝编织的轻软高效的防弹衣。海洋生物黏合蛋白和某些水生生物产生的蛋白也具有蜘蛛丝的类似性能。

上节谈到的生物塑料和尼龙工程塑料已经开始应用于多种工程材料，如日本丰田公司用白薯淀粉基塑料制成多种汽车配件，富士通公司用玉米淀粉基塑料制成的电脑外壳，以及近 100 万个分子量的生物高分子聚合物材料的生产和应用等。2004 年 4 月，嘉吉·陶氏公司在内布拉斯州的布莱尔市(Blair)设立了他们的第一家大规模 PLA 工厂。该工厂有 3 亿磅(1 磅 = 0.454 千克)的年产量，预测到 2020 年的市场规模可能达到 80 亿磅[9]。2001 年美国生物工程技术协会的副会长曾宣称："以玉米淀粉为原料的 PLA 生物材料在美国已经商业化启动。我们刚刚开始看到它在制造业的所有部门中得到应用，这可能会彻底改造旧经济。"

复合材料是生物质材料替代刚性材料的另一领域。钢筋强化混凝土、钢丝加固轮胎、以玻璃纤维和碳纤维作为增强材料早已有之，现在科学家们则开发强度更大和质地更轻的绿色材料。为减少油耗，汽车制造商十分关注于轻质、绿色和廉价的优质材料开发，福特汽车最近开始使用一种聚丙烯和洋麻纤维复合材料做成多种车型的内部门板；约翰迪尔(John Deere)公司正在使用大豆油基树脂的复合材料替代传统的黏结剂。如果玻璃纤维能被天然纤维所替代的话，那么复合材料板材可以是全生物基的，玻璃纤维的价格每磅 0.50～0.75 美元，而天然纤维的价格仅 0.03(黄麻)～0.25 美元(洋麻)[9]。

由于广泛的原料来源，不断提升的技术，产品的优质、绿色和可以持续，以及它是对众多不可再生资源替代的唯一选择，决定了生物制品必将稳步地赢得越来越大的市场。其经济意义将不亚于食品、纺织、造纸、建筑等传统用途，其社会意义在于他将成为社会可持续发展的新的支柱和保障。

2006 年，我在一次讲演中曾提到"生物产业"概念，其内涵是将植物生产、动物生产和微生物生产作为一个整体，按产品分为农业生产平台(Ag)、农产品加工平台(Ap)、生物能源平台(Be)、生物基产品平台(Bp 和 Bm)和微生物制品平台(Mp)。图 23-5 是当时 PPT 中的一张片子(稍有修改)。

中国国家发展改革委员会积极推进生物产业在中国的发展，2007 年召开了第一届中国生物产业大会。国家发改委副主任张晓强在致辞中说：

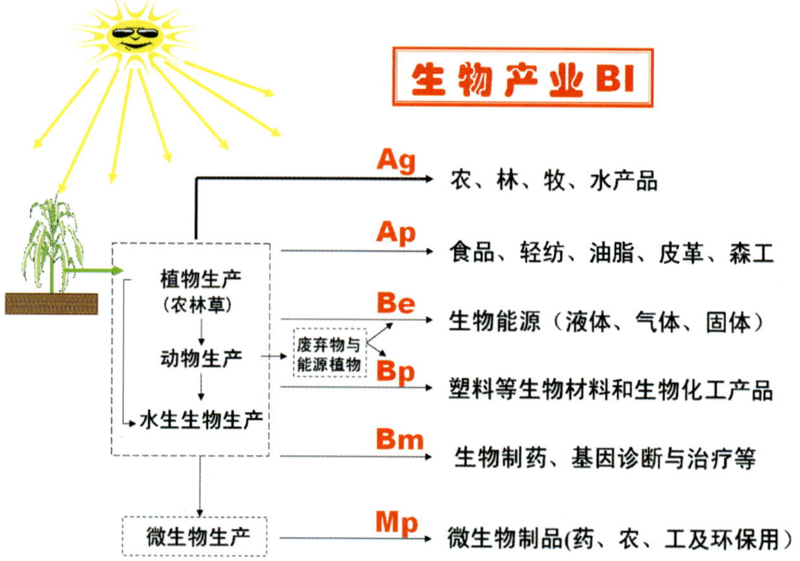

图23–5　生物产业概念图示

“当前，生命科学正在向揭示生命本质规律和控制生命过程方面快速发展，生物技术的重大突破正在农业、医药、能源等领域孕育和催生新的产业革命，世界生物技术发展已开始进入大规模产业化阶段，未来几年将会出现新的快速增长时期，正在形成充满活力的生物产业群。”[13]

受世界金融危机的影响，中国高技术制造业出现负增长，2009年1–2月份的主营业收入为−10.34%，利润增长为−54.67%，而生物产业却仍保持高速增长态势。在2009年的全国第二次生物产业大会上，国家发改委党组成员苏波说：

“从发展现状看，生物产业具备成为新的支柱产业的诸多条件……力争到2010年使生物产业增加值达到5 000亿元以上。在此基础上，2020年全国生物产业增加值突破2万亿元，成为国民经济的主导产业。”[14]

23.8 绿色的明天

人类社会发展所需要的自然资源有三，一是不可再生和不可循环的资源，如化石能源；二是不可再生但可减量化循环的资源，如金属和非金属矿产；三是可再生和可增量化循环的资源，如生物资源。前二者是不可持续的。只有后者是可以持续的。如果将时间尺度拉长，百年后核聚变能、氢能、氦－3 等能成为主导性能源的话，人类的能源前景是可以乐以观之的，但是物质生产的基本要素——物质性资源，即上述第二类资源呢？它在减量循环中将逐渐稀缺以至耗尽。就目前所拥有的知识和技术，能应对渐趋耗尽的物质性资源的唯一可能是可再生的生物资源，别无他途。

从资源和技术的成长性看，化石能源和采矿冶金产业的“此消”与生物质产业的“彼长”已成大势，非人力所能左右。随着生物产业的发展，它将覆盖到农业与牧业、食品与轻工、能源与运输、材料与制造、医药与健康等诸多行业领域，因而现在的农业、工业和服务业的“三产”格局将演化为生物产业、非生物产业（采矿业、冶金业、制造业、无机化工业、新能源业、信息业）和服务业的“新三产”格局。

碳水化合物产品对碳氢化合物产品的替代是有史以来人类社会最大规模的一次“绿色”替代，未来的采矿业、冶金业、制造业、无机化工业、信息业，以及服务业使用的是清洁能源，生产过程也将是绿色的。绿色的明天不是梦想，而是一种努力与期待。

联合国环境署（UNEP）主持，与国际劳工组织（ILO）、国际雇主组织（IEO）国际商业联盟（ITUC）联合进行了一项为世界政策决策者提供咨询的研究，发布了一份以“绿色岗位：可持续和低碳世界里的一项体面工作”为题的报告（2007 年）[15]。报告对“绿色岗位”的定义是“在农业、工业、服务业和管理上有助于保护或修复环境质量的工作，它们有助于节能减排、低碳和最少的环境污染。”报告估计 2006 年全球在可再生能源上有 233.2 万个绿色岗位，其中生物质能源方面占 50%；预测 2030 年将增加到 2 040 万个，其中生物质能源占 59%（图 23-6）。

2008 年美国全球观察研究所也提交了一份类似的报告，题目是“美国经济中当前和潜在的绿色岗位”[16]。该报告就可再生能源及提高能效领域，对美国

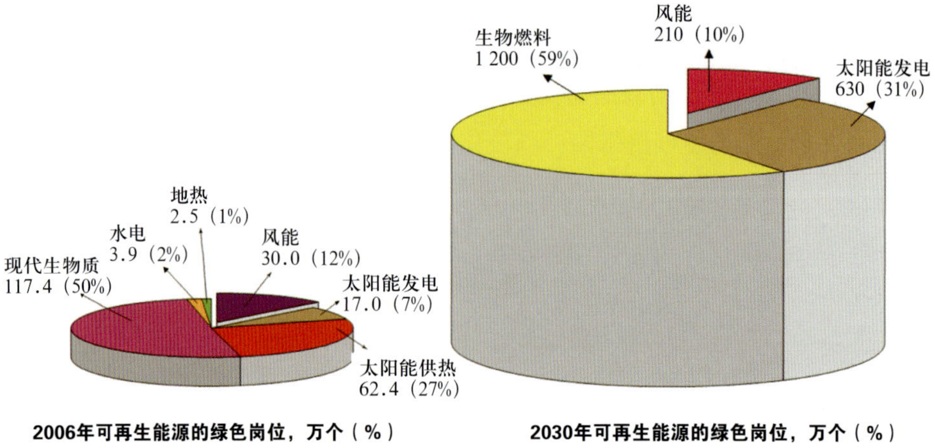

图23-6　全球绿色岗位的现状（2006年）与预测（2030年）[15]

51个州及所属区的现有(2008年)及潜在(2038年)的绿色岗位作了调查和预测,综合结果是：现有75.1万个绿色岗位,预测2018年、2028年和2038年分别约为254万个、348万个和422万个绿色岗位,详见表23-4。

表23-4　美国潜在的绿色岗位预测(2038年)[16]

绿色岗位名称	2018年	2028年	2038年
可再生能源发电	407 200	802 000	1 236 800
家庭和商业设备改造	81 000	81 000	81 000
可再生运输燃料	1 205 700	1 437 700	1 492 000
工程、法律、研发和咨询	846 900	1 160 300	1 404 900
合计	2 540 800	3 481 000	4 214 700

这两份报告昭示,人们已经开始在为未来的绿色社会谋划了。

如果说是不可再生能源的过度消耗和人类生存环境的恶化敲响了传统工业社会的丧钟,那么生物产业则为人类社会带来了希望和美好前景,预示着一个继工业文明之后的绿色文明将要到来。

23.9　至美的绿色文明

专家们对后工业社会有种种设想和见解,如知识经济、信息经济、生态经济、低碳经济等等。许多经济学家、社会学家也曾对人类社会的发展有过专门研究，如孔德(Auguste Comte)的“社会动力学”、斯宾塞(Herbert Spencer)的“社会进化论”、韦伯(Max Weber)的社会发展理性化理论，以及马克思(Karl Marx)的社会发展论等[17]。

不同社会形态具有不同的本质特征和不同的发生、发展和消亡过程。农业社会以农业为先进生产力代表和社会存在的主要形态，同时又因农业生产力高度发展导致人口与土地的尖锐矛盾而难以为继；工业社会以工业为先进生产力和社会存在的主要形态，也因工业生产力高度发展导致资源枯竭和环境恶化而不可持续。那么，下一个社会形态则必须是以能缓解资源匮缺与环境恶化矛盾并保障社会可持续发展为基本特征。在这个意义上，唯生物及其他可再生资源为主导的绿色产业能担此重任，以生物产业为主导的绿色产业将作为未来社会的先进生产力和社会存在的主要形态。

绿色文明的理念是“天人合一”和“持续发展”。绿色文明将使牺牲生态与环境的发展模式转向修复和保护生态环境模式；绿色文明将使不可再生资源主导模式转向可再生资源主导模式；绿色文明将使追求单一和近期目标的科技进步转向为促进社会健康和可持续发展长期目标的科技进步；绿色文明也将使人类生产生活消费上的贪婪与无度转向理性与高尚。在绿色社会，理念是绿色的，科技是绿色的，生产是绿色的，消费是绿色的，生活也是绿色的，人们将以绿色为荣。

奴隶社会为争夺奴隶而战，封建社会为争夺土地而战，资本主义社会为争夺资源和市场而战，特别是化石能源资源，20世纪的两次世界大战到以后频频的海湾战争不是这样的吗？当今世界已经走向多极，全球气候变化需要世界共同面对，化石能源资源已近“峰值”，可再生能源使各国更关注于本土资源的开发而不是对国外资源的争夺，这些基本要素的变化必将改变国际关系格局。连小布什总统也在批判美国的“石油瘾”后提出，“让我们将对中东石油的依赖成为过去吧！”关心地球村这个人类共同的家园将逐渐成为60亿地球人的时尚和行动，“绿色”正在人类社会萌动与孕育。50年、100年或更长一些时间，“绿化”人类社会是一定可以实现的，我们应当有这样的信心和期待。

绿色文明是在对人类社会作历史观，以生产力发展为主线，以及工业社会不可持续发展的时代背景下提出来的。正如马克思所说的：“人们自己创造自己的历史，但是他们并不是随心所欲地创造，并不是在他们自己选定的条件下创造，而是在直接碰到的、既定的、从过去继承下来的条件下创造的。"[18]

我们现在讨论的应对气候变化和能源转型，讨论的后工业社会和绿色文明，是在讨论着一个未来的美好的时代，决胜生物质是为迎接这个美好时代的一个重大战役。

《圣经》中对"天堂"的描写是这样的：

> 城的光辉如同极贵的宝石，好像碧玉，明如水晶。墙是碧玉造的，城是精金的。如同明净的玻璃。城墙的根基是用各样的宝石修饰的……那城内不用日月光照，因有神的荣耀光照，又有羔羊为城的灯。城门白昼总不关闭，在那里没有黑夜。（启示录 21：18–23）

《圣经》在描述了如此美好的天堂后提醒说：

> "凡不洁净的并那行可憎与虚谎之事的，总不得进那城。"（启示录 21：27）

这一点很重要，如果我们视绿色文明为"人间天堂"，人类社会就必须记取在工业文明所曾犯下的那些"不洁净"和"可憎与虚谎"的过失，不再做那些蠢事，否则也是进不了绿色文明的这个"人间天堂"的。

2010 年春天，我在峨眉山报国寺听一位高僧讲佛法时说："佛在心中，众生即佛"、"佛在灵山莫远求，灵山就在你心头。"其实，只要绿色理念在我们的心中和行动中，"绿色文明"就在我们身边。来自工业社会的人们一定要记住佛祖的"回头是岸"和"立地成佛"的教诲。对我们每个人如此，对国家和地方的领导者更是如此，毕竟他们拥有权力把握着这支航船；更寄希望于他们能多一些"绿在心中"——为了当代和子孙。

参考文献

1. 马克思恩格斯选集. 北京：人民出版社，1972，2.
2. M.T.瓦罗（古罗马）. 论农业.王家绶译（据英译本）. 北京：商务印书馆，1997.

3. 林培. 中国耕地资源与可持续发展. 南宁：广西科学出版社，2000.

4. 美国能源信息署. 国际能源展望IEO2005（中译本）. 北京：科学出版社，2006.

5. U.S.Energy Information Agency (EIA). Energy Outlook 2010.2009.12.

6. Dennis L.Meadows, et al. 增长的极限，罗马俱乐部关于人类困境的报告（译本）. 李宝恒译. 长春：吉林出版社，1997.

7. 唐奈勒·H·梅多斯，丹尼斯·L·梅多斯. 赵旭，周欣华，张仁俐译. 超越极限，上海：上海译文出版社，2001年。

8. 闵恩泽. 利用可再生农林生物质资源的炼油厂——推动化学工业迈入‘碳水化合物’新时代. 化学进展，2006,18（2/3）.

9. Industrial Bioproducts:Today and Tomorrow, prepared by Energetics,Incorporated, Columbia, Maryland for the U.S.Department of Energy Office of Energy Efficiency and Renewable Energy. Office of The Biomass Program, Washingtom,D.C. July,2003.

10. Biobased Industrial Products: Research and Commercialization Priorrities, NAS, 1999

11. Roger Conway. The Future for Bioproducts, Presented to the USDA Global Conferrence on Agriculture. Minnesota, August,20—22,2007.

12. 张延平，李寅，马延和. 生物炼制中的微生物细胞工厂. 前沿科学，2007.2.

13. 张晓强. 把握历史机遇，加快我国生物产业发展//中国发展和改革委员会高技术产业化司. 中国生物产业发展报告2007. 北京：化学工业出版社，2008.

14. 苏波. 加快做大做强我国生物产业//中国发展和改革委员会高技术产业化司. 中国生物产业发展报告2009. 北京：化学工业出版社，2010.

15. United Nations Environment Programme (UNEP), International Labour Organization(ILO), International Trade Union Confederation(ITUC), International Organization of Employers(IOE). Green Jobs:Towards decent work in a sustainable,low—carbon world, 2007.

16. Grobal Insight,Inc. Current and Potential Green Jobs in the U.S. Economy,2008.

17. 童星. 社会发展学与中国现代化. 北京：社会科学文献出版社，2005.

18. 马克思恩格斯选集. 第1卷. 北京：人民出版社，1972.

图书在版编目(CIP)数据

决胜生物质 / 石元春著．—北京：中国农业大学出版社，2010.3
ISBN 978-7-5655-0187-6

Ⅰ．①决… Ⅱ．①石… Ⅲ．①生物能源－能源工业－经济发展－研究－世界 Ⅳ．①F416.2

中国版本图书馆CIP数据核字（2011）第000313号

书　　名　决胜生物质
作　　者　石元春 著

策划编辑　汪春林　丛晓红　　　　责任编辑　丛晓红　田树君
装帧设计　李尘工作室　　　　　　责任校对　王晓凤　陈　莹
出版发行　中国农业大学出版社
社　　址　北京市海淀区圆明园西路2号　　　　邮政编码　100193
电　　话　发行部 010－62731190，2620　　　读者服务部 010－62732336
　　　　　编辑部 010－62732617，2618　　　出　版　部 010－62733440
网　　址　http://www.cau.edu.cn/caup　　　e-mail：cbsszs@cau.edu.cn
审 图 号　GS（2011）83号
经　　销　新华书店
印　　刷　涿州市星河印刷有限公司
版　　次　2011年 2 月第 1 版　　2013年 8 月第 2 次印刷
规　　格　787毫米×1092毫米　16开本　30印张　473千字
定　　价　118.00元

图书如有质量问题本社发行部负责调换；照片提供：Gettyimages等。